2018
SHANGHAI MINYING JINGJI
上海民营经济

上海市工商业联合会
上海市发展和改革委员会
上海市工商行政管理局
上海市统计局
上海市民营经济研究会

复旦大学出版社

主办单位

上海市工商业联合会

上海市发展和改革委员会

上海市工商行政管理局

上海市统计局

上海市民营经济研究会

《2018 上海民营经济》编委会成员

主　　　任：王志雄
副　主　任：马春雷　赵福禧　陈学军
　　　　　　周　亚　季晓东
编　　　委：徐惠明　朱　民　彭文皓
　　　　　　汤汇浩

《2018 上海民营经济》编辑部成员

主　　　编：徐惠明
副　主　编：夏斯德　魏　巍　罗永勤
　　　　　　陈永奇　张　捍
成　　　员：王晓琳　姚　霞　曹美芳
　　　　　　金从强　朱海燕

目　录

上篇　经济发展

专题报告一

2017年度上海市民营经济运行分析报告 ········· 3
1　本市民营经济运行的主要特点 ········· 3
　1.1　外贸、投资稳步回升,消费增速有所放缓 ········· 4
　1.2　产业发展提质增效,服务业继续发挥引领作用 ········· 5
　1.3　科技创新亮点频现,助力科创中心建设取得进展 ········· 6
　1.4　增税收贡献突出,新动力不断孕育 ········· 7
2　本市民营经济运行存在的主要问题和相关建议 ········· 8
　2.1　民营经济运行存在的主要问题 ········· 8
　2.2　进一步促进民营经济发展的建议 ········· 10
3　附件 ········· 11
　3.1　2017年本市民营企业进出口贸易分析 ········· 11
　3.2　2017年本市民营工业经济运行分析 ········· 14

专题报告二

上海市2017年国民经济和社会发展综述 ········· 18
1　经济运行稳中向好,实体经济支撑作用进一步增强 ········· 18
　1.1　经济运行总体平稳 ········· 18
　1.2　二三产业协同增长 ········· 18
　1.3　内外需求同步回升 ········· 18
2　自贸试验区和科技创新中心建设两大国家战略加快推进,经济发展活力和动力进一步增强 ········· 19
　2.1　自贸试验区建设全面深化 ········· 19
　2.2　科技创新中心建设取得新进展 ········· 19
　2.3　重点领域改革深入推进 ········· 19
　2.4　开放型经济发展能级不断提升 ········· 19

3 供给侧结构性改革持续深化,经济发展质量和效益进一步提高 ………………………… 20
    3.1 供给侧结构性改革重点任务加快落实 ………………………………………………… 20
    3.2 城市服务功能不断提升 ………………………………………………………………… 20
    3.3 经济发展质量和效益稳步提高 ………………………………………………………… 20
4 民生保障工作切实加强,人民生活质量进一步提高 ……………………………………… 21
    4.1 就业和社会保障体系不断健全 ………………………………………………………… 21
    4.2 养老服务体系加快完善 ………………………………………………………………… 21
    4.3 社会事业发展水平稳步提高 …………………………………………………………… 21
    4.4 城乡发展一体化深入推进 ……………………………………………………………… 21
5 生态环境补短板工作持续发力,城市管理和社会治理进一步加强 …………………… 22
    5.1 生态环境补短板工作取得成效 ………………………………………………………… 22
    5.2 城市精细化管理着力加强 ……………………………………………………………… 22
    5.3 社会治理创新进一步深化 ……………………………………………………………… 22

专题报告三

2018年上半年上海市民营经济运行分析报告 ………………………………………………… 24
1 上半年本市民营经济运行的主要特点 …………………………………………………… 24
    1.1 三大需求协调发展,投资、消费提速,出口增速微降 ……………………………… 24
    1.2 主要产业稳中有进,工业、建筑业回暖,服务业势头良好 ………………………… 26
    1.3 探索创新发展、转型升级取得新进展 ………………………………………………… 27
    1.4 继续对全市经济发展做出重要贡献 …………………………………………………… 28
2 上半年本市民营经济运行存在的主要问题和相关建议 ………………………………… 29
    2.1 民营经济运行存在的主要问题 ………………………………………………………… 29
    2.2 进一步促进民营经济发展的建议 ……………………………………………………… 30
3 2018年上半年本市民营工业经济运行分析 ……………………………………………… 31
    3.1 工业生产实现较快增长,其全市占比有所提高 ……………………………………… 31
    3.2 主营业务收入稳步增长,增速快于全市工业 ………………………………………… 32
    3.3 利润总额稳步增长,但增速不及全市工业 …………………………………………… 32
    3.4 工业投资规模企稳回升 ………………………………………………………………… 33

专题报告四

2018年上半年上海市民营经济运行分析及下半年趋势预测报告 ………………………… 34
1 上半年本市民营经济运行的主要情况 …………………………………………………… 34
    1.1 投资明显提速,出口快速增长,消费稳中趋缓 ……………………………………… 34
    1.2 工业、服务业主要产业运行良好 ……………………………………………………… 35
    1.3 对经济社会发展的贡献进一步提高 …………………………………………………… 35

2 下半年民营经济运行的影响因素分析 ········ 36
2.1 有利因素 ········ 36
2.2 不利因素 ········ 37
3 下半年民营经济运行趋势预测 ········ 38
3.1 先行指数、调查结果显示下半年民营经济发展态势平稳健康,企业信心较足 ········ 38
3.2 民营经济主要行业下半年运行的预期 ········ 39
4 进一步促进本市民营经济发展的相关建议 ········ 40
4.1 兼顾公平待遇与效率优先,在提升经济密度上出实招、硬招 ········ 40
4.2 兼顾规范管理和服务创新,在优化民营经济营商环境上做深做实 ········ 40
4.3 关注中美贸易摩擦对企业的影响,帮助企业有效应对 ········ 40
4.4 完善人才、土地、融资服务,切实降低实体企业经营成本 ········ 41

专题报告五
加快建设统一开放、竞争有序的市场体系研究 ········ 42
1 长三角市场一体化主要成效 ········ 42
1.1 市场主体总体感受较好 ········ 42
1.2 合作机制不断完善 ········ 42
1.3 重大举措不断落地 ········ 43
1.4 信用体系初步互认 ········ 44
1.5 市场信息互联互通 ········ 44
2 长三角市场一体化面临的主要问题 ········ 45
2.1 地区间科技、环保等优势共享机制不完善 ········ 45
2.2 市场力量、社会组织的作用还未得到充分发挥 ········ 45
2.3 各类数据信息透明度、知晓度、共享度低 ········ 46
2.4 市场准入有待进一步放宽,公平竞争仍有障碍 ········ 47
2.5 市场标准化体系仍须完善,地区间无序竞争依然存在 ········ 47
2.6 产业同质化竞争明显,产业集群有待增强 ········ 48
3 加快长三角市场一体化建设的建议举措 ········ 49
3.1 加强顶层制度设计,统筹发展规划,上、下结合推动战略协同 ········ 49
3.2 积极探索跨区域利益共享机制,率先建立跨区域科技、产业园区和环境保护共享机制 ········ 49
3.3 发挥市场主体作用,强化商会合作机制 ········ 50
3.4 深化改革、积极完善市场公平竞争制度,形成共识、破除"三扇门" ········ 50
3.5 提升信息开放、共享功能,深入推进跨区域平台服务 ········ 50
3.6 服务产业对接,率先建立跨区域产业协同发展机制 ········ 51
3.7 规范要素流通市场,完善长三角市场规则标准 ········ 51

专题报告六

市场主体营商环境第三方评估 ·· 52
  1 本市营商环境的相关情况 ·· 52
      1.1 政务环境不断优化改善 ··· 52
      1.2 市场环境满意度总体较高 ··· 53
      1.3 法治环境优化步伐逐渐加快 ··· 53
  2 存在的主要瓶颈和问题 ·· 53
      2.1 政策制定实施细则不够明确,且存在"一刀切"现象 ··· 53
      2.2 政策便捷性和操作性有待加强 ··· 53
      2.3 相关容错机制有待进一步完善和加强 ··· 54
      2.4 现有的营商环境评价指标体系尚不完善 ··· 54
      2.5 市场监管的升级步伐有待加快 ··· 55
      2.6 市场准入存在"隐形门槛" ·· 55
      2.7 所有制歧视的现象仍然存在 ··· 56
      2.8 司法执行的透明度、便利度有待提高 ··· 56
      2.9 相关违法行为界定存在差异性 ··· 56
      2.10 缺乏地方性立法保障 ··· 57
  3 优化本市营商环境的有关建议 ·· 57
      3.1 切实转变政府的思想理念 ··· 57
      3.2 不断提升政务环境的友好度 ··· 57
      3.3 逐步增强市场环境的创新性 ··· 57
      3.4 推动优化法律环境的新探索 ··· 58
      3.5 进一步完善营商环境评价指标体系和评估机制 ··· 58
      3.6 完善市场化、社会化服务机制 ··· 58

专题报告七

加快实施自贸区战略 构建上海开放型经济新体制——民营及中小企业利用自贸试验区平台
进一步发展的思考 ·· 59
  1 自贸试验区五年发展核心成果总结 ·· 59
      1.1 提速度 ·· 59
      1.2 降成本 ·· 60
      1.3 强监管 ·· 61
      1.4 优服务 ·· 61
  2 企业调研走访存在问题及建议 ·· 62
      2.1 改革创新事项碎片化,聚焦"点"上而未形成"面"上合力 ··· 62
      2.2 企业获得感、体验度和改革设计初衷存在一定落差 ··· 62

2.3　对压力测试和风险管控的关系把握不准 ··· 63
　　2.4　试验区企业运行成本偏高 ·· 64
3　当前格局下支持民营企业及中小企业利用自贸试验区平台发展的几点建议 ············· 64
　　3.1　进一步对标国际高标准经贸规则，为中小企业发展营造更加透明、公开、便利的营商
　　　　环境 ·· 64
　　3.2　进一步在降低准入门槛、减税降负等多方面发力，为中小企业发展提供基础保障 ······ 65
　　3.3　进一步利用和对接自贸试验区制度创新平台，为中小企业应对中美贸易摩擦做好技术
　　　　支持和服务 ·· 65
　　3.4　充分借鉴海南建设自由贸易试验区及中国特色自由贸易港对新一轮上海自贸试验区
　　　　建设的启示 ·· 66

专题报告八
2018 上海民营企业创新发展指数报告 ··· 67
1　指数背景 ··· 67
2　研究目的、思路和分析框架 ··· 67
　　2.1　研究目的 ·· 67
　　2.2　研究思路 ·· 68
　　2.3　研究方法 ·· 69
　　2.4　各项指标指数计算方案 ··· 70
3　结果分析 ··· 71
　　3.1　总体分析 ·· 71
　　3.2　综合分析 ·· 73
　　3.3　区域分析 ·· 74
　　3.4　行业分析 ·· 80
4　机遇挑战 ··· 83
　　4.1　上海民营经济已成为区域经济发展的重要主体 ··· 83
　　4.2　创新驱动更成为新时代上海民营企业高质量发展的动力引擎 ························ 84
　　4.3　上海民营经济创新发展的生态环境还须持续优化 ······································ 84
　　4.4　上海民营企业规模总体仍然偏小，自主创新实力偏弱 ································· 84
　　4.5　民营企业创新发展的内部动力和外部环境还须进一步增强 ·························· 84
5　政策建议 ··· 85
　　5.1　切实降低民营企业成本，确保各项政策落地 ··· 85
　　5.2　创新融资方式方法，缓解民企融资难题 ··· 85
　　5.3　加强科技创新能力，提升企业核心竞争力 ·· 85
　　5.4　培育龙头骨干企业，继续深挖品牌效益 ··· 86
　　5.5　创设长效沟通机制，共建和谐营商环境 ··· 86

5.6 优化新时代新布局,探索民企党建新优势 ··· 86

专题报告九

2018年第十三次全国私营企业调查报告(上海地区) ·································· 87
 1 民营企业现状 ··· 87
  1.1 民营企业的产业结构及规模 ··· 87
  1.2 民营企业的经营状况 ·· 89
  1.3 民营企业的国际化 ··· 96
 2 民营企业家群体现状 ··· 96
  2.1 民营企业家的性别结构 ··· 96
  2.2 民营企业家的年龄结构 ··· 97
  2.3 民营企业家的教育结构 ··· 98
  2.4 民营企业家的政治面貌 ··· 99
  2.5 民营企业家的政治参与 ··· 100
  2.6 民营企业家的地位认同 ··· 104
 3 企业治理结构 ·· 105
  3.1 企业的资本构成 ··· 105
  3.2 企业的组织结构 ··· 106
 4 企业转型升级 ·· 106
  4.1 重振制造业是上海持续发展的必要保障 ·· 106
  4.2 上海企业的竞争优势 ·· 109
  4.3 上海民营企业竞争薄弱环节 ··· 110
  4.4 企业在竞争中急于提升哪些方面? ··· 111
  4.5 不同规模企业的竞争优势和劣势 ·· 113
 5 营商环境 ··· 114
  5.1 上海营商环境建设的总体成绩 ··· 114
  5.2 上海营商环境建设的短板 ·· 117
  5.3 上海营商环境建设的特征 ·· 119
  5.4 上海营商环境建设的优势 ·· 119
 6 民营企业家的社会态度 ··· 120
  6.1 经济发展预期 ·· 120
  6.2 对深入反腐的态度 ··· 121
  6.3 经济民族主义 ·· 121
 7 政策建议 ··· 122
  7.1 凝聚支持民营经济发展的强大共识 ·· 122
  7.2 营商环境建设重在细水长流 ··· 123

  7.3 发挥"店小二"精神,构建更加亲密的政商关系 …… 123
  7.4 精准扶持方能"降本减负" …… 123
  7.5 "制造业"是城市经济发展的压舱石 …… 124
  7.6 扩大对民营企业家的政治吸纳 …… 124
  7.7 民营企业党建与企业发展要更好融合 …… 124

专题报告十
发挥融资平台作用,促进军民融合、企业融资创新研究 …… 125
 1 研究背景与研究目的 …… 125
 2 政策基础 …… 126
 3 行业特点 …… 128
  3.1 军民融合企业的融资特征 …… 128
  3.2 融资平台的发展现状 …… 128
 4 现存问题 …… 129
  4.1 体制方面 …… 129
  4.2 主体方面 …… 129
 5 实施路径 …… 131
  5.1 我国军民融合融资的历程 …… 131
  5.2 军民融合融资的国际经验 …… 131
  5.3 军民融合融资的地方实践 …… 133
  5.4 军民融合融资的创新建议 …… 135
 6 研究结论 …… 139

专题报告十一
商事制度改革"放管服"研究 …… 141
 1 商事制度改革"放管服"的实质 …… 141
  1.1 商事制度改革"放管服"的内涵 …… 142
  1.2 商事制度改革"放管服"的逻辑关系 …… 142
  1.3 商事制度改革"放管服"的重要意义 …… 143
 2 商事制度改革"放管服"的理论和国外实践经验借鉴 …… 144
  2.1 "放管服"改革的基本思想及理论概述 …… 145
  2.2 国外商事领域"放管服"相关的经验借鉴 …… 146
 3 上海商事制度改革"放管服"工作实践 …… 150
  3.1 上海商事制度"放管服"改革的主要措施及成效 …… 150
  3.2 上海商事制度改革"放管服"工作的经验启示 …… 162
  3.3 上海商事制度改革"放管服"工作存在的瓶颈与问题 …… 163

4 进一步深化商事制度改革"放管服"工作的建议 …………………………………… 167
  4.1 放得更活:进一步释放商事登记便利化红利 …………………………… 167
  4.2 管得更好:构建事中事后监管制度体系 ………………………………… 169
  4.3 服务更优:提高行政办事效能 …………………………………………… 174

专题报告十二
普陀区民营制造业面临的机遇挑战及对策 …………………………………………… 182

1 普陀区制造业民营企业发展现状分析 ………………………………………… 183
  1.1 区民营制造业在民营经济中地位不凸显 ………………………………… 183
  1.2 大中小企业比例合理,门类齐全但集聚效应不明显 …………………… 183
  1.3 龙头企业实力强劲但数量稀少,引领带动作用不够突出 ……………… 184
  1.4 营收总额较为稳定,主要财务指标呈现"两高一低"的特点 …………… 185
  1.5 区内制造业民企大多发展成熟,但发展资金来源单一 ………………… 185
  1.6 企业重视质量管理,自主研发能力强但持续投入不足 ………………… 185
  1.7 企业自动化水平有待提高,普及智能制造任重道远 …………………… 187
  1.8 "互联网+"运用广泛 ……………………………………………………… 188
2 新常态下区民营制造业发展环境分析 ………………………………………… 189
  2.1 新常态下企业的发展机遇 ………………………………………………… 189
  2.2 新常态下企业面临的困难与挑战 ………………………………………… 193
  2.3 企业政策诉求 ……………………………………………………………… 199
3 关于促进普陀区民营制造业提质增效的建议 ………………………………… 202
  3.1 帮助企业抓住机遇,乘势而上 …………………………………………… 202
  3.2 扶助企业迎接挑战,脱离困境 …………………………………………… 204
  3.3 满足企业合理诉求,创造更好的发展环境 ……………………………… 205

专题报告十三
充分发挥民营科技企业在科创中心建设中的关键作用 …………………………… 208

1 民营科技企业对于科创中心形成的关键作用 ………………………………… 208
  1.1 国内外主要科创中心形成过程 …………………………………………… 208
  1.2 对科创中心形成因素的基本认识 ………………………………………… 210
  1.3 民营科技企业在科创中心发展过程中的作用机理 ……………………… 211
2 民营科技企业发展特征和规律分析 …………………………………………… 212
  2.1 民营科技企业发展阶段及其特征 ………………………………………… 212
  2.2 民营科技企业成功要素分析 ……………………………………………… 214
3 浦东民营科技企业发展现状 …………………………………………………… 215
  3.1 民营企业总体情况 ………………………………………………………… 215

3.2　浦东民营科技企业主要情况 ··· 216
4　浦东科技企业创业环境分析 ··· 220
　　4.1　浦东创新创业环境在国内总体有优势,但落后于领先地区 ······················ 220
　　4.2　浦东创新环境的核心问题是内在创新动能不足 ····································· 221
5　浦东民营科技企业的发展需求及相关政策建议 ·································· 223
　　5.1　浦东民营科技创业企业发展需求 ·· 223
　　5.2　浦东与国内外先进地区创新政策比较分析 ·· 223
　　5.3　浦东发展民营科技企业的主要政策建议 ··· 225

下篇　理　论　研　究

专题报告一
民营企业与品牌建设 ·· 231
1　中国民企当自强 ··· 231
　　1.1　中国制造尤其民企在国际市场承压 ··· 231
　　1.2　国家启动转型升级品牌战略 ·· 232
　　1.3　中国国情助力民企成名企 ··· 232
2　世界企业品牌新锐 ·· 232
　　2.1　中国企业尤其民企正迎头追赶 ··· 232
　　2.2　国际化是突出"短板" ·· 233
　　2.3　品牌发展的趋势和路径启示 ·· 233
3　品牌经济弄潮儿 ··· 233
　　3.1　现代产权制度是品牌经济的强劲动力 ·· 233
　　3.2　企业家是品牌建设的核心力量 ··· 234
　　3.3　公平竞争的市场机制是品牌发展的淬炼熔炉 ······································· 235
4　为民企品牌发展加油 ·· 235
　　4.1　发挥市场和政策主导作用,深入改革激发活力 ···································· 236
　　4.2　发挥社会参与作用,着力壮大第三方服务 ·· 236
　　4.3　发挥企业主体作用,锤炼品牌内功 ··· 237

专题报告二
中国商会与"一带一路"建设研究 ··· 238
1　"一带一路"中中国的发展和机遇 ·· 238
2　"一带一路"倡议与中国对外直接投资的新战略 ·································· 239
3　"一带一路"倡议下企业走出去的风险 ·· 239
4　"一带一路"倡议下商会的作用 ··· 241
5　"一带一路"倡议下上海企业与商会的协同发展 ·································· 243

    5.1　上海的前期基础 ………………………………………………………………… 243
    5.2　加强对上海民营企业参与"一带一路"建设的政策引导 ……………………… 245

专题报告三
上海非公经济营商环境司法保护研究 ……………………………………………………… 247
  1　民营企业营商司法环境的含义和内容 ……………………………………………… 247
  2　课题调研的背景和过程 ……………………………………………………………… 249
    2.1　上海市民营企业的基本情况 …………………………………………………… 249
    2.2　司法机关优化营商司法环境的举措 …………………………………………… 250
    2.3　课题调研的过程 ………………………………………………………………… 251
  3　上海市民营企业营商司法环境的评价结果 ………………………………………… 252
    3.1　总体评价 ………………………………………………………………………… 252
    3.2　分类评价 ………………………………………………………………………… 253
    3.3　单项评价 ………………………………………………………………………… 254
    3.4　交叉评价 ………………………………………………………………………… 257
  4　调研发现上海市民营企业营商司法环境存在的突出问题 ………………………… 257
    4.1　针对民营企业家的法治宣传尚显不足 ………………………………………… 258
    4.2　司法活动中一定程度尚存在不同主体区别对待 ……………………………… 258
    4.3　司法机关的延伸服务尚有不足 ………………………………………………… 259
    4.4　司法的便民性、透明度和效率尚待提升 ……………………………………… 259
  5　优化上海市民营企业营商司法环境的建议 ………………………………………… 259
    5.1　依法平等保护民营企业的合法利益 …………………………………………… 259
    5.2　加强法治宣传教育 ……………………………………………………………… 259
    5.3　改进司法工作,提高办案质效 ………………………………………………… 260
    5.4　积极参与社会治理,加强延伸服务 …………………………………………… 260
  6　附件一:上海市民营企业营商司法环境调查问卷交叉分析报告 ………………… 261
    6.1　对于"上海市民营企业营商司法环境"的总体评价 ………………………… 261
    6.2　对于"上海市民营企业营商司法环境"的具体评价 ………………………… 267
  7　附件二:上海市民营企业营商的司法环境调查问卷 ……………………………… 273

专题报告四
防范化解风险　促进民营企业高质量发展 ………………………………………………… 277
  1　本市民营企业防范化解风险工作贯彻落实的基本情况 …………………………… 277
    1.1　民营企业坚持高质量发展,夯实抗风险的自身防线 ………………………… 277
    1.2　丰富金融市场,促进金融业支持实体经济发展 ……………………………… 278
    1.3　普惠金融组织体系进一步多元化,小微企业融资环境有所改善 …………… 279

1.4　完善工作机制,系统防控金融风险的重点领域和关键环节 …………………… 279
2　本市民营企业防范化解风险的主要关注点 ……………………………………………… 280
　　2.1　外部环境复杂多变,内部经营压力短期内难以缓解 …………………………… 280
　　2.2　实体企业在去杠杆、强监管政策背景下,财务风险增加 ……………………… 281
　　2.3　民企上市公司出现债券违约,后续风险态势值得高度关注 …………………… 281
　　2.4　民营金融控股平台股权结构复杂,信息不明,存在交叉传染风险 …………… 281
　　2.5　涉众型投资受损类风险易发高发,给社会稳定带来较大压力 ………………… 282
3　防范化解风险,促进民营企业高质量发展的建议 ……………………………………… 282
　　3.1　完善顶层设计,加快推动地方金融监管落地 …………………………………… 282
　　3.2　建立联防联控机制,强化监管协同 ……………………………………………… 283
　　3.3　推动法治环境建设,营造良好环境 ……………………………………………… 283
　　3.4　强化舆情监测管理,加强正面引导 ……………………………………………… 283
　　3.5　建立资信评估平台和信息沟通平台,保护投资人利益 ………………………… 283
　　3.6　依托商会组织加强投资者教育,提升风险防范意识 …………………………… 284

专题报告五
统战工作向商会组织有效覆盖问题研究——以上海市杨浦区为例 ………………………… 285
1　新时代中国商会的统战特色分析 ………………………………………………………… 285
　　1.1　统战性是中国商会组织的时代内核 ……………………………………………… 285
　　1.2　党的领导是商会组织统战工作的价值指向 ……………………………………… 286
　　1.3　服务发展是商会组织统战工作的本质要求 ……………………………………… 287
2　统战工作向商会组织有效覆盖的实践探索 ……………………………………………… 288
　　2.1　统战工作向商会组织有效覆盖的基础条件 ……………………………………… 288
　　2.2　统战工作向商会组织有效覆盖的瓶颈问题 ……………………………………… 289
3　统战工作向商会组织有效覆盖的路径分析 ……………………………………………… 291
　　3.1　充分认识党建在推动统战工作向商会组织有效覆盖中的重要作用 …………… 291
　　3.2　培育一批有分量的商会组织 ……………………………………………………… 291
　　3.3　构建利益导向的互动机制 ………………………………………………………… 292
　　3.4　创新统战工作向商会组织覆盖的方式方法 ……………………………………… 293

专题报告六
引导宝山民营龙头企业推进产业集群建设研究报告 …………………………………………… 294
1　民营龙头企业推进产业集群建设的有利条件 …………………………………………… 294
　　1.1　民营龙头企业存在强劲的内生发展动力 ………………………………………… 295
　　1.2　民营龙头企业舍得核心技术的研发投入 ………………………………………… 295
　　1.3　民营龙头企业的产业关联性大、带动性强 ……………………………………… 295

1.4　民营龙头企业规模效益好、经济实力雄厚 …………………………………………… 296
　　1.5　民营龙头企业的文化理念先进、管理规范 …………………………………………… 296
　　1.6　民营龙头企业具有强烈的社会责任情怀 ……………………………………………… 296
2　宝山民营龙头企业推进产业集群建设的典型案例 …………………………………………… 296
　　2.1　雄踞于大宗商品电商制高点的排头兵——上海钢联 ………………………………… 297
　　2.2　抢占现代钢铁服务行业先机的先行者——上海福然德 ……………………………… 298
　　2.3　颠覆了传统零部件制造工艺的领路人——上海富驰高科 …………………………… 299
　　2.4　创造传统包装产业升级传奇的开拓者——上海新通联 ……………………………… 300
　　2.5　引领中国石墨烯新材料革命的创始人——上海利物盛 ……………………………… 301
　　2.6　深耕中国海洋能源科技领域的拓荒牛——上海美钻 ………………………………… 302
3　宝山民营龙头企业推进产业集群建设的路径 ………………………………………………… 303
　　3.1　夯实龙头基础 …………………………………………………………………………… 303
　　3.2　集聚产业资源 …………………………………………………………………………… 304
　　3.3　构建内部网络 …………………………………………………………………………… 304
　　3.4　打造创新平台 …………………………………………………………………………… 304
　　3.5　扶持中小企业 …………………………………………………………………………… 304
　　3.6　培育集群品牌 …………………………………………………………………………… 304
4　引导民营龙头企业推进产业集群建设的建议 ………………………………………………… 305
　　4.1　加强认识引导，形成带动效应 ………………………………………………………… 305
　　4.2　加大规划引导，形成辐射效应 ………………………………………………………… 306
　　4.3　加密政策引导，形成集聚效应 ………………………………………………………… 306
　　4.4　加深改革引导，形成规模效应 ………………………………………………………… 308
　　4.5　加强服务引导，形成溢出效应 ………………………………………………………… 308
　　4.6　加重投资引导，形成升级效应 ………………………………………………………… 309

专题报告七

非公领域人才"从无到有，从有到优"研究报告 ………………………………………………… 311
1　改革开放40年以来人才政策体系的变迁 …………………………………………………… 311
　　1.1　人才政策的重建期(1977—1983年) ………………………………………………… 311
　　1.2　人才政策的破冰期(1983—1992年) ………………………………………………… 311
　　1.3　人才政策的转型期(1992—2001年) ………………………………………………… 311
　　1.4　人才政策的推进期(2001—2012年) ………………………………………………… 311
　　1.5　人才政策的战略发展期(2012年以来) ……………………………………………… 312
2　改革开放40年以来上海非公经济发展变迁 ………………………………………………… 312
　　2.1　非公经济的萌芽发展期(1978—1990年) …………………………………………… 312
　　2.2　非公经济的快速扩张期(1991—2002年) …………………………………………… 312

  2.3 非公经济的提升发展期(2003—2011年) ······ 312
  2.4 非公经济的质量提升期(2012年至今) ······ 313
 3 改革开放40年以来上海非公人才发展状况 ······ 313
  3.1 非公有制企业人才发展情况 ······ 313
  3.2 非公有制企业人才发展现状和特点 ······ 315
 4 当前非公企业人才发展面临的主要问题 ······ 317
  4.1 人才整体素质有待提高 ······ 317
  4.2 经营管理人才受行业转型影响较大 ······ 317
  4.3 专业技术人才评价体系不健全 ······ 317
  4.4 员工流动率过高难以留住人才 ······ 317
 5 进一步促进非公企业人才发展的政策建议 ······ 318
  5.1 尽快出台与时俱进、高效公平的非公人才政策 ······ 318
  5.2 引导社会对人才观念的改变 ······ 318
  5.3 探索建立新的专业技术人才评价机制 ······ 318
  5.4 建立人才库,构建跨体制的人才共享协调机制 ······ 318

专题报告八
2017年上海市工商联房地产行业发展报告 ······ 320
 1 上海房地产行业发展现状 ······ 320
  1.1 土地成本高企,土拍条件限制多 ······ 320
  1.2 政策调控常态,市场进入调整阶段 ······ 320
  1.3 去杠杆,行业融资压力加剧 ······ 322
  1.4 强者恒强,行业集中度增强 ······ 322
  1.5 聚焦新兴产业,竞争压力较大 ······ 324
 2 上海房地产行业发展趋势 ······ 324
  2.1 中短期内商品住宅市场供求将再平衡 ······ 324
  2.2 楼市调整的预期和下行趋势将再强化 ······ 324
  2.3 民企进入租赁住房市场的门槛将再下降 ······ 324
  2.4 资产证券化将成为房企融资的再选择 ······ 325
 3 有关建议 ······ 325
  3.1 旧城改造,盘活存量用地 ······ 325
  3.2 产城融合,拓展发展空间 ······ 325
  3.3 加强资管,激活租赁市场 ······ 325
  3.4 延伸产业,谋求创新发展 ······ 325
  3.5 政策支持,实现持续发展 ······ 326

2018

上篇 经济发展

上海民营经济

专题报告一

2017年度上海市民营经济运行分析报告

2017年,世界经济稳健复苏,发达经济体增长好于预期,新兴经济体和发展中国家增长较快。我国经济运行总体平稳,全年实现国内生产总值827 122亿元,同比增长6.9%,为世界经济增长做出了重要贡献。本市坚持稳中求进的工作总基调,贯彻新发展理念,以供给侧结构性改革为主线,推动结构优化、动力转换和质量提升。全市经济运行总体平稳、稳中向好、好于预期,实现地区生产总值30 134亿元,同比增长6.9%,增速与上年持平,提质增效进一步显现。

本市民营企业始终坚持以创新驱动发展,谋求企业转型升级,为全市经济发展做出了重要贡献。2017年,民营经济运行继续呈现平稳趋缓态势,实现增加值7 893亿元,占全市GDP比重为26.2%,同比增长5.8%,较上年回落0.3个百分点。尽管总体增速有所回落,但民营经济发展的质量和效益不断提升,具体表现在4个方面:一是积极落实国家"一带一路"战略显成效,对外贸易向好势头进一步巩固;固定资产投资稳步回升,消费保持增长。二是服务业继续引领增长,主要领域发展势头良好,服务业增加值比重保持领先全市;工业扭转萎缩局面,实现较快增长,六大高耗能行业生产得到有效控制,企业效益持续改善。三是科技创新亮点频现,助力科创中心建设取得进展。四是增税收贡献突出,税收占全市比重再攀新高;创业热情依旧,新动力不断孕育。

同时,民营经济也面临着不少困难和问题,如经济增速持续放缓、企业综合成本偏高、企业规模和创新能力有待提升等。为进一步促进民营经济发展,本报告建议:进一步优化本市营商环境,提振实体经济活力;进一步简政减税减费,缓解企业成本压力;进一步支持创新转型,推动民营企业做大做强。

1 本市民营经济运行的主要特点

2017年,本市民营经济运行继续呈现平稳趋缓态势,实现经济增加值7 892.81亿元,在全市生产总值中的比重为26.2%,同比增长5.8%,增速较上年回落0.3个百分点(见表J1-1)。尽管经济增速略有回落,本市民营企业始终坚持在结构调整和创新转型中提质增效,为全市经济发展做出了重要贡献。

表 J1-1　2017 年本市民营经济主要指标

指　　标	2017年绝对值	2017年增速（%）	增速较全市（±百分点）	2016年增速（%）
经济增加值（亿元）	7 892.81	5.8	−1.1	6.1
♯ 第一产业	91.07	−9.5	0.0	−6.5
♯ 第二产业	2 315.31	4.2	−1.6	0.9
♯ 第三产业	5 486.43	6.8	−0.7	8.6
工业总产值（亿元）	5 096.69	4.2	−2.6	−0.5
工业利润总额（亿元）	346.74	7.8	−2.7	7.6
建筑业总产值（亿元）	2 308.93	−3.9	−10.2	4.4
批发零售业商品销售额（亿元）	24 600.40	14.8	+2.8	2.8
批发零售业商品零售额（亿元）	2 411.40	5.1	−3.0	7.0
进出口总额（亿元）	6 030.91	16.8	+4.3	5.9
♯ 出口	2 772.09	12.8	+4.4	0.2
♯ 进口	3 258.82	20.4	+5.0	11.6
固定资产投资（亿元）	1 810.47	8.2	+0.9	4.0
♯ 房地产开发投资	1 407.87	10.0	+6.2	9.2
♯ 工业投资	223.12	1.3	−4.0	−14.3
新设企业数量（万户）	33.99	2.0	+0.2	18.6
新设企业注册资本（亿元）	14 799.56	−25.4	+2.5	−7.6
税收收入（亿元）	4 373.75	13.9	+5.2	44.1

1.1　外贸、投资稳步回升，消费增速有所放缓

1.1.1　对外贸易增速加快，向好势头得到巩固

2017 年，全球贸易环境整体有所改善，市场需求普遍回暖。本市对外贸易增长步伐加快，民营企业表现尤为突出。全年民营企业实现进出口总额 6 030.91 亿元①，同比增长 16.8%，增速较上年同期提高 10.9 个百分点，快于同期全市平均 4.3 个百分点。其中，出口额增长 12.8%，进口额增长 20.4%，表现均优于全市平均水平。

对外贸易全市占比进一步提高。民营进出口总额占全市比重为 18.7%，较上年提高

---

①　民营企业进出口数据：统计范围包括集体企业、私营企业和个体工商户。

0.7个百分点。其中,出口额占比为21.1%,进口额占比为17.0%,分别较上年提高0.8和0.7个百分点。贸易结构进一步优化。一般贸易比重为77.4%,较上年提高2.4个百分点,而加工贸易比重为3.3%,较上年下降0.1个百分点。与"一带一路"沿线国家和主要发达经济体之间贸易合作进一步深化。全年对64个"一带一路"沿线国家进出口额同比增长20.2%,增速快于平均水平3.4个百分点,占民企进出口额的比重为23.7%,较上年提高0.7个百分点;对美、欧、日三大传统发达经济体的进出口额同比增长18.2%,占民企进出口额的比重提高至42.7%。部分高新技术产品、装备制造产业出口增长较快,带动贸易发展质量进一步提升。例如,材料技术、电子技术、光电技术产品出口额同比分别增长66.0%、48.5%和22.6%,船舶、运输工具类装备制造产品出口额同比分别增长59.0%和23.5%。

1.1.2 受房地产投资拉动,民营投资稳步回升

在房地产投资较快增长拉动下,本市民营投资呈现稳步回升态势,2017年完成固定资产投资1 810.47亿元[①],同比增长8.2%,增速较上年提高4.2个百分点,且高于同期全市平均水平0.9个百分点。从占比情况看,民营投资占全市固定资产投资的比重为25.0%,较上年提高0.2个百分点。从投资结构看,房地产投资增速快于全市平均水平;工业投资依旧低迷,但已出现止跌企稳迹象。2017年,本市民营企业完成房地产投资1 407.87亿元,同比增长10.0%,增速较上年提高0.8个百分点,也快于全市6.2个百分点;完成工业投资223.12亿元,增速由上年同比下降14.3%转为同比增长1.3%,低于全市工业投资增速4.0个百分点。

1.1.3 民营消费保持增长,增速略有放缓

2017年,民营批发零售业实现限额以上商品零售额2 411.35亿元,同比增长5.1%,增速较上年回落1.9个百分点,低于全市社会消费品零售总额3.0个百分点。民营批发零售业商品零售额占全市批发零售业零售额的比重为22.3%,低于上年1.4个百分点。

1.2 产业发展提质增效,服务业继续发挥引领作用

1.2.1 服务业引领增长,主要领域发展势头良好

2017年,本市民营经济实现服务业增加值5 486.43亿元,同比增长6.8%,增速快于各产业平均水平1.0个百分点。服务业增加值占民营经济增加值的比重为69.5%,高于全市0.5个百分点。

金融投资领域,华瑞银行探索将电商、租房、家装、汽车等消费场景嵌入App在线综合金融服务,创新打造"'互联网+'时代的智慧银行建设模式"。实践普惠金融,推出"运力贷"产品、"钰翔+华瑞"合作平台,不断优化和创新产业供应链互联网金融产品,受到广

[①] 民营固定资产投资额、商品零售额:统计范围包括私营、集体、私营控股和集体控股企业。

大小微企业的普遍欢迎,取得了良好的社会效益。复星集团荣膺《财资》《全球银行与金融评论》等杂志多个年度投资奖项。秉持中国动力嫁接国际资源理念,成功推动银联国际与葡萄牙商业银行的合作。主办金融"一带一路"峰会,倡议有效整合金融与产业资源,助推环杭州湾大湾区发展,由其牵头的民营联合体签约"杭绍台铁路PPP项目"成为中国首个民营控股的高铁项目。

航空服务领域,民营航空公司持续扩大机队规模,根据市场情况积极调整航班结构,经营管理和服务水平进一步提高。吉祥航空在高价值航空战略引领下,完成了加入星空联盟优连伙伴计划,与波音公司签订10架787飞机订购协议,全年承运旅客1 670万人次,同比增长25.2%。春秋航空将更多新增运力投放到国内航线,同时加强收益管理,其App、官网、微信等官方渠道销售占比一直保持领先,全年承运旅客1 717万人次,同比增长20.7%。

传统服务业领域,企业效益有所改善。2017年,民营批发零售企业实现商品销售额24 600.39亿元,同比增长14.8%,增速较上年提高12.0个百分点,大中型企业实现利润总额156.06亿元,同比增长46.3%;住宿餐饮业大中型企业实现利润总额11.23亿元,同比增长12.7%。

1.2.2 工业生产实现较快增长,质量效益持续改善

2017年,本市民营工业扭转了前两年小幅萎缩态势,全年实现规模以上工业总产值5 096.69亿元,同比由上年下降0.5%转为增长4.2%,实现了较快增长。

行业增长面明显扩大,32个工业行业中有19个行业规模以上工业总产值同比增长,较上年增加8个行业。结构优化调整成效显著,专用设备制造(24.5%)、仪器仪表制造(19.8%)、汽车制造(9.5%)等技术含量高的行业产值增速较快,而六大高耗能行业发展得到有效控制,仅石油加工(1.8%)、化学原料和化学制品制造(0.6%)两个行业小幅增长,其余四个行业产值同比萎缩。企业效益进一步提高,全年实现规模以上工业主营业务收入5 439.20亿元,同比增长8.1%,增速较上年提高7.3个百分点;实现规模以上工业利润总额346.74亿元,同比增长7.8%,增速较上年提高0.2个百分点。民营工业利润总额占全市工业的比重为10.8%,较上年提高0.4个百分点。工业总产值利润率、主营业务收入利润率分别为6.8%和6.4%,分别较上年提高0.3和0.2个百分点。

1.3 科技创新亮点频现,助力科创中心建设取得进展

本市民营企业坚持自主研发和技术创新,在多个产业领域实现了一系列重大技术突破,并在工博会等重要的创新技术成果展中崭露头角,逐步成为本市科技创新中的一支重要力量。

数控科技领域,上海拓璞数控参与联合攻关的"航天大型复杂结构件特种成套制造

装备及工艺"成果,荣获2016年度国家科学技术进步奖二等奖,大幅提高了火箭箭体的加工质量和效率,实现了箭体制造技术水平和制造装备的重大跨越。凭借企业自主研发的全自动密封钻铆部装设备、飞机双五轴蒙皮镜像铣削系统,上海拓璞数控积极助力国产大飞机C919的批量生产,其镜像铣系统在2017年中国国际工业博览会(上海工博会)斩获"创新金奖"。

高端医疗领域,联影医疗自主研发产品横跨诊断、治疗和互联网医疗领域,2017新品发布会首度亮相的世界首台全景动态扫描PET-CT,被誉为"史上最强PET-CT"、窥探人体细胞奥秘的"哈勃望远镜"。9款新品涵盖6大"世界首创","时、空一体"超清TOF PET/MR获2017年上海工博会"工业设计金奖"。96环光导PET-CT代表"中国智造"大型高端医疗设备首次打入日本市场。逸思医疗在全球范围率先打造了最完整的微创外科手术室设备和耗材解决方案,先后入选"2017上海卓越工业品牌展"、CMEF(中国国际医疗器械博览会)"2017创新技术成果展",并荣获"上海市品牌培育优秀企业""创新先进企业"等称号。其核心产品easyEndo腔镜吻合器通过欧洲SGS(瑞士通用公证行)对比测试,在全部核心性能上超越国际医疗巨头的同类产品,具有全球首创的单手操作功能和明显优于进口产品的超大转角。

汽车制造领域,蔚来汽车和威马汽车先后发布其首款量产智能电动车。蔚来ES8搭载自动辅助驾驶系统NIO Pilot,同时是全球首款装载Mobileye EyeQ4自动驾驶芯片的量产车型。目前蔚来已获由市政府颁发的智能网联汽车道路测试号牌,成为全国首家获此资格的企业,并在指定测试路段展开了大量测试。以蔚来汽车为代表的一系列整车及核心零部件企业加快产品创新,形成了产业化能力。威马EX5纯电动SUV综合工况下续航里程450 km,半小时快速充电,20万元起步价,使其真正成为一款大众化的高效智能电动车,目前已正式下线生产。

1.4 增税收贡献突出,新动力不断孕育

1.4.1 税收增速高于全市,占全市比重再攀新高

2017年,本市民营经济完成税收收入4 373.75亿元①,同比增长13.9%,增速快于全市平均水平5.2个百分点。其中,私营企业和非国有控股企业上缴税收分别同比增长17.9%和15.5%。

从占比情况看,民营经济税收收入占全市比重再攀新高,达到35.4%,较上年提高1.6个百分点(见图J1-1)。

1.4.2 创业热情依旧,新动力不断孕育

全国商事制度改革以来,民间创业热情持续攀升。2017年,本市注册登记的新设民营企业33.99万户②,同比增长2.0%;新设民

---

① 民营经济税收收入:不含海关代征的增值税、消费税、证券交易印花税。统计范围包括私营企业、集体企业、个体经营以及非国有控股的联营企业、有限责任公司、股份有限公司。

② 民营企业户数、注册资本:统计范围包括私营企业、个体工商户和农民专业合作社。

图 J1-1　本市民营企业税收收入及全市占比情况

营企业户数占本市全部新设企业的 96.2%，较 2016 年提高 0.2 个百分点（见图 J1-2、图 J1-3）。

新设民营企业注册资本合计 14 799.56 亿元，同比下降 25.4%；民营企业注册资本占全市新设企业注册资本总额的 82.7%，较 2016 年提高 2.8 个百分点（见图 J1-3）。

2　本市民营经济运行存在的主要问题和相关建议

2.1　民营经济运行存在的主要问题

2.1.1　民营经济增速持续放缓

在全国经济增速提高、本市经济增速基本持平的背景下，本市民营经济增速却持续放缓。2017 年，民营经济增加值同比增长

图 J1-2　本市民营新设企业户数（万户）

图 J1-3　本市民营新设企业户数、注册资本占比情况

5.8%,较 2015 年和 2016 年分别回落了 0.5 和 0.3 个百分点,也低于全市 GDP 增速 1.1 个百分点。同时,民营经济增加值占全市的比重为 26.2%,比 2015 年和 2016 年分别下降了 0.5 和 0.4 个百分点。民营经济发展中消费稳增长作用有待进一步发挥,主要依赖房地产的投资结构有待逐步改善。

2.1.2　民营企业综合成本偏高

一是成本持续上升。通过与部分企业座谈了解到,2017 年以来各种原材料及大宗商品价格持续上涨,导致企业尤其是制造业企业压力持续增大。同时,加大环保投入、劳动力成本不断上涨等因素也进一步抬高了企业成本,制约了民营企业的发展。据 2017 年年底采购经理调查数据显示,59.9% 的民营制造业企业遇到"劳动力成本上涨"的问题,56.5% 表示"原材料价格上涨",53.1% 则反映"运输成本上涨";民营非制造业企业遇到的困难和问题占比前两位的则分别是:"劳动力成本上涨"(51.8%)、"资金紧张"(37.7%)。

二是税负较重。2017 年,本市民营经济规模约占全市经济的 26.2%,而税收规模占全市比重高达 35.4%;民营企业税收收入占民营经济增加值的比重高达 55.4%,较上年又提高了 2.9 个百分点,且高于全市平均水平 14.4 个百分点,该比重已超过了绝大部分发达国家的水平。民营中小微企业对于加大税收优惠扶持力度的期盼日渐强烈。从 2017 年下半年抽样调查结果来看,希望政府实施减税降费相关政策的中小微企业比例接近六成,远高于企业对其他政策的期望比例。

2.1.3　民营企业规模和创新能力有待提升

2017 年,本市仅有 13 家民营企业入围"全国民营企业 500 强",较上年减少 1 家,其中入围前 100 强的仅 2 家企业,也较上年减少 1 家。本市民营企业入围数量不仅远少于浙江(120 家)、江苏(82 家)、广东(60 家)等省,也不及深圳(25 家)和北京(14 家)等一线城市。此外,本市企业的科技创新能力有待提高。2017 年,上海的 PCT(专利合作协定)国际专利申请受理量为0.21万件,在全国各省(区、市)中排名第四,与前三名广东(2.68万件)、北京(0.51万件)、江苏(0.46万件)存在较大差距。在国内企业发明专利授权量前十强中,广东有华为、中兴、格力、OPPO四家企业,北京有京东方、联想两家企业,而上海只有中芯国际一家企业上榜。

2.2 进一步促进民营经济发展的建议

2.2.1 进一步优化本市营商环境,提振实体经济活力

一是切实落实本市优化营商环境的行动方案和各项举措,充分发挥"上海市企业服务云""民营经济发展联席会议"的作用,努力提升城市服务功能,增强民营企业的政策获得感、投资安全感和办事便捷感,细化政策措施、解决重点难点问题,支持更多的民营企业做大规模、做强实力、做出影响。同时,发挥第三方评估作用,抓紧建立本市营商环境评价机制。

二是深化"放管服"改革。落实国务院要求,加快推进对商事制度、医疗、投资、建设工程、交通运输、商务、农业、质量技术监督、文化、旅游等10个领域47项审批事项进行"照后减证"改革试点,并尽快形成更多可复制经验,以便向全市及全国推广。

三是切实加强投资引导,充分运用发展规划、产业政策、行业标准的引导作用和财政资金的撬动作用,鼓励吸引民间投资更多进入实体经济领域。例如,在基础设施、公共服务、旧城改造等领域健全PPP(政府和社会资本合作)机制,为民营企业参与城市建设与运营开拓空间。进一步推动能源、金融、文化、社会事业等领域向民营企业有序放开。推动民间投资的各项支持政策落地生根,不断激发民间投资活力,助力实体经济发展。加强"一带一路"等相关政策的宣传普及,引导更多民营企业参与到相关建设中去,让更多民营企业从政策中获益,帮助企业提升发展,更好地走出国门、走向世界。

2.2.2 进一步简政减税减费,缓解企业成本压力

一是进一步加大税收优惠力度,形成长效机制。深入贯彻落实国家对小微企业减免征收所得税、增值税等政策措施,加快研究制订本市面向小微企业的普惠式税收优惠长效机制;可采用先征后返方式,将小微企业所得税中40%的地方分成部分全部返还企业。深入推进"营改增",进一步扩大增值税进项税抵扣范围,如允许企业的银行贷款利息作为进项税额予以抵扣;积极研究针对企业科技创新活动的增值税优惠政策。完善企业所得税征收制度,进一步扩大科技型企业所得税中研发经费加计扣除范围,并可计提部分风险准备金、技术开发准备金。切实解决部分重复征税问题,提高企业竞争力。

二是进一步清理取消经营服务性收费和行业协会商会收费,降低通关环节费用,大力推动降低电价;进一步取消地方非资源补偿类涉企行政事业性收费项目,对于国家规定的政府性基金,可采取先征后返的方式予以减免,切实减轻企业负担。

三是合理调整社保缴费水平。一方面,在不影响参保人员待遇水平的情况下,适当降低企业和职工当期缴费水平,激发企业用工意愿。另一方面,加强监管,对故意不缴、少缴的企业加大惩罚力度。同时,探索建立初创期小微企业社会保险缓(补)缴实施办法,允许其在经营困难期间免缴或缓缴各类社保费用。

2.2.3 进一步支持创新转型,推动民营企业做大做强

一是加强对民营企业的分类指导和服务。坚定不移深化供给侧结构性改革,加快落实国家关于化解产能过剩的相关意见要求,对需要调整的传统行业企业,鼓励技术改造和转型升级;对需要重点扶持的科技型、创新型企业,坚持政策聚焦。

二是完善民营企业技术改造投资相关优惠政策。加大技改贴息力度,增加技改支出的税前列支,对于企业税后利润用于技术改造等再投资的部分可予以财政资金扶持等,促进传统行业民营企业转型升级、提高产品附加值;同时,加大科技型小微企业专项补贴扶持力度,推动民营科技企业加快技术创新步伐。

三是鼓励民营企业创新经营模式,发展新兴业态。通过内部流程改造和外部资源整合,推广及尝试新的营运模式;推广信息技术在各产业门类的深入应用,推动信息化与传统产业融合发展。

四是严格依法平等保护各类产权,加大民营企业知识产权保护力度。可以借鉴中山市设立知识产权快速维权中心的做法,降低民营高科技企业维权成本;加大对侵犯知识产权行为的惩治,提高侵权法定赔偿的上限。

3 附件

3.1 2017年本市民营企业进出口贸易分析

2017年,世界经济增长步伐加快,全球约75%的国家经济实现正增长,实现了较为全面的同步复苏。中国对"一带一路"沿线国家的投资合作和贸易往来稳步推进,有力拉动对外贸易的好转,对增强世界贸易活力也产生了积极影响。从本市民营企业看,进出口总额同比增长16.8%(见图J1-4),增速较上年同期提高10.9个百分点,占全市比重进一步提高,对"一带一路"沿线国家进出口总额同比增长20.2%。

3.1.1 进出口增速快于全市平均水平

2017年,本市民营企业实现进出口总额6 030.91亿元①,同比增长16.8%,增速快于全市平均4.3个百分点。其中,出口总额2 442.09亿元,同比增长12.8%,增速快于全市平均4.4个百分点;进口总额3 258.82亿元,同比增长20.4%,增速快于全市5.0个百分点(见表J1-2)。

2017年,本市民营企业进出口总额占全市比重达到18.7%,较上年提高了0.7个百分点。

---

① 民营企业进出口数据:统计范围包括集体企业、私营企业和个体工商户,其中主要进出口商品数据的统计范围仅为私营企业。

图 J1-4 近三年本市民营企业进出口总额及增长情况

表 J1-2 2017年民营企业进出口主要指标

指标	民营企业 金额（亿元）	民营企业 同比增长（%）	全市企业 金额（亿元）	全市企业 同比增长（%）
进出口总额	6 030.91	16.8	32 237.82	12.5
♯ 出口	2 772.09	12.8	13 120.31	8.4
♯ 进口	3 258.82	20.4	19 117.51	15.4

从不同经营主体看，2017年民营企业进出口总额增速分别快于国企和外企14.5和3.2个百分点，显示民营企业对全市外贸增长的支撑和推动力进一步增强。其中，民营企业出口额增速分别快于国企和外企8.1和5.5个百分点；进口额增速分别快于国企和外企19.2和2.0个百分点（见表J1-3）。

表 J1-3 2017年不同经营主体进出口情况比较

指标	进出口（亿元）	同比增速（%）	出口（亿元）	同比增速（%）	进口（亿元）	同比增速（%）
全市	32 237.82	12.5	13 120.31	8.4	19 117.51	15.4
♯ 国有企业	4 607.66	2.3	1 548.24	4.7	3 059.41	1.2
♯ 民营企业	6 030.91	16.8	2 772.09	12.8	3 258.82	20.4
♯♯ 私营企业	5 884.55	18.3	2 673.13	13.5	3 211.42	22.6
♯♯ 集体企业	142.94	−23.7	98.54	−3.1	44.40	−48.2
♯♯ 个体工商户	3.42	1.7	0.43	−8.1	3.00	3.3
♯ 外商投资企业	21 478.07	13.6	8 753.95	7.3	12 724.12	18.4

3.1.2 贸易结构进一步优化

从贸易方式看，本市民营企业进出口以一般贸易为主。2017年，一般贸易方式实现进出口4 669.12亿元（见表J1-4），同比增长

20.5%,增速快于民营企业进出口平均增速3.7个百分点;一般贸易进出口额占全部贸易方式的比重为77.4%,占比较上年提高2.4个百分点。

加工贸易实现进出口197.52亿元,同比增长12.4%;加工贸易进出口额占全部贸易方式的3.3%,占比较上年下降0.1个百分点。

表J1-4　2017年民营企业进出口主要贸易方式

贸易方式	进出口金额（亿元）	出口金额（亿元）	进口金额（亿元）
一般贸易	4 669.12	2 443.88	2 225.24
海关特殊监管区域物流货物	933.79	188.87	744.92
保税监管场所进出境货物	201.99	15.84	186.16
进料加工贸易	171.69	97.94	73.75
来料加工装配贸易	25.83	18.44	7.39
租赁贸易	13.34	0.45	12.89
其他贸易	7.14	0.65	6.49
对外承包工程出口货物	5.83	5.83	0.00

3.1.3 "一带一路"战略深入推进,拉动贸易持续向好

2017年,全球市场需求回暖,加上我国对"一带一路"战略的深入推进,有力拉动了本市对外贸易的发展,民营企业主要进出口市场普遍呈现较快增长(见表J1-5)。

表J1-5　2017年民营企业主要进出口市场情况

经济体/国际组织	进出口		出口		进口	
	金额（亿元）	同比增速（%）	金额（亿元）	同比增速（%）	金额（亿元）	同比增速（%）
全　部	6 030.91	16.8	2 772.09	12.8	3 258.82	20.4
欧元区	1 067.81	24.6	361.73	16.2	706.08	29.4
美　国	982.05	13.5	565.76	12.2	416.29	15.4
日　本	524.15	15.0	252.18	5.6	271.97	25.4
澳大利亚	348.21	42.3	93.29	5.1	254.92	63.4
韩　国	329.95	9.2	91.98	6.4	237.97	10.3
印　度	177.41	37.9	107.26	34.2	70.15	44.0

续表

经济体/国际组织	进出口		出口		进口	
	金额（亿元）	同比增速（%）	金额（亿元）	同比增速（%）	金额（亿元）	同比增速（%）
中国台湾	171.58	18.5	36.02	11.5	135.55	20.6
英 国	127.70	9.5	85.65	5.1	42.06	19.9
东 盟	701.70	19.5	341.87	15.9	359.84	23.1

全年实现对64个"一带一路"沿线国家进出口额1 431.65亿元，同比增长20.2%，增速快于平均水平3.4个百分点。对"一带一路"沿线国家进出口额占民企进出口总额的比重为23.7%，较上年提高0.7个百分点。对美、欧、日三大传统发达经济体的进出口总额为2 574.01亿元，同比增长18.2%，增速快于平均水平1.4个百分点；对三大经济体进出口额占民企进出口总额的比重为42.7%，较上年提高0.5个百分点。

3.1.4 主要商品进出口仍有分化

出口方面，支持本市民企出口额实现较快增长的商品类别主要包括机电产品（1 219.77亿元[①]，18.0%）、高新技术产品（322.68亿元，12.4%）、纺织纱线、织物及制品（178.96亿元，5.8%）、二极管及类似半导体器件（43.72亿元，1.1倍）、服装及衣着附件（341.20亿元，6.8%）、汽车零配件（88.70亿元，18.4%）和钢材（70.42亿元，21.4%）等。其中，材料技术、电子技术、光电技术（出口额同比分别增长66.0%、48.5%和22.6%）等高新技术产品以及船舶、运输工具类装备制造产品（出口额同比分别增长59.0%和23.5%）

出口增长较快，带动进出口贸易发展质量进一步提升。医药品（27.20亿元，−44.7%）、电话机（2.34亿元，−86.3%）、集成电路（12.13亿元，−23.5%）等少数商品类别出口额则同比出现不同程度萎缩。

进口方面，对民企进口额保持快速增长贡献较大的商品类别主要包括机电产品（1 180.22亿元，28.8%）、高新技术产品（696.36亿元，32.3%）、铁矿砂及其精矿（144.90亿元，1.4倍）、飞机及其他航空器（170.73亿元，56.6%）、集成电路（92.98亿元，63.2%）、农产品（442.85亿元，6.9%）和计量检测分析自控仪器及器具（124.47亿元，21.6%）等。电话机（5.36亿元，−85.5%）、未锻轧铜及铜材（78.94亿元，−22.0%）、粮食（20.37亿元，−39.4%）、未锻轧铝及铝材（5.30亿元，−38.0%）和医疗仪器及器械（30.29亿元，−8.9%）等商品进口额则同比萎缩。

3.2　2017年本市民营工业经济运行分析

2017年，本市民营经济总体运行于合理

[①] 民营主要商品进出口金额：统计范围为私营企业。

区间内,继续呈现平稳趋缓态势,全年增加值同比增长5.8%,较上年放缓0.3个百分点。民营工业生产扭转了前两年小幅萎缩态势,实现了较快增长,企业效益有所提高,工业投资止跌企稳,经济发展质量进一步提升。

3.2.1 工业生产实现较快增长

2017年,民营经济实现规模以上工业总产值5 096.69亿元,同比由2016年下降0.5%转为增长4.2%,实现了近年来的较快增长,但增速仍低于全市工业2.6个百分点(见表J1-6、图J1-5)。民营工业总产值占全市工业的比重为15.0%,较2016年微降0.1个百分点。

表J1-6　2017年民营规模以上工业主要指标

指　标	民营工业		全市工业	
	绝对值(亿元)	同比增长(%)	绝对值(亿元)	同比增长(%)
工业总产值	5 096.69	4.2	33 989.36	6.8
主营业务收入	5 439.20	8.1	37 900.38	10.4
利润总额	346.74	7.8	3 200.10	10.5

图J1-5　近几年本市民营规模以上工业总产值情况

分行业看,32个工业行业中有19个行业规模以上工业总产值同比增长,较上年增加8个行业,但仍有13个行业同比下降。

其中,专用设备制造业(377.58亿元,24.5%)、汽车制造业(601.5亿元,9.5%)、通用设备制造业(488.02亿元,6.1%)、皮革、毛皮、羽毛及其制品和制造业(144.50亿元,17.9%)、橡胶和塑料制品业(353.09亿元,4.7%)和纺织服装、服饰业(158.09亿元,8.9%)等行业工业总产值同比增加量居前,对工业生产较快增长起到了主要的拉动作用。

然而,非金属矿物制品业(180.81亿元,-8.8%)、有色金属冶炼和压延加工业(198.25亿元,-4.9%)、计算机、通信和其他电子设备制造业(229.20亿元,-3.3%)、文教、工美、体育和娱乐用品制造业(70.19亿元,-8.5%)、金属制品业(384.43亿元,-1.5%)和家具制造业(59.20亿元,-6.9%)等行业工业总产值同比缩减量居前。

3.2.2 主营业务收入增速同比提高

2017年,民营企业实现规模以上工业主营业务收入5439.20亿元,同比增长8.1%,增速较上年提高7.3个百分点,但低于全市工业2.3个百分点。民营工业主营业务收入占全市工业的比重为14.4%,与上年持平。

分行业看,32个工业行业中有23个行业实现主营业务收入同比增长,较上年增加9个行业。

其中,专用设备制造业(399.52亿元,22.8%)、汽车制造业(658.91亿元,12.3%)、化学原料和化学制品制造业(429.43亿元,11.3%)、通用设备制造业(513.91亿元,8.0%)、电气机械和器材制造业(671.00亿元,5.1%)和橡胶和塑料制品业(375.37亿元,7.9%)等行业主营业务收入同比增加量居前。

然而,家具制造业(63.53亿元,-7.2%)、铁路、船舶、航空航天和其他运输设备制造业(26.90亿元,-12.7%)、文教、工美、体育和娱乐用品制造业(72.61亿元,-2.6%)、木材加工和木、竹、藤、棕、草制品业(33.95亿元,-5.4%)、黑色金属冶炼和压延加工业(33.70亿元,-3.3%)和计算机、通信和其他电子设备制造业(264.58亿元,-0.3%)等行业主营业务收入较上年缩减量居前。

3.2.3 盈利状况整体向好,行业分化加剧

2017年,民营企业实现规模以上工业利润总额346.74亿元,同比增长7.8%,增速较上年提高0.2个百分点,但低于全市工业2.7个百分点。工业总产值利润率、主营业务收入利润率分别为6.8%和6.4%,较上年提高0.3和0.2个百分点,但均低于全市工业平均水平。

分行业看,32个工业行业中有19个行业实现盈利增长,较上年增加4个行业,7个行业盈利同比萎缩,6个行业处于亏损状态。

盈利增长的行业中,汽车制造业(48.49亿元,14.9%)、电气机械和器材制造业(42.79亿元,11.0%)、医药制造业(24.73亿元,14.5%)、仪器仪表制造业(8.08亿元,50.9%)、农副食品加工业(8.78亿元,34.9%)和专业设备制造业(33.06亿元,7.1%)等行业利润增加额排名靠前,支持民营工业利润总额同比稳步攀升。

然而,盈利缩减金额靠前的行业包括家具制造业(2.93亿元,-39.7%)、金属制品业(16.09亿元,-10.3%)、橡胶和塑料制品业(23.71亿元,-5.0%)和纺织服装、服饰业(1.65亿元,-39.4%)等,此外废弃资源综合利用业等6个行业出现亏损,均在一定程度上抑制了利润总额的快速增长。

图 J1-6　本市民营企业工业投资及增长情况

3.2.4　工业投资止跌企稳

2017年,民营企业完成工业投资223.12亿元,工业投资总体仍处于低迷态势,但已经止住了近年来持续萎缩的势头,投资增速由上年下降14.3%转为小幅增长1.3%(见图J1-6)。

上海市工商业联合会　供稿
主要完成人:徐惠明　张　捍　刘　佳
　　　　　　封丹华　韩　莹　徐玲玲

专题报告二

上海市2017年国民经济和社会发展综述

2017年,在以习近平同志为核心的党中央坚强领导下,上海全面贯彻落实党的十八大、十八届历次全会和十九大精神,认真学习贯彻习近平新时代中国特色社会主义思想,坚决贯彻落实党中央、国务院决策部署,按照当好全国改革开放排头兵、创新发展先行者的要求,坚持稳中求进工作总基调,积极践行新发展理念,以供给侧结构性改革为主线,全力以赴抓推进、抓落实、补短板,全市经济运行总体平稳、稳中向好、好于预期,创新驱动发展、经济转型升级成效进一步显现,民生保障持续加强。

1 经济运行稳中向好,实体经济支撑作用进一步增强

1.1 经济运行总体平稳

经济保持平稳增长,全市生产总值突破3万亿元,比上年增长6.9%,发展稳定性和协调性进一步增强。就业形势保持稳定,全年新增就业岗位57.9万个,城镇登记失业率稳定在3.9%。物价涨幅稳中趋缓,居民消费价格指数上涨1.7%,涨幅回落1.5个百分点。

1.2 二三产业协同增长

工业生产明显好于预期,服务业克服房市和股市回落影响实现平稳发展。大力推动制造业创新发展和转型升级,制定实施本市巩固提升实体经济能级"50条"意见,落实"中国制造2025"上海行动纲要,协调推进一批先进制造业重大项目,全年工业增加值比上年增长6.4%,增速为2012年以来最高。加快培育壮大战略性新兴产业,制定发布本市推动新一代人工智能发展实施意见,C919国产大型客机成功首飞,战略性新兴产业制造业产值增长5.7%,占全市规模以上工业总产值比重达到30.8%。服务业在平稳增长中优化结构,第三产业增加值增长7.5%,占全市生产总值比重为69%,信息服务业、金融业以及与实体经济发展密切相关的生产性服务业保持较快增长。

1.3 内外需求同步回升

投资增长总体平稳,全年全社会固定资产投资总额完成7 246.6亿元,比上年增长7.3%。重大项目建设加快推进,轨道交通17号线、9号线三期、黄浦江上游水源地金泽水库工程等16个项目建成,虹桥污水处理厂、金砖银行总部大楼及配套设施、上海图书馆东

馆、上海博物馆东馆等22个项目开工建设,全年完成投资1342.9亿元。消费升级态势明显,全年社会消费品零售总额为1.2万亿元,增长8.1%,电子商务交易额增长21%;迪士尼乐园开园运营一周年游客量超过1100万人次,上海购物节、上海旅游节等会商旅文体联动示范项目成功举办。外贸增速明显回升,全市外贸进出口总额达到3.2万亿元,增长12.5%,其中高新技术产品出口占全市比重超过40%。

2 自贸试验区和科技创新中心建设两大国家战略加快推进,经济发展活力和动力进一步增强

2.1 自贸试验区建设全面深化

全力推进落实《全面深化中国(上海)自由贸易试验区改革开放方案》确定的各项改革任务,研究制定自由贸易港实施方案,"三区一堡"建设加快推进。自贸试验区制度创新进一步激发市场活力,区内新注册企业累计超过5万户,自贸试验区实到外资、外贸进出口额占全市比重分别超过30%和40%。

2.2 科技创新中心建设取得新进展

张江综合性国家科学中心建设全面推进,全面创新改革试验加快落实落地,6个研发与转化功能型平台启动建设,创新创业环境持续优化。落实《关于进一步深化人才发展体制机制改革加快推进具有全球影响力的科技创新中心建设的实施意见》,加大海外人才和高层次人才引进培养力度,新当选中国科学院院士10人,占全国16.4%。科技成果转化活跃度提升,每万人口发明专利拥有量达到41.5件,比上年增长17.9%。

2.3 重点领域改革深入推进

持续加大"放管服"改革力度,全年取消和调整行政审批等事项119项,制定出台当场办结、提前服务、当年落地"三个一批"改革实施方案。深化"证照分离"改革试点,在浦东新区全面实施改革试点基础上,116项改革试点事项中75项在全市复制推广、17项在全国复制推广。着力深化国资国企改革,推进一批企业整体上市或核心业务资产上市,完成一批企业集团开放性市场化联合重组,遴选一批国有控股混合所有制企业开展员工持股试点。制定实施上海市社会信用条例,推进公共信用信息平台二期项目建设,信用联合奖惩子系统上线运行。深化价格改革,建立输配电价形成机制,推进农业水价综合改革。

2.4 开放型经济发展能级不断提升

利用外资结构持续优化,制定实施《关于进一步扩大开放加快构建开放型经济新体制的若干意见》,修订完善跨国公司地区总部政策,租赁和商务服务业成为全市利用外资第一大行业,全市跨国公司地区总部累计达到625家,其中亚太区总部达到70家;制定实施支持外资研发中心参与上海科创中心建设若干意见,外资研发中心累计达到426家。制定发布上海服务国家"一带一路"建设发挥桥头堡作用行动方案,与超过20个沿线国家和重

要节点城市建立经贸合作伙伴关系,与"一带一路"沿线国家货物贸易额占全市比重达到1/5。制定出台本市推动长江经济带发展实施规划,推动长江生态修复与环境保护,推进长江经济带综合立体交通走廊建设,组建长江经济带航运联盟。积极推动长三角区域合作和联动发展,沪通铁路等一批基础设施互联互通项目加快建设,长三角区域空气质量改善深化治理方案启动实施。进一步做好对口支援和东西部扶贫协作工作,全年安排专项资金45亿元,实施各类项目908个。

3 供给侧结构性改革持续深化,经济发展质量和效益进一步提高

3.1 供给侧结构性改革重点任务加快落实

实施新一轮降低企业负担措施方案,全年新增减负超过500亿元。着力降低制度性交易成本,全面实行"多证合一、一照一码",建立服务企业联席会议制度,上海市企业服务云上线。推进产业结构转型升级,制定加强本市各区招商引资统筹工作指导意见,强化土地资源统筹和产业项目准入管理,推广"区区合作、品牌联动"。加快落后产能淘汰和低效建设用地减量,全年完成产业结构调整项目1 436项,实施桃浦二期等重点区域调整17个,实现低效建设用地减量8.4平方千米。

3.2 城市服务功能不断提升

金融市场资源配置能力进一步增强,"债券通"启动试点,中央结算公司设立上海总部,全年金融市场交易总额达到1 428.4万亿元,上海在"全球金融中心指数"(GFCI)中的排名从上年第16位跃升至第6位;金融风险总体可控,不良贷款余额和不良率持续"双降",年末不良贷款率为0.57%。国际贸易中心集聚功能进一步增强,成功争取中国国际进口博览会落户上海,全年展览规模突破1 750万平方米,居世界城市首位;全年上海口岸进出口总额占全国比重接近30%,商品销售总额比上年增长12%。现代航运集疏运体系和航运服务体系进一步优化,全球最大自动化码头洋山深水港区四期开港试运行,上海港集装箱吞吐量连续八年位居世界第一,吴淞口国际邮轮港接待游客人数稳居亚洲第一、世界第四,国际海事亚洲技术合作中心在沪成立,国家级虹桥临空经济示范区启动建设。智慧城市应用服务加快推广,"市民云"用户数达到763万个,家庭光纤宽带用户平均接入带宽达到111.1兆比特/秒,增长89.6%。

3.3 经济发展质量和效益稳步提高

财政收入在高基数下实现平稳增长,全年完成一般公共预算收入6 642.3亿元,比上年增长9.1%;非税收入占全市一般公共预算收入比重为11.7%,为全国最低。居民收入持续增长,全市居民人均可支配收入为58 988元,增长8.6%,城镇和农村居民收入分别增

长8.5%和9%。企业效益持续转好,全市规模以上工业企业利润增长10.5%。

4 民生保障工作切实加强,人民生活质量进一步提高

4.1 就业和社会保障体系不断健全

平稳推进镇保制度调整,将小城镇社会保险整体纳入国家基本社会保险制度,制定实施特困人员救助供养意见,继续提高城乡低保、最低工资等民生保障标准。稳步推进住房保障和旧区改造,全年新增供应各类保障性住房8万套,完成中心城区二级旧里以下房屋改造49万平方米、受益居民2.4万户。持续加强房地产市场调控,租购并举的住房制度加快建立,制定出台加快培育和发展本市住房租赁市场实施意见,全年供应租赁住房用地80公顷,可形成租赁住房供应能力近3万套。完善创业带动就业长效机制,帮扶引领成功创业12 628人。成功申办2021年第46届世界技能大赛,在第44届世界技能大赛中取得优异成绩。

4.2 养老服务体系加快完善

深化完善"五位一体"社会养老服务体系,全面建立老年照护统一需求评估制度,在徐汇、普陀、金山等三个区开展长期护理保险试点。养老服务供给能力不断提高,新增公办养老床位7 088张、长者照护之家54家、老年人日间服务中心81家。出台社区养老服务管理办法,加强养老护理队伍建设,对2.2万名养老护理人员进行技能培训。

4.3 社会事业发展水平稳步提高

制定发布本市基本公共服务项目清单,推动基本公共服务制度化、标准化、均等化。教育综合改革取得积极进展,坚持立德树人,加快建设大中小幼一体化德育体系,统筹推进一流大学和一流学科建设,稳妥推进高考综合改革试点,规范义务教育阶段社会教育培训秩序。出台"健康上海2030"规划纲要,社区卫生服务中心全面开展"1+1+1"医疗机构组合签约,公立医院全部取消药品加成,跨省异地就医住院费用直接结算和医保个人账户资金购买商业保险工作平稳推进。制定出台加快文化创意产业创新发展的若干意见,推进"文化上海云"建设,完善公共文化三级配送体系,大世界非遗中心、世博会博物馆、上海交响音乐博物馆对外开放。成功申办2021年世界赛艇锦标赛和2019年世界武术锦标赛,举办首届城市业余联赛,全市新建市民健身步道75条,新建改建市民球场65片、益智健身苑点210个。全力抓好"菜篮子"工程建设,全年新建改建标准化菜市场33家、社区智慧微菜场310家。军民融合深度发展,加快实施一批军民融合重点项目,配合驻沪部队基本完成全面停止有偿服务工作,国防动员、双拥共建、优抚安置工作进一步加强。

4.4 城乡发展一体化深入推进

新一轮城市总体规划获国家批准,镇村规划体系逐步完善,推进闵行国家产城融合示范区建设,新场、吴泾、东平、安亭、罗泾和

庄行6个镇入选第二批中国特色小镇。制定实施农业供给侧结构性改革实施意见，推动整建制创建国家现代农业示范区，家庭农场累计达到4516户。制定新形势下促进农村集体经济转型发展指导意见，基本完成村级集体产权制度改革。大力推进美丽乡村建设，完成涉及5万户的村庄改造，建设生态公益林4.3万亩、生态廊道2.2万亩。截至2017年年底，廊下、嘉北、青西、长兴岛、浦江、广富林6座郊野公园建成开园。实施离土农民就业促进专项计划，编制农民集中居住专项规划，有序推进农民集中居住项目建设。

5 生态环境补短板工作持续发力，城市管理和社会治理进一步加强

5.1 生态环境补短板工作取得成效

第六轮环保三年行动计划全面完成，全力完成中央环保督察整改任务。"五违四必"区域环境综合整治任务取得明显成效，基本消除"五违"问题集中成片区域。第一轮金山地区环境综合整治工作全面完成。水污染防治行动计划有力有效推进，建立市、区、街镇三级河长体系，城乡中小河道综合整治任务全面完成，中小河道基本消除黑臭。全面完成首轮清洁空气行动计划，长三角区域大气污染联防联控成效显现。制定发布关于促进和保障崇明世界级生态岛建设的决定，新一轮三年行动计划重点项目加快建设。节能减排和绿色低碳发展取得新成效，单位生产总值能耗和主要污染物排放量削减率完成国家下达目标。

5.2 城市精细化管理着力加强

深化城市管理综合执法改革，城市网格化管理实现市、区、街镇、居村四级全覆盖，群租、非法客运、无序设摊等城市管理顽症整治取得明显成效。成功创建国家公交都市，全面实施新修订的《上海市道路交通管理条例》，持续从严开展道路交通违法行为大整治。牢牢守住城市安全底线，加强对危险化学品、地下空间、油气管线、电梯、老旧住房等重点领域的安全风险管控和隐患排查治理，全市各类生产安全事故数、死亡人数比上年分别下降3.9%和7.2%。《上海市食品安全条例》启动实施，大力推进食品安全全过程监管，全面建设市民满意的食品安全城市。黄浦江两岸45千米岸线公共空间实现全线贯通开放，开展黄浦江核心段岸线综合利用规划编制工作。

5.3 社会治理创新进一步深化

完善人口综合调控和服务管理，发布实施新修订的居住证管理办法及相关配套政策。落实街道综合管理权实施办法，出台规范居村功能、畅通为民服务指导意见，66个基本管理单元建成运转。住宅小区综合治理三年行动计划全面完成。智慧公安建设全面启动，立体化、信息化社会治安防控体系加快建设，社会矛盾纠纷排查预警和多元化解机制不断完善，电信网络诈骗等社会治安突出问题得到有力整治，平安上海建设取得新成效。

总的来看,2017年上海经济社会发展呈现总体平稳、稳中向好、好于预期的积极态势,创新驱动发展、经济转型升级成效进一步显现,全面完成了本届政府和市十四届人大五次会议确定的目标任务。同时,本市经济社会发展仍面临不少问题和挑战,实体经济能级有待进一步巩固提升,深化改革创新仍须攻坚克难,城市管理和社会民生补短板任务仍然繁重,需要在今后工作中着力加以解决。

上海市发展和改革委员会供稿

专题报告三

2018年上半年上海市民营经济运行分析报告

2018年上半年,面对异常复杂严峻的国内外环境,我国坚定践行新发展理念,攻坚克难,扎实工作,国民经济延续总体平稳、稳中向好的发展态势,结构调整深入推进,新旧动能接续转换,质量效益稳步提升,经济迈向高质量发展,起步良好。上半年国内生产总值418 961亿元,同比增长6.8%,增速较上年同期小幅回落0.1个百分点。

本市坚持稳中求进工作总基调,坚持新发展理念,按照高质量发展的要求,加快建设"五个中心",全力打响"四个品牌"。上半年,全市生产总值15 558亿元,同比增长6.9%,增速与上年同期持平。服务业增长较快,工业生产提质增效,战略性新兴产业发展良好。从三大需求看,消费、投资增势平稳,对外贸易保持增长。

在此背景下,民营企业紧跟国家和全市发展战略,全力推进创新驱动发展、经济转型升级。上半年,本市民营经济运行稳中有进,并呈现出以下基本特点:一是三大需求协调发展,投资、消费提速,出口增速微降;二是主要产业稳中有进,工业、建筑业回暖,服务业势头良好;三是企业探索创新、转型升级取得新进展;四是继续对全市经济发展做出重要贡献。针对本市民营经济运行中存在的营商环境有待进一步优化、经营成本高企、中美贸易摩擦升级带来不利影响等三方面问题,本报告提出了三条建议:兼顾规范管理和服务创新,深入优化本市营商环境;完善税收、人才、融资服务,切实降低企业经营成本;关注中美贸易摩擦对企业的影响,帮助企业有效应对。

1 上半年本市民营经济运行的主要特点

2018年以来,本市全面贯彻落实党的十九大和十九届二中、三中全会精神,以习近平新时代中国特色社会主义思想为指导,全面提升政府行政效能,加快构筑"亲""清"新型政商关系,着力优化营商环境。上半年,民营经济运行总体稳中有进,继续为全市经济发展做出重要贡献(见表J3-1)。

1.1 三大需求协调发展,投资、消费提速,出口增速微降

1.1.1 投资增速提高,结构趋于优化

上半年,本市民营企业完成固定资产投资884.56亿元①,同比增长13.3%(见表J3-2),

---

① 民营投资情况:统计范围包括私营、集体、私营控股和集体控股企业。

表 J3-1　上半年本市民营经济运行主要指标

指　标	金额（亿元）	全市占比（％）	同比增速（％）	增速较全市（±百分点）
进出口总额	3 069.69	19.0	8.8	+5.0
♯ 出口	1 452.66	22.8	14.5	+12.7
♯ 进口	1 617.03	16.5	3.7	−1.4
固定资产投资	884.56	27.9	13.3	+7.3
♯ 房地产业	687.60	37.8	10.0	+6.5
♯ 工业	131.68	28.3	51.8	+28.9
社零消费品零售额	1 379.94	22.5	6.0	−1.7
商品销售额	13 632.12	24.0	−1.5	—
社会服务业营业收入	2 737.55	21.5	20.4	+9.1
社会服务业营业利润	44.28	4.9	−35.3	—
工业总产值	2 503.02	14.7	5.4	+0.2
工业主营业务收入	2 656.90	14.1	8.6	+1.9
工业利润总额	146.04	8.2	9.1	−4.9
建筑业总产值	1 069.63	35.2	12.0	+0.8
税收收入	2 874.59	33.2	8.1	−0.7
新设企业户数（户）	194 144	96.4	16.5	−0.2
新设企业注册资本	7 930.18	82.5	9.7	−2.1

表 J3-2　上半年民营投资及增长情况

指　标	民营企业		全市企业	
	投资额（亿元）	同比增速（％）	投资额（亿元）	同比增速（％）
固定资产投资	884.56	13.3	3 170.27	6.0
♯ 工业投资	131.68	51.8	465.76	22.9
♯ 房地产投资	687.60	10.0	1 816.91	3.5

增速较上年同期提高4.5个百分点，且高于全市固定资产投资增速7.3个百分点。上半年，民营企业投资额占全市固定资产投资的比重为27.9％，较上年同期提高1.8个百分点。

从投资结构看，房地产投资增速平稳上升，工业投资由降转增，其他投资小幅萎缩。上半年，民营企业完成房地产投资687.60亿元，同比增长10.0％，增速同比提高1.6个百分点，且高于同期全市房地产业投资6.5个百分点；工业投资131.68亿元，同比增速由上年同期下降3.1％转为增长51.8％，而同期全市工业投资同比增长22.9％；其他投资65.28

亿元,同比萎缩4.8%。

1.1.2 进出口增速有所回落,外贸形势总体好于全市

上半年,本市民营企业实现进出口总额3 069.69亿元①,同比增长8.8%(见表J3-3),增速较上年同期回落了13.4个百分点,但高于全市平均5.0个百分点。其中,出口增长14.5%,增速小幅回落0.3个百分点;进口增长3.7%,增速回落了24.5个百分点。上半年,民营企业进出口总额占全市比重为19.0%,较上年同期提高0.7个百分点。

表J3-3 上半年民营企业进出口主要指标

	金额（亿元）	同比增速（%）	增速较上年同期	增速较全市平均
进出口总额	3 069.69	8.8	-13.4	5.0
＃ 出口	1 452.66	14.5	-0.3	12.7
＃ 进口	1 617.03	3.7	-24.5	-1.4

1.1.3 消费保持增长,增速较上年同期略有提高

上半年,本市民营经济实现社会消费品零售额1 379.94亿元②,同比增长6.0%(见表J3-4),增速略高于上年同期,但低于同期全市社会消费品零售总额增速1.7个百分点。上半年,民营经济商品零售额占全市社会消费品零售总额的比重为22.5%。

表J3-4 上半年民营消费及增长情况

指标	民营企业		全市企业	
	金额（亿元）	同比增速（%）	金额（亿元）	同比增速（%）
社会消费品零售额	1 379.94	6.0	6 143.3	7.7

1.2 主要产业稳中有进,工业、建筑业回暖,服务业势头良好

1.2.1 工业、建筑业实现较快增长,增速略高于全市

上半年,本市民营工业完成规模以上工业总产值2 503.02亿元,同比增长5.4%,增速较上年同期提高1.3个百分点,且高于全市工业0.2个百分点。民营工业总产值占全市工业的比重为14.7%,较上年同期提高了0.4个百分点。32个工业行业中,18个行业实现产值同比增长,较上年同期增加1个。

上半年,民营工业实现规模以上主营业务收入2 656.90亿元,同比增长8.6%,增速较上年同期提高0.3个百分点,且高于全市工业1.9个百分点;规模以上利润总额146.04亿元,同比增长9.1%,增速较上年同期回落1.1个百分点,且低于全市工业4.9个百分点。民营工业企业主营业务利润率为5.5%,较上年同期提高0.1个百分点,但低于全市工业3.9个百分点。

分行业看,计算机、通信和其他电子设备制造业、专用设备制造业、通用设备制造业等设备制造行业运行态势良好,规模以上工业总产值分别同比增长20.1%、12.7%和11.1%。从盈利指标看,化学原料和化学制

---

① 民营企业进出口数据:统计范围为私营企业。
② 民营社会消费品零售额、民营经济工业总产值:统计范围包括私营、集体、私营控股和集体控股企业。

品制造业实现利润总额18.40亿元,同比增长44.7%。

上半年,民营企业实现规模以上建筑业总产值1 069.63亿元,同比增速由上年同期下降18.4%转为增长12.0%,增速高于全市平均水平0.8个百分点。民营建筑业总产值在全市建筑业总产值中的比重为35.2%,较上年同期上升0.2个百分点。

1.2.2 服务业发展总体良好,民企在新兴产业中崭露头角

民营社会服务业发展势头较好。上半年,规模以上社会服务业企业实现营业收入2 737.55亿元,同比增长20.4%,增速高于全市9.1个百分点。但是,从盈利情况看,受到软件和信息技术服务业大额亏损拖累,实现利润总额44.28亿元,同比大幅萎缩35.3%,而同期全市该项指标同比增长12%。上半年,民营社会服务业企业营业利润率为1.6%,低于全市平均水平5.6个百分点。从分行业看,交通运输、仓储和邮政业发展势头良好,营业收入和利润分别同比增长29.2%和46.9%,营业收入利润率为4.9%,高于全市该行业平均水平0.6个百分点。

目前在本市检验检测行业中,民营机构的数量达到420家,占总数的47.2%,营业收入达56.1亿元,占总量的28.6%;在认证行业中,民营机构的数量更是首次超过外资机构,达到48家,占总数的47.1%,营业收入为3.7亿元,占总量的11.9%。尽管和外资机构相比,民营机构个体的规模和市场竞争力还有不小差距,但民营资本已逐渐开始扮演着日益重要的角色。

批发零售、住宿餐饮等传统服务业出现小幅萎缩。上半年,民营限额以上批发零售企业实现商品销售额13 632.12亿元,同比下降1.5%,同期全市商品销售总额同比增长7.8%;限额以上住宿餐饮企业实现营业额171.15亿元,同比下降0.2%。

1.3 探索创新发展、转型升级取得新进展

本市民营企业紧紧围绕上海加快建设具有全球影响力的科技创新中心,着力增强自身科技创新能力,积极探索科技创新、转型升级取得新进展。

上海拓璞数控凭借多年技术积累和刻苦攻关,掌握"高精度机器人"等多项关键技术,打破国外垄断,奠定了国产高端装备在民用飞机自动化装配领域的竞争优势。2018年以来,先后中标"自动制孔设备""铝合金大型框、梁类柔性加工生产线"等项目,将大大提高客户的智能化装配水平,有效提升生产效率和产品质量。

新时达电气高度重视品牌建设,逐步成长为全球电梯控制系统的隐形冠军和国产机器人行业领军企业,机器人关键部件自主化率已达60%。在2018中国国际电梯展中,新时达机器人-电梯门板折弯演示工作站引起业内广泛关注,其电梯门板线解决方案将加速电梯行业的自动化转型和变革。新时达SA1400机器人荣获CIROS2018"创新产

1.4 继续对全市经济发展做出重要贡献

1.4.1 新设企业户数、注册资本增速同比提高

上半年,在本市注册登记的新设民营企业共19.41万户①,同比增长16.5%,增速较上年同期提高14.1个百分点;新设民营企业注册资本合计7 930.18亿元,同比增速由上年同期下降34.2%转为增长9.7%(见表J3-5、图J3-1、图J3-2)。

从占比情况看,上半年,在本市注册登记的新设民营企业占全市新设企业总数的96.4%,与上年同期持平;新设民营企业注册资本占全市新设企业注册资本总额的82.5%,较上年同期下降了1.6个百分点。

表J3-5　上半年新设民营企业主要指标

指标	全市企业		民营企业		
	指标值	同比增速	指标值	同比增速	占全市比重
新设企业(户)	201 490	16.7%	194 144	16.5%	96.4%
新设企业注册资本(亿元)	9 606.62	11.8%	7 930.18	9.7%	82.5%

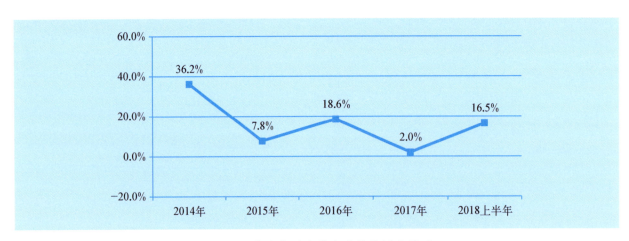

图J3-1　本市新设民营企业数量增长情况

1.4.2 税收增速有所放缓,全市占比三分之一

上半年,本市民营经济完成税收收入2 874.59亿元②,同比增长8.1%,增速较上年同期回落了12.1个百分点,低于全市平均水平0.7个百分点。其中,私营企业税收收入1 411.79亿元,同比增长16.8%。

上半年,民营经济税收收入占全市税收收入的比重为33.2%,较上年同期小幅下降

---

① 民营企业户数、注册资本:统计范围包括私营企业、个体工商户和农民专业合作社。

② 民营经济税收收入:不含海关代征的增值税、消费税、证券交易印花税。统计范围包括私营企业、集体企业、股份合作企业、个体经营以及私营控股、集体控股企业(联营企业、有限责任公司、股份有限公司)。

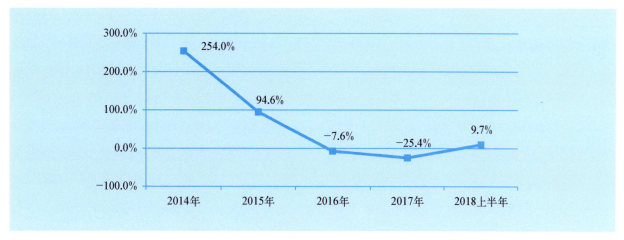

图 J3-2　本市新设民营企业注册资本增长情况

0.2个百分点,仍保持在三分之一左右。

2　上半年本市民营经济运行存在的主要问题和相关建议

2.1　民营经济运行存在的主要问题

2.1.1　本市营商环境有待进一步优化

调查显示,51.5%的企业认为目前上海政策的申请程序、资料过于复杂、烦琐。"一网通办"改革须进一步加快,目前,由于系统不协同、数据难共享,相关部门仍然只能"线上一套、线下一套",影响行政效能的提高。48.2%的企业认为政策办理流程不明确,不知归口何部门或具体如何办理;43.9%的企业认为,政府在信息公开中,相关流程公开不够详细和具体,公开的范围过窄。有企业反映,其技改项目已申请到的专项基金补贴,因无相关操作指引,相关申报程序不规范,被要求退还。51.5%的企业认为参与PPP项目、国家及上海市重大战略项目的门槛太高。

60.3%的企业认为上海缺乏与新产业、新业态、新模式相适应的监管模式。

2.1.2　民营企业经营成本高企,难以在短期内有效缓解

据调查,2018年上半年68.6%的民营制造业企业认为"劳动力成本高",57.9%表示"原材料价格上涨",54.3%则反映"物流成本高";民营非制造业企业遇到的困难和问题占比前三位的则分别是:"劳动力成本高"(46.3%)、"资金紧张"(40.2%)和"融资难"(31.7%)。自2017年年底以来,各种原材料及大宗商品价格持续上涨,且部分制造生产用的原材料的上游企业因环保原因关闭,导致原材料供应降低,价格进一步上涨。由于本市最低工资标准的不断上涨,上海生活成本提高,其他城市出台的人才新政吸引了大批人才,使得本市劳动力成本不断提高。特别是近期出台的社保费用将由税务部门征收,部分之前按照最低工资缴纳社保的企业社保支出将上涨近50%。从调查情况来看,

企业最希望政府实施减税降费相关政策和更宽松的用工政策。

2.1.3 中美贸易摩擦升级对民营企业进出口带来不利影响

2018年以来，中美贸易摩擦不断升级。根据2017年本市民营企业对美进出口情况分析：民营企业对美贸易占全市对美贸易的比重，进口占20.2%，出口占18.1%；民营企业对美贸易占民营经济进出口的比重，进口占12.8%，出口占20.4%。与全国其他省市不同，不论是本市对美贸易，还是本市民营经济对美贸易的占比均较高，上海民营企业受到一定冲击，随着订单下降、市场波动，部分对美贸易企业面临经营困难和压力。下一步，若中美贸易摩擦升级，不仅民营企业对美进出口的影响面进一步扩大，还可能影响部分关键零部件和原材料的供应，对本市战略性新兴产业的发展也将带来一定影响。

2.2 进一步促进民营经济发展的建议

2.2.1 兼顾规范管理和服务创新，深入优化本市营商环境

一是深化"放管服"改革。围绕证照分离、项目管理、税收服务、信息共享等着力突破，加快实施"一网通办"；加强上海市企业服务云的推广力度，加强各类新上线政务服务平台的压力测试，逐步做到"只跑一次"甚至"不见面审批"。

二是加快完善营商环境短板弱项。针对在"办理施工许可"、"保护少数投资者"、"获得信贷"、企业"办理破产"等方面的短板弱项，继续深化行政审批制度改革，加快政府改革和流程再造，进一步"减环节、减串联、减重复、减多头"，优化行政服务流程，疏通体制机制瓶颈。

三是兼顾规范管理和服务创新，建立与新产业、新业态、新模式相适应的监管模式，推进监管政策精细化，探索民营企业创新容错机制、未处罚前的警示机制、轻度违法情况下的记录消除机制、企业失信记录的信用修复机制等。

2.2.2 完善税收、人才、融资服务，切实降低企业经营成本

一是进一步推进减税降费。贯彻落实国务院促进中小企业发展工作领导小组第一次会议精神，提高中小企业财税政策支持精准度，做好税费减免工作，使2018年国家出台的增值税减负、企业所得税优惠等各项减税政策加快落地。同时，研究制订本市面向小微企业的普惠式税收优惠长效机制；可探索先征后返方式，将小微企业所得税中40%的地方分成部分全部返还企业。

二是加强人才服务。进一步优化人才落户政策，针对不同层次人才，制订不同的认定标准，适当引进一些虽然学历不高，但有一定专业技能的人才，实现各类人才梯次配备，增强人才集聚效应。同时，搭建校企对接平台，提高人才匹配效率。政府进一步做好企业与国内外高校和研究机构的对接，搭建产学研服务平台，促进产学研协同创新。

三是完善融资服务。加快落实8月22日国务院常务会议强调的一系列缓解小微企业

融资难融资贵的措施,以及国家定向降准等结构性货币政策,加大针对小微企业融资难融资贵的精准扶持力度。

2.2.3 关注中美贸易摩擦对企业的影响,帮助企业有效应对

一是帮助企业应对短期造成的经营压力。由相关部门牵头,汇总因中美贸易摩擦而受影响企业的情况,跟踪服务,通过加大出口退税、延缓社保缴纳等方式,全力支持企业渡过难关。

二是重点跟踪中美贸易摩擦对民营企业的影响。对相关重点行业建立直报点,形成预警平台。对有可能导致的经济波动和战略性新兴产业的不利影响做好预案。

三是助推企业拓展海外市场和新型业态。在新兴市场和更多的海外市场举办中国商品展,鼓励企业积极主动地开拓新市场,建立境外营销网络,布局"一带一路"新兴市场,以办好首届中国国际进口博览会为契机,减少对美国市场的依赖程度。

四是加强对相关行业国产化的扶持力度。完善我国行业和技术标准,提高国产替代产品质量水平,从而解决目前我国基因检测、芯片等瓶颈问题,推动我国产业向全球价值链高端跃升。

3 2018年上半年本市民营工业经济运行分析

2018年上半年,本市民营工业经济运行延续了2017年以来的增长态势,工业产销均实现稳步增长,增速快于全市工业平均水平,利润总额增速小幅回落,不及全市工业平均水平。投资规模企稳回升。

3.1 工业生产实现较快增长,其全市占比有所提高

上半年,本市民营经济实现规模以上工业总产值[①] 2 503.02亿元,同比增长5.4%,增速较上年同期提高1.3个百分点,且高于全市工业0.2个百分点(见表J3-6、图J3-3)。民营工业总产值占全市工业的比重为14.7%,较上年同期提高了0.4个百分点。

表J3-6 上半年民营规模以上工业主要指标

指标	民营工业 绝对值(亿元)	民营工业 同比增长(%)	全市工业 绝对值(亿元)	全市工业 同比增长(%)
工业总产值	2 503.02	5.4	16 989.20	5.2
主营业务收入	2 656.90	8.6	18 907.62	6.7
利润总额	146.04	9.1	1 786.41	14.0

从分行业产值指标看,32个工业行业中,18个行业实现规模以上工业总产值同比增长,较上年同期增加1个。其中,通用设备制造业(258.43亿元,11.1%)、电气机械和器材制造业(308.72亿元,9.1%)、计算机、通信和其他电子设备制造业(144.7亿元,20.1%)、化学原料和化学制品制造业(208.52亿元,

---
① 民营经济工业总产值:统计范围包括本市私营、集体、私营控股和集体控股企业。

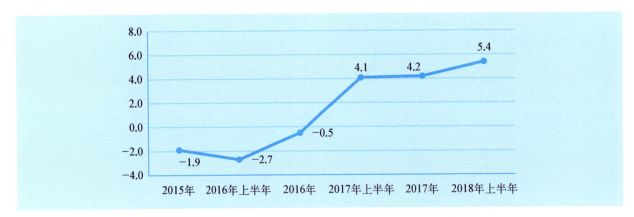

图 J3-3 本市民营规模以上工业总产值同比增长情况

9.5%)、专用设备制造业(152.4 亿元,12.7%)和皮革、毛皮、羽毛及其制品和制造业(72.92 亿元,30.6%)等行业产值同比增量靠前,为民营工业生产实现较快增长提供了支撑。

然而,有色金属冶炼和压延加工业(97.74 亿元,—11.6%)、农副食品加工业(57.81 亿元,—11.5%)、医药制造业(67.67 亿元,—4.1%)、非金属矿物制品业(93.86 亿元,—2.7%)和食品加工业(40.08 亿元,—5.8%)等 14 个行业产值出现不同程度下降。

3.2 主营业务收入稳步增长,增速快于全市工业

上半年,本市民营工业实现规模以上主营业务收入 2 656.90 亿元,同比增长 8.6%,增速较上年同期提高 0.3 个百分点,且高于全市工业 1.9 个百分点。

在 32 个工业行业中,24 个行业实现主营业务收入同比增长,较上年同期增加 2 个,8 个行业主营业务收入同比萎缩。其中,电气机械和器材制造业(325.40 亿元,11.0%)、汽车制造业(295.18 亿元,12.0%)、通用设备制造业(267.58 亿元,12.1%)、化学原料和化学制品制造业(222.02 亿元,14.1%)、皮革、毛皮、羽毛及其制品和制造业(74.77 亿元,31.7%)和专用设备制造业(160.45 亿元,12.3%)等行业收入增量靠前,支撑民营工业收入实现较快增长。

然而,农副食品加工业(65.39 亿元,—7.6%)、食品加工业(41.54 亿元,—4.8%)、木材加工和木、竹、藤、棕、草制品业(12.40 亿元,—13.2%)和计算机、通信和其他电子设备制造业(153.72 亿元,—1.1%)等 8 个行业主营业务收入出现同比萎缩。

3.3 利润总额稳步增长,但增速不及全市工业

上半年,本市民营工业实现规模以上利润总额 146.04 亿元,同比增长 9.1%,增速较上年同期回落 1.1 个百分点,且低于全市工业 4.9 个百分点。民营工业企业主营业务利润率为 5.5%,较上年同期提高 0.1 个百分点,但低于全市工业 3.9 个百分点。

在32个工业行业中,28个行业实现不同程度盈利,其中18个行业实现盈利增长,8个行业盈利萎缩,2个行业实现扭亏为盈;仍有4个行业出现亏损,较上年同期减少1个。

化学原料和化学制品制造业(18.40亿元,44.7%)、通用设备制造业(13.82亿元,30.0%)、汽车制造业(20.78亿元,13.4%)、非金属矿物制品业(3.45亿元,104.0%)、皮革、毛皮、羽毛及其制品和制造业(4.90亿元,48.6%)和金属制品业(8.56亿元,19.0%)等行业对民营工业利润保持增长做出了重要贡献。

然而,计算机、通信和其他电子设备制造业(4.11亿元,-33.2%)、纺织服装、服饰业(0.26亿元,-87.2%)、农副食品加工业(3.30亿元,-24.4%)、专用设备制造业(7.07亿元,-11.9%)和铁路、船舶、航空航天和其他运输设备制造业(0.07亿元,-88.9%)等行业利润总额同比萎缩。

3.4 工业投资规模企稳回升

上半年,本市民营企业完成工业投资131.68亿元,同比增速由上年同期下降3.1%转为增长51.8%,增速高于全市工业投资28.9个百分点。

上海市工商业联合会　供稿
主要完成人:徐惠明　张　捍　刘　佳
　　　　　　封丹华　韩　莹　徐玲玲

专题报告四

2018年上半年上海市民营经济运行分析及下半年趋势预测报告

2018年上半年,本市以党的十九大精神为指导,不断提升经济发展质量,开局良好。上海民营经济稳中有进,呈现出"总体平稳、工业回暖、消费放缓、投资提速、贸易增长、提质增效"等基本特点,除消费外,投资、税收、进出口、工业效益等相关指标均高于全市平均水平。

展望下半年,中央政治局会议提出经济运行稳中有变,做好稳就业、稳金融、稳外贸、稳外资、稳投资、稳预期工作。从微观企业看,PMI(制造业采购经理指数)先行指数显示下阶段本市民营经济将保持平稳健康发展态势,企业对未来经济运行仍有信心。但外部环境复杂多变,中美贸易摩擦不断加剧,内部营商环境有待进一步优化,劳动力成本、融资成本、原材料成本等制约因素仍在,且在2018年下半年不能得到有效缓解。从中观行业看,本市民营主要行业分化,后续支撑能力存在不确定性,本市民营经济是否有震荡下行的风险仍有待进一步观察。

为进一步提升上海城市能级和竞争力,保持经济良好发展态势,要切实转变观念,形成共识,进一步激发民营经济发展活力,围绕做深做实营商环境相关举措、做大做强民营企业创新集群,在支持企业发展中多出实招、硬招。

1 上半年本市民营经济运行的主要情况

上半年,本市民营经济运行总体平稳,三大需求协调发展,投资增速提高,出口保持较快增长,消费稳中趋缓;主要产业运行良好,工业企业效益稳步提升,服务业发展总体平稳;民营经济对经济社会发展的贡献进一步提高,税收增速略快于全市平均水平,新设企业数量和注册资本继续保持增长,民营企业创新性、成长性逐步显现。

1.1 投资明显提速,出口快速增长,消费稳中趋缓

1.1.1 投资快速回升,增长显著提速

1—5月,本市民营企业完成固定资产投资723.09亿元,同比增长15.2%,增速比上年同期提高8.3个百分点,高于全市平均增速8.1个百分点,占全市投资的比重为28.8%。其中,工业投资增幅显著扩大,同比由上年同

期略增 0.5% 转为大幅增长 46.7%,比全市工业投资增速高出 29.4 个百分点。

1.1.2 出口增速较快,外贸形势总体好于全市

1—5月,本市民营企业实现进出口总额 2 502.62 亿元①,同比增长 8.4%,增速高于全市平均 3.3 个百分点。其中,出口 1 173.64 亿元,同比增长 13.9%,高于全市平均 11.2 个百分点;进口 1 328.98 亿元,同比增长 4.1%。

1.1.3 消费小幅增长,增速持续放缓

2016年以来,本市民营消费总体呈现增长态势,但增速持续放缓。2018年1—5月,民营经济实现限额以上商品零售额 1 002.01 亿元②,占全市消费的比重为 19.7%,同比增长 1.8%,增速较上年同期回落了 2.6 个百分点,也低于全市平均 5.5 个百分点。

1.2 工业、服务业主要产业运行良好

1.2.1 工业经济运行质量明显提升

1—5月,民营企业实现规模以上工业总产值 2 068.16 亿元③,同比增长 7.4%,增速比上年同期提高 4.5 个百分点,高于全市 0.7 个百分点;主营业务收入 2 184.98 亿元,同比增长 11.7%,增速比上年同期提高 5.4 个百分点,高于全市 3.3 个百分点;利润总额 115.91 亿元,同比增长 16.5%,增速较上年同期提高 7.3 个百分点,高于全市 5.3 个百分点;营业收入利润率达 5.3%,较上年同期提高 0.4 个百分点。分行业看,通用设备制造业、计算机、通信和其他电子设备制造业、电气机械和器材制造业等主要行业对工业总产值增长的贡献较大。

1.2.2 重点服务业行业发展较快

1—5月,本市以物流业为主的民营运输邮政业实现营业收入 876.75 亿元,同比增长 23.2%,增速较上年同期提高 10.8 个百分点;实现利润总额 51.96 亿元,同比增长 20.2%。软件和信息服务业行业集中度日益提高,2018年一季度,全市 27 家上市公司营业收入 98 亿元,同比增长 24.7%;营业利润为 8.76 亿元,同比增长 41.7%。中小房地产企业结合自身优势,积极向租赁市场、养老市场等转型升级。

1.3 对经济社会发展的贡献进一步提高

1.3.1 税收增速放缓,略快于全市平均水平

1—5月,本市民营经济完成税收收入 2 508.15 亿元④,同比增长 9.5%,增速较上年同期回落了 12.1 个百分点,仍略快于全市平均水平 0.4 个百分点。

1.3.2 新设企业数量和注册资本继续保持增长

1—5月,在本市注册登记的新设民营企

---

① 民营企业进出口数据:统计范围为私营企业。
② 民营商品零售额、固定资产投资额:统计范围包括私营、集体、私营控股和集体控股企业。
③ 民营经济工业总产值:统计范围包括本市私营、集体、私营控股和集体控股企业。
④ 民营经济税收收入:不含海关代征的增值税、消费税、证券交易印花税。统计范围包括私营企业、集体企业、股份合作企业、个体经营以及私营控股、集体控股企业(联营企业、有限责任公司、股份有限公司)。

业15.74万户①,同比增长17.3%,占本市全部新设企业的96.4%;新设民营企业注册资本合计6 204.24亿元,同比增长2.7%,占全市新设企业注册资本总额的82.7%。

1.3.3 民营企业创新性、成长性逐步显现

《2017中国独角兽企业发展报告》显示,上海独角兽企业为36家(全国164家),数量排名全国第二,估值合计1 026亿美元。同时,上海的人工智能、大数据产业增长迅速,已成为全国数据流通交易高地,在线数据交易量超10亿次,占全国交易总量的30%左右。目前,全市共有1 798家企业获得科技小巨人工程支持,科技小巨人企业引领性和成长性日益突出,已经成为高成长性科技型企业的标杆群体。

2 下半年民营经济运行的影响因素分析

中央政治局会议提出,要坚持实施积极的财政政策和稳健的货币政策,做好稳就业、稳金融、稳外贸、稳外资、稳投资、稳预期工作。下半年,本市民营经济运行的有利因素主要表现在政策环境上,包括国家层面的财政和货币政策,以及本市优化营商环境的各项举措;不利因素主要表现在外部环境尤其是中美贸易摩擦的影响,营商环境有待进一步优化,企业经营成本及资金面仍然存在压力。综合以上因素来看,下半年本市民营经济发展面临的挑战与机遇并存。

2.1 有利因素

2.1.1 深化落实财税改革各项举措,对民营企业发展形成利好

下半年,财政政策要在扩大内需和结构调整上发挥更大作用,一系列财税政策将加快落地,对民营企业发展形成利好因素。一是个人所得税法修订案草案提交人大审议,个税起征点拟由每月3 500元调高到每月5 000元(每年6万元),扩大3%、10%、20%三档低税率的级距,这些举措有望于2018年10月起实施。二是深化增值税改革,降低制造业、交通运输业等行业增值税率,小规模纳税人年销售额标准上调至500万元,对装备制造、研发服务等18个行业符合条件企业的进项税额予以一次性退还等。

2.1.2 货币政策结构性宽松,有望缓解民营经济资金压力

6月20日召开的国务院常务会议,再度聚焦小微企业融资难融资贵问题,推动实体经济降成本,具体举措包括增加再贷款和再贴现额度、提高贷款利息免征增值税上限、减少融资附加费用、运用定向降准等货币政策工具,以及将小微贷款纳入MLF(中期借贷便利)抵押品范围等;7月5日,中国人民银行定向降准0.5个百分点,进一步推进市场化、法治化"债转股",加大对小微企业的支持力度;6月以来央行三次开展大额MLF操作,显示下半年

---

① 民营企业户数、注册资本:统计范围包括私营企业、个体工商户和农民专业合作社。

资金链紧张的局面将有所缓解;人民币汇率近期出现较大幅度下降,人民币兑美元中间价已跌破6.8,较年内最高点已跌去6%,将有利于扩大出口。特别是中央政治局会议提出要把好货币供给总闸门,保持流动性合理充裕。

2.1.3 本市出台了一系列优化营商环境的举措,为民营经济发展营造更好环境

《关于面向全球面向未来提升城市能级和核心竞争力的意见》《上海市贯彻落实国家进一步扩大开放重大举措加快建立开放型经济新体制行动方案》(上海扩大开放100条)等文件的发布,为民营经济发展提供更大机遇和发展空间。《着力优化营商环境加快构建开放型经济新体制行动方案》的制定,成为上海优化营商环境的"行动指南"。多个区相继出台了促进营商环境优化的政策举措。目前对开办企业、获得电力、办理施工许可、登记财产、跨境贸易、纳税6项指标,已出台了专项政策和配套文件,开发了20个新的办事系统,大力推进"一网通办",搭建企业服务云,改革后相关事项的办理时间平均缩短了一半以上,手续环节减少了近40%。

2.2 不利因素

2.2.1 外部环境复杂多变,中美贸易摩擦升级对民营企业进出口带来不利影响

2018年以来,世界经济增长仍然缓慢,部分欧美国家贸易保护主义有所抬头,特别是中美贸易摩擦不断升级。根据2017年本市民营企业对美进出口情况分析,民营企业对美贸易占全市对美贸易的比重,进口占20.2%,出口占18.1%;民营企业对美贸易占民营经济进出口的比重,进口占12.8%,出口占20.4%。与全国其他省市不同,不论是本市对美贸易,还是本市民营经济对美贸易的占比均较高,上海民营企业受到一定冲击,随着订单下降、市场波动,部分对美贸易企业面临经营困难和压力。下一步,若中美贸易摩擦升级,不仅民营企业对美进出口的影响面进一步扩大,还可能影响部分关键零部件和原材料的供应,对本市战略性新兴产业的发展也将带来一定影响。

2.2.2 新形势下营商环境还有待进一步优化

调查显示,51.5%的企业认为目前上海政策的申请程序、资料过于复杂、烦琐,48.2%的企业认为政策办理流程不明确,不知具体如何办理。有企业反映,其技改项目已申请到的专项基金补贴,因无相关操作指引,相关申报程序不规范,被要求退还。"一网通办"改革也须进一步加快,目前,由于系统不协同、数据难共享,相关部门仍然只能"线上一套、线下一套",影响行政效能提高。51.50%的企业认为参与PPP项目、国家及上海市重大战略项目的门槛太高。16.84%的上海企业表示受到过所有制歧视,比长三角"三省一市"的平均值高2.23个百分点。

2.2.3 原材料、劳动力、土地等成本高企,难以在短期内有效缓解,加大了实体企业经营压力

据采购经理调查数据显示,2018年上半

年68.6%的民营制造业企业认为"劳动力成本高",57.9%表示"原材料价格上涨",54.3%则反映"物流成本高";民营非制造业企业遇到的困难和问题占比前三位的则分别是:"劳动力成本高"(46.3%)、"资金紧张"(40.2%)和"融资难"(31.7%)。自2017年年底以来,各种原材料及大宗商品价格持续上涨,且部分制造生产用的原材料的上游企业因环保原因关闭,导致原材料供应降低,价格进一步上涨。由于本市最低工资标准的不断上涨,上海生活成本提高,其他城市出台的人才新政吸引了大批人才,使得本市劳动力成本不断提高。特别是近期出台的社保费用将由税务部门征收,部分之前按照最低工资缴纳社保的企业社保支出将上涨近50%。此外,受制于土地容积率等限制,企业产业转型、能级提升、改扩建都受到一定影响。

3 下半年民营经济运行趋势预测

下半年,PMI先行指数显示下阶段本市民营经济有望保持前期发展势头,在本市着力营造法治化、国际化、便利化的营商环境背景下,民营企业家对经济形势仍有信心。据此判断,2018年下半年,本市民营经济走势总体将保持平稳健康发展态势。同时,外部环境依然复杂多变,成本高企等制约民营企业发展的因素仍然存在,须进一步关注。

3.1 先行指数、调查结果显示下半年民营经济发展态势平稳健康,企业信心较足

3.1.1 先行指数显示,下阶段本市民营经济将保持平稳健康发展

根据国家统计局上海调查总队模型测算,2018年6—12月本市民营PMI指数预期值均位于扩张区,6—9月为大多数行业的旺季,企业将会不断扩大生产,指数预计将在9月达到峰值,10月上升势头会有一定的下降,但仍处于扩张区,11月和12月企业为完成全年目标及为下一年生产提前做好准备,也会扩大生产,部分企业也将开始接受下一年度的新订单,预计指数将再次回升(见表J4-1)。总体预计2018年下半年民营经济将保持平稳健康发展。

表J4-1 2018年下半年本市民营PMI指数相关预测

时间	预测值	预测趋势
1806	50.3	降
1807	53.0	升
1808	52.8	降
1809	57.0	升
1810	55.5	降
1811	56.1	升
1812	58.5	升

注:每月指数在当月月底测算并经X-13 ARIMA模型季节调整。

3.1.2 预期指数显示企业对经济形势仍有信心

PMI分项指标中的生产经营预期指数,

显示了企业对未来三个月生产经营活动情况的预期。据国家统计局上海调查总队测算，1—5月民营制造业企业生产经营预期指数均值达到55.2，高于全市总体水平（53.8）1.4点，显示民营企业家对生产经营状况相对更充满信心。从市工商联二季度民营企业运行状况调查结果来看，在对三季度的预期中，90.48%的企业预期国内国际市场需求增长或持平，53.15%的企业预期营业收入增长，61.48%的企业认为原材料成本将会上涨，52.83%的企业资金需求意愿增强，39.06%的企业预期净利润将增长。

3.2 民营经济主要行业下半年运行的预期

市工商联针对交通运输、生物医药、汽车零部件、软件和信息服务、商务服务等民营经济相对集中的行业，选择其中具有代表性的民营企业进行了走访调研，同时也听取了行业商协会的反映，对这些行业下半年的运行趋势进行了预测。

3.2.1 生物医药、交通运输行业持续向好

生物医药：受仿制药一致性评价、"两票制"、新版医保目录发布等行业政策影响，1—5月产值实现17.3%的较快增长；下半年虽然面临环保压力影响供货期、人力资源成本较高、医保新规造成市场波动等问题，预计仍保持一定增长。

交通运输业：受《国务院办公厅关于进一步推进物流降本增效促进实体经济发展的意见》、交通运输业增值税下降等利好因素影响，1—4月增加值同比增长13.4%。同时，根据上海物流汇平台反映，平台上物流企业1—5月税收收入同比增长43%，纳税额超100万元以上企业平均增幅超过60%，规模物流企业集聚效应显著增强，下半年预计保持增长。

3.2.2 汽车零部件、房地产行业增速可能回落

汽车零部件：随着汽车进口关税降低，全国汽车市场由高速增长转向平稳增长，下半年本市汽车行业增速可能出现回落，民营汽车零部件企业面临的市场需求也可能随之下降。

房地产：2018年下半年，上海楼市调控政策仍趋紧，预计下半年商品住宅市场成交表现是"以价换量"，进入市场"深度调整期"。民营中小房地产企业融资成本增加，限价及预售许可证限制增加开发商回款压力，资产证券化将成为房地产企业的拓宽融资方式的手段。

3.2.3 软件和信息服务业等不确定性增加

软件和信息服务业：行业集中度日益提高，云计算、移动互联网、大数据等新兴领域快速发展，但短期内还不能支撑产业增长。从企业规模看，本市民营企业的规模仍然较小，缺乏千亿量级的"独角兽"企业。从并购情况看，软件和信息服务业并购标的持续活跃，但是国内对中小企业的并购难度较高，在

并购理念上与国外并购市场仍存在较大差距。

商务服务业：在去杠杆、基建增速放缓、PPP政策收严的背景下，2018年民营建筑咨询行业面临的挑战和外部压力增大，加之行业内部无序竞争较为突出，行业生态环境有待改善。

4 进一步促进本市民营经济发展的相关建议

4.1 兼顾公平待遇与效率优先，在提升经济密度上出实招、硬招

从民营经济增加值占比来看，浙江为65%，江苏为55%，广东为53%，天津、重庆也接近50%，上海为26.2%，民营经济仍有一定发展空间。从不同所有制经济的经营效率指标来看，2012—2016年，本市民营经济营业收入增长55.2%，增速远高于国有经济（14.2%）和外资经济（26.4%）；民营经济实收资本总额增长26.9%，而同期国有经济低速增长（7.4%）和外资经济下降（－13.8%）；2016年民营控股企业集团的总资产周转率为1.49次，高于本市所有企业集团总资产周转率平均值（0.56次），也高于国有控股（0.46次）、外商控股（0.5次）和港澳台商控股企业集团（0.2次）；2016年民营控股企业集团的总资产报酬率为5.3%，高于本市所有企业集团总资产报酬率平均值（3.3%），也高于国有控股（3.1%）、外商控股（1.9%）和港澳台商控股企业集团（3.0%），民营经济对提升本市经济密度作用明显。要兼顾公开平等与效率优先，在强调一视同仁的同时，引导资源向效率高的领域及企业倾斜，为民营经济发展创造机会、拓展空间。

4.2 兼顾规范管理和服务创新，在优化民营经济营商环境上做深做实

一是深化"放管服"改革。围绕证照分离、项目管理、税收服务、信息共享等着力突破，加快实施"一网通办"；加强上海市企业服务云的推广力度，加强各类新上线政务服务平台的压力测试，逐步做到"只跑一次"甚至"不见面审批"。二是加快完善营商环境短板弱项。针对在"办理施工许可"、"保护少数投资者"、"获得信贷"、企业"办理破产"等方面的短板弱项，继续深化行政审批制度改革，加快政府改革和流程再造，进一步"减环节、减串联、减重复、减多头"，优化行政服务流程，疏通体制机制瓶颈。三是兼顾规范管理和服务创新，建立与新产业、新业态、新模式相适应的监管模式，推进监管政策精细化，探索民营企业创新容错机制、未处罚前的警示机制、轻度违法情况下的记录消除机制、企业失信记录的信用修复机制等。

4.3 关注中美贸易摩擦对企业的影响，帮助企业有效应对

一是帮助企业应对短期造成的经营压力。由相关部门牵头，汇总因中美贸易摩擦而受影响企业的情况，跟踪服务，通过加大出口退税、延缓社保缴纳等方式，全力支持企业

渡过难关。二是重点跟踪中美贸易摩擦对民营企业的影响。对相关重点行业建立直报点,形成预警平台。对有可能导致的经济波动和战略性新兴产业的不利影响做好预案。三是助推企业拓展海外市场和新型业态。在新兴市场和更多的海外市场举办中国商品展,鼓励企业积极主动地开拓新市场,建立境外营销网络,布局"一带一路"新兴市场,以办好首届中国国际进口博览会为契机,减少对美国市场的依赖程度。四是加强对相关行业国产化的扶持力度。完善我国行业和技术标准,提高国产替代产品质量水平,从而解决目前我国基因检测、芯片等瓶颈问题,推动我国产业向全球价值链高端跃升。

4.4 完善人才、土地、融资服务,切实降低实体企业经营成本

人才服务方面,一方面,进一步优化人才落户政策,针对不同层次人才,制定不同的认定标准,适当引进一些虽然学历不高,但有一定专业技能的人才,实现各类人才梯次配备,增强人才集聚效应。另一方面,搭建校企对接平台,提高人才匹配效率。政府进一步做好企业与国内外高校和研究机构的对接,搭建产学研服务平台,促进产学研协同创新。土地政策方面,进一步完善工业用地规划和出让机制,增强土地利用的规划弹性,根据产业生命周期和企业生命周期,完善用地弹性年期出让,增强土地供给方式对于产业供给变化的适应性。针对土地指标少、转型成本高制约产业项目落地的问题,建议土地减量化政策打破104、195、198的界限,提高工业土地容积率的同时,针对不同需求保留一定的操作弹性,降低土地转型成本。融资服务方面,加快落实国家定向降准等结构性货币政策,加大针对小微企业融资难融资贵的精准扶持力度。

上海市工商业联合会　供稿
主要完成人:徐惠明　张　捍　刘　佳
　　　　　　封丹华　韩　莹　徐玲玲

专题报告五

加快建设统一开放、竞争有序的市场体系研究

习近平总书记高度重视和关心支持长三角地区的合作与发展,强调"要推动长三角更高质量一体化发展",指出要从政府、企业、民间等多方着手,健全合作机制,并围绕现代化市场体系提出"建设统一开放、竞争有序的市场体系,实现市场准入畅通、市场开放有序、市场竞争充分、市场秩序规范,加快形成企业自主经营公平竞争、消费者自由选择自主消费、商品和要素自由流动平等交换的现代市场体系"。当前,长三角已建立"三级运作、统分结合"的区域合作机制,建设充分发挥市场作用、更好发挥政府作用的经济体制,实现市场机制有效、微观主体有活力、宏观调控有度。本报告在对长三角1635家企业调查问卷的基础上,结合调研中反映的问题,对长三角加快建设统一开放、竞争有序的市场体系提出建议,供有关方面参考。

1 长三角市场一体化主要成效

1.1 市场主体总体感受较好

自2014年三省一市(江苏省、浙江省、安徽省、上海市)商务部门共同签署《推进长三角区域市场一体化发展合作协议》以来,长三角市场一体化正式步入了实施阶段。经过近五年发展,长三角市场一体化取得了一定成效,本次问卷主要从"很好""较好""一般""较差""很差"五方面进行问卷调查。从调查结果来看,大部分企业对长三角市场一体化建设成效感受较深,其中认为"很好"和"较好"的比例达到67%。对市场准入畅通、市场开放有序、市场竞争充分、市场秩序规范四个方面的整体评价认为"好"的比例分别达到69.91%、65.08%、59.08%、61.41%(见图J5-1)。

1.2 合作机制不断完善

2014年年底,在商务部指导下,长三角三省一市商务部门负责人签署了《推进长三角区域市场一体化发展合作协议》,长三角区域市场一体化合作机制正式建立,共同推动区域规则体系共建、创新模式共推、市场监管共治、流通设施互联、市场信息互通、信用体系互认的"三共三互"工程。2018年6月1日,长三角地区主要领导座谈会在上海召开,以"聚焦高质量,聚力一体化"为主题,全面分析了新时代长三角地区一体化发展的新内涵、新要求,围绕长三角地区实现更高质量的一

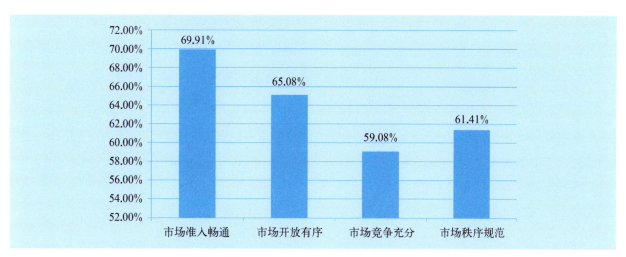

图 J5-1 长三角市场一体化分领域感受为"好"的比例

体化发展要求,着重就做好规划对接、加强战略协同、深化专题合作、统一市场建设、创新合作机制等方面进行了深入讨论,审议并原则同意《长三角地区一体化发展三年行动计划(2018—2020年)》和《长三角地区合作近期工作要点》。

1.3 重大举措不断落地

2015年以来,三省一市在物流标准化、农产品流通、商品市场转型升级等领域,以项目化形式启动协作,不断推动重大项目落地。物流标准共享互认方面,2015年,上海、南京等9市成立全国首个城市标准化创新联盟,在物流设施设备等领域拟定4项标准,由9城市共同制定和实施。南京与芜湖发起成立了南京都市圈物流标准化联盟,集合区域力量共同推进标准化托盘及包装器具、运输器具的循环利用。在2016长三角物流联动发展大会上,上海市物流创新联盟与中欧托盘协会签署了战略合作协议,并发起建立了长江经济带标准化托盘循环共用联盟。区域通关便利化方面,推动签署"长三角区域大通关建设协议",上海海关率先在全国实现分类通过改革全区覆盖,促进口岸贸易便利化。南京海关与上海海关特殊区域开展货物的"分送集报"功能试点。推进长江经济带通关和检验检疫一体化建设,推进长三角口岸物流联动发展,推动建立长三角主要城市之间城市共同配送体系和城际协调机制。共建园区成效显著,加强产业对接协作,优化园区共建模式,持续推进皖江城市带产业转移示范区、张江平湖科技园、浙江临沪产业合作园区、苏皖合作示范区、皖浙泗海工业园、上海奉贤(海安)工业园等产业合作平台建设,共同利用创新资源和成果培育发展新兴产业。其中仅上海与南通地区,就有上海市北高新(南通)科技城、上海外高桥集团(启东)产业园、上海杨浦(海安)产业园、上海奉贤(海安)工业园、海门海宝工业园、海门复旦复华科技园、启东江海产业园7家共建园区,截至2016年年底,这些合作共建园区作为重要的承载项目平台累计引入亿元以上企业77个,总投资291亿元。区域市场基础设施建设方面,申嘉湖高速公路、沪宁城际、沪杭高铁等投入使用,沪宁杭"一小时交通圈"正式形成;上海轨道交通11号线安亭至花桥段开通运行,并将延伸至苏州;沪通铁路南通至安亭段已开工;崇启大桥建成通车;研究制定并统一"长三角一卡通"互通的技术标准和运营规范,促进长三角交通"一卡通"建设;长三角高速公路ETC与交通违规处理信息已实现联网;启动启运港退税政策试点,并逐步完善政策,试用启运港退税政策的启运地口岸已增加至8个。2016年,长三角地区高速公路网密度达到402.15千米/百平方千米,同比增长4%;城市轨道交通运营线路长度达1 200.88千米,同比增长6.1%,长三角一小时交通圈基本形成。

1.4 信用体系初步互认

信用体系合作机制方面。目前三省一市建立起"1+2+X"("1"指长三角区域信用体系专题例会机制;"2"指高层研讨会和"长三角合作与发展共同促进基金"项目;"X"指不定期举办的重大活动)的组织工作架构。专题组例会在三省一市间每年定期轮值,一年2次,目前共计召开26次专题组例会,举办3次高层研讨会及相关重大活动。联动奖惩方面,上海方牵头推进的旅游领域,进一步完善了旅游领域数据清单、行为清单和应用清单;江苏方牵头推进的食品药品领域,联合签署了《长三角区域食品药品安全领域信用联动奖惩合作备忘录》,编制形成《长三角食药严重失信名单互认协议》、食药领域数据清单和应用清单及长三角区域食品药品安全信用公共服务平台建设方案;浙江方牵头推进的环保领域,编制形成了《长三角区域环境保护领域信用联动奖惩合作备忘录》以及相应的数据清单、行为清单和应用清单;安徽方牵头开展的产品质量领域,编制形成了《长三角地区产品质量领域守信联合激励和失信联合惩戒管理办法》和《长三角区域产品质量领域信用联动奖惩工作方案》等。信用信息共享方面,三省一市共同签署《长三角信用平台共建共享合作协议》,构建形成涵盖长三角地区全部信用主体的信用信息网络。截至目前,平台已共享包括企业名称、法定代表人、组织机构代码、注册地址、经营范围、营业执照注册号等16项信用信息,归集了三省一市"工作动态""信用培训"等动态信息2 582条,公示区域内200多万家企业的基本信息和信用信息,联合发布区域互认信用服务机构244家。

1.5 市场信息互联互通

长三角大型企业主要集中在城市之中,尤其是对于上市企业而言,由于长三角省会城市资源集聚作用明显,因此地级市尤其是省会城市成为了上市公司高平均市值分布区域。对于中小微企业而言,如何快速准确地获得市场信息、获得公平的市场竞争环境就显得尤其重要。为推动长三角地区中小微物流企业提升标准化服务水平,若干服务于物流标准化的公共信息服务平台被搭建起来。例如,新跃物流"物流汇"平台执行5项国家标准和5项行业规范,制定一系列供应链管理技术、服务和信用标准,服务长三角地区6500余家会员,在义乌建立了"小微物流企业供应链管理平台",并沿"一带一路"沿线城市建设14个物流产业园。再如,陆交中心"56135"平台研发了20个物流标准化系列软件,为中小微企业提供标准化的系统管理平台,平台会员数已达18万家,其中40%为长三角地区的会员企业。

2 长三角市场一体化面临的主要问题

2.1 地区间科技、环保等优势共享机制不完善

不到半数企业认可(48.81%)目前科创资源的共享情况。"公共服务平台共享""重大创新资源共享""科技数据、信息共享"三个方面是科技创新协同发展过程中存在的最主要的问题,占比分别为61.35%、58.84%、53.94%(见图J5-2)。"区域合作机制不健全""监督执行协同机制不完善""环保标准不统一"是在推动长三角生态环保合作方面存在的最大阻碍,占比分别为48.44%、46.97%、45.44%(见图J5-3)。

企业反映,因合作主体利益不均衡,导致部分科研合作难以持续,如"长三角大型科学仪器协作共用服务平台"作为三省一市重要的公共科技基础设施,为各地科技企业提供服务。该平台的主管部门为各省市科技部门,由于省市主管部门职能有所不同,加之该平台实体建设运维由上海负责,长期以来苏浙皖的参与积极性并不高。目前大型科学仪器服务补贴奖励机制只能用于补贴本省市单位,个人使用本省市科学仪器,并不能实现跨省市的补贴机制。

2.2 市场力量、社会组织的作用还未得到充分发挥

分别有74.56%和58.84%的企业认为,应通过"加强长三角企业诚信机制建设"和"发挥长三角商会组织作用",推动长三角市场有序竞争(见图J5-4)。

图 J5-2　在科技创新区域协同方面存在的问题

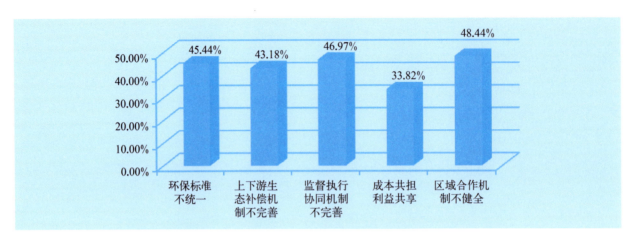

图 J5-3　长三角生态环保合作方面存在的最大阻碍

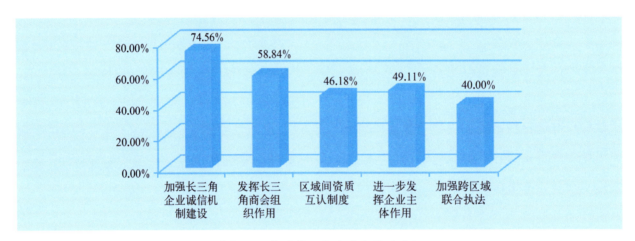

图 J5-4　推动长三角有序竞争的建议

企业反映,目前长三角一体化合作更多的是"自上而下"的政府主导的合作模式,企业和商会组织等市场与社会力量的参与度有待提高,造成产业空间分布优化指向和区域规划之间难以无缝耦合,使不同行政区域的区分依然会产生无形的市场壁垒,阻碍要素资源跨区域流动。从世界级城市群的形成、发展来看,民间性社会组织都发挥了重要作用。例如,芝加哥都会区将建立在商业团体基础上的民间团体制度化,组建了"芝加哥大都市2020"组织;纽约都市圈建立了一个松散半官方性质的机构,其特点是在处理和协调一些问题上具有更大的弹性。

2.3　各类数据信息透明度、知晓度、共享度低

不到半数企业认可(48.50%)政府和社会资本合作投融资机制情况,42.08%的企业认为项目信息不透明。52.42%的企业认为"数据信息共享程度低"是影响商品要素在长三角自由流动最主要的原因,亦在所有影响因素中位列第一(见图J5-5)。

企业反映,机构职能交叉、条块协调困难

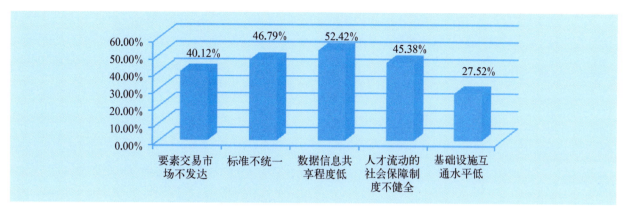

图 J5-5　商品要素在长三角自由流动存在的问题

等问题导致信息沟通渠道不畅,信息共享机制还不健全。尽管 2014 年国务院即下发《落实三互推进大通关建设改革方案》,要求加快长江经济带通关一体化改革,但在实际操作中数据共享仍存在难题。例如海关部门和公共平台对接不足,跨区域外贸货物流动受限;而在上海自贸区建设中也存在长三角区域无纸化通关的比例和水平还须提高,在口岸公共信息平台建设中信息和单证标准化水平有待提高,口岸执法部门信息互换、监管互认和执法互助还存在一定障碍等问题。

2.4　市场准入有待进一步放宽,公平竞争仍有障碍

51.50% 的企业认为参与 PPP 项目、国家及上海市重大战略项目的门槛太高。14.61% 的企业表示,在"办事、审批、权益保障和市场准入的事项"中,受到所有制歧视;其中,16.84% 的上海企业表示受到过所有制歧视,比"三省一市"的平均值高 2.23 个百分点。

企业反映,目前长三角市场一体化工作虽不断推进,但相比于环保一体化、基础设施一体化等其他领域,市场一体化仍稍显滞后,尤其是隐形市场壁垒导致有序、公平的市场竞争还不充分。例如,民营企业在参与 PPP 项目时,相对于国有企业,投标标准更高、中标的金额更小、融资成本更高,二者并不是在同等条件下开展市场竞争。各省市公路审批流程、时间不一致,影响基础设施建设进程等。

2.5　市场标准化体系仍须完善,地区间无序竞争依然存在

46.79% 的企业认为,"标准不统一"是影响商品要素在长三角自由流动的主要原因,在所有影响因素中位列第二。40.49% 的企业认为长三角地区仍然存在无序竞争的问题。"区域规划各自为政""地区间利益分配共享机制不健全"被企业认为是导致无序竞争的主要原因,占比分别为 51.01%、43.06%(见图 J5-6)。

企业反映,长三角地区地方法规种类复杂、数量繁多,由于客观上存在省、市两级立法体制,且各地情况不尽相同,难免在一些问

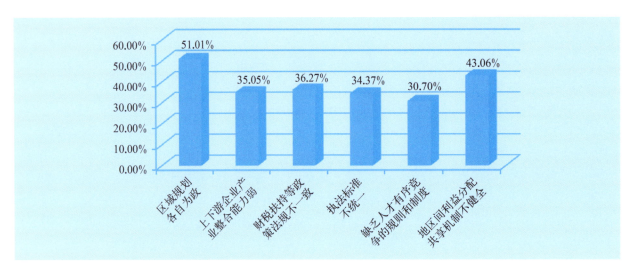

图 J5-6 长三角市场一体化无序竞争的原因

题上出现重复和矛盾立法,加之缺乏有效的立法沟通机制,地方法规之间难免出现冲突。合作事项受限于标准不一等因素制约。由于长三角地区基本药品目录不同,使得异地就医委托报销机制受到限制。科研试剂(低温生物试剂、部分危化品、管制类试剂)和精密仪器运输条件复杂,传统运输、快递不能很好满足需要,各地方政府出于自身监管考虑,以传统物流快递的监管方式处理科研物资,不统一的监管法规制约了科研物资在长三角地区的高效流转。养老金领取资格异地认证、人才职称异地认定等公共服务便利化举措各地推进程度还不一致。在机场群一体化方面,长三角16个机场分别由隶属于不同行政单位的企业进行管理,功能定位相互重合,在航线开辟、货运发展等方面还存在无序竞争。

2.6 产业同质化竞争明显,产业集群有待增强

从问卷调查结果来看,在对长三角市场一体化具体工作的成效考察中,"降低区域间贸易成本""产业集群化"被企业认为是长三角一体化过程中最有待提升的领域,仅10.58%和12.18%的企业对以上两项工作成效表示认可。在具体考察产业集群化发展存在的问题时,企业普遍认为"产业规划协同度不高""产业扶持政策导向趋同""产业协同利益共享机制不健全""龙头企业引领作用不强"是阻碍长三角产业集群化发展的主要影响因素,占比分别为 57.49%、40.55%、36.51%、36.33%(见图 J5-7)。

企业反映,在产业发展等竞争性领域,市场化的利益分配和共享机制尚未形成,存在利益冲突和同质化竞争。随着我国东部沿海地区商务成本上升,大量产业向我国中西部、东南亚等地区转移。长三角产业必须转型升级,否则将面临产业空心化的危险。据不完全统计,东部地区近70%的纺织服装企业发生过转移或有转移意愿;长三角地区10%到15%的鞋类订单和部分代工企业向东南亚等

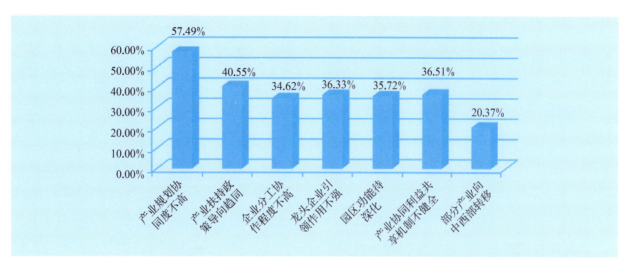

图 J5-7　长三角在产业集群方面存在的问题

地转移。以苏州工业园区为例,发展速度明显下降,集成电路、芯片制造等先进制造业和高新技术产业纷纷向周边和中西部地区转移。同时新一轮布局的智能制造、机器人、人工智能、大数据等产业在长三角各地区同质化竞争激烈。

3　加快长三角市场一体化建设的建议举措

围绕长三角一体化"规划对接、战略协同、专题合作、市场统一、机制完善"五个着力点,从市场、产业、科技、生态、服务等方面推动促进相关工作。

3.1　加强顶层制度设计,统筹发展规划,上、下结合推动战略协同

遵循城市群一体化发展规律,按照"有利于促进区域统筹协调,有利于推动转型升级,有利于实现一体化发展"的原则和导向,进一步深化长三角区域合作顶层设计,率先构建我国区域协同创新共同体。为此,应进一步推动简政放权,清除壁垒,促进区域间市场准入和质量、资质互认,促进资源要素跨区域流动和优化配置。按照中央关于东部地区产业高质量发展、长江经济带发展战略、新型城镇化规划等要求,围绕《长三角一体化发展三年行动计划》,落实三年行动计划相关专题、项目和工作。引导"三省一市"企业积极参与"长江经济带"等国家战略和重大改革举措,例如在区域统一开放、竞争有序的市场体系建设,基础设施与公共服务一体化,政府管制和要素流动,科技和产业创新及环境保护等方面的制度设计和组织实施中有序参与、积极贡献。

3.2　积极探索跨区域利益共享机制,率先建立跨区域科技、产业园区和环境保护共享机制

建立产业转型发展园区、重大科技创新资源、公共服务平台、重大仪器装置共建共享机制,联合开展重大产业关键技术攻关,积极

探索多种形式的技术合作模式。依托"长三角大型科学仪器网",鼓励科技基础条件平台对外开放共享和提供技术服务,主动推进科技文献系统、专业技术服务系统、资源条件保障系统、技术转移系统等五大子系统的集成、整合。推动生态环境治理合作,推动企业注重节能、环保,参与地区间、上下游生态补偿机制。率先从河道上下游成本共担、利益共享等方面积极研究和建立长三角自然保护补偿、共享机制,合理确定转移支付标准,严格监督转移支付资金使用,推广新安江流域生态补偿试点经验,促进生态补偿横向转移支付常态化、制度化,形成区域保护的长效机制,也为国家跨区域环境保护工作提供经验。

3.3 发挥市场主体作用,强化商会合作机制

贯彻落实习近平总书记提出的"从政府、企业、民间等多方着手,健全合作机制"的要求,以"区域一体、产业协作、资源整合"为导向,探索建立"长三角商会组织联合机制"并纳入长三角一体化合作框架内,充分发挥上海、江苏、浙江、安徽"三省一市"商会组织在长三角区域一体化合作中的作用和优势,借助商会力量,通过重大项目的跨行政区的协调运营,更好地将市场力量导入长三角一体化体制机制框架。探索社会、民间层面的机制创新,从发展规划、市场统一、科技共享、战略协同、产业对接、生态环保、内外交流、合作调研、企业服务、社会责任等方面推动促进相关工作,反映需求、提出建议、参与组织、积极实施。

3.4 深化改革、积极完善市场公平竞争制度,形成共识、破除"三扇门"

率先破除习近平总书记提出的政策执行中"玻璃门""弹簧门""旋转门"现象,进一步放宽行业准入,特别是能源、文化领域要适度开放,允许民营企业参股、控股,根据产业发展制订相关标准。加快推出长三角一体化"正面清单",明确审批事项和流程,清理不利于市场一体化的规则和政策。在政策安排和执行上对各种所有制一视同仁。大力支持民营企业通过多种方式参与国有企业改制,实现优势互补、融合发展。在项目招投标、政府采购、资金扶持的操作中,消除隐性障碍,确保公平待遇。

3.5 提升信息开放、共享功能,深入推进跨区域平台服务

加快建设信用长三角一体化信息平台,实现信用信息的按需共享、深度加工、动态更新和广泛应用;加大对行业协会商会、信用服务机构、金融机构、大数据企业的市场信用信息的采集力度,丰富各类主体信用档案,逐步实现完整信用画像;重视发挥平台型企业在信息互通、数据共享等方面的独特优势。深化区域信用服务机构备案互认工作,探索形成长三角区域统一的公共信用评价指标体系,推动信用评价结果在政府公共管理及服务、信用惠民等场景中的深度应用,强化事中事后监管。利用"中国国际进口博览会"的契机,在长三角地区率先实施更高标准的贸易便利化措施,在展会备案、展品通关、驻场监

管、展品处理等方面推出一批信息化服务便利措施。

3.6 服务产业对接,率先建立跨区域产业协同发展机制

长三角产业发展中的难点之一,是产业同质化和利益难共享。积极从区域资源和功能禀赋、产业链构成、商务成本特征、区域产业收益分配等方面,研究和建立长三角产业协同发展的共享机制和政策,引导市场合理配置资源,形成区域"1+1>2"的产业集群增值效应和经验,为全国的区域协调发展提供借鉴。推动"三省一市"企业的战略合作,发挥龙头企业作用,以"转型发展、抱团发展、集聚发展"为引领,探索"三省一市"产业战略协同和技术对接、市场融合,重点加强产业规划对接和功能布局互动,研究探索成立长三角产业转移税收收益共享机制,建立省际互认的征收管理制度,构建税收信息沟通与常态化交流机制,推动形成长三角区域"分工合理、各具特色"的产业空间格局。

3.7 规范要素流通市场,完善长三角市场规则标准

在长三角区域率先建立规范高效的要素交易市场,构建长三角区域金融风险监控体系,建立统一的地方金融监管平台和金融服务平台;制订人才竞争规则和制度,完善人才市场定价机制;通过完善技术定价机制和利益分配机制,促进长三角技术交易市场一体化;通过政策突破,在长三角建立统一完整的多层次产权交易市场;以上海股权交易中心为核心,探索建立长三角区域统一的中小企业场外交易市场。

完善长三角标准化协调推进机制,增进重大标准化项目合作,尤其是在区域一体化通关、农产品流通标准体系等方面,搭建区域标准化试点。加强标准比对和研究,鼓励地区间标准互认和采信,推动检测认证结果及其标准互认,实现区域内重点标准的目录、标准、监督三协同,对标国际先进标准和水平,建立层次分明、结构合理的区域协同标准体系。

上海市工商业联合会　供稿
主要完成人:徐惠明　张　捍　封丹华
　　　　　　陆　畅　李如心　冯春晓
　　　　　　武祥琦

专题报告六

市场主体营商环境第三方评估

围绕贯彻落实中央和国务院要求,上海市委、市政府着力优化营商环境,并出台《着力优化营商环境加快构建开放型经济新体制行动方案》,不断强化服务意识,当好服务企业的"店小二"。为全面把握上海市营商环境的改革进展与实际成效,了解企业对上海营商环境的切身体会和直观感受,市工商联结合市委"不忘初心、牢记使命,勇当新时代排头兵、先行者"大调研中企业反映的营商环境问题,并通过1 002份企业问卷调查,从政务环境、市场环境、法治环境三方面,对本市营商环境等相关政策落实情况、实施效果进行评价,为进一步优化营商环境提供决策参考。

1 本市营商环境的相关情况

1.1 政务环境不断优化改善

对标世界银行营商环境评价标准,上海以企业为核心、以办事全流程便利为目标开展了系统性流程再造,并推出了诸如国际双创人才无否决窗口服务、零距离综合审批制度改革等一大批具有区域特点、符合企业需求的营商环境改革举措(见表J6-1)。改革后相关事项的办理时间平均缩短了一半以上,手续环节减少了近40%。问卷调查显示,有90.4%的被调查者对上海的政务环境给予了肯定。

表 J6-1 不断改善上海政务环境的相关政策汇总

时　间	相关部门	政　策　文　件	聚焦环节
2018.1	市府办	上海市进一步深化社会投资项目审批改革实施办法	总体指导
2018.2	市工商局	关于加快企业登记流程再造推行开办企业"一窗通"服务平台的意见	开办企业
2018.3	市住建委	关于进一步改善和优化本市施工许可办理环节营商环境的通知	施工许可审批及竣工验收
2018.2	市水务局	关于规范新装接水办理流程进一步优化营商环境的指导意见的通知	
2018.2	市水务局	关于"核发《排水许可证》(施工)"的审批方式改为告知承诺的通知	
2018.1	市府办	进一步深化本市社会投资项目竣工验收改革实施办法	

续表

时间	相关部门	政策文件	聚焦环节
2018.3	市不动产登记局	关于印发《不动产登记综合业务工作流程（试行）》的通知	财产登记
2018.2	市不动产登记局	关于本市实施不动产登记"全·网·通"服务改革的通知	
2018.2	市国家税务局等	关于制发《提升纳税便利度优化营商环境的若干措施》的通知	纳税
2018.3	国网上海市电力公司	关于进一步降低客户接电成本、优化办电服务流程的通知	获得电力
2018.3	市发展改革委	上海市进一步优化电力接入营商环境实施办法（试行）	

1.2 市场环境满意度总体较高

市场监管方面，上海市"互联网＋监管服务"不断深化，市场监管方式更加灵活，还将行政审批告知承诺管理办法列入2018年市政府规章立法项目，一照多址也在浦东新区和长宁区深入试点；贸易便利化方面，创新国际贸易"单一窗口"接入港口作业的物流信息，形成了"通关＋物流"的全流程查询和服务功能。问卷调查结果显示，约有89.6%的被调查者对上海的市场环境给予肯定。

1.3 法治环境优化步伐逐渐加快

《关于充分发挥审判职能作用为企业家创新创业营造良好法治环境的实施意见》《上海市司法局优化营商环境行动方案》等文件陆续出台，以更大的力度推进法治环境的优化完善；市司法局研究制定了《优化营商环境行动方案》，形成五个方面共35项的具体举措；市高院、市检察院还积极推进现代科技与自身工作深度融合，通过打造智慧法院、"上海智慧检务"等平台，以智慧技术助推司法工作转型升级。问卷调查结果显示，分别有84.8%、81.9%和81.2%的被调查者对上海的公安环境、检察环境、审判环境给予肯定。

2 存在的主要瓶颈和问题

2.1 政策制定实施细则不够明确，且存在"一刀切"现象

调查结果显示，49.7%的企业认为当前不少政策过于原则，如"文创50条"缺乏实施细则，可操作性不强。针对市政协工商联界别委员的专项调研结果也显示，55.56%的委员企业认为，当前政策落地实效有限，配套机制协同不够，实施细则不够明确；47.22%的委员企业认为，政策缺乏精准性，存在一定程度的"一刀切"现象，未分类施策。

2.2 政策便捷性和操作性有待加强

如图J6-1、J6-2，调查结果显示，51.5%的企业认为不少政策的申请程序、资料过于复杂、烦琐。特别是在工商登记中，有四成企业认为名称登记流程烦琐、住所登记限制条件多；48.20%的企业则认为政策办理流程不

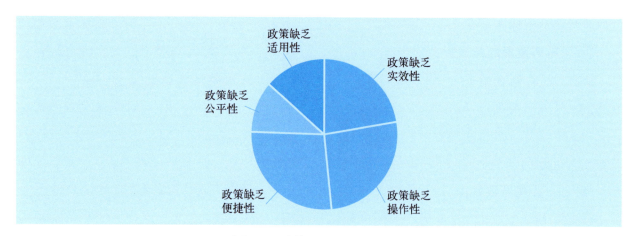

图 J6-1　政策制定层面主要问题

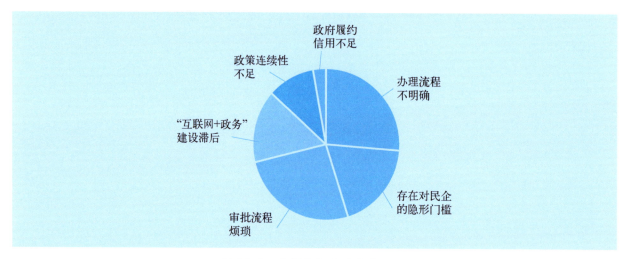

图 J6-2　政策执行层面主要问题

明确,不知归口何部门或具体如何办理。在调研中,有企业技改项目已申请到的专项基金补贴,因无相关操作指引,企业不熟悉具体流程,使得申报程序不规范,被要求退还。

2.3　相关容错机制有待进一步完善和加强

调查结果显示,有52.69%的企业认为简单行政违法情况下的首次豁免机制对企业来说很重要。有企业反映,其因一辆叉车过期年检,被从重处罚,影响了股改上市以及央企采购。80.56%的工商联界别委员企业也认为上海要建立和完善对企业的容错机制,最重要的配套机制是建立未处罚前的警示机制。

2.4　现有的营商环境评价指标体系尚不完善

当前国际营商环境指标体系的构建主要以国际性组织和国际性研究机构为主,国内营商环境指标体系的构建则主要以政府为主导,多参照世行标准,以时间、成本、费用为基本要求,但是对于社会化组织、市场主体在营商环境中所发挥作用的评价权重不足,现有营商环境评价指标体系有待进一步完善。

2.5 市场监管的升级步伐有待加快

如图J6-3，调查结果显示，60.28%的企业认为上海缺乏与新产业、新业态、新模式相适应的监管模式。具体体现在：一是无明确的对口监管部门导致行业混乱、缺乏有效监管；二是多头管理导致管得较死、限制行业发展；三是监管缺乏专业化和精细化，"一刀切"较多导致"误伤"情况多有发生。例如有企业反映，增值税发票的开票事项缺乏个性化服务。

2.6 市场准入存在"隐形门槛"

如图J6-4，39.52%的企业认为政府招投标公开性、公平性不足，调研中有商会反映，招标文件提出的资质及业绩要求，大部分中小企业根本不具备，因而被排除在政府采购活动之外。调查结果显示，51.50%的企业认

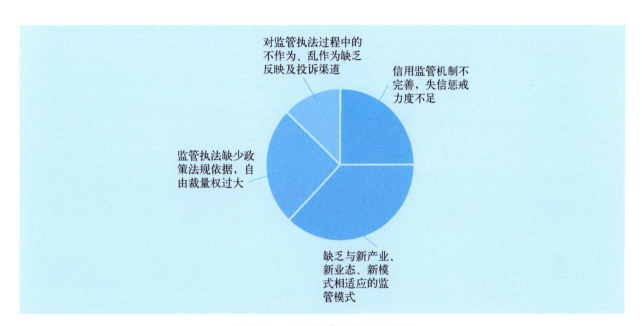

图 J6-3　市场监管方面主要问题

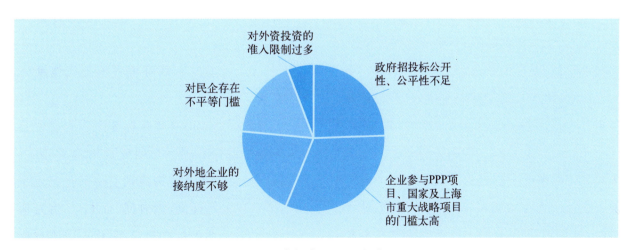

图 J6-4　市场准入方面主要问题

为企业参与PPP项目、国家及上海市重大战略项目的门槛太高。

2.7 所有制歧视的现象仍然存在

16.84%的上海企业表示受到过所有制歧视,较长三角"三省一市"的平均值高出2.23个百分点。针对市政协工商联界别委员的问卷调查结果也显示,63.89%的企业认为,目前上海在政府管理上还存在"重国有、轻民营""重大企业、轻小企业"的思想观念,38.88%的企业在办事、审批、权益保障和市场准入的事项中,受到过所有制歧视(见表J6-2、J6-3)。

表J6-2 市政协工商联界别委员对所有制歧视存在情况的回复汇总

选 项	回复情况	占 比
有	23	63.89%
没有	8	22.22%
说不清	5	13.89%

表J6-3 市政协工商联界别委员企业受到所有制歧视的情况汇总

选 项	回复情况	占 比
有	14	38.88%
没有	11	30.56%
说不清	11	30.56%

2.8 司法执行的透明度、便利度有待提高

调查结果显示,司法不公开不透明、司法不便民、司法效率不高成为民营企业对司法环境反映最集中的三个问题,占比分别达到38.62%、37.62%、33.93%(见图J6-5)。

2.9 相关违法行为界定存在差异性

在调研中企业反映,国有企业高管和民营企业高管同样侵占企业资产,国有企业被追究刑事责任,民营企业则被判定为民事纠纷;民营企业员工跳槽后,泄露企业关键技术和商业秘密的案件,在法院中受理难、执行难等问题,亟待进一步解决和改善。

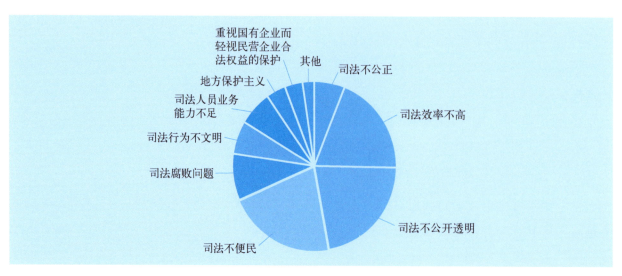

图J6-5 司法环境方面主要问题

2.10 缺乏地方性立法保障

辽宁、河北、黑龙江、陕西等多个省份已出台或即将出台营商环境地方性法规,目前上海优化营商环境仍停留在行动方案层面,未能上升到地方性法规的高度。

3 优化本市营商环境的有关建议

3.1 切实转变政府的思想理念

一是努力践行亲清新型政商关系。优化营商环境要软硬兼施,切实转变固化思维,多从企业实际出发,提高服务温度。例如,完善行政人员入企挂职和培训机制,全方位提高办事效率和工作能力;进一步加大对"为官不为"的问责力度,向少数公务人员"慢作为、不作为"现象聚焦发力,推动政商关系既清又亲。

二是从理念上解决对民营经济的歧视问题。建议兼顾公开平等与效率优先,在强调一视同仁的同时,引导资源向效率倾斜,在提升经济密度上出实招硬招,为民营经济发展创造机会、拓展空间。只有强调效率优先、重点支持,这样才有可能消除在管理理念、政策执行中的不放心、打折扣、难落地问题。

3.2 不断提升政务环境的友好度

一是抓紧出台相关政策的实施细则和配套措施,如《上海市行政审批告知承诺试行办法》等的实施细则、执行标准,落实部门的责任分工等,不断提高操作性。

二是不断提升政府部门间的协同性,在强化事中事后监管中,必须处理好部门间的衔接问题,例如继续推进"一网通办"改革,打通国家部委和本市各委办局的信息交流和功能对接,加快推进上海市经济社会发展综合数据平台的建设工作,形成大范围信息共享的大数据中心(目前公安部门过期、遗失的身份证数据等还不能共享),解决文件"出得早落得晚"的老大难问题。

三是优化顶层设计,在简化企业办事环节、减少材料递交数量、明确无纸化办公中电子签名和电子档案的法律地位等方面,提供上位法的支撑。

四是在核名环节,取消每天提交的数量限制,利用大数据手段,加快数据库重名的筛查速度。

五是建立完善包含未处罚前的警示机制、简单行政违法情况下的首次豁免机制、简单违法记录情况下的消除机制、企业失信记录的信用修复机制在内的多层次容错机制。

3.3 逐步增强市场环境的创新性

一是兼顾规范管理和服务创新,以《上海市新兴行业分类指导目录(2017版)》中的产业类别为基础,完善与新产业、新业态、新模式相适应的监管模式,解决与传统管理之间存在的兼容和过渡问题。推进监管政策精细化,针对不同信用等级的企业,落实不同的监管政策,在确保监管到位的同时尽量减少对企业正常经营的影响。

二是破除对民营企业的隐性障碍。在政

府采购中明确民营企业的比例和份额,在规模、资金等方面对中小企业有明显限制的情况,建议运用社会信用分、已成功案例证明背书等形式替代,给民营中小企业发展提供宽松便利的制度环境,解决市场准入中"隐性门槛"的问题。

3.4 推动优化法律环境的新探索

一是进一步加强民营企业的权利保护。对个人侵害民营企业财产权、知识产权等案件参照国有企业同等管理。充分利用商协会组织的优势及时对新形势做出应对,减少企业损失,例如中美贸易摩擦加剧对知识产权、合同契约精神等提出了新的要求,亟待商协会组织对相关企业进行引导和帮助。

二是推进商事争议多元化解决体系建设。切实发挥商协会和社会组织在涉企纠纷解决中的作用,构建由司法诉讼、机构仲裁、人民调解、行政调处等共同组成的多渠道商事纠纷解决体系,降低企业维权成本,全方位有效保护市场主体合法权益。

三是优化公共法律服务供给模式。组织各级司法行政机关干部和律师、法律服务工作者走进中小微企业开展大走访、大调研活动;做好法律服务进楼宇(商圈)活动,组织资深律师为企业提供法治宣传、法律咨询、法律体检等服务;推进"送法进商会"工作,推动全市律师事务所与各商会建立协作关系,建立完善商会法律顾问制度,定点定时安排律师提供现场咨询和电话咨询服务。

四是对标国际标准,借鉴兄弟省市经验,结合上海实际,探索营商环境地方性立法。

3.5 进一步完善营商环境评价指标体系和评估机制

一是加强市场化、法治化、市场公平公开、新型政商关系等指标,以及市场感受度、企业获得感等主观指标,采用有针对性、切合实际的指标,符合国情市情,体现上海排头兵、先行者的地位,在全国营商环境指标体系中先行一步。

二是明确营商环境评价中各部门任务分工和完成时限,制定绩效评估和检查管理办法,通过开展日常考核、企业公众评议、第三方机构评估、专家考评组综合评估等多种形式考核,并定期通报结果。

3.6 完善市场化、社会化服务机制

坚持"小政府大社会",充分发挥市场机制、社会组织的服务调节能力。

一是清理整顿将部分行政权转交指定第三方机构的行为,杜绝垄断和合谋,培育更多科技服务、信用评级、大数据信息等方面的社会化、市场化的中介服务机构。

二是完善政府与市场主体、社会组织的协商机制,使涉及行业政策出台时,充分听取各方意见,确保精准施策,为社会各方共同治理、深入合作、良性互动打下坚实的基础。

上海市工商业联合会　供稿
主要完成人:徐惠明　马　梅　张　捍
　　　　　　封丹华　李　磊　朱秀慧

专题报告七

加快实施自贸区战略　构建上海开放型经济新体制
——民营及中小企业利用自贸试验区平台进一步发展的思考

工商联自2013年以来,始终高度关注自贸试验区建设。五年来,通过企业问卷调查、企业调研走访等多样化形式,全面调查了解自贸试验区各项制度创新及成果落地实施情况以及企业体验感、感受度等方面的意见建议。特别是2018年,适逢改革开放四十周年,自贸试验区建设五周年,营商环境建设年之际,工商联在深入调研基础上系统梳理总结上海自贸试验区五年来建设情况,并重点关注企业痛点、难点、堵点,特别是在面对中美贸易摩擦等国际经贸规则的变化和挑战基础上,对自贸试验区下一步发展提出有关建议举措。

1　自贸试验区五年发展核心成果总结

总的来看,五年来,上海自贸试验区坚持对照国际最高标准、最好水平,坚持大胆试、大胆闯、自主改;坚持以制度创新为核心,以企业为主体,以风险防范为底线,把扩大开放与改革体制结合起来,把功能培育与政策创新结合起来,从夯基筑台、立柱建梁到加强改革开放系统集成:一方面,在建立与国际通行规则相衔接的投资贸易制度体系、深化金融开放创新和有效防控风险的金融服务体系等方面取得主动服务和深化推进国家战略的重要成果,为企业主体发展提供了更加公平、统一、高效的市场环境;另一方面,上海自贸试验区在构建以外向型经济为主的现代化经济体系过程中,形成一系列质量效益规模化发展新动能成果,经济发展新动能明显增强,国际市场竞争与合作能力明显提升,较好地体现了全面深化改革和扩大开放试验田作用。五年来,从服务企业主体运作角度来看,核心制度成果可归结为"提速度、降成本、强监管、优服务"。

1.1　提速度

2018年以来,上海自贸试验区着力针对企业运作环节中的痛点、难点和堵点,在企业开办、项目开工、贸易通关和不动产登记等方面率先改革,近期又进一步优化办理流程、创新服务模式,持续创造更多更快"自贸区速度"。(1)开办企业提速。实施市场监管领域优化营商环境的"二十条"措施,提出了"两个当场办结"的承诺,企业设立登记由8个工作日缩减至最多2日办结,变更登记由5个工作日缩减至全部登记事项当场办结、营业执照立等可取,大大节约企业开办和准入环节的时间成本。(2)建设项目审批提速。大幅缩减企业投资建设项目的审批环节和周期,根据不同情况,目前已有试点项目分别按照24天和80天完成全流程,为企业建设项目全流程无缝衔接提供基础保证。(3)不动产登记提速。通过对不动产登记、交易、纳税等环节进行流程改造、系统升级和资源整合,从5月1日起提速到5个自然日办结。(4)通关提速。进一步推进全程无纸化,实施集装箱设备交接单无纸化,进口货物抵港到企业申请提箱时间压缩0.5—1天,每年直接降低单证成本和寄送费用4亿元以上,大大压缩自贸试验区贸易企业通关成本,提升进出口通关效率。

1.2 降成本

重在降低企业运作和制度性交易成本。例如,通过建立跨境研发便利化通道,降低医药研发企业通关成本。张江跨境科创监管服务中心实现"关检一体化",改革后研发用试点企业进口试剂、样品和耗材的整体通关时间从原先的2—3天缩短为6—10小时。此项改革预计可直接惠及近900家高新技术企业、生物医药企业和微电子企业。针对中小型科技创新企业的保税仓储、保税物流等综合服务需求,支持设立符合企业发展需求的公共型、自用型保税仓库,实施科技创新企业个性化通关服务。建立科技创新重点项目海关管理人制度,设立科技创新企业办事专窗及海关业务全领域服务通道,实施"7×24"全天候预约通关及上门查验放行等服务,进一步便利科技创新。通过建立高效运营的知识产权保护体系,降低知识企业产权运维成本。浦东设立了全国首家自贸区知识产权法庭,共受理知识产权案件7 000余件,其中涉外案件占14%。设立中国(浦东)知识产权保护中心,实现快速审查、快速确权、快速维权,目前已有200多家企业通过国家知识产权局专利快速审查备案,已受理专利预审109件,实现一般作品版权登记周期由30天缩短到10天,软件著作权登记由90天缩短到20天。高效运营的知识产权保护体系不仅实现了区域内知识产权与国际高标准经贸规则的衔接,更重要的是为包括中小企业在内的各类市场主体提供了规范标准的知识产权软环境空间。同时,先后推出了全国首张知识产权金融卡、全国首个投贷联动基金、全国首批知识产权综合保险,设立了面向国际的知识产权交易中心和一批知识产权专业化运营平台,为市场主体大大降低了知识产权运维成本。通过健全双创服务体系,降低中小微企业研发成本。推出科技创新券政策,推动科技公共资源的高效集约利用,降低中小微科技型企业研发成本。创新金融服务体系,推动知识产权质押融资、科技企业信用互助担保、银政合作、委托贷款等改革试点,设立小微企业成长基金、小微企业增信基金,鼓励科技企业开设自贸区自由贸易账户,支持科技企业利用资本市场加快发展。

1.3 强监管

建立适应现代化经济体系的政府治理新体制中,政府监管方面重点是建立了以"六个双"为重点的事中事后监管体系,通过完善体系、细化标准、精准画像,推进信用监管、风险监管、分类监管、动态监管。在深化"双随机、一公开"监管制度的基础上,创新建立"双告知、双反馈、双跟踪"的许可办理机制和"双随机、双评估、双公示"的监管协同机制,构筑覆盖市场主体生命周期的监管闭环,浦东新区21个监管部门、108个行业实现全覆盖。2018年上半年,各部门依托"六个双"累计开展"照后证前"跟踪检查近2万次,发现无证经营并作出处罚433家,维护了公平公正的市场秩序。在防范金融风险方面,整合中央和地方各类资源,充分运用大数据等高科技手段,建立上海金融综合监管联席会议机制,搭建自贸试验区金融综合监管服务平台,加强对跨境金融活动和跨行业、跨市场等复杂金融活动的监测,特别是对区域内的互联网资管、私募基金、P2P(个人对个人)网贷等重点领域进行排摸,有效清理和规范各类市场主体金融活动行为,形成"潜在风险企业、重点监测企业、预警处置企业"三张名单,探索形成涵盖标准监管、科技监管、梯度监管、协同监管、业界监管等"五位一体"的风险预警和处置机制。同时,积极推进信用体系建设,在自贸试验区设立企业和个人信用报告查询窗口,已有各类征信机构、小贷公司、担保公司、融资租赁公司、保险公司等接入征信系统;首创全流程银行业消费者权益保护体系,率先建立银行业消费纠纷调解中心,累计调解各类金融消费纠纷1 156件,努力为保护各类企业市场主体的公平竞争提供信用规范的制度环境。

1.4 优服务

建立适应现代化经济体系的政府治理新体制中,优化服务的核心是建立以"一网通办"为基础的行政管理服务体系。重点聚焦优化政府"一网通办"平台,深化"一窗受理"综合窗口改革,打造政务服务"一号响应"总客服,加快建成"一库共享"的电子证照库和政务信息数据库,推出"一次办成"主题套餐,即进一步打造政务服务的这"五个一"体系。目前,浦东新区327项涉企审批事项全部实现"一网通办",其中"不见面审批"占比53%,"只跑一次"占比47%,实际办理时间比法定时限压缩85%。真正实现让数据多跑路、让企业和办事主体少跑腿。在科创中心建设人才服务方面,先后出台25条支持上海科创中心建设人才出入境政策。同时,积极打造国际化人才创新创业高地,推进自贸区海外人才离岸创新创业基地建设,探索"区内注册、跨境经营、远程托管"的运营模式,试点外籍人才跨境创业集中登记和技术入股免评估等新制度,实施引进境外预孵化项目奖励政策,发展9家离岸孵化器,引进海外创业项目135个,投资额近4亿元,为各类企业人才队伍建设提供制度保障。

2 企业调研走访存在问题及建议

五年来,上海自贸试验区建设虽然取得了系列重要突破和成果,但随着改革进入"深水区",自贸试验区建设也存在一定不足。通过2018年的深入走访调研,重点梳理了如下四个方面的问题不足。

2.1 改革创新事项碎片化,聚焦"点"上而未形成"面"上合力

高标准经贸规则下的制度创新全生命周期是未来改革和创新的方向,上海自贸试验区建设五年来,已探索和构建出一系列基础制度和核心制度,但如何衍生演化出一整套的制度创新体系不很清晰,如何将制度创新转换为质量效益规模化发展新动能的成果,构建以外向型经济为主的现代化经济体系线路仍不明确。

突出表现在政出多门、散点化的制度创新政策目前尚未形成合力和系统集成性的制度安排,未形成真正服务企业的制度合力。例如,商事登记改革提速未覆盖办事的全过程。一个企业领取营业执照只有一天,但是企业开办设立的时限要求首先是不包含名称预核准,提供符合要求的书面材料、证明材料等准备时间的;同时,按照正常办理流程,从企业领执照到银行开户审批到领取发票审批,到社保,到交公积金,其中部分企业还会涉及集中登记地,即使这个企业经营不涉及任何行政许可,一个企业真正在自贸试验区内成立比我们想象中的时间多得多。又如,在并联审批过程中存在部门多头化监管。绿化部门需要企业首先提供环评报告,但相关改革中环评工作已经后置,两者存在矛盾。在卫生申报过程中,安监局负责监管企业员工职业健康,卫计委负责监管企业场所卫生,导致企业需要提供多个关于人员、场所等的卫生健康报告。

建议:在商事登记确认制、核名和经营范围备案制管理等方面实现新突破,将名称核准等环节后置,根据企业全生命周期的流程为索引,进一步提升各项政策间的协调性和统一性,真正快速实现企业准入又准营;充分发挥政府部门间的协同作用,一方面减轻企业的负担,另一方面也避免目前政策"起了大早却赶了晚集"的瓶颈,切实推动相关改革措施落实落地落细。

2.2 企业获得感、体验度和改革设计初衷存在一定落差

对照中央要求、对标最高水平、对应企业诉求,三者应是统一体。从本质来看,自贸试验区企业感受度、体验度和过去开发区的优惠政策相比存在本质区别,自贸试验区内企业最终的体验和感受度还是要有利于生产力发展,最终通过营商环境提升企业的感受度、体验度。在现实中,企业对自贸区的体验度、感受度、获得感普遍不强,调查显示,超过86%的企业认为自贸试验区推出的制度创新有作用,但对具体制度的评价差异较大,部分

制度创新存在企业"无感"的情况。其中的原因是多方面的：一是上海自贸试验区总体上聚焦基础性制度创新，尤其没有税收政策，与企业的直接利益关联不太密切，单个企业直接利用自贸试验区特色制度开展业务的并不多；二是个别任务的设计初衷与实施方案差距明显，突出表现在中小企业获得信贷难，通道和途径有限，且利用试验区制度创新的空间更是有限。从区内中小企业融资情况来看，融资成本本质是市场成本，但现今在某种程度上已被归结为制度性交易成本。广大中小企业最希望通过自贸试验区获得便宜资金，实际上区内国有企业、民营企业获得融资的约束和待遇是不同的，从操作层面看，企业的境外融资额度要与企业的实缴注册资本挂钩。例如，有民营企业反映其自身经历过国营企业与民营企业身份的转变，发现民营企业在获得信贷的便利度上远不如国营企业，企业获得信贷须满足银行多项指标，此外还往往需要中介机构的协助方能最终获得贷款。从贸易通关环节的便利度来看，一些政策设定对象为海关监管等级 A 类及以上的企业，但是 A 类及以上企业对年进出口量有要求，中小企业难以满足条件，而货物状态分类监管，也需要企业前期投入资金进行软硬件的改造，中小企业的负担较大。

建议：在获得信贷方面，更多关注中小企业融资问题，对有发展潜力、符合市场导向的成长型中小企业，比照国有企业在获得融资等方面相对较为便利的途径，破解与实缴资本挂钩的严格标准。同时，可考虑借鉴美国等国际先进经验，健全中小企业融资法律保障并成立专门的金融支持机构，包括通过发展第三方担保公司等方式，建立多层次的中小企业金融服务体系为民营企业增信，从而使信贷的获得更加便利化。在贸易便利化评级方面，建议综合企业信用资质、贸易额度水平、缴税等多方面情况进行年度综合评级，形成更具有弹性的海关监管等级。

2.3 对压力测试和风险管控的关系把握不准

安全与便利二者之间的权衡取舍，仍然是上海自贸试验区，乃至全国各个自贸试验区深化监管改革和制度创新的亟待突破的瓶颈问题。目前来看，简政放权以后监管如何强化，普遍缺乏智慧和能力，在简政放权基础上我们如何补上事中事后短板，目前看来是一个非常困难的事情。突出表现在金融开放创新领域，在调研中发现有部分总部类企业反映，过于严格的外汇监管导致许多转口贸易的业务无法开展，或成本大为增加。例如，外汇管理部门为了防止利用转口贸易逃汇骗汇等情况，要求从事转口贸易的企业先全额收取境外买家的货款，才能向上家支付货款，要提供全套的境外提单等证明材料，而且只能原币种进、原币种出，导致企业享受金融开放的制度红利总是受到风险防控的限制。

建议：在精准监管方面，通过大数据实现政府部门之间的互联互通，共同协同精准监管。例如，可参照宁波市政府在类金融领域建立的天罗地网事中事后监管体系,通过该平台对24 000家类金融,包括P2P企业的有效监管。同时,政府部门也应进一步给予更多金融制度创新的实施细则和稳定的操作规范,防范金融风险带来的冲击。在配套服务环境建设方面,建议在公平监管的基础上,进一步完善对诚信企业的监管办法,通过降低保证金率等形式,形成完善对中小企业的诚信管理办法以及更有吸引力的诚信激励机制。

2.4 试验区企业运行成本偏高

在调研走访中有企业反映,一些行业主管部门出于监管工作需要或本部门工作便利性考虑,设定了一些操作口径和材料要求,客观上造成企业合规成本上升。例如,按照不同部门的监管要求,跨国公司系统内部的产品进口定价存在"高不成,低不就"的情况。定高了,国内子公司的利润降低,税务局认为是在向境外转移利润;定低了,海关认为是在故意压低报关价格。企业提出,进口产品关税加增值税的税率一般在27%左右,企业利润的所得税率为25%,二者基本持平,企业不存在用报关价高低调整利润的动机。因为不同部门的监管出发点不同的原因,把企业搞得左右为难,常常被处罚。又如,参与制度创新试点的企业可能会付出沉没成本。一些企业表示,目前外部经济环境波动较大,对试验区政策的稳定性影响也在加大。有些改革举措需要参与企业有所投入,如金融机构开设分账核算单元、企业对软硬件设施的改造等。

企业担心如果将来试验区的政策发生重大调整,将承担较大的沉没成本。

建议:一方面,为参与自贸试验区制度创新的企业提供长期稳定的政策宣讲、咨询通道;另一方面,提供更多规范化途径,让更多中小企业参与自贸试验区制度创新设计,力争让制度创新与企业需求衔接更加顺畅。

3 当前格局下支持民营企业及中小企业利用自贸试验区平台发展的几点建议

当前,习总书记在民营企业座谈会上发表重要讲话,强调要"毫不动摇鼓励、支持、引导非公有制经济发展,支持民营企业发展并走向更加广阔舞台",为保持民营经济发展良好势头注入强大动力,为民营经济实现更大发展注入坚定信心。但是,就目前民营企业及中小企业发展的政策环境来看,仍在投资领域、项目等多方面存在各式各样的"卷帘门""玻璃门""旋转门",民营企业及中小企业在融资渠道及力度、综合税负、用工成本等多方面负担还较重。以下重点就民营企业及中小企业如何利用自贸试验区平台进一步发展提出四个方面的意见建议。

3.1 进一步对标国际高标准经贸规则,为中小企业发展营造更加透明、公开、便利的营商环境

结合自贸试验区制度创新举措来看,竞争中立是国际高标准投资经贸规则和多双边经贸谈判中仅次于负面清单的重要议题,其核心本质是最大限度地维护自由、公平竞争机制和减少政府对竞争的干预,确保所有企业面临相同的竞争环境所做出的制度承诺。建议下一步对自贸试验区内可能被认定为不符合竞争中立要求的领域进行制度改革和创新。例如,率先实施与国际通行标准相接轨的政府采购制度,对外开放政府采购市场,给予民资供应商以平等待遇,并按照规范程序和方法实施政府采购;又如,加快建立形成与竞争中立相关的配套制度,包括竞争中立的透明度,政府补贴、政府采购、税收政策、监管内容对所有企业群体的公开等;再如,建立竞争中立的行政执法机制,特别是对国企借以"行政限定""行政授权"和"行政规定"为由,达成、实施垄断协议和滥用市场支配地位的情形要及时、有效地加以限制,确保民营企业及中小企业拥有公平、公正、透明的市场竞争环境。

3.2 进一步在降低准入门槛、减税降负等多方面发力,为中小企业发展提供基础保障

近日,市委、市政府已出台《关于全面提升民营经济活力大力促进民营经济健康发展的若干意见》,这是响应习近平总书记号召、深入贯彻习近平总书记关于民营经济发展重要指示精神和党中央决策部署的实际行动,是围绕上海发展战略、坚定不移支持民营经济发展的郑重宣示。建议下一步要利用自贸试验区制度创新优势,紧紧围绕意见中提出的7个方面27条举措,降低民营中小企业用工用地成本,打破投资领域项目"玻璃门""卷帘门"。例如,全面落实减税降费政策,特别是将在地方权限内的有关税费政策降到最低;降低用地成本,按照中小企业发展质量和水平确定用地费用;降低制度性交易成本,特别是利用好自贸试验区"放管服"创新优势,综合运用"一网通办"平台等为中小企业提供更为便利的办事营商环境。又如,在自贸试验区内及时将各项政策支持举措细化落地,包括支持中小企业充分运用跨境电商等贸易新方式拓宽销售渠道,提升品牌价值,支持建立"海外仓"和海外运营中心;支持民营中小企业利用张江国家自主创新示范区内众创空间、大学科技园等优惠政策加快创新力度,提升企业创新能力。

3.3 进一步利用和对接自贸试验区制度创新平台,为中小企业应对中美贸易摩擦做好技术支持和服务

总体来看,贸易摩擦的指向均是商品贸易,美国作为浦东新区(自贸试验区)的第一大出口市场和第三大进口市场,贸易摩擦对贸易企业影响较大。从长期来看,中美两大经济体间的商品贸易的流通受影响后,势必对自贸试验区其他行业企业和地方经济发展产生一定影响。结合前期企业访谈和调研情况汇总梳理,我们可以看出,有部分中小企业表示其议价能力、应变能力相对较差,一旦主要出口产品在征税清单内,对企业将造成较大影响。一些中小企业的产品在340亿元清单内,加征关税后客户拒绝接受,只能由企业承担损失,导致利润下降超过50%。

建议:一是要畅通部门间信息传导。建立实时有效的信息预警机制,完善各类企业的贸易摩擦预警,特别是对于类似工商联等部门来说,既是机遇也是挑战,要在后续工作中为广大中小企业提供更多专业化服务和咨询。二是积极与"一带一路"等国家战略对接,加快实施企业"走出去"战略。例如,重点鼓励企业赴"一带一路"沿线国家等新兴市场参展,支持企业在海外建立生产基地,全方位、多元化挖掘市场机会,通过并购等方式将产业链延伸到海外,推进优势产业在全球进行布局,整合全球市场资源,提升国际业务参与能力,获取创新资源。三是在企业服务和引导方面,做好企业引导、金融帮扶、法律援助、帮扶救济等工作。

3.4 充分借鉴海南建设自由贸易试验区及中国特色自由贸易港对新一轮上海自贸试验区建设的启示

近日,习近平总书记出席首届中国国际进口博览会并在上海考察工作,以战略思维、历史眼光亲自部署推动一系列重大改革开放措施,特别是对自贸试验区建设做出重要指示,亲自谋划、亲自部署、亲自宣布了上海自贸试验区建设的新使命、新任务,强调要把自由贸易试验区建设成为新时代改革开放新高地。我们建议:在充分借鉴海南创新模式政策的基础上,立足上海自贸试验区发展特色,加强与国际一流自由贸易区(港)的沟通交流,积极探索研究新片区建设,实施"区港一体、一线放开、二线安全高效管住"的核心制度体系;在以"单一机构"为主导、以"单一平台"和"单一窗口"为支撑的集约监管体制建设等方面着重发力,为区内企业主动参与全球产业分工合作、促进国际经贸交流提供更多支撑服务。

上海市工商业联合会　供稿
主要完成人:徐惠明　张 湧　张 捍
　　　　　　封丹华　何玮娜　朱秀慧

专题报告八

2018 上海民营企业创新发展指数报告

1　指数背景

2018年11月1日，习近平总书记在民营企业座谈会上的讲话中指出：民营企业作为新时期推进供给侧结构性改革、推动高质量发展、建设现代化经济体系的重要主体，是我们党长期执政、团结带领全国人民实现"两个一百年"奋斗目标和中华民族伟大复兴中国梦的重要力量。习近平总书记在民营企业座谈会上的重要讲话为推动民营经济健康发展指明了方向。改革开放40年来，中国民营企业蓬勃发展，民营经济从小到大、由弱变强，在稳定增长、促进创新、增加就业、改善民生等方面发挥了重要作用，成为推动经济社会发展的重要力量。党的十八大以来，习近平总书记多次强调"两个毫不动摇""三个没有变"，为推动民营经济健康发展指明了方向。党中央、国务院近年来持续出台了一系列促进民间投资、激发民营经济活力的政策措施，在清理废除阻碍统一市场和公平竞争的规定和做法、优化民营企业发展的创新发展生态环境方面持续优化。

上海是改革开放的重镇，如何在新时代继续当好"全国改革开放排头兵和创新发展先行者"，需要切实当好服务民营企业的"店小二"，将民营经济打造成为上海改革开放新高地、科技创新先锋。本研究是一项兼具理论与实践意义的创新性探索，通过构建"上海民营企业创新发展指数"，在调研分析基础上，持续跟踪上海民营企业创新发展环境以及创新发展成效，对上海市民营企业创新发展水平做出客观评估，反映企业的真实需求和面临的主要问题，尤其通过对企业创新发展环境的深入分析，为优化上海民营经济创新发展提供政策依据。

2　研究目的、思路和分析框架

2.1　研究目的

2.1.1　科创中心建设的持续性与民营企业调研工作的连续性

围绕2030年上海新一轮发展的重要任务就是建设具有全球影响力的科创中心目标，根据市委部署，本市正在进行深入开展"不忘初心、牢记使命，扎实推进科创中心建设"的大调研工作，着力发现解决制约科技创新发展，推进科创中心建设中不平衡、不充分的问题，着力分析产生问题的原因和瓶颈制约，着力制定解决问题的实质举措和长效机制。

民营企业为上海经济社会发展做出了突出贡献，一直是上海科创中心建设和经济社会发展创新的重要力量。"十三五"期间，上海在全面推进改革和建设科创中心的进程中，要花更大的努力，为民营企业发展营造更好环境，搭建更大的创业舞台，推动民营企业为上海的发展做出更大的贡献。民营企业要紧扣科创中心建设中的问题，力争当好新时代改革开放排头兵中的排头兵、创新发展先行者中的先行者。

近年来，上海社科院在上海市委统战部和上海市工商联的支持下，对民营企业的调研工作已经形成了一定的连续性。2015年形成了《从民营经济角度看上海科技创新中心的市场化、社会化建设》报告和《上海科技创新中心的人才制度建设研究》。2016年形成了《上海科技创新中心民营企业指数》（1.0版），在上海市民营经济联席会议办公室组织召开的上海市促进科技成果转移转化条例征询意见座谈会上，也形成了书面意见答复市科委。2017年完成了《在卓越全球城市建设中进一步发挥民营企业作用》等。目前，本课题已经有了比较好的资料和数据积累，在前期研究的基础上，上海民营企业创新指数报告的持续推出，无疑将提高上海民营企业发展的影响力、标识度和集中度。

2.1.2 适逢上海民营企业发展40周年，找准民营企业的发展诉求

改革开放40周年，也是民营经济的发展从小到大、从粗放到集约、从量变到质变的40年。大变革的时代，正是一批批优秀的民营企业家成为上海乃至全国经济增长和社会进步的重要的前行驱动力。上海已经全力打响了上海服务、上海制造、上海购物、上海文化四大品牌建设，民营企业家无疑将会发挥更加重要的作用。民营企业是上海当好全国改革开放排头兵、创新发展先行者的重要组成部分。

在民营企业立足上海、面向全国、走向世界，进一步增强国际竞争力的过程中，需要找准各类民营企业的诉求。例如，独角兽企业讲究的是政府对他们的精准扶持，而对于小微民营企业追求的是遍地开花以形成企业创新的良好生态。因此，我们拟通过本课题调研，集中反映民营企业在创新发展中的呼声和建议。我们将通过此次课题调研进一步梳理问题、寻找良策、提出建议。

2.2 研究思路

在新经济时代，创新成为经济发展的新动能，也是民营企业"聚焦主业，加强自主创新，练好内功，努力实现新的发展"的战略选择。相对国有和大型外企来说，民营企业在运营机制方面有相对优势：决策快捷并相对科学，劳动、人事、分配制度到位，效率高，成本费用低；尤其在国际合作、国际贸易、引进技术、竞标项目等方面具有优势。在法制健全、政策保障和政府扶持的大背景下，民营企

业在科技创新、技术进步、产品创新、成果转化方面的优势将进一步显现。

本指数关注民营企业创新与发展的关系,以创新发展动力为源、创新发展环境为基、创新发展能力为本,通过问卷调研掌握总体情况,课题组通过交叉分析和典型企业调研,比较不同行业和不同区域企业创新发展,使研究更为精准,判断更为科学。

2.3 研究方法

本研究以"上海市民营企业创新发展评价体系"为基础,通过问卷调查、机构调查及专家访谈等多种方式搜集资料,组织基础数据;对数据进行建模,最终计算获得"上海市民营企业创新发展指数"。

2.3.1 构建"上海市民营创新企业发展评价体系"

上海市民营企业创新发展指数体系由四级指标构成。

2.3.1.1 二级指标

二级指标包括创新发展生态环境、创新发展动力水平和创新发展能力建设(简称"生态环境、动力水平和能力建设")。上述三个方面分别涵盖了上海市民营企业发展所需的外部条件和内部条件,能够较全面地衡量上海市民营企业的创新发展状况。

2.3.1.2 三级指标和四级指标

创新发展生态环境指标下属五个三级指标,为城市比较优势评价、社会比较优势评价、制约企业发展因素、政府政策支持力度、行业市场秩序规范;创新发展动力水平下属四个三级指标,为产学研合作、企业盈利能力、研发创新投入与产出,以及资源获取能力;创新发展能力建设下设三个三级指标,为企业家精神、品牌和内部管理。

在企业家精神下设国际视野、创新精神和社会责任三个四级指标,品牌效应下设品牌知晓度、品牌美誉度和品牌价值三个四级指标,内部管理下设员工素质和员工权益两个四级指标(见表J8-1)。

表 J8-1 上海市民营企业创新发展评价体系

一级指标	二级指标	三级指标	四级指标
上海民营企业创新发展指数	创新发展生态环境(25%)	城市比较优势评价(20%)	—
		社会比较优势评价(20%)	—
		制约企业发展因素(20%)	—
		政府政策支持力度(20%)	—
		行业市场秩序规范(20%)	—
	创新发展动力水平(40%)	产学研合作(20%)	—
		企业盈利能力(30%)	—

续表

一级指标	二级指标	三级指标	四级指标
上海民营企业创新发展指数	创新发展动力水平（40%）	研发创新投入与产出（30%）	—
		资源获取能力（20%）	—
	创新发展能力建设（35%）	企业家精神（40%）	国际视野（30%）
			创新精神（40%）
			社会责任（30%）
		品牌效应（30%）	品牌知晓度（40%）
			品牌美誉度（30%）
			品牌价值（30%）
		内部管理（30%）	员工素质（60%）
			员工权益（40%）

2.3.2 数据收集

从制度"供-需"关系出发，本研究主要采用问卷调查方法，以更好了解目前上海民营企业创新发展状况，特别是上海民营企业在提升城市创新发展生态环境上的需求，同时配合调研走访和数据分析，对问题进行分析剖析。

在上海市委统战部和上海市工商联的支持下，上海社会科学院课题组对上海市工商联系统执常委以上级别的企业家进行了问卷调查，获取可用于统计、分析的一手数据，此次调查覆盖上海市全部16个市辖区，共计收回850份企业问卷，涉及20多个行业。

2.3.3 设定指标参照系

通过对各有关部门的走访，并汲取各位专家的意见和建议，本研究以理论为指导，以政策目标为导向，对各指标制定基准值和参照值，构建指标参考系。

2.4 各项指标指数计算方案

各项指标指数计算方案如下：

（1）将调查问卷的问题答案进行量化处理。

（2）通过专家打分法确定各级指标的权重（详见表J8-1）。

（3）根据权重计算各项子指标得分和上海市民营企业发展指数最终得分，本研究指数得分为百分制。具体计算公式和过程如下：

第一步：

$$4\text{thindex}_i = 100 \times \frac{4\text{thindex}_i \text{ value} - \text{sample minimum value}}{\text{sample maximum value} - \text{sample minimum value}} \quad ①$$

第二步：

$$3\text{rdindex} = \sum_{i=1}^{n} \lambda_i \times 4\text{thindex}_i \quad ②$$

(创新发展动力水平和创新发展生态环境无四级指标,则直接根据调查问卷结果和公式①计算其指标得分。)

第三步:

$$2ndindex = \sum_{i=1}^{n} \lambda_i \times 3rdindex_i \qquad ③$$

第 4 步:

$$1stindex = \sum_{i=1}^{n} \lambda_i \times 2ndindex_i \qquad ④$$

在计算得到各项指标相应的实际分值之后,将其作为基期分值,在日后年份的持续跟踪调研打分过程中,均以本年所计算的各项指标为基准值,然后再用各项指标的基准值与当年计算所得的实际值进行加权,本文将当年期指标数值得分权重确定为40%。本年度的亦采用此计算方法计算得到最终的各项指标值。

3 结果分析

本次调查涉及的企业共848家,范围基本上涵盖了各行业企业群体。受访企业覆盖了上海市全部16个市辖区,以金山区、浦东新区和普陀区的为最多;所涉及的行业有20余个,其中以服务业(27.71%)、机械与电子行业(12.38%)和IT互联网行业(10.02%)居多,主要从企业经营状况、创新情况、中美贸易摩擦对企业的影响及党建状况四方面进行调研和总结分析。

3.1 总体分析

表J8-2、图J8-1—图J8-3给出了对本次问卷调查结果进行量化后上海民营企业发展指数及其下属指标的最终得分情况(百分制)。由表J8-2可知,上海民营企业创新发展指数总得分为70.38分,其中创新发展生态环境指标得分最高,创新发展能力水平居中,创新发展动力水平最低。

创新发展生态环境综合得分为89.67分,营商优势明显,综合评价高于全国平均水平。创新发展能力水平指标得分为72.51分,创新发展动力水平得分最低,为56.45分。总体来看,上海市民营企业的创新发展生态环境质量较高,民营企业的创新发展能力水平得分尚可,民营企业的创新发展动力水平已经成为制约上海市民营企业创新发展的关键因素。

表J8-2 上海市民营企业创新发展指数得分情况表

一级指标	得分	二级指标	得分	三级指标	得分	四级指标	得分
上海民营企业创新发展指数	70.38	创新发展生态环境总得分	89.67	城市比较优势评价	86.01	—	—
				社会比较优势评价	89.19		
				制约企业发展因素	90.02		
				政府政策支持力度	92.32		
				行业市场秩序规范	90.83		

续表

一级指标	得分	二级指标	得分	三级指标	得分	四级指标	得分
上海民营企业创新发展指数	70.38	创新发展动力水平得分	56.45	产学研合作	42.99	—	—
				企业盈利能力	48.78	—	—
				研发创新投入与产出	52.09	—	—
				资源获取能力	87.97	—	—
		创新发展能力水平得分	72.51	企业家精神	69.59	国际视野	67.55
						创新精神	72.47
						社会责任	67.79
				品牌效应	73.30	品牌知晓度	71.41
						品牌美誉度	75.58
						品牌价值	73.55
				内部管理	75.61	员工素质	76.14
						员工权益	74.82

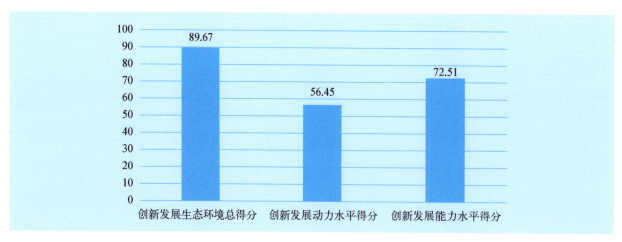

图 J8-1　上海市民营企业创新发展指数二级指标得分示意图

在本次调查结果中，企业家们对上海市当前的城市建设和社会环境普遍给予较高的评价。对于上海在全球城市建设中的优势，54.8%的企业家认为上海是高新科技人才的聚集地，54.1%的企业家提到了上海公开公平的市场环境，还有49.5%的企业家认为政府支持也是不可忽视的重要方面。另外也有不少企业家肯定了强劲的产业发展势头、优良的研发环境和金融服务。和全国其他城市相比，超过80%的受访企业家认为上海具有健全的社会保障体系、丰富的教育资源、齐全的文娱设施、便利的交通和良好的生态环境。

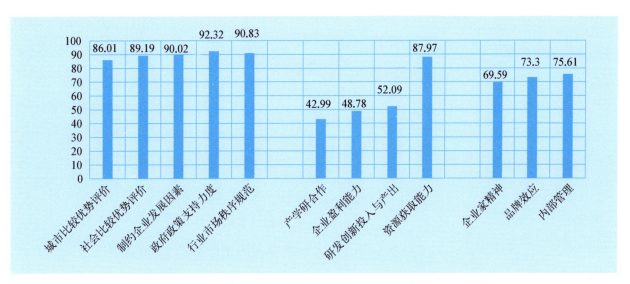

图 J8-2　上海市民营企业创新发展指数三级指标得分示意图

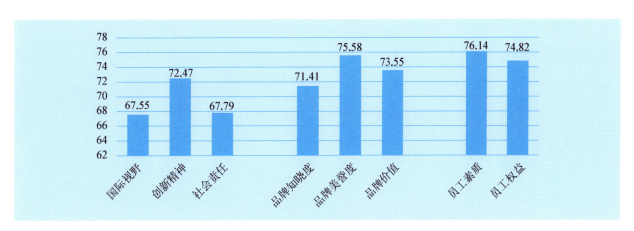

图 J8-3　上海市民营企业创新发展指数四级指标得分示意图

但也有九成以上的受访企业家提及上海的居住成本较高。

调查数据还显示,企业家们对上海提升城市能级和核心竞争力抱有很高的期待。66.6%的企业家表示在这个过程中,民营企业可以从打造行业平台中获得发展空间,38.1%的企业家看好上海创设企业集群的举措,32.9%的企业家更倾向于认为参与长三角一体化能为企业带来更丰富的发展机会。

3.2　综合分析

3.2.1　企业经营状况分析

3.2.1.1　品牌、管理能力和技术逐渐成为企业实力和发展的主要支柱

针对目前企业创新发展的优势的调查,54.0%的受访企业家认为自己的企业市场前景看好,51.3%的企业家认为自己的企业管理团队能力强,39.3%的企业家认为是领先的技术为自己的企业创造了目前的优势。对于自己企业的评价,超过75%的企业家认为

自己的企业在员工培训、绩效管理和保障制度方面有公平合理且完整的制度体系,67.8%的企业家认为消费者已经熟知本企业的品牌,74.1%的企业家认为自己的企业品牌已具有一定的价值,78.7%的企业家相信消费者对本企业的品牌十分信任并具有好感。

3.2.1.2 资金来源主要为本地,且以银行为主

数据显示,73.6%的受访企业获得的外部资金主要来自本市,外省市占21.9%,来自境外的仅占4.5%。在资金渠道方面,74.6%的受访企业将银行列为最主要的融资渠道,其余包括天使投资人或公司、民间互助理财和政府基金等,但占比均在10%左右。

3.2.1.3 企业盈利水平仍然是制约企业发展的关键因素

根据调查数据,70.4%的受访企业家认为企业目前运行成本过高是制约企业当前发展的最主要因素,49.5%认为企业利润逐渐降低,还有43.2%认为企业缺乏技术骨干人才制约了企业进一步发展。

3.2.2 企业创新情况分析

3.2.2.1 企业与高校、科研单位合作程度低

据调查,仅有30.5%的企业反映与高校或科研机构有科技攻关类的合作;而与这些机构的合作中合作效果一般甚至基本没有效果的占到了45.9%,合作程度不太理想。另外,在有合作的企业中,有60%的企业并未因此享受到政府的补贴或优惠。

3.2.2.2 企业自身创新能力不足,科技人才匮乏

据调查,有80.7%的企业反映在创新创业过程中,目前发明专利的授权量不超过10项;45.9%的企业中科研人员占比低于5%;78.1%的企业中人才的每年流动率低于10%,其中流动率低于5%的更是占到了49.2%。在企业技术贸易收入调查中,有64.7%的企业技术贸易不及企业总收入的20%。

3.2.3 企业党建情况调研

根据调查,65.9%的企业内部存在党组织。其中,有党委的占4.7%,有党总支的占6.1%,有党支部的占47.5%,有党小组的占7.6%。受访企业家中,63.1%的党组织关系在本企业,另有6.5%和3.4%的企业家党组织关系在以前的单位或以前的企业。

关于党建活动,主要进行企业党建的企业占55.7%,主要为区域党建的占30.8%,主要为楼宇党建的占7.3%,主要为网格党建的占6.3%。

党组织活动方面,24.4%的企业一年开展一次党组织活动,19.5%的企业半年开展一次,37.0%的企业一季度开展一次,18.2%的企业每月开展一次,还有0.9%的企业每周开展一次党建。党建活动也以学习活动、文体活动和党建培训为主,分别占到了88.4%、68.0%和62.7%。

3.3 区域分析

3.3.1 各地区民营企业创新发展状况

根据本报告设定的民营企业创新发展指

数定量评估指标体系,结合调查问卷的填写结果,本文最终得到上海市各地区民营企业创新发展状况的定量评估结果。从表 J8-3 可看出,松江区民营企业创新发展状况得分最高,为 77.87 分,青浦区紧随其后,得分为 73.54 分,其余得分在 70 分以上的区分别为嘉定区、长宁区、浦东新区和静安区,崇明区的得分最低。

从各区总得分的分布状况来看,上海市各区民营企业的创新发展状况差异性较大,崇明区与排名第一的松江区得分相差 13.01 分。

表 J8-3　上海市各地区民营企业创新发展状况分析

排　名	地　区	创新发展生态环境总得分	创新发展动力水平得分	创新发展能力水平得分	总得分
1	松江区	91.07	59.11	89.89	77.87
2	青浦区	86.45	62.34	77.11	73.54
3	嘉定区	91.27	58.56	75.81	72.77
4	长宁区	90.94	57.46	73.11	71.30
5	浦东新区	90.22	58.97	68.70	70.18
6	静安区	90.48	54.64	72.95	70.01
7	杨浦区	88.34	58.69	69.76	69.97
8	普陀区	89.98	57.02	70.32	69.92
9	闵行区	87.96	55.19	73.01	69.62
10	虹口区	88.55	51.00	75.71	69.03
11	徐汇区	90.89	52.82	71.75	68.96
12	金山区	89.70	53.51	70.03	68.33
13	奉贤区	85.79	57.01	67.83	68.00
14	宝山区	84.22	59.14	66.53	68.00
15	黄浦区	88.83	54.25	65.44	66.81
16	崇明区	90.40	50.61	62.93	64.86

3.3.2　各区民营企业创新发展状况分项指标得分结构情况

如图 J8-4 所示,总体来看,上海市各区的民营企业在创新发展生态环境和创新发展能力水平这两项指标上的得分较为理想,在创新发展动力水平这一分项指标上的得分普遍偏低,再次印证了企业的创新发展动力水平已经成为上海市民营企业创新发展的主要制约性因素。创新发展动力水平指标得分低于 55 分的区有虹口区、徐汇区、静安区、金山

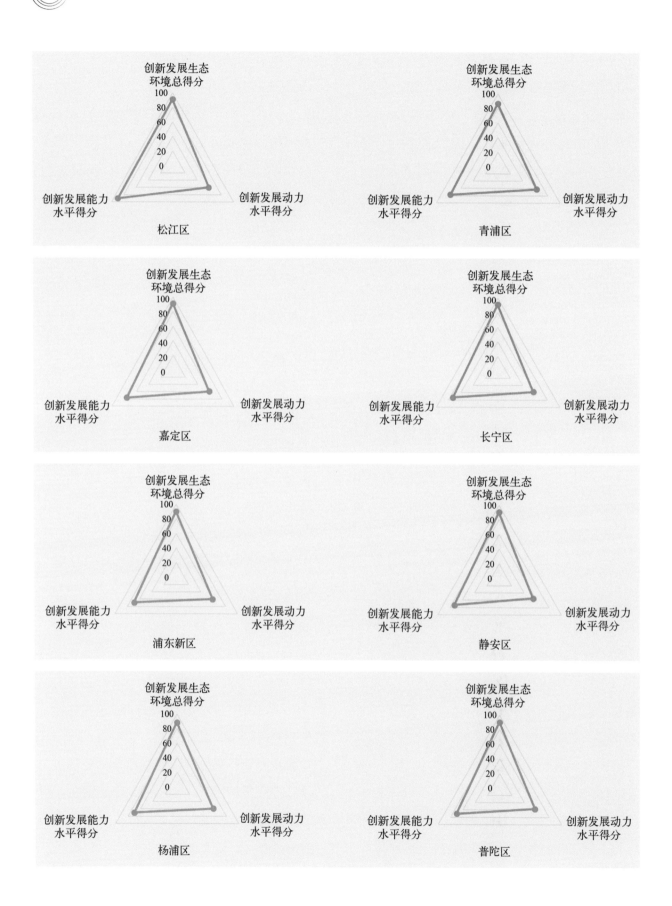

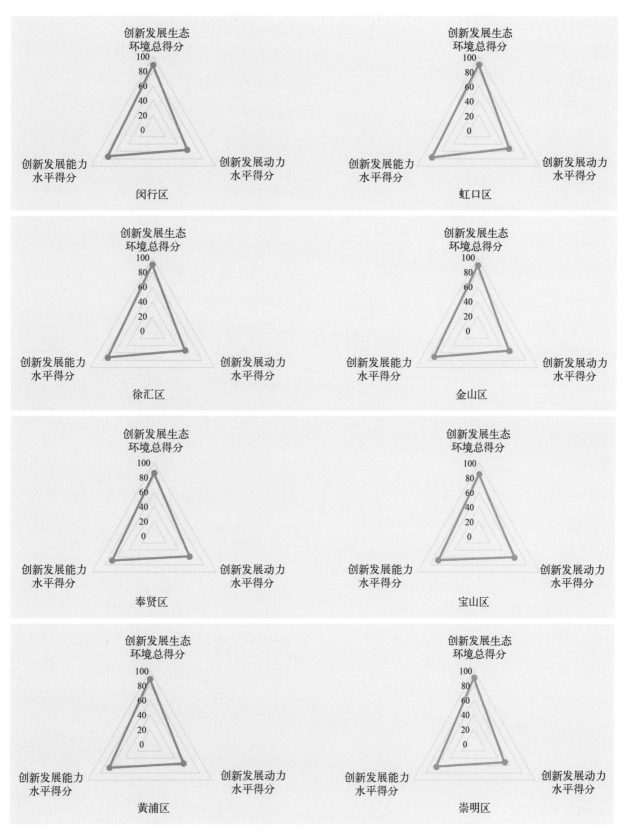

图 J8-4　上海市各区民营企业创新发展指数内部结构分析图

区、黄浦区和崇明区,其中崇明区的创新发展动力水平指标得分最低,仅为 50.61 分。得分最高的区为青浦区,但是也仅为 62.34 分。

从创新发展生态环境来看,上海市各区的创新发展生态环境发展较为均衡,各区的创新发展生态环境指标得分均高于 80 分。从创新发展能力水平指标得分情况来看,仅有松江区的得分高于 80 分,其余各区与其存在一定差距,其中崇明区民营企业的创新发展能力水平指标得分最低,为 62.93 分。除此之外,还有奉贤区、宝山区、黄浦区、浦东新区和杨浦区的民营企业创新发展能力水平指标得分低于 70 分。

接下来本研究报告对各区民营企业的创新发展生态环境、创新发展能力水平和创新发展动力水平下属指标情况进行分析。如图 J8-5 所示,从各区创新发展生态环境得分情况来看,上海市各区创新发展生态环境得分较为均衡,都在 80 分以上。其中,嘉定区位居第一位,得分为 91.27,且与排名第二至九位的各区得分保持较为微小的差距;排名最后的是宝山,得分也达到 84.22 分。

如表 J8-4 所示,上海市民营企业创新发展动力水平得分最高的是青浦区,排名最低的是崇明区。从各区民营企业创新发展动力水平的内部结构情况看,上海市各区民营企业的资源获取能力都处于较高水平,其经营所需资金基本都能从上海本地银行或者其他金融机构获得,不需要进行跨区域高成本融资。产学研合作和研发创新投入与产出方面得分较低,表明上海市各区的民营企业在研发创新的投入与产出效率方面存在较大短板。此外,上海市各区的民营企业盈利能力在创新发展动力水平下属指标当中的得分基本处于最低水平,充分表明盈利能力的不足已经成为制约上海市各区民营企业创新发展的重要因素。

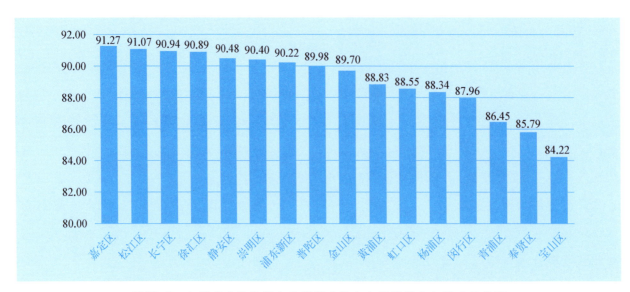

图 J8-5　上海市各区民营企业创新发展生态环境得分与排名示意图

表 J8-4 上海市各区创新发展动力水平排名与内部指标结构情况表

排名	地区	产学研合作	盈利能力	研发创新投入与产出	资源获取能力	创新发展动力水平得分
1	青浦区	47.50	46.03	44.14	92.12	62.34
2	宝山区	46.30	40.84	40.84	90.63	59.14
3	松江区	23.27	51.73	50.89	84.54	59.11
4	浦东新区	41.01	43.30	45.25	86.43	58.97
5	杨浦区	41.05	42.36	47.28	84.21	58.69
6	嘉定区	45.25	35.59	46.27	89.12	58.56
7	长宁区	30.04	48.08	47.73	81.06	57.46
8	普陀区	37.18	40.70	41.92	88.57	57.02
9	奉贤区	45.50	37.81	42.24	85.34	57.01
10	闵行区	40.04	35.28	39.84	88.01	55.19
11	静安区	39.31	35.38	35.00	91.67	54.64
12	黄浦区	28.13	42.55	36.04	89.46	54.25
13	金山区	32.93	37.04	35.00	90.38	53.51
14	徐汇区	30.13	37.69	35.45	88.78	52.82
15	虹口区	32.55	34.59	34.59	84.77	51.00
16	崇明区	24.82	32.09	32.96	93.33	50.61

对上海市各区民营企业的创新发展能力水平细分指标得分情况进行分析,如表 J8-5 所示,上海市各区民营企业创新发展能力水平存在较大差异。松江区民营企业创新发展能力水平得分最高,为 89.89 分,崇明区民营企业创新发展能力水平得分最低,为 62.93 分,两者相差近 30 分。从创新发展能力水平的内部结构性指标得分情况来看,品牌和内部管理已经成为支撑上海各区民营企业创新发展能力水平的重要因素,相比较而言,企业家精神指标得分较低。就品牌而言,松江区民营企业以 91.85 分位居第一名,且与第二名的嘉定区相比保持较为显著的领先优势。内部管理方面,松江区和虹口区两者并驾齐驱,位居上海市各区的前两位。黄浦区和崇明区的民营企业在内部管理方面表现较为滞后,位居榜单最后两位。

表 J8-5　上海市各区创新发展能力水平排名与内部指标结构情况表

排名	地　区	企业家精神得分	品牌得分	内部管理得分	创新发展能力水平得分
1	松江区	87.47	91.85	91.18	89.89
2	青浦区	76.01	75.08	80.65	77.11
3	嘉定区	70.74	78.85	79.52	75.81
4	虹口区	71.11	70.00	87.58	75.71
5	长宁区	70.00	77.52	72.84	73.11
6	闵行区	68.88	72.98	78.54	73.01
7	静安区	70.13	77.42	72.25	72.95
8	徐汇区	75.00	68.39	70.77	71.75
9	普陀区	68.56	69.90	73.07	70.32
10	金山区	65.48	70.15	75.98	70.03
11	杨浦区	62.26	71.11	78.43	69.76
12	浦东新区	66.43	69.41	70.99	68.70
13	奉贤区	68.61	70.21	64.41	67.83
14	宝山区	64.50	69.24	66.50	66.53
15	黄浦区	67.70	63.94	63.88	65.44
16	崇明区	56.90	68.10	65.80	62.93

3.4　行业分析

3.4.1　各行业民营企业创新发展状况

表 J8-6 给出了上海市各行业民营企业的创新发展情况。从表中数据可以发现，IT与互联网行业民营企业创新发展指数总得分最高，达到 77.22 分，紧随其后的是新能源和新材料行业。新农业、服务业和贸易行业的民营企业发展状况位于榜单最后三位。作为上海市战略性新兴产业的生物医药行业的民营企业创新发展指数排名所有被调查行业的第六名，表明该行业的民营企业在创新发展方面仍有很大的提升空间。

表 J8-6　上海市各行业民营企业创新发展情况表

行　业	创新发展生态环境总得分	创新发展动力水平得分	创新发展能力水平得分	总得分
IT与互联网	88.10	68.64	79.25	77.22
新能源	86.74	65.14	80.42	75.89

续表

行　业	创新发展生态环境总得分	创新发展动力水平得分	创新发展能力水平得分	总得分
新材料	89.24	63.10	80.35	75.67
节能环保	91.57	61.52	73.57	73.25
机械与电子	89.61	58.90	75.12	72.25
生物医药	89.08	61.60	66.84	70.31
文化传播	90.45	55.34	72.80	70.22
其　他	90.34	53.65	70.43	68.70
新农业	88.48	52.81	70.52	67.93
服务业	90.26	51.95	70.17	67.90
贸　易	88.77	49.56	68.29	65.93

3.4.2 各行业民营企业创新发展状况分项指标得分结构情况

图J8-6给出了上海市各行业民营企业的创新发展生态环境得分与排名情况，从中可以发现，节能环保行业面临的创新发展生态环境最优，其次是文化传播行业。新能源和IT与互联网行业的民营企业虽然在总体创新发展状况方面排名各行业前列，但是在创新发展生态环境方面，由于这些行业属于新兴行业，因此现有的管理制度和市场环境的调整可能具有一定的滞后性，使得现有创新发展生态环境无法满足上海市IT与互联网以及新能源行业民营企业的创新发展。为此，下一步在优化行业创新发展生态环境方面，应着重分析上述两个行业企业创新发展所需的特殊环境因素和制度条件，有针对性地提升上述两个行业企业的创新发展生态环境质量。

表J8-7给出了上海市各行业民营企业创新发展动力水平发展得分情况，从中可以发现，IT与互联网行业创新发展动力水平得分最高，新能源和新材料、生物医药及节能环保行业民营企业创新发展动力水平排名紧随其后。在民营企业创新发展动力水平内部指标中，各行业的企业均表现出了很强的资源获取能力，但是在研发创新投入与产出方面及产学研合作方面得分较低，其中新农业、服务业和贸易行业的研发创新投入与产出指标得分非常低，产学研合作方面的得分也处于较低水平。在产学研合作方面，即使是排名第一的生物医药行业，其得分也不过46.42分，仍有很大的提升空间。此外，各行业的盈利能力严重不足，即使是盈利能力最强的IT与互联网行业及新材料行业，其盈利能力得分也不过63.14和48.13。由此可见，上海市各行业民营企业强大的资源获取能力并未有效转化为强劲的盈利能力，同时其在产学研合

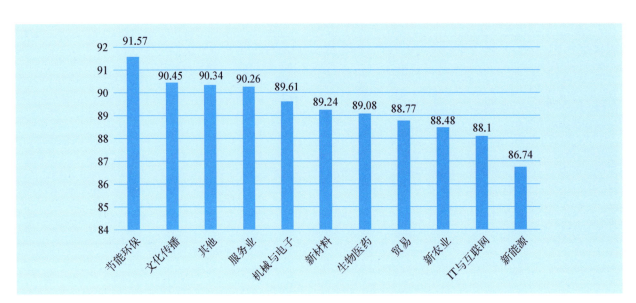

图 J8-6　上海市各行业民营企业创新发展生态环境指数得分与排名情况图

表 J8-7　上海市各行业民营企业创新发展动力水平发展情况表

行　业	产学研合作	盈利能力	研发创新投入与产出	资源获取能力	创新发展动力水平得分
IT与互联网	40.36	63.14	62.72	81.47	68.64
新能源	45.36	46.66	62.45	83.33	65.14
新材料	43.37	48.13	54.21	84.72	63.10
生物医药	46.42	44.83	53.42	81.58	61.60
节能环保	42.31	44.45	45.00	93.65	61.52
机械与电子	41.78	40.56	44.70	89.17	58.90
文化传播	34.85	41.54	36.64	89.00	55.34
其　他	33.15	35.14	37.18	90.42	53.65
新农业	39.87	28.99	37.48	88.89	52.81
服务业	31.09	35.35	33.42	89.68	51.95
贸　易	25.12	37.51	30.42	86.31	49.56

作和研发创新能力方面也均存在较为显著的短板。

表 J8-8 给出了上海市各行业民营企业创新发展能力水平发展得分情况。如表 J8-8 所示，新能源、新材料行业以及 IT 与互联网行业的创新发展能力水平得分排名所有被调查行业的前三甲，且得分十分接近，三个行业的创新发展能力水平内部结构也较为均衡，三个分项指标得分不存在明显短板。其余行业与该三个行业的创新发展能力水平得分存在一定差距,生物医药行业的创新发展能力水平得分排在所有被调查行业的最后一名,作为战略性新兴行业,生物医药行业创新发展能力水平的欠缺已经成为影响其整体发展能力的重要制约因素。

从生物医药行业的创新发展能力水平内部结构来看,其企业家精神得分仅仅优于新农业,品牌方面得分则排名倒数第一,内部管理也仅优于贸易行业,三项指标排名均十分靠后。

表 J8-8　上海市各行业民营企业创新发展能力水平发展情况表

行　业	企业家精神得分	品牌得分	内部管理得分	创新发展能力水平得分
新能源	76.71	83.17	82.59	80.42
新材料	76.09	85.20	81.17	80.35
IT与互联网	76.50	79.23	82.96	79.25
机械与电子	72.41	76.02	77.83	75.12
节能环保	70.00	78.39	73.53	73.57
文化传播	71.53	72.44	74.89	72.80
新农业	62.79	78.36	72.97	70.52
其　他	67.41	70.34	74.58	70.43
服务业	66.49	71.74	73.51	70.17
贸　易	71.82	61.04	70.85	68.29
生物医药	63.06	67.16	71.58	66.84

4　机遇挑战

4.1　上海民营经济已成为区域经济发展的重要主体

上海市委书记李强同志指出,民营企业是上海经济社会发展不可或缺的重要力量,是上海城市经济活力的重要体现,近年来发展呈现良好态势,在稳定增长、促进创新、增加就业、改善民生等方面发挥了重要作用。上海是改革开放的窗口,民营企业作为上海经济持续增长的重要主体,是上海经济发展的重要组成部分,在上海创新驱动发展、经济转型升级方面发挥了不可替代的作用。2012—2016年,上海民营经济总量规模不断扩大,民营经济增加值由2012年的5379.37亿元提高至2016年的7314.25亿元,增长了36%。民营企业创造了上海1/4的生产总值、1/5的进出口总额、1/3的税收收入。而且,在保障民生、促进就业方面,上海民营企业的贡献更大。上海每年新增就业岗位60万个左右,民营企业新增就业人数占全市的比重超过七成。

4.2 创新驱动更成为新时代上海民营企业高质量发展的动力引擎

随着上海城市经济转型和能级提升,越来越多的民营企业认识到创新驱动对企业发展的重要性,创新活力凸显,科技创新贡献度提升,民营经济高质量发展态势凸显。

一是近五年来,上海民营企业的税收增速达到44.1%,居各直辖市之首。

二是目前本市民营科技企业的数量占全部科技企业的比重超过九成,近半数的专利授权量由民营企业获得。在本市高新技术企业中,七成左右是民营企业。不少民营企业精耕细分领域,行业占有率、品牌营销力明显提升,成为细分领域转型升级的引领者,成为知名品牌、行业标准的提供者。

三是民营企业在新领域创新创业的能力更强,2018年以来,上海平均每个工作日新注册企业1332家,其中96.4%是民营企业。全国互联网百强中,上海民营企业占了18家。在新一代信息技术、智能网联汽车、科技型制造、数字创意等领域,一大批优秀民营企业脱颖而出。

4.3 上海民营经济创新发展的生态环境还须持续优化

民营企业天生具有改革的基因、创新的冲劲,上海新一轮发展把现代化经济体系建设作为重点工作,把改善民营企业创新发展生态环境、促进民营企业创新发展作为提升经济实力的有效抓手。民营企业也将承担应有的使命与责任,有更大的发展和作为,在卓越全球城市建设中承担重要角色;积极深化自身创新转型,为推动上海创新发展,发挥更重要作用。在转型过程中,上海民营企业仍面临诸多瓶颈与短板,亟待克服与突破。

4.4 上海民营企业规模总体仍然偏小,自主创新实力偏弱

与其他省市相比,上海民营企业规模与影响力仍有待提高。由于规模普遍偏小,创新资源有限,上海民营企业创新对市场的依附性,以及对国有企业、外资企业的伴生性较为明显。2017年8月24日,在全国工商联发布的2017中国民营企业500强榜单中,作为长三角区域"领头羊"的上海企业占比为2.6%,其中在前100名中上海只有2家上榜,101名至200名只有3家上榜。同时,发布的还有2017年中国民营企业服务业100强榜单和民营企业制造业500强榜单,其中上海分别有4家和6家企业入围,而江苏分别有15家和86家,浙江则有12家和90家。由此看来,上海民营企业的竞争力距离全国领先水平还有差距。

4.5 民营企业创新发展的内部动力和外部环境还须进一步增强

一是民营企业家自主创新意识不强,创新自信不足。在经营环境充满不确定性的背景下,企业不愿冒险、小富即安的心态较为普遍,不少民营企业家对创新存在畏难情绪。

二是民营企业知识产权保护不足,创新成果产业化待加强。一方面,知识产权侵权

案件频发且民营企业追责难度大;另一方面,知识产权政策体系不完善。上海知识产权政策中税收、金融、政府采购等间接支持不足。

三是民营企业创新发展的公共服务支撑不足。一方面,政策信息存在政企不对称的现象,政策信息获取不畅是民营企业普遍存在的难题;另一方面,社会中介服务发展相对滞后。

5 政策建议

5.1 切实降低民营企业成本,确保各项政策落地

在当前供给侧改革和去产能、去库存、去杠杆的大背景下,民营企业创新发展面临着巨大经营压力,因此需要一系列惠商政策出台帮助企业减轻经营负担,提高利润。首先,要全面落实税收优惠政策,对地方权限内的税费政策,在国家规定的幅度内降低到法定税率最低水平。其次,要降低企业用地成本,对达到绩优标准的企业,免缴增容土地价款;在国有产业园区内对中小型创新民营企业给予租金优惠。最后,要降低企业的要素成本,平稳调整最低工资标准,进一步降低企业社保缴费比例。对于已经出台正在逐步落实的政策,政府应当加大督导力度,确保政策落地得准确、有效,每一个符合条件的企业都能真真切切地享受到政策的便利,从而提高企业绩效,更好地为经济发展出力。

5.2 创新融资方式方法,缓解民企融资难题

拓展融资渠道,切实解决资金问题。首先,政府要成立并不断扩大专项基金和信用融资计划的规模,加大对民企的帮扶力度和广度,确保关键民企不出现流动性困难,帮助民营企业渡过难关。其次,要创新融资方式方法,整合中小微企业信用信息,建立中小微企业信用信息和融资对接平台,推动"股权+债权"的融资方式,为中小微企业提供投贷联动支持;同时,构建民企信用担保体系,加快建立信用担保行业协会,促进行业规范发展。最后,充分发挥民间资本的作用,全面放开民间投资领域,实行负面清单制,鼓励和引导民间资本进入法律法规未明确禁止的行业和领域,不对民间投资设置附加条件。大力培育天使投资、风险投资等机构,引导社会资本进入双创领域。

5.3 加强科技创新能力,提升企业核心竞争力

首先,针对调查中表现出的企业与高校、科研院所合作数量和质量不高的问题,可以搭建专门的校企技术合作平台,采用共同培养、定向就业的方式为企业打造专业人才后备军。其次,政府要加大支持民企自主创新的力度,扩大"科技创新券""四新券"覆盖的范围,提高补贴额度,对一些攻克难度较高、资源需求紧缺的技术攻关研究,政府可以给予适当的补贴和资源支持,帮助企业将技术优势逐步扩大。最后,创新的核心是人才,要

支持民企人才的引进和培育,鼓励民营企业建立首席技师、技能大师工作室,同时搭配住房、就医、就学和落户等政策。

5.4 培育龙头骨干企业,继续深挖品牌效益

对于有潜力的民营企业,政府要探索相应的奖励政策,支持民营企业并购重组、做大做强,建立起具有知名度的品牌。对于一些产品优异、业绩突出但品牌知名度较低的企业,可以加大宣传力度,提升消费者心目中的品牌形象;对于已经有一定知名度或者驰名的品牌,可以通过官方媒体打造品牌推广平台,在提升宣传效应的同时加强产品质量监控,让优秀的产品和优秀的企业品牌共同作用,提高消费者的满意度和黏性。

5.5 创设长效沟通机制,共建和谐营商环境

营商环境是上海市民营经济发展的一大优势,该项指标总体得分达到89.67分,远超平均水平。为进一步巩固、扩大优势,为民营企业的发展提供更加有力的环境,建议建立市区领导联系重点民营企业的工作机制,和民营企业家参与重大涉企政策决策的制度。政府在出台调控政策前,可以听到一线民营企业的真实声音,在制订政策时能够从实际出发,避免出现"一刀切"等状况。在调控政策出台执行后,能够第一时间了解到市场主体的反馈,得知政策执行的效果,从而不断完善政策,使得各项惠民措施能够落到实处,发挥促进民营经济不断创新发展的作用。

5.6 优化新时代新布局,探索民企党建新优势

一方面,拓展建设新兴领域党支部,不断扩大覆盖面,着力提高组织力和领导力。民营企业是资本、人员大量汇集的市场主体,工商联等组织要进一步围绕中心、贴近基层、以人为本,指导和推动企业实现科学发展和党建工作相互融入、相互渗透,努力把党的理论优势转化为企业的发展优势,把党的制度优势转化为企业的管理优势,为"两个健康"提供坚强的组织保障和政治保障。

另一方面,加强对年轻一代的教育引导和培养使用。通过树典型的方式,宣传青年创业者党员的正面典型事例。健全培养引导工作机制。要突破目前单纯由统战系统和工商联推进工作的现状,逐步建立一个更加开放的工作格局,党委政府共同关注青年创业者党员培养和引导工作。同时,增加青年创业者参政议政的力度和强度。增加青年创业者在人大、政协、工商联的代表比例,增强他们对于党和政府的向心力,确保他们成长的健康方向;鼓励青年创业者、企业家中的积极分子入党。

上海市工商业联合会 供稿
主要完成人:徐惠明 张 捍 汤蕴懿
封丹华 韩 清 张伯超

专题报告九

2018年第十三次全国私营企业调查报告（上海地区）

当前全球经济形势复杂多变，保护主义、单边主义抬头；中国经济发展进入新常态，由高速增长阶段转向高质量发展阶段，企业转型升级的压力较大。复杂的外部环境和内部经济的结构调整使中国民营企业的发展面临挑战。民营经济的发展状况关乎宏观经济发展和社会稳定的大局，对此，中央出台了一系列旨在支持民营经济发展的政策，为民营企业减轻税费负担，降低准入门槛，扩充融资渠道，不断优化民营企业的营商环境，切实增强市场主体的获得感。党的十九大报告强调"毫不动摇巩固和发展公有制经济，毫不动摇鼓励、支持、引导非公有制经济发展"。习近平总书记在辽宁考察期间再次重申了"两个毫不动摇"的重大方针。可以说，改革开放40年来，民营经济从小到大，由弱变强，是社会主义市场经济的重要组成部分，党中央的关心支持爱护一以贯之。

为了在新形势和新背景下，整体了解和分析我国私营企业的经营状况、营商环境和发展趋势，为党和政府有关部门提供决策依据，更好地促进非公有制经济健康发展和非公有制经济人士健康成长，由中央统战部、全国工商联、国家工商行政管理总局、中国民（私）营经济研究会组成的私营企业研究课题组，在全国范围内实施第十三次全国私营企业抽样调查。2018年3月，上海市工商联开展了第十三次全国私营企业抽样调查上海地区的工作。上海市工商联根据各区重点行业分布情况，要求各区工商联抽取行业中的龙头企业、高科技企业，或成长性好、有发展潜力的企业进行抽样调查。调查内容包括民营企业家群体现状、民营企业经营现状、企业治理结构、社会关系、企业社会责任、企业转型升级与创新发展、营商环境，等等。本次调查上海市样本量一共302份。通过对数据的统计分析，与浙江、江苏、广东等兄弟省份对比，来把握上海民营经济发展的现状、特征、难点、趋势，积极响应中共上海市委关于"面向全球、面向未来，提升上海城市能级和核心竞争力"的指示，为优化上海的营商环境，促进上海民营企业的发展，推动产业转型升级与科技创新，扩大国际合作与竞争进言献策。

1 民营企业现状

1.1 民营企业的产业结构及规模

上海民营企业的主营业务与苏浙粤三省

的被访企业相比,制造业比例相对较低,而信息服务、商业服务、科教文卫这三种产业的比例相对较高。在上海的被访企业主营业务中,有26.5%是制造业,而江苏和浙江的被访企业中高达63.7%和60.2%是从事制造业,广东的比例稍低,是42.3%,但也明显高于上海,这充分显示了四个地区产业结构上的差异。与此相应的是,上海信息服务业发展较快,10.6%的比例明显高于苏浙粤的2.5%、1.3%和2.8%。隶属高端服务业的金融行业,上海也领先于其他三省,具有一定优势,上海3.0%的被访民营企业的主营业务是金融行业,而其他三省这一比例均没有超过1%。除了高端服务业,属于传统服务业的"租赁和商业服务"行业,上海也延续了优势,比例是9.6%,明显高于苏浙粤的1.2%、1.3%和3.9%。此外,上海的民营企业从事"科教文卫"相关行业的比例较高,达到8.6%;广东只有3.1%,与上海差距明显;浙江最低,仅有0.4%(见表J9-1)。

与江苏、浙江、广东三省相比,上海民营经济的结构凸显了上海产业结构的特征,也体现上海的产业结构升级的方向。《中共上海市委关于面向全球面向未来提升上海城市能级和核心竞争力的意见》指出"加快建设实体经济、科技创新、现代金融、人力资源协同发展的产业体系,坚持以现代服务业为主体、战略性新兴产业为引领、先进制造业为支撑,防止产业结构形态虚高,防止资源、资金、资产脱实转虚,巩固和提升实体经济的能级"。上海民营经济从结构看,并不过分依赖制造业,服务业尤其是以"信息服务""金融"为代表的高端服务业的发展领先于苏浙粤三省。上海民营企业在具备一定科技含量、人力资源密集的"科教文卫"相关行业的发展也明显优于其他三省。这符合中共上海市委提出的建设协同发展的产业体系,也符合上海未来产业发展的方向。可以说,上海民营经济的健康发展关乎宏观经济的发展和社会稳定。

表J9-1 四省市民营企业的第一主业

	制造业	建筑业	信息服务	批发和零售	金融	房地产	租赁和商业服务	科教文卫	其他	总计	样本量
上海	26.5%	8.6%	10.6%	11.3%	3.0%	4.0%	9.6%	8.6%	9.6%	100%	302
江苏	63.7%	6.9%	2.5%	8.6%	0.0%	2.5%	1.2%	1.2%	6.4%	100%	245
浙江	60.2%	7.5%	1.3%	16.4%	0.4%	0.0%	1.3%	0.4%	8.1%	100%	226
广东	42.3%	5.6%	2.8%	11.7%	0.8%	4.7%	3.9%	3.1%	13.8%	100%	359

从第二主业的分布看,上海民营企业较少从事房地产,而更多从事商业服务、建筑业、科教文卫相关行业。上海只有4.8%的被访企业将房地产作为自己的第二主业,而苏浙粤的比例分别为14.6%、18.2%、13.6%,明显高于上海(见表J9-2)。

表 J9-2　四省市民营企业的第二主业

	制造业	建筑业	信息服务	批发和零售	金融	房地产	租赁和商业服务	科教文卫	其他	总计	样本量
上海	3.6%	11.9%	13.1%	10.7%	7.1%	4.8%	17.9%	8.3%	22.6%	100%	84
江苏	12.7%	7.3%	7.3%	10.9%	1.8%	14.6%	7.3%	1.8%	36.4%	100%	55
浙江	9.1%	4.6%	11.4%	20.5%	6.8%	18.2%	4.6%	2.3%	22.7%	100%	44
广东	4.2%	4.2%	5.1%	17.8%	0.9%	13.6%	12.7%	3.4%	38.1%	100%	118

上海微型和小型民营企业的比例高于江苏和浙江,而大型民营企业的比例则略低于这两个省份。上海微型企业的比例是13.0%,明显高于江苏的6.1%和浙江的5.4%;而上海大型民营企业的比例是9.6%,略低于江苏和浙江的11.0%和11.2%(见表J9-3)。上海出台扶持民营经济的政策时,应考虑到小微企业相对较多的现状,使政策更有针对性,瞄准小微企业发展中的难处和瓶颈。

表 J9-3　企业规模

	微型	小型	中型	大型	总计	样本量
上海	13.0%	52.8%	24.6%	9.6%	100%	302
江苏	6.1%	51.0%	31.8%	11.0%	100%	245
浙江	5.4%	48.7%	34.8%	11.2%	100%	226
广东	10.1%	56.7%	26.7%	6.5%	100%	359
总计	9.1%	52.8%	28.9%	9.2%	100%	1 132

1.2　民营企业的经营状况

1.2.1　经营状况

2017年上海从事房地产的民营企业净利润的中位数最高,而从事信息服务业的民营企业净资产收益率的中位数最高,金融行业的民营企业净资产收益率最低。换言之,房地产企业最赚钱,信息服务业的经营绩效最好,金融行业的民企经营绩效最差。2017年房地产企业营业务收入的中位数是4 789.5万元,低于制造业的7 012万元和建筑业的7 496万元,而2017年房地产企业净利润的中位数高达2 074万元,远远超过制造业和建筑业。从企业的净资产收益率中位数看,经营状况最好的是信息服务业(0.21)、房地产业(0.18)和传统服务业(0.15),而制造业和科教文卫相关行业的资产收益率的中位数分别是0.08和0.07,明显低于房地产业的0.18,说明这两个行业的投资回报率低。2017年金融行业的净资产收益率非常低,8家从事金融的民营企业填答了2017年的净资产和净利润,计算得到净资产收益率的中位数低至0.001(见表J9-4)。

表J9-4　上海被调查企业经营状况(分行业)

主营业务所属行业	2017年主营业务收入中位数(万元)	2017年企业净利润中位数(万元)	2017年企业净资产收益率中位数
制造业	7 012.0	370.0	0.08
建筑业	7 496.0	174.9	0.13
传统服务	600.0	72.4	0.15
信息服务	950.0	70.0	0.21
金融	123.0	200.0	0.001
房地产	4 789.5	2 074.0	0.18
科教文卫	925.0	138.0	0.07
其他	2 200.0	200.5	0.10
总计	2 000.0	180.0	0.11

规模越大的民营企业,营业收入和净利润越高。2017年微型企业营业收入的中位数只有30万元,而大型企业营业收入的中位数高达39 862万元,差距极为显著。2017年微型企业净利润的中位数是12.5万元,大型民营企业净利润的中位数达到2 100万元。

微型企业与大型企业的净资产收益率相差无几。2017年微型企业净资产收益率的中位数是0.13,而大型企业是0.12。值得注意的是,小型企业的净资产收益率只有0.08,明显低于其他规模的企业(见表J9-5)。

表J9-5　上海不同规模被调查企业的经营状况

企业规模	2017年主营业务收入中位数(万元)	2017年企业净利润中位数(万元)	2017年企业净资产收益率中位数
微型	30.0	12.5	0.13
小型	1 552.0	125.0	0.08
中型	11 524.0	500.0	0.15
大型	39 862.0	2 100.0	0.12
总计	2 001.0	180.0	0.11

1.2.2　税费负担

从事高端服务业和制造业的民营企业认为税费成本上升,从事传统服务业和房地产的民营企业认为税费成本有所下降。44.4%

从事金融行业的民企认为税费成本有所上涨,11.1%认为上涨过快;从事信息服务业的民企有40.6%认为税费成本有所上升;从事制造业的民企有38.8%认为税费成本有所上升,仅有15.0%认为有所下降。金融行业和信息服务业代表上海未来产业发展的方向,而制造业是国民经济支柱,处于工业的中心地位,从事这三个行业的民营企业家认为税费成本上升,应引起高度重视。与此相对,从事房地产行业的民企高达50%认为税费成本有所降低,紧随其后的是包含运输仓储、批发零售、租赁和商业服务在内的"传统服务业",有36.4%认为税费成本有所降低(见表J9-6)。

表J9-6 上海不同行业被调查企业对税费成本的评价

	明显降低	有所降低	没有变化	有所上涨	上涨过快	未回答	总计	样本量
制造业	0.0%	15.0%	40.0%	38.8%	3.8%	2.5%	100%	80
建筑业	0.0%	26.9%	34.6%	30.8%	3.9%	3.9%	100%	26
传统服务业	2.3%	36.4%	38.6%	20.5%	1.1%	1.1%	100%	88
信息服务	3.1%	18.8%	34.4%	40.6%	0.0%	3.1%	100%	32
金融	0.0%	33.3%	11.1%	44.4%	11.1%	0.0%	100%	9
房地产	0.0%	50.0%	16.7%	25.0%	8.3%	0.0%	100%	12
科教文卫	7.7%	26.9%	42.3%	23.1%	0.0%	0.0%	100%	26
其他	3.5%	13.8%	34.5%	41.4%	3.5%	3.5%	100%	29
总计	2.0%	25.5%	36.4%	31.5%	2.7%	2.0%	100%	302

小微企业认为税费成本没有变化,大型企业认为税费有所上涨。微型企业和小型企业认为税费成本没有变化的比例分别是61.5%和39.0%,明显高于中型和大型企业。而大型民营企业中有41.4%认为税费成本有所上涨(见表J9-7)。小微企业是否切实享受政府的减税优惠,大型企业是否也可以享受相应的扶持政策,应该成为下一阶段降低税费成本工作的重点。

表J9-7 上海不同规模被调查企业对税费成本的评价

	明显降低	有所降低	没有变化	有所上涨	上涨过快	未回答	总计	样本量
微型	2.6%	12.8%	61.5%	20.5%	0.0%	2.6%	100%	39
小型	1.3%	24.5%	39.0%	30.8%	2.5%	1.9%	100%	159
中型	1.4%	33.8%	23.0%	35.1%	4.1%	2.7%	100%	74

续表

	明显降低	有所降低	没有变化	有所上涨	上涨过快	未回答	总 计	样本量
大型	6.9%	27.6%	20.7%	41.4%	3.5%	0.0%	100%	29
总计	2.0%	25.6%	36.2%	31.6%	2.7%	2.0%	100%	301

1.2.3 融资难度

上海被调查的民营企业贷款的来源是国有和股份制商业银行,极少数通过小型金融机构贷款以及民间借贷,没有通过互联网金融贷款。32.8%的被调查企业在国有和股份制商业银行有贷款,小型金融机构贷款和民间借贷的比例分别为4.0%和2.0%,差距显著(见表J9-8)。302家被访企业中没有一家通过互联网金融贷款。从贷款额度看,国有和股份制商业银行贷款均值是2 957万元,小型金融机构贷款均值只有58.3万元。无论从有贷款的企业比例还是贷款的规模来看,国有和股份制商业银行是上海民营企业主要的贷款来源。

表J9-8 上海被调查企业各种贷款渠道的比例

	有贷款	无贷款	总 计	样本量
国有和股份制商业银行贷款	32.8%	67.2%	100%	302
小型金融机构贷款	4.0%	96.0%	100%	302
民间借贷	2.0%	98.0%	100%	302
互联网金融贷款	0.0%	100%	100%	302

企业规模越大,在国有和股份制商业银行贷款的比例越高、贷款的金额越大。上海10.3%的微型企业在国有和股份制商业银行有贷款,而中型企业和大型企业这一比例分别达到47.3%和48.3%(见表J9-9)。从贷款的金额看,微型企业从国有和股份制商业银行贷款的均值是165.7万元,而中型企业和大型企业达到3 599.8万元和18 509万元(见表J9-10)。

表J9-9 上海不同规模被调查企业从"国有和股份制商业银行"贷款情况

企业规模	有贷款	无贷款	总 计	样本量
微 型	10.3%	89.7%	100%	39
小 型	28.9%	71.1%	100%	159
中 型	47.3%	52.7%	100%	74
大 型	48.3%	51.7%	100%	29

表 J9-10　上海不同规模被调查企业的贷款金额（万元）

企业规模	国有和股份制商业银行贷款均值	小型金融机构贷款均值	民间借贷均值	互联网金融贷款均值
微　型	165.7	9.0	0.0	0
小　型	506.0	45.2	11.4	0
中　型	3 599.8	67.6	2.7	0
大　型	18 509.0	172.4	0.0	0
总　计	2 957.0	58.3	6.7	0

微型民营企业从国有银行贷款的难度大。融资能力是制约民营经济发展的重要因素，融资难、融资贵一直是困扰小微企业发展的难题。本次调查请民营企业家对2017年国有银行贷款难度做出评价，统计结果显示只有2.6%的微型企业经营者认为贷款难度"明显改善"，远低于中型企业的13.5%和大型企业的17.2%。微型企业中认为贷款难度"改善不大"的比例高达23.1%，而大型企业这一比例只是10.3%（见表J9-11）。可以说，解决民营企业融资难、融资贵的问题，应重点针对微型企业。

表 J9-11　上海不同规模被调查企业对2017年国有银行贷款难度的评价

	明显改善	有所改善	一般	改善不大	完全没有	没有体验	未回答	总　计
微型	2.6%	30.8%	25.6%	23.1%	2.6%	10.3%	5.1%	100%
小型	8.2%	38.4%	24.5%	8.8%	4.4%	14.5%	1.3%	100%
中型	13.5%	35.1%	31.1%	10.8%	2.7%	4.1%	2.7%	100%
大型	17.2%	34.5%	17.2%	10.3%	6.9%	13.8%	0.0%	100%
总计	9.6%	36.2%	25.6%	11.3%	4.0%	11.3%	2.0%	100%

上海从事实业的民营企业从国有和股份制商业银行贷款的比例较高，而金融和信息服务业企业从国有和股份制商业银行贷款的比例相对较低。统计结果显示，主营业务是建筑业的企业有50%从国有和股份制商业银行贷款，排名第二位的是从事制造业的企业，比例是46.3%。排名第三位和第四位的是从事科教文卫相关行业和房地产的企业，比例分别是38.5%和33.3%。从事金融行业的企业，从国有和股份制商业银行贷款的比例是22.2%，从事信息服务的企业这一比例低至12.5%（见表J9-12）。高端服务业是上海未来产业发展的重要方向，国有银行应该在企业融资方面给予支持。

表 J9-12　上海不同行业被调查企业从"国有和股份制商业银行"贷款情况

	有贷款	无贷款	总　计	样本量
制造业	46.3%	53.8%	100%	80
建筑业	50.0%	50.0%	100%	26
传统服务	22.7%	77.3%	100%	88
信息服务	12.5%	87.5%	100%	32
金　融	22.2%	77.8%	100%	9
房地产	33.3%	66.7%	100%	12
科教文卫	38.5%	61.5%	100%	26
其　他	31.0%	69.0%	100%	29

1.2.4　生产成本变化

上海被调查企业认为人力成本、物流成本、能源成本的上涨比较明显。生活成本的上升以及健全法律法规、保障劳动者权益等原因可能促使上海的用工成本上升，57.6%的被调查企业认为人力成本有所上涨，14.6%认为上涨过快。2017年以来，由于供给侧改革以及环保大督查等一系列因素的叠加，一些上游产品产能压缩，能源价格的上涨使民营企业的经营成本上升。统计结果显示，49.0%和43.7%的被访企业认为物流成本和能源成本有所上涨（见表J9-13）。

各项成本中唯一下降的是"政府办事的时间和费用"，提升行政服务效率的改革见到成效。9.6%的上海被访企业认为政府办事的时间和费用明显下降，高达39.4%的被访企业认为有所下降，合计达49.0%（见表J9-13）。上海实行"一网通办"见到实效，被调查的民营企业切实体会到行政服务效率的提高，节约了时间和费用。

表 J9-13　上海被调查企业对不同成本的评价

	明显降低	有所降低	没有变化	有所上涨	上涨过快	未回答	总　计	样本量
人力成本	2.0%	12.3%	12.9%	57.6%	14.6%	0.7%	100%	302
物流成本	1.0%	8.3%	29.1%	49.0%	8.0%	4.6%	100%	302
能源成本	1.3%	11.3%	34.1%	43.7%	5.6%	4.0%	100%	302
政府办事的时间和费用	9.6%	39.4%	38.4%	8.3%	1.3%	3.0%	100%	302
税费成本	2.0%	25.5%	36.4%	31.5%	2.7%	2.0%	100%	302
融资成本	2.3%	9.9%	47.7%	30.8%	4.0%	5.3%	100%	302

建筑业和制造业的民营企业承受经营成本上升的压力最大。如表J9-14所示，主营业务是建筑业的企业有69.2%认为人力成本有所上涨，23.0%认为上涨过快；65.0%的制造业企业认为人力成本有所上涨。表J9-15的统计结果显示，对物流成本变化的评价与人力资本类似，从事建筑业的企业有61.5%认为物流成本有所上涨，7.7%认为上涨过快；61.3%的制造业企业认为物流成本有所上涨。在表J9-16中，建筑业企业和制造业企业认为能源成本有所上涨的比例分别是50.0%和53.9%。

此外，值得关注的是人力资本上涨不仅影响第二产业的制造业和建筑业，还影响到属于高端服务业的金融企业，有66.7%的金融企业认为人力资本有所上涨（见表J9-14）。

表J9-14 上海不同行业被调查企业对人力成本变化的评价

	明显降低	有所降低	没有变化	有所上涨	上涨过快	未回答	总 计	样本量
制造业	1.3%	3.8%	7.5%	65.0%	21.3%	1.3%	100%	80
建筑业	0.0%	3.9%	3.9%	69.2%	23.0%	0.0%	100%	26
传统服务业	1.1%	17.1%	22.7%	48.9%	9.1%	1.1%	100%	88
信息服务	3.1%	18.8%	6.3%	56.3%	15.6%	0.0%	100%	32
金 融	0.0%	0.0%	11.1%	66.7%	22.2%	0.0%	100%	9
房地产	8.3%	25.0%	16.7%	50.0%	0.0%	0.0%	100%	12
科教文卫	3.9%	26.9%	7.7%	46.2%	15.4%	0.0%	100%	26
其 他	3.5%	6.9%	17.2%	65.5%	6.9%	0.0%	100%	29
总 计	2.0%	12.3%	12.9%	57.6%	14.6%	0.7%	100%	302

表J9-15 上海不同行业被调查企业对物流成本变化的评价

	明显降低	有所降低	没有变化	有所上涨	上涨过快	未回答	总 计	样本量
制造业	1.3%	3.8%	16.3%	61.3%	15.0%	2.5%	100%	80
建筑业	0.0%	3.9%	19.2%	61.5%	7.7%	7.7%	100%	26
传统服务业	0.0%	12.5%	34.1%	46.6%	4.6%	2.3%	100%	88
信息服务	3.1%	3.1%	43.8%	37.5%	3.1%	9.4%	100%	32
金 融	0.0%	0.0%	44.4%	33.3%	11.1%	11.1%	100%	9
房地产	0.0%	25.0%	33.3%	33.3%	0.0%	8.3%	100%	12
科教文卫	0.0%	23.1%	30.8%	34.6%	11.5%	0.0%	100%	26
其 他	3.5%	0.0%	34.5%	48.3%	3.5%	10.3%	100%	29
总 计	1.0%	8.3%	29.1%	49.0%	8.0%	4.6%	100%	302

表 J9-16　上海不同行业被调查企业对能源成本变化的评价

	明显降低	有所降低	没有变化	有所上涨	上涨过快	未回答	总　　计	样本量
制造业	1.3%	7.5%	28.8%	50.0%	8.8%	3.8%	100%	80
建筑业	0.0%	3.9%	26.9%	53.9%	11.5%	3.9%	100%	26
传统服务业	0.0%	14.8%	37.5%	42.1%	3.4%	2.3%	100%	88
信息服务	6.3%	6.3%	31.3%	50.0%	3.1%	3.1%	100%	32
金融	0.0%	0.0%	44.4%	22.2%	22.2%	11.1%	100%	9
房地产	0.0%	25.0%	41.7%	33.3%	0.0%	0.0%	100%	12
科教文卫	0.0%	26.9%	30.8%	38.5%	0.0%	3.9%	100%	26
其他	3.5%	6.9%	44.8%	31.0%	3.5%	10.3%	100%	29
总计	1.3%	11.3%	34.1%	43.7%	5.6%	4.0%	100%	302

1.3　民营企业的国际化

进行境外投资的民营企业比例很低，有境外投资的企业增加投资的积极性不高。民营企业如何响应"一带一路"的倡议，在"一带一路"建设中实现自身发展，能够"走得出""走得好"，是一个值得关注的问题。虽然在对外贸易中，民营企业已经成为出口创汇的主力，但调查结果显示民营企业进行境外投资的比例是非常低的，上海只有4.0%的被访企业有境外投资，苏浙粤三省的情况也与上海类似，江苏有3.3%的被访企业有境外投资，浙江这一比例稍高，达到6.2%，而广东最低，仅仅是2.0%（见表 J9-17）。由此可见，尽管"一带一路"建设为国内企业带来诸多利好，但海外投资的经济与政治风险令广大民营企业保持极为谨慎的态度。上海12家有境外投资的民企中，只有4家表示会继续增加投资（见表 J9-18）。

表 J9-17　四省市民营企业境外投资比例

	无境外投资	有境外投资	样本量
上海	96.0%	4.0%	302
江苏	96.7%	3.3%	245
浙江	93.8%	6.2%	226
广东	98.1%	2.0%	359
总计	96.4%	3.6%	1 132

表 J9-18　2018年上海有境外投资的被访企业投资变化

会增加	4	33.3%
大体持平	4	33.3%
无投资	3	25.0%
不好说	1	8.3%
总计	12	100.00

2　民营企业家群体现状

2.1　民营企业家的性别结构

上海地区的民营企业家阶层仍然以男

性为主。在第十三次全国私营企业（上海地区）抽样调查的303位民营企业家中，男性企业家为244位，占比80.5%，女性企业家为59位，占比19.5%。该性别结构与最近两次私营企业（上海地区）抽样调查的结果基本相当，男性企业家基本保持在80%左右，女性企业家基本维持在20%左右。这说明上海地区的民营企业家阶层以男性为主导的情况没有太大变化。此外，男、女性企业家在受教育程度上并不存在显著差异（见表J9-19）。相对来说，男性企业家在硕士及以上学历中的比例更高（31.6%），女性只有22.0%。

表J9-19　男性与女性民营企业家的受教育程度

	男	女	合计
初中及以下	0.4%	0.0%	0.3%
高中/中专	5.3%	5.1%	5.3%
大　专	26.6%	37.3%	28.7%
本　科	36.1%	35.6%	36.0%
硕　士	26.2%	20.3%	25.1%
博　士	5.3%	1.7%	4.6%
总　计	100%	100%	100%

上海女性民营企业家的比例相对较高。2018年私营企业抽样调查的结果显示（见表J9-20），上海19.5%的女性企业家占比要明显高于江苏的9.8%和浙江的11.3%，但略低于广东的21.73%，差异较为明显且具有统计显著性。

表J9-20　上海与苏浙粤男女性民营企业家比较

	上海	江苏	浙江	广东
男	80.5%	90.2%	88.7%	78.3%
女	19.5%	9.8%	11.3%	21.7%
合计	100%	100%	100%	100%

2.2　民营企业家的年龄结构

上海民营企业家以中青年为主体，年龄结构较为年轻。本次调查的民营企业家平均年龄为46.83岁，中位数为47岁，标准差9.45岁，31—50岁年龄组占比为63.0%（见表J9-21）。虽与2016年的调查结果相比，平均年龄略有增长，但从近五年的整体走势来看，民营企业家年龄结构有年轻化趋势，且内部年龄差异性有所扩大。

表J9-21　2014、2016、2018年民营企业家年龄结构比较

	2014年	2016年	2018年
平均数	47.3	46.1	46.8
中位数	48.0	46.0	47.0
31—50岁占比	58.1%	63.1%	63.0%

具体看各年龄组情况，由表J9-22可以发现，2018年民营企业家的年龄分布与往年一样，仍然主要集中在31—60岁，占到88%左右，但已由2014年的最主要集中在41—60岁，转到了2018年的最主要集中在31—50岁，并且2018年年龄在31—40岁的民营企业家比例与最近两次调查相比有明显增加，且有逐年上升的趋势，这说明民营企业家有年轻化趋势。

但是，同时也应注意到，60岁及以上年龄组的民营企业家比例也在逐年上升，只是上升幅度并没有31—40岁年龄组的上升幅度大，这表明民营企业家内部的年龄异质性有所扩大。

表 J9-22　2014、2016、2018年民营企业家年龄分布比较

年 龄 组	2014 年		2016 年		2018 年	
	频　数	百分比	频　数	百分比	频　数	百分比
30岁及以下	9	2.7%	18	4.9%	8	2.6%
31—40岁	76	22.4%	93	25.2%	83	27.4%
41—50岁	121	35.7%	140	37.9%	108	35.6%
51—60岁	111	32.7%	88	23.9%	77	25.4%
60岁及以上	22	6.5%	30	8.1%	27	8.9%
合　计	339	100%	369	100%	303	100%

2.3　民营企业家的教育结构

上海民营企业家的文化程度偏高，有超过九成的人具有大专及以上学历。本次调查显示，大专学历者占28.7%，大学本科学历者占36%，研究生学历者占29.7%，高中/中专及以下学历的仅占不到6%（见表J9-23）。与前两次调查相比，上海民营企业家的文化程度有了进一步的提升，尤其是硕士和博士的比例有了明显的提高，占到了近三成。在拥有本科及以上学历的民营企业家中，毕业于国内外名校的比例较高，最高学历就读于国内重点大学（985/211高校）或国外著名高校（QS或US News世界大学综合排名300以内高校）的比例占到了52.8%，拥有海外留学经历的比重达到了14.4%。

表 J9-23　2014、2016、2018年民营企业家文化程度比较

	2014 年		2016 年		2018 年	
	人　数	百　分	人　数	百分比	人　数	百分比
初中及以下	10	3.0%	17	4.5%	1	0.3%
高中/中专	40	11.8%	43	11.5%	16	5.3%
大　专	88	26.0%	101	27.0%	87	28.7%
本　科	139	41.0%	134	35.8%	109	36.0%
研究生	62	18.3%	79	21.1%	90	29.7%
合　计	339	100%	374	100%	303	100%

年纪越轻的民营企业家,受教育程度越高。如表J9-24所示,除了61岁以上的年龄组之外,其他年龄组的民营企业家都是以本科及以上学历为主体;而且,年纪越轻,本科以上学历的企业家的比例越高,从51—60岁年龄组的54.4%到30岁及以下年龄组的78.4%。比较有意思的是,41—50岁和31—40岁两个年龄组的硕、博士比例较高,分别占到了37.15%和30.77%。

表J9-24　不同年龄组民营企业家的受教育程度

	年　龄　组				
	30岁及以下	31—40岁	41—50岁	51—60岁	61岁以上
初中及以下	0.0%	0.0%	0.0%	2.2%	0.0%
高中/中专	0.0%	4.8%	5.7%	8.7%	9.1%
大　专	21.6%	24.0%	29.5%	34.8%	63.6%
本　科	59.5%	40.4%	27.6%	32.6%	9.1%
硕　士	16.2%	26.0%	30.5%	19.6%	18.2%
博　士	2.7%	4.8%	6.7%	2.2%	0.0%
合　计	100%	100%	100%	100%	100%

通过表J9-25可以发现,上海民营企业家的教育结构与苏浙粤地区民营企业家的教育结构有很大不同,上海民营企业家的高学历特征明显。与苏浙粤地区民营企业抽样调查的结果相比,上海65.7%高学历(本科及以上)民营企业家的比重远高于江苏的44.6%、浙江的35.3%和广东的33.5%,差异明显且具有统计显著性。

表J9-25　上海与苏浙粤民营企业家文化程度比较

	上海	江苏	浙江	广东
初中及以下	0.3%	2.5%	7.1%	6.5%
高中/中专	5.3%	15.3%	25.9%	31.3%
大　专	28.8%	37.6%	31.7%	28.7%

续表

	上海	江苏	浙江	广东
本　科	36.1%	30.2%	22.8%	23.9%
硕　士	24.8%	13.2%	11.6%	8.7%
博　士	4.6%	1.2%	0.9%	0.9%
合　计	100%	100%	100%	100%

2.4　民营企业家的政治面貌

上海民营企业家入党的比例较高,且有逐年上升的趋势,但有待于进一步提升。与最近两次调查相比,民营企业家加入中国共产党和民主党派的比例都有小幅上升,其中共产党员占30.5%,民主党派占13.9%(见表J9-26)。

表J9-26　2014、2016、2018年民营企业家参加组织情况比较

	2014年	2016年	2018年
中共党员	26.4%	26.3%	30.5%
民主党派	8.1%	10.5%	13.9%
未参加	65.5%	63.2%	55.6%
合　计	100%	100%	100%

上海民营企业家加入中国共产党的比例一般,但加入民主党派的比例较高。与2018年苏浙粤地区民营企业抽样调查的结果相比(见表J9-27),上海30.5%的共产党员占比要比江苏的50.9%和浙江的45.8%低,但高于广东的23.1%。上海民营企业家加入民主党派的比重为13.9%,要远高于苏浙粤地区。

表J9-27　2018年上海与苏浙粤民营企业家参加党组织情况比较

	上海	江苏	浙江	广东
中共党员	30.5%	50.9%	45.8%	23.1%
民主党派	13.9%	6.4%	6.5%	4.0%
未参加	55.6%	42.8%	47.7%	72.9%
合　计	100%	100%	100%	100%

在加入共产党的年份方面,绝大部分是在改革开放以后加入中国共产党的,1981—2018年间入党的占到92.4%,1980年以前入党的仅占7.6%(见表J9-28)。

表J9-28　入党年份统计

入党年份	人　数	百分比
1980年以前	7	7.6%
1981—1990年	19	20.7%
1991—2000年	25	27.2%
2001—2010年	24	26.1%
2010—2018年	17	18.5%
合　计	92	100%

2.5　民营企业家的政治参与

民营企业家担任人大代表、政协委员和参加工商联的比例在提高,参政议政的能力在提升,但担任人大代表、政协委员的比例仍有待进一步提升,在工商联任职的比例也需要进一步提高。

民营企业家中现担任人大代表的比例虽有所提升,但担任比例仍相对较低。由表J9-29可以发现,2018年被访民营企业家中担任人大代表的有30人,占9.9%,与最近两次相比,担任人大代表比例有所提升。其中,63.3%的人是2016和2017年(2017年十九大召开)这两年开始担任的(见表J9-30)。担任人大代表主要是地市和县级,都占到了40%,担任省和乡人大代表各占13.3%和6.7%(见表J9-31)。

表J9-29　2014、2016、2018年民营企业家担任人大代表情况比较

	2014年		2016年		2018年	
	频　数	百分比	频　数	百分比	频　数	百分比
未担任	312	90.7%	346	93.5%	272	90.1%
担　任	32	9.3%	24	6.5%	30	9.9%
合　计	344	100%	370	100%	302	100%

表 J9-30　担任人大代表年份

任人大代表开始年	人数	百分比
未担任	273	90.1%
2000	1	0.3%
2003	2	0.7%
2004	2	0.7%
2005	1	0.3%
2006	1	0.3%
2007	1	0.3%
2012	1	0.3%
2013	1	0.3%
2015	1	0.3%
2016	12	4.0%
2017	7	2.3%
合计	303	100%

表 J9-31　担任人大代表层级

代表层级	人数	百分比
乡	2	6.7%
县	12	40.0%
地市	12	40.0%
省	4	13.3%
合计	30	100%

但与2018年苏浙粤地区民营企业抽样调查的结果相比（见表J9-32），上海民营企业家担任人大代表的比例相对较低。上海民营企业家9.9%担任人大代表的比例要低于广东的11.1%、浙江的12.4%和江苏的24.9%，差异明显且具有统计显著性。

表 J9-32　上海与苏浙粤民营企业家担任人大代表情况比较

人大代表		上海	江苏	浙江	广东
未担任	人数	272	184	198	319
	百分比	90.1%	75.1%	87.6%	88.9%
担任	人数	30	61	28	40
	百分比	9.9%	24.9%	12.4%	11.1%
合计	人数	302	245	226	359
	百分比	100%	100%	100%	100%

民营企业家中现担任政协委员的比例有小幅上升，但担任政协委员的相对比例仍然较低。由表J9-33所示，现担任政协委员的有44人，占总样本的14.6%，与最近两次调查相比，民营企业家担任政协委员的比例有小幅提升。其中，2012年（十八大召开之年）以后担任的占到了75%（见表J9-34）。担任政协委员也主要是地市和县级，分别占到52.3%和31.8%，任全国和省级政协委员的分别占4.6%和11.4%（见表J9-35）。

但是，与2018年苏浙粤地区民营企业抽样调查的结果相比（见表J9-36），上海民营企业家担任政协委员的比例相对较低。上海民营企业家14.6%担任政协委员的比例要低于浙江的16.4%,也远低于广东的27.3%和江苏的30.2%,差异明显且具有统计显著性。

表 J9-33 2014、2016、2018年民营企业家担任政协委员情况比较

政协委员	2014年		2016年		2018年	
	人数	百分比	人数	百分比	人数	百分比
未担任	301	87.5%	323	87.3%	258	85.4%
担 任	43	12.5%	47	12.7%	44	14.6%
合 计	344	100%	370	100%	302	100%

表 J9-34 担任政协委员年份

任政协委员开始年	人数	百分比
未担任	259	85.5%
1988	1	0.3%
1999	1	0.3%
2001	1	0.3%
2002	1	0.3%
2008	2	0.7%
2010	2	0.7%
2011	3	1.0%
2012	6	2.0%
2013	4	1.3%
2014	1	0.3%
2015	2	0.7%

续表

任政协委员开始年	人数	百分比
2016	3	1.0%
2017	13	4.3%
2018	4	1.3%
合 计	303	100%

表 J9-35 担任政协委员层级

代表层级	人数	百分比
县	14	31.8%
地市	23	52.3%
省	5	11.4%
全 国	2	4.6%
合 计	44	100%

表 J9-36 上海与苏浙粤民营企业家担任政协委员情况比较

政协委员		上海	江苏	浙江	广东
未担任	人数	258	171	189	261
	百分比	85.4%	69.8%	83.6%	72.7%
担 任	人数	44	74	37	98
	百分比	14.6%	30.2%	16.4%	27.3%
合 计	人数	302	245	226	359
	百分比	100%	100%	100%	100%

上海被访的民营企业家近九成加入了工商联。由表J9-37可知：现参加工商联的有270人，占到89.4%；非工商联的有32人，占到10.6%。与最近两次调查相比，民营企业家加入工商联的比例有大幅度提升，其中，最高在全国工商联任职，有5人，占1.9%；在县级工商联任职的最多，占39.3%；在地市级、省级工商联任职的分别为20.7%和5.9%。担任各层级工商联执委、常委的占52.6%，担任主席、副主席的占16.3%。

表J9-37　2014、2016、2018年民营企业家参加工商联情况比较

工商联成员	2014年		2016年		2018年	
	人数	百分比	人数	百分比	人数	百分比
是	218	73.4%	213	62.1%	270	89.4%
不是	79	26.6%	130	37.9%	32	10.6%
合计	297	100%	343	100%	302	100%

与2018年苏浙粤地区民营企业抽样调查的结果相比（见表J9-38），上海民营企业家89.4%加入工商联的比例与江苏89.8%的比例基本持平，但要远高于浙江的79.2%和广东的71.0%。

值得注意的是，上海民营企业家在全国（1.85%）、省级（5.93%）和地市级（20.74%）工商联任职的比例要高于苏浙粤地区，但民营企业家在县区级工商联任职的比例仅为39.3%，远低于苏浙粤地区，且未担任任何职务的比例为31.9%，也远高于苏浙粤地区（见表J9-39）。这说明上海民营企业家加入工商联的比例虽然高，但在工商联任职的比例仍然较少，尤其在基层工商联任职的比例较低。

表J9-38　上海与苏浙粤地区民营企业家参加工商联情况比较

会员		上海	江苏	浙江	广东
是	人数	270	220	179	255
	百分比	89.4%	89.8%	79.2%	71.0%
不是	人数	32	18	34	85
	百分比	10.6%	7.4%	15.0%	23.7%
未回答	人数	0	7	13	19
	百分比	0.0%	2.9%	5.8%	5.3%
合计	人数	302	245	226	359
	百分比	100%	100%	100%	100%

表 J9-39　上海与苏浙粤民营企业家在各层级工商联任职情况比较

		上 海	江 苏	浙 江	广 东
县	人 数	106	153	112	178
	百分比	39.3%	69.6%	62.6%	69.8%
地 市	人 数	56	36	15	47
	百分比	20.7%	16.4%	8.4%	18.4%
省	人 数	16	3	4	6
	百分比	5.9%	1.4%	2.2%	2.4%
全 国	人 数	5	0	0	0
	百分比	1.9%	0.0%	0.0%	0.0%
未担任	人 数	86	22	42	16
	百分比	31.9%	10.0%	23.5%	6.3%
未回答	人 数	1	6	6	8
	百分比	0.4%	2.7%	3.4%	3.1%
合 计	人 数	270	220	179	255
	百分比	100%	100%	100%	100%

2.6 民营企业家的地位认同

从总体上看,民营企业家的经济地位认同最高,政治地位认同偏低,呈现出"经济地位＞社会地位＞政治地位"的阶梯特征,这与最近两次调查所得的特征结果保持一致。同时,可以发现民营企业家的经济、社会、政治地位认同属于中等偏上,且在逐年提高(见表 J9-40)。

表 J9-40　2014、2016、2018 年民营企业家地位认同情况比较

	2014 年	2016 年	2018 年
经济地位认同	5.81	5.61	6.40
社会地位认同	5.67	5.62	6.12
政治地位认同	4.95	5.04	5.78

注:1 分为最低,10 分为最高。

具体而言,在经济地位方面:认为自己的经济地位属于第 6 等级的最高,占 30.5%;认为自己属于第 8 等级的次高,占比为 18.3%;共有 73.2% 的民营企业家认同第 6—10 等级的经济地位,该占比相对 2016 年调查结果(56.5%)上升了 16.7 个百分点。在社会地位方面:认同第 6 等级的占比最高,达 33.8%;认为自己属于第 8 等级的次高,占比为 16.9%;认同第 6—10 等级社会地位的民营企业家占比为 70.3%,比 2016 年调查结果(58.2%)上升了 12.09 个百分点。在政治地位方面:也是认同第 6 等级的占比最高,为 29.7%;但认为自己属于第 5 等级的次高,占比为 15.7%;第 6—10 等级占比为 61.4%,比

2012年调查结果(50.6%)相比上升了10.9个百分点。

与2018年苏浙粤地区民营企业抽样调查的结果相比(见表J9-41):上海民营企业家的经济地位认同(6.40分)稍高于江苏(6.31分)和广东(6.00分),但略低于浙江(6.48分);在社会地位认同方面,上海民营企业家(6.12分)只比广东(5.88分)稍微高一点,但要低于浙江(6.24分)和江苏(6.14分);在政治地位认同方面,上海民营企业家(5.78分)要高于广东(5.15分)和浙江(5.59分),但稍低于江苏(5.92分)。可以发现,与苏浙粤相比,上海民营企业家整体地位认同情况一般,说明上海民营企业家的地位认同情况有待于进一步提高。

表 J9-41　2018年上海与苏浙粤民营企业家地位认同情况比较

	上　海	江　苏	浙　江	广　东
经济地位认同	6.40	6.31	6.48	6.00
社会地位认同	6.12	6.14	6.24	5.88
政治地位认同	5.78	5.92	5.59	5.15

注:1分为最低,10分为最高。

3　企业治理结构

3.1　企业的资本构成

大部分民营企业的主要出资人是自己和家族成员,少量是外资和港澳台资本,国有资本作为主要出资人的比例非常低。如表J9-42所示,四省市被访企业中有84.5%的主要出资人是自己和家族成员,外资和港澳台资本的占比是4.6%,而国有资本作为主要出资人的比例仅仅是2.3%。上海企业的资本构成与四省市总体情况类似。近期国有资本入股民企引发了"国进民退"的争论,根据本次调查统计的结果,上海并没有出现大规模的国有资本"抄底"民企的情况,国有资本作为民企主要出资人的比例仅仅是2.3%。

表 J9-42　被调查企业的主要出资人

	自己和家族成员	国有资本	外资和港澳台资本	其　他
上　海	85.1%	2.3%	3.3%	34.1%
江　苏	86.9%	3.7%	4.9%	29.8%
浙　江	93.4%	1.3%	6.2%	25.2%
广　东	76.6%	2.0%	4.5%	22.8%
总　计	84.5%	2.3%	4.6%	27.8%

3.2 企业的组织结构

从企业内部的组织结构看,上海民营企业治理的现代化程度最高,明显领先于广东的民营企业。如表J9-43所示,在上海的被访民营企业中,有62.3%建立了董事会、39.1%建立了监事会、25.2%建立了法律(务)部,在四省市中均是比例最高的;有58%建立了人力资源部门,高于广东的47.6%。企业内部建立健全股东会、董事会、监事会体现了企业治理的现代化程度,尤其是对法务部门和人力资源部门的重视。

上海民营企业中的党团组织建设走在前列,统战工作成绩显著。表J9-43的统计结果显示,上海的被访民营企业中有51.7%建立了中共党组织,而广东的比例仅仅是26.7%;55.3%的上海被访企业建立了工会,20.2%建立了共青团,而广东省的被访民企这两个比例分别是28.1%和4.7%,差距非常明显。在民营企业中建立中共党组织、共青团、工会反映了党和国家对民营企业的政治整合,对民营企业家的政治吸纳,使他们不再是游离于体制之外的社会阶层。与广东省相比,上海民营企业在党团建设方面取得的成绩充分说明了上海统战工作取得了实效。

表J9-43 四省市被调查企业的组织结构

	股东会	董事会	监事会	中共党组织	工会	职工代表大会	家族办公室	共青团	法律(务)部	政府公关部门	人力资源部门
上海	51.0%	62.3%	39.1%	51.7%	55.3%	39.4%	5.6%	20.2%	25.2%	11.3%	58.0%
江苏	51.0%	55.5%	37.1%	53.9%	62.0%	44.5%	10.6%	16.7%	23.3%	13.5%	65.7%
浙江	48.2%	46.9%	31.4%	51.8%	61.5%	42.0%	5.8%	18.6%	18.1%	12.0%	57.1%
广东	43.5%	39.0%	23.7%	26.7%	28.1%	16.7%	9.8%	4.7%	13.4%	17.8%	47.6%
总计	48.1%	50.4%	32.2%	44.3%	49.4%	33.8%	8.0%	14.2%	19.6%	14.0%	56.2%

此外,上海的被访企业中有39.4%建立了职工代表大会,虽然略低于江苏和浙江的44.5%和42.0%,但远高于广东的16.7%。《公司法》和《劳动法》都规定,企业要通过职工代表大会等形式实行民主管理。2012年六部门以共同颁布规章的形式制定下发了《企业民主管理规定》,并明确了在社会主义市场经济条件下,包括非公有制企业在内的所有企业都要实行民主管理。上海的民营企业近40%都建立了职工代表大会,这有利于维护职工合法权益,构建和谐劳动关系,对企业持续健康发展以及加强基层民主政治建设都有重要的意义。

4 企业转型升级

4.1 重振制造业是上海持续发展的必要保障

改革开放以来,上海GDP持续增长,人均GDP不断攀升,至2016年已经实现人均

GDP近12万元(见图J9-1),在全国排名中仅次于天津、北京,位列第三。

城市的发展不仅是经济的增长,更是结构不断优化的过程。图J9-2显示,在改革开放后的30多年间,上海的产业结构逐渐从以第二产业为主导转变为以第三产业为主导。从2005年至2016年的10多年间,第三产业占GDP总额从50%跃升至70%,而第二产业则从50%骤降至30%。当然,这也符合国际大都市发展的普遍规律——从制造业中心向服务业中心的演化,包括东京、纽约、伦敦等大都市都经历过这一过程。

但是,2008年全球金融危机,导致以金融业和服务业为主导产业的纽约、伦敦等国际大都市遭遇经济衰退,同时加重了失业及政府财务负担,也推动这些城市重新审视制造业在城市经济发展中的作用。这些城市纷纷开始挖掘"去工业化"前所累积的制造业固有优势,试图重新使其成为拉动经济增长、促进结构调整和提高就业的动力。"制造业回归"成了这些大城市共同的战略选择,它们通过增加基础设施、教育、技能培训、研发、支持生物技术、风力发电、纳米技术、空间技术、电动汽车等为代表的高新技术产业,力图在制造业领域重新建立竞争优势,保持其在全球经济发展中的游戏规则制定者地位。

因此,上海的发展需要吸取这些国际大都市的经验教训,尤其不可忽视制造业对于经济发展与社会稳定的重要作用。制造业可以大量吸纳就业,尤其是低教育人口的就业问题,维护社会稳定。制造业还能保护上海经济发展免受金融危机的冲击,维护上海整

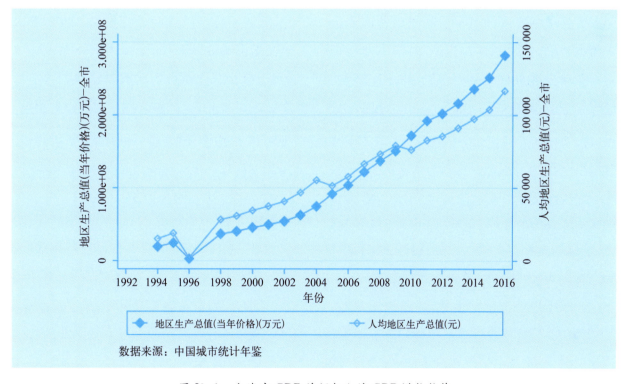

数据来源:中国城市统计年鉴

图 J9-1 上海市 GDP 总额与人均 GDP 增长趋势

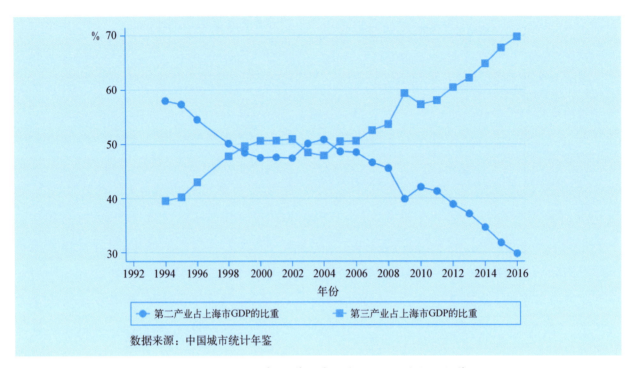

图 J9-2　上海市第二、第三产业占 GDP 比重变化趋势

体经济稳定。

事实上，早在 1999 年，上海的第三产业从业人员比重就已经开始全面超越第二产业，成为吸纳就业的主力军。但是，在 2010 年后，由于全球金融危机的影响，第三产业人口曾经历了一个急剧下滑的过程，而在此过程中第二产业人口却显著增加，吸纳了第三产业的溢出人口。但是，在此之后第二产业人口比重却又开始持续下滑，已经接近 30%（见图 J9-3）。这需要上海在制订长远发展规划时，注重制造业的发展，特别是制造业在新形势下的产业转型升级面临的重要问题。

面对国内外的复杂形势，如愈演愈烈的"中美贸易战"及周边国家对中国传统加工制造业的挤压，上海需要重振制造业，大力发展高新技术产业，利用上海的人才优势和文化品牌，吸引国内外投资者来沪创业。事实上，上海市政府最近几年已经意识到这一现实问题，并着手推动企业的转型升级。不仅要鼓励高端服务业的发展，更要竭力拉动制造业企业，特别是推动高新技术和高端制造业的发展。2016 年，上海发布"十三五"规划纲要，首次提出制造业占 GDP 比重力争保持在 25% 左右的目标。这也符合习总书记提出的"三去一降一补"的供给侧改革内容。上海市也积极落实"中国制造 2025"和"互联网＋"行动计划，制定实施巩固提升实体经济能级"50 条"，深入推进"四新"经济、智能制造、产业创新、工业强基、质量提升等系列工程。

要切实有效地推动上海本地企业的转型升级，还需要深入了解上海企业的现状。相对于国内其他重点制造业基地，如江苏、浙

图 J9-3　上海市第二、第三产业就业人口比重变化趋势

江、广东,上海企业存在哪些优势和劣势?哪些是薄弱环节?急需在哪些领域进行提升?知己知彼,才能百战不殆。如何帮助上海企业发挥自身优势,克服劣势,还要听听上海企业家的心声,并与苏浙粤企业家们进行比较。

4.2　上海企业的竞争优势

依托上海发达的服务业,服务是上海企业最强优势。从上海与苏浙粤三省的比较中,可以清楚地看到(见表 J9-44),在上海企业家选择的所有优势当中,有 22.8% 是服务,远高于江苏(14.8%)、浙江(14.0%)和广东(18.6%)。同时,服务也是上海企业各优势当中最高的,其次是产品质量(19.4%),但与其他三省相比,这一优势并不突出,甚至低于其他三省份。

表 J9-44　上海、江苏、浙江、广东四省市最大竞争优势比较

最大竞争优势	上海	江苏	浙江	广东
生产规模	5.5%	10.9%	9.8%	9.3%
产品质量	19.4%	26.4%	27.0%	24.7%
核心团队	15.9%	10.2%	9.5%	9.2%
服　务	22.8%	14.8%	14.0%	18.6%
价　格	6.3%	8.0%	6.7%	8.6%

续表

最大竞争优势	上 海	江 苏	浙 江	广 东
品　牌	9.7%	9.5%	8.8%	10.9%
核心技术	7.6%	6.7%	7.0%	5.8%
客户关系	5.5%	6.5%	8.0%	6.6%
人才队伍	2.8%	2.0%	4.7%	3.3%
风险管控	1.2%	1.0%	0.7%	0.7%
产业链	1.2%	2.0%	2.3%	0.6%
物流配送	0.5%	1.0%	0.7%	0.8%
政府支持	1.6%	1.0%	1.0%	1.0%
总　数	100%	100%	100%	100%
选择总数	762	697	601	949

核心团队是上海的重要优势。相比其他三省，核心团队是上海企业最大的竞争优势，在所有优势选项中占到15.9%，远高于苏浙粤三省，它们分别只有10.2%、9.5%和9.2%。这说明上海企业在团队凝聚力建造和人员管理方面具备显著的竞争优势。

出乎意料的是，上海企业在品牌与核心技术方面，相比其他省份，并不具备明显优势。上海品牌优势只有9.7%，甚至略低于广东（10.9%），也并不比苏浙两省高多少（9.5%和8.8%）。尽管上海文化水平更高，与国际市场联系更为紧密，各种国际潮流名牌争相抢占上海市场，但上海制造企业的品牌优势并不明显。

4.3　上海民营企业竞争薄弱环节

生产规模是上海企业最薄弱环节。表J9-45显示，在各省市企业家所选择的竞争薄弱环节中，上海高达16.5%，远高于江苏的9.5%、浙江的9.0%和广东的10.7%。同时，这也位于上海各项薄弱环节之首。这可能与上海企业的生产要素成本偏高有关，如土地、人力资本等高于其他三省。因此，扩大生产规模显然成为沪上企业家们的一个发展瓶颈。当然，这一方面要求政府在土地规划和审批当中要为制造业的发展提供更好的条件，另一方面也对企业的发展方向提出要求，应着力发展占地规模小，但具备高附加值的高科技新兴产业。

打造企业优质品牌是上海企业未来发展方向。表J9-45中值得注意的是，上海企业的品牌"劣势"是四个省份中最为突出的，高达10.3%，高于江苏（8.7%）、浙江（8.1%）与广东（7.0%）。尽管上海在着力打造高科技及高新技术产业，但品牌优势却是未来企业在转型升级中不得忽视的重要问题，尤其是面对国际国内市场的激烈竞争，如何利用上海国际大都市及文化品牌,使上海的产品真正"走出去",应在品牌塑造上更下苦功。

上海人才优势并不突出。虽然上海高校众多,吸引全国各地优秀学子前来就读,毕业后留沪就业意愿强烈,但调查数据却显示,在企业家心目中,上海的人才队伍仍是其第二大薄弱环节,占到13.3%,远高于其他各项劣势。虽比浙江略好一些(20.5%),但却与江苏和广东基本持平(13.8%和14.1%)。也就是说,上海的人才优势并不明显。因此,上海政府一方面应吸引外来人才入沪,为上海新兴制造业注入活力,另一方面更应为上海优质毕业生进入上海私营企业就职给予更为宽松的留沪政策,尤其是这些人员在上海的住房保障及子女就学,都应提供更畅通的管道,这是一个系统工程。

表 J9-45　上海、江苏、浙江、广东四省市竞争薄弱环节比较

竞争薄弱环节	上　海	江　苏	浙　江	广　东
生产规模	16.5%	9.5%	9.0%	10.7%
产品质量	1.6%	1.2%	2.5%	1.3%
核心团队	4.6%	4.7%	4.5%	4.6%
服　务	2.5%	2.8%	2.0%	4.0%
价　格	11.2%	13.0%	13.5%	10.9%
品　牌	10.3%	8.7%	8.1%	7.0%
核心技术	7.3%	8.7%	10.1%	8.1%
客户关系	5.9%	3.4%	3.2%	5.3%
人才队伍	13.3%	13.8%	20.5%	14.1%
风险管控	8.5%	10.7%	8.8%	10.2%
产业链	7.1%	10.9%	9.5%	8.1%
物流配送	3.2%	5.5%	3.8%	4.9%
政府支持	8.0%	7.3%	4.5%	10.9%
总　数	100%	100%	100%	100%
选择总数	563	507	444	717

4.4　企业在竞争中急于提升哪些方面?

求贤若渴是企业家们的共同姿态。纵观四个省份,提升人才队伍是所有省份企业家们共同的最强心声,在急于提升的方面中,各省的选择都接近或超过20%,是所有渴求改变的内容中占比最高的。企业家们都认识到,在现代企业转型升级的竞争中,说到底是"人才的竞争"。上海在四省中虽不是最迫切的,但也不容乐观。因此,为了企业的转型升级和长远发展,上海政府应大力吸引各类高

科技、高学历人才,为他们留沪提供更多针对性、更优质的待遇。

品牌打造,是企业"走出去,能走远"的重要保障。只有优质的品牌才能提升企业的竞争力,让上海的企业产品走出去,走得远。优质的品牌可以让苹果公司(Apple Inc.)多年屹立不倒,风靡全球;优势的品牌也让特斯拉(Tesla)迅速崛起,成为电动汽车的领军品牌。国产的小牛电动车(niu),短短3年,已经成为国内及国际极具影响力的品牌。当然,这些企业的成功,与产品的核心技术、营销和运营管理优势也是分不开的,但它们在行业中出色的品牌,仍为其迅速占领世界市场、赢得消费者的口碑发挥重要作用。因此,在上海的民营企业家心中,急于提升的方面,排在第二位的就是名牌,高达11.0%,在数值上略高于其他三个省份(江苏10.0%,浙江9.6%,广东9.2%,见表J9-46)。

表J9-46 上海、江苏、浙江、广东四省市最急于提升方面比较

	上海	江苏	浙江	广东
生产规模	6.8%	8.6%	6.1%	8.7%
产品质量	5.8%	4.2%	5.9%	3.6%
核心团队	6.5%	9.1%	7.3%	11.3%
服务	6.3%	5.1%	4.4%	4.8%
价格	3.2%	1.6%	2.9%	3.1%
品牌	11.0%	10.0%	9.6%	9.2%
核心技术	10.1%	13.5%	13.0%	9.9%
客户关系	5.4%	4.4%	5.2%	7.2%
人才队伍	17.8%	24.2%	18.8%	18.7%
风险管控	8.1%	7.1%	10.5%	8.0%
产业链	6.8%	5.8%	6.5%	5.5%
物流配送	2.8%	1.3%	4.4%	3.0%
政府支持	9.4%	5.3%	5.4%	7.1%
总数	100%	100%	100%	100%
选择总数	617	550	478	779

核心技术是高新技术企业的核心竞争力。推动上海企业发展高新技术产业,核心技术是关键。"中国制造2025"代表的一个根本转型就是将中国的企业从低科技含量、低附加值转变为核心技术过硬、自主创新能力强的新型企业。但从上海企业的现状来看,其核心技术的优势并不明显,在要提升方面占到10.1%,并不比其他几省低多少,甚至还

高于广东(9.9%),说明上海在核心技术的提升方面比其他几省更急切。这表明,对于核心技术的研发投入将是上海企业家们未来投入的重点。

4.5 不同规模企业的竞争优势和劣势

通过表J9-47的统计结果可知,小型企业特别依赖客户资源,大企业则没那么在乎。微小型企业的生产规模是其薄弱环节,另外就是品牌和核心技术。大企业虽然在规模、品牌和核心技术上有优势,但在价格和风险管控方面却是其劣势。从亟待提升的方面看,人才队伍是各种规模企业的共同追求,"求贤若渴"是各规模企业的共同姿态。小型企业更觉得自己在产业链底端,也没有核心技术,所以要提升技术,转变自己在产业链中的地位。小型企业的服务更好,而大型企业的服务普遍有待提高。对各规模企业,政府的支持都同样重要,没有显著差别。

表 J9-47　上海各规模企业竞争"优势"与"劣势"比较研究

最大竞争优势	微型	小型	中型	大型	总数
生产规模	2.2%	5.2%	7.9%	5.2%	5.5%
产品质量	12.2%	20.6%	21.7%	16.9%	19.5%
核心团队	14.4%	14.9%	18.0%	16.9%	15.8%
服务	26.7%	23.3%	22.2%	16.9%	22.8%
价格	11.1%	7.2%	2.7%	5.2%	6.3%
品牌	10.0%	9.7%	9.0%	11.7%	9.8%
核心技术	2.2%	8.2%	7.4%	10.4%	7.5%
客户关系	15.6%	3.2%	4.8%	7.8%	5.5%
人才队伍	1.1%	3.2%	2.1%	3.9%	2.8%
风险管控	0	1.7%	0.5%	1.3%	1.2%
产业链	1.1%	0.7%	1.6%	2.6%	1.2%
物流配送	0	0.7%	0.5%	0	0.5%
政府支持	3.3%	1.2%	1.6%	1.3%	1.6%
总数	100%	100%	100%	100%	100%
竞争薄弱环节	微型	小型	中型	大型	总数
生产规模	19.7%	20.0%	9.9%	7.7%	16.4%
产品质量	2.6%	1.7%	1.5%	0	1.6%
核心团队	6.6%	5.7%	2.3%	1.9%	4.6%
服务	1.3%	2.7%	3.0%	1.9%	2.5%

续表

竞争薄弱环节	微 型	小 型	中 型	大 型	总 数
价 格	2.6%	11.0%	16.7%	11.5%	11.3%
品 牌	13.2%	10.7%	9.9%	3.9%	10.2%
核心技术	11.8%	6.0%	9.1%	3.9%	7.3%
客户关系	6.6%	5.0%	7.6%	5.8%	5.9%
人才队伍	13.2%	13.3%	12.9%	15.4%	13.4%
风险管控	9.2%	5.7%	11.4%	17.3%	8.6%
产业链	6.6%	7.3%	6.1%	7.7%	7.0%
物流配送	2.6%	3.0%	1.5%	9.6%	3.2%
政府支持	4.0%	8.0%	8.3%	13.5%	8.0%
总 数	100%	100%	100	100	100%

5 营商环境

党的十八大以来，以习近平同志为核心的党中央多次就加强营商环境建设做出重大部署，提出要营造稳定、公平、透明、可预期的营商环境，加快建设开放型经济新体制，推动我国经济持续健康发展。习总书记还特别指出，上海等特大城市要率先加大营商环境改革力度。

2017年12月22日，上海市委、市政府召开上海市优化营商环境推进大会，部署不断提升制度环境软实力，努力打造上海营商环境新高地，形成了《上海市着力优化营商环境加快构建开放型经济新体制行动方案》。2018年6月27日召开的第十一届市委第四次全体会议进一步提出，要着力建设国际一流的营商环境。2018年10月25日，上海市委书记李强在主持召开民营企业负责人座谈会时强调，要深入贯彻落实习近平总书记重要指示精神，全力支持民营企业发展，千方百计为企业鼓劲加油、排忧解难，营造公平竞争的市场环境。

5.1 上海营商环境建设的总体成绩

上海民营企业家对营商环境改善的总体评价高，对简政放权的评价最好。在2018年第十三次私营企业的调查中，询问受访民营企业家过去一年的整体营商环境有否改善，按照明显改善（5分）到完全没改善（1分）进行选择，上海的均值为3.74分，高于全国平均值的3.62分。

如果我们进一步细化指标，将营商环境分为简政放权、行政监管和资源供给三个方面，可以看到上海受访企业家在简政放权方面给出了最高的改善分数，为4.12分，行政监管改善得分为3.99分，而资源供给的改善得分为3.42分（见表J9-48）。

表 J9-48　营商环境改善评价

	上海	全国	江苏	浙江	广东
简政放权	4.12	4.29	4.25	4.39	4.15
行政监管	3.99	4.04	4.00	4.15	3.90
资源供给	3.42	3.18	3.20	3.29	3.16

与苏浙粤三省进行横向比较，可以发现，上海在简政放权和行政监管方面的改善程度并不优于兄弟省份，甚至还存在差距；资源供给方面的改善则明显好于其他省份，包括贷款和融资的可及性以及从劳动力市场上雇佣到合适工人的机会（见表 J9-49）。

表 J9-49　营商环境改善评价：分类指标

		上海	全国	江苏	浙江	广东
简政放权	行政审批手续方便、简捷	4.15	4.27	4.26	4.48	4.09
	节省了工商证照办理时间	4.16	4.31	4.26	4.44	4.17
	企业注册更加灵活	4.14	4.31	4.29	4.37	4.21
	企业年报程序简洁便利	4.09	4.28	4.23	4.33	4.18
	"五证合一"时换证手续简化	4.25	4.37	4.25	4.5	4.28
行政监管	工商行政机关公正执法	4.06	4.19	4.15	4.29	4.12
	政府官员勤政、积极服务企业	4.01	4.03	4.02	4.20	3.88
	市场监管部门运动式执法	3.87	3.91	3.94	3.96	3.76
资源供给	企业从国有银行贷款难易	3.42	3.19	3.32	3.43	3.14
	企业从民间渠道筹资难易	3.43	3.17	3.21	3.28	3.20
	找到需要的熟练工人	3.16	2.94	2.84	2.95	2.91

七成以上民营企业家满意上海的法治环境。受访企业家对于上海在建设法治环境上的成就表示满意。在各项指标上，大体都有七成以上的受访者给予肯定，尤其在法律、法规的完备、司法机关的立案效率、法院判决书的执行情况等几个方面，上海企业家的满意度都比全国平均水平高约 10 个百分点（见表 J9-50）。

摊派、规费及公关支出以及被公部门欠款的企业比例低。上海的民营企业中，被政府部门强制摊派的比例、被要求缴纳各种规费的比例，以及支出公关/招待费用的比例都显著低于全国平均水平，与苏浙粤等经济发达省份相比也显著更低（见表 J9-51）。

表 J9-50　法治环境评价：满意比例

	上海	全国	浙江	江苏	广东
对失信主体的惩戒	64.9%	66.0%	65.9%	68.2%	58.6%
企业家及家人的人身安全保障	75.3%	73.4%	77.5%	79.2%	66.6%
财产和财富的安全	76.0%	73.8%	75.2%	78.4%	66.1%
企业家人格权的保护	74.9%	72.5%	72.7%	79.0%	64.9%
知识产权保护	74.5%	73.2%	72.2%	77.4%	67.8%
法律、法规的完备	81.9%	74.0%	77.0%	76.0%	64.8%
合作企业的法治意识	71.2%	66.9%	67.7%	71.1%	57.2%
司法机关的立案效率	73.8%	65.1%	70.7%	73.2%	57.2%
法院判决书的执行情况	68.5%	58.4%	60.0%	61.4%	52.0%

表 J9-51　摊派、有规费/公关支出、被公部门欠款的企业占比

	上海	全国	浙江	江苏	广东
有应付摊派的企业占比	12.3%	16.4%	14.2%	22.0%	21.2%
有规费支出的企业占比	27.5%	38.4%	51.8%	51.8%	38.2%
有公关/招待费用的企业占比	59.3%	77.3%	70.8%	75.9%	62.1%
被政府拖欠各种款项的企业占比	0.7%	5.6%	2.7%	2.9%	2.5%
被国企拖欠各种款项的企业占比	4.6%	5.6%	1.8%	4.1%	1.4%

企业经营的市场环境持续稳定。近年来，全国的普遍趋势是市场性交易成本急速上涨，包括人力、物流、能源等各个方面，上海也不例外。市场成本的上升很大程度上受到国际政治经济局势、国内经济结构调整、人口构成与流动变化等宏观因素的影响。以明显下降（1分）到上涨过快（5分）来计量，上海与兄弟省份相比，其市场成本上升并没有那么快，说明上海的市场环境与资源供给状况相对比较稳定（见表 J9-52）。

表 J9-52　企业市场性交易成本变化趋势（2017年）

	上海	全国	江苏	浙江	广东
人力成本	3.71	3.92	3.92	3.90	4.01
物流成本	3.57	3.74	3.74	3.67	3.79
能源成本	3.42	3.68	3.68	3.59	3.74

5.2 上海营商环境建设的短板

上述指标表明,上海营商环境的建设总体成绩是显著的,取得了市场主体的一定认可,但上海的企业发展环境仍然存在不均衡、不充分的问题,导致民营企业发展显得动力不足。在2016年全国工商联发布的民营企业500强榜单中,上海上榜率仅2.6%,与浙江、江苏等省份都有明显差距;从入选榜单的企业行业来看,上海企业多集中于房地产、有色金属、批发业等产业,在计算机电子商务、大健康、大数据、公共事业、环保等新兴产业领域占比几乎为零;在制造业、平台经济等领域,上海的民营企业与国内巨头相比也都存在很大差距。此次调查的一系列指标也暴露了类似问题。

有新增投资的企业比例较低;新增投资流向研发、创新的比例低于全国平均水平。受访企业中,表示在2017年有新增投资的比例,上海为33.8%,低于全国水平(36.3%),也远远低于浙江(46.5%)和江苏(51.4%)。上海与江苏、浙江、广东相比,都有更多的企业新增投资用于收购、兼并和民间借贷,或者是流向新的实体经济领域,而在扩大再生产、新产品研发、技术创新/工艺改造等方面的新增投资都低于兄弟省份,也低于全国平均水平(见表J9-53)。虽然我们不能就此判断上海经济"脱实向虚",但至少表明上海民营企业的技术创新能力、扩大生产能力等仍有待提高。根据全国工商联2017年发布的数据,2016年上海民营企业的户均研发费用同比甚至有所下降,从最新数据来看,这一趋势并没有得到改善。

表J9-53 企业各项成本变化趋势(2017年)

	上 海	全 国	江 苏	浙 江	广 东
扩大原有产品生产规模	47.6%	57.7%	65.0%	56.1%	60.4%
新产品研发	48.5%	48.4%	59.1%	65.8%	53.3%
投向新的实体经济领域	13.6%	16.8%	11.0%	9.7%	16.9%
投资房地产	2.9%	6.9%	4.4%	5.3%	12.3%
收购、兼并	7.8%	5.7%	3.7%	4.4%	6.5%
技术创新、工艺改造	35.9%	42.8%	52.6%	50.0%	46.8%
民间借贷	1.9%	0.8%	0.7%	0.0%	0.7%
股市、期货	1.0%	0.6%	0.7%	0.9%	2.0%

企业感知到的制度性交易成本上涨速度较快。企业经营不仅要承担市场性交易成本,还须面对制度性交易成本。如果我们从行政、税费和融资三个方面来测量制度性交易成本,可以看到,上海在降低制度性交易成本方面做得并不令人满意。以明显下降(1分)到上涨过

快(5分)来计量,税费成本、到政府办事的时间/费用的增长趋势均高于全国平均水平,也高于苏浙两省;融资成本的增幅略低于全国平均水平,但趋势也是在增长(见表J9-54)。

表J9-54 企业各项成本变化趋势(2017年)

	上海	全国	江苏	浙江	广东
到政府办事时间/费用	2.51	2.33	2.24	2.13	2.58
税费成本	3.07	3.02	2.95	2.99	3.11
融资成本	3.26	3.34	3.24	3.33	3.38

政商关系"疏而不亲"。调查询问了企业与行政/执法部门的互动情况,发现上海的相关职能部门和企业(至少是民营企业)之间的关系是不够亲近的。首先,在咨商/培训指标上,上海民营企业的表现都低于全国平均水平,有些指标与苏浙粤相比,存在明显差距。例如,参加政府的咨询会、座谈会,上海的比例远远低于兄弟省份,几乎要低15个百分点,也低于全国平均水平;领导来企业视察的比例也低于苏浙两省。第二,在政府响应企业投诉方面,上海的比例显著低于全国平均水平,这既可能是企业投诉本身就少,也可能是投诉后得到回应的比例少,无论如何,都说明政企关系是比较疏远的。第三,在执法方面,上海的行政执法部门体现出"铁腕"风格,上海有更多的企业家表示,企业资产曾被非法侵占,或是遭遇过执法部门非法扣押个人合法财产(见表J9-55)。

表J9-55 有以下政商互动模式的企业比例

		上海	全国	江苏	浙江	广东
政府响应	向政府投诉得到回应	8.0%	11.8%	14.3%	11.1%	12.0%
咨商/培训	领导来视察,现场办公	43.4%	45.7%	51.8%	50.4%	33.7%
	参加政府的咨询会、座谈会	49.3%	53.9%	62.9%	65.9%	61.4%
	参加统战部/工商联组织的培训	60.3%	63.0%	71.4%	60.6%	50.7%
契约履行	用地指标不兑现	2.7%	4.3%	2.9%	0.9%	3.9%
	政府不兑现招商承诺	1.7%	4.8%	4.5%	1.8%	4.2%
	政府因换届毁约	1.7%	2.5%	1.2%	3.1%	1.1%
	政府或国企拖欠款项	4.6%	10.1%	7.8%	1.8%	6.1%
司法/执法	企业资产被非法侵占	1.3%	1.7%	0.8%	0.4%	1.7%
	执法部门非法扣押个人合法财产	1.3%	0.9%	0.4%	0.4%	0.3%

5.3 上海营商环境建设的特征

下面,我们将结合实地调研的经验,对上海营商环境存在的突出特点做一小结,并给出相应的政策建议。上海目前的营商环境建设存在"三重"与"三缺"的突出特征。

第一,重契约,但缺动力。具体来讲,正式的法律法规很多,覆盖也很全面,政府在行政过程中的契约履行(如招商承诺、款项支付等)也表现得比其他省份更好,但一些党政官员在具体行政和执法的过程中,往往缺乏"把好事儿做足""把制度落实"的动力和干劲,在与企业的互动过程中显得教条与机械。

第二,重放权,但缺服务。持续推进的"放管服"改革收到了较好的成效,但行政监管流程的简化多大程度上能够落到实处,取决于能不能在"放管"之后,真正优化"服务"。根据我们对相关行政监管部门的走访,有些部门的行政审批事项多达几十甚至上百项,在"放管服"改革的压力下,大量的行政成本都被用到了指标评估上,例如针对每一项行政审批事项要制订目标,详细考察有没有简政放权,有没有放管结合,这样一来,可以用于优化服务的资源必然就很有限。在改革过程中,局部出现了"放小权、留大权;放旧权、设新权"的情况。

第三,重流程,但缺创新。在走访调研的过程中,一些企业反映,既有的监管模式与市场经济的商业模式存在不匹配之处,经常会出现监管形式滞后于商业模式革新的现象。为了突破既有的制度性瓶颈,企业往往需要耗费大量的人力物力,与中央和地方的相关部门进行接洽沟通,寻求以试点的形式或是制订补充规范性文件的方式来推进商业创新,不仅产生了大量成本,事实上也制造了寻租的空间。

5.4 上海营商环境建设的优势

十一届市委四次全会通过的"两个面向"精神提出,要营造勇于探索、鼓励创新、宽容失败的文化氛围,大力扶持创新型企业发展,培育一批市场前景好、成长爆发性强、技术和模式先进的独角兽和超级独角兽企业,以及一批细分行业专精特新企业和隐形冠军企业。这一目标其实指向了一个核心问题,就是政府如何介入企业发展。

对于这个问题的回答,不能一概而论,必须考虑上海特有的制度文化和经济社会环境。根据数据与资料所简要呈现的内容,上海可能在某些方面存在劣势,如制度的灵活性不够、工业和商业用地受到限制、普通劳动力的价格较高等。与此同时,上海有着明显的制度优势,突出体现在:上海的法治化水平很高,特别适合高效处理日常的行政事务;上海各种资源的集成效应比较强;最关键的是,上海有着稳定、成熟的行政体制架构,不会出现许多省市常见的人亡政息现象,恰恰可以带来"可预期的营商环境",也许不那么适合"攻城略地型"的初创型企业,但特别适合处于成长、成熟、发展期的企业,尤其是那些追求高水平稳态发展的企业。这恰恰是上海"不可复制的优势"!加深对上海的优势理解,有助于上海找准定位,扬长避短,也有利于真正实现城市能级和核心竞争力的提升。

6 民营企业家的社会态度

6.1 经济发展预期

经济增速放缓让民营企业家感到压力,经济发展的信心需要提振。本次调查询问被访企业家是否对我国GDP增长速度变换而感到非常担心,统计结果表明:3.0%的人表示"非常同意",23.3%的人表示"同意",二者合计26.3%,表示"不同意"和"非常不同意"的比例合计28.6%。而高达45.0%的被访企业家选择了"不好说",从中可以看出广大民营企业家对GDP的增速放缓存在一定程度的担心(见表J9-56)。

表J9-56 我国GDP增长速度变缓让我非常担心

非常同意	9	3.0%
同　意	70	23.3%
不好说	135	45.0%
不同意	79	26.3%
非常不同意	7	2.3%
总　计	300	100%

上海民营企业家对未来宏观经济形势持观望态度。有4.0%的被访企业家认为今后五年我国经济将陷入低迷,认为"较有可能"的比例是25.7%,合计29.7%;而认为"不太可能"和"不可能"的比例合计31.4%,但39.0%的被访企业家选择了"不好说"(见表J9-57),说明广大的民营企业家对未来宏观经济发展没有清晰的预期。俗话说"信心比黄金重要",在出台一系列促进民营经济发展、扶持民营企业政策的同时,需要切实提升广大民营企业家对宏观经济发展的信心,稳定他们的预期。以更加宏观和长远的视角来看待我国经济增速的放缓,清醒地认识到经济结构调整的必要性以及国际环境复杂化的不可避免,从而相信党和国家的治理能力,坚信社会主义市场经济体制的不断推进,一心一意把自己的企业经营好。

表J9-57 今后五年我国经济将陷入低迷

很有可能	12	4.0%
较有可能	77	25.7%
不好说	117	39.0%
不太可能	80	26.7%
不可能	14	4.7%
总　计	300	100%

上海民营企业家对未来爆发局部金融危机表示担心,反映了金融风险的存在。当被问及今后五年我国是否会爆发局部金融危机,选择"很有可能"和"较有可能"的比例(合计33.3%)明显高于选择"不可能"和"不太可能"(合计21.0%),而高达45.7%的被访企业家选择了"不好说"(见表J9-58)。被访民营企业家对未来爆发局部金融危机的担心超过宏观经济增速放缓,说明他们在经营企业的过程中切实感受到金融风险的存在,这是值

得警示的。未来在推进上海国际金融中心建设的过程中,需要多管齐下有效地防范金融风险。

表 J9-58　今后五年我国将爆发局部金融危机

很有可能	13	4.3%
较有可能	87	29.0%
不好说	137	45.7%
不太可能	53	17.7%
不可能	10	3.3%
总　计	300	100

6.2　对深入反腐的态度

广大民营企业家支持本地更严厉的反腐败。党的十八大以后,中央以壮士断腕的决心高压反腐,老虎苍蝇一起打,反腐败斗争取得了显著成效。与此同时,社会上出现不和谐的声音,认为反腐斗争导致地方官员为求自保而"无为""懒政",政商关系疏离;另有人认为部分企业家在原有的庇护网络中通过权钱交易获利,反腐败斗争使得他们无法再俘获官员、行贿获利,因而他们站在反腐败的对立面。那么,广大民营企业家对反腐败的态度是怎样的呢? 调查结果显示,上海的民营企业家中有61.7%认为本地需要更严厉的反腐,只有9.0%的企业家不同意更严厉的反腐,二者差距极为明显(见表J9-59)。这说明严厉打击腐败、清除官场蠹虫、肃清官场风气获得了民营企业家的高度认同。同时,广大民营企业家认为本地需要更严厉的反腐,也说明反腐败斗争任重道远,腐败行为并未完全杜绝。反腐败必须制度化、常态化,而不能运动式反腐。只有高压反腐,才能营造公平、透明的营商环境,构建新型的政商关系,才能保证我国经济持续、健康、快速地发展,巩固改革开放的成果,提升党执政的合法性,巩固执政地位。

表 J9-59　本地需要更严厉的反腐败

	同　意	不好说	不同意	总　计
上　海	61.7%	29.3%	9.0%	100%
江　苏	71.0%	22.0%	6.9%	100%
浙　江	68.6%	19.9%	11.5%	100%
广　东	77.3%	20.2%	2.6%	100%

在上海民营企业家眼中,上海的政治清廉要好于苏浙粤三省。上海的民营企业家有61.7%认为本地需要更严厉的反腐,而苏浙粤三省被访的民营企业家表示同意的比例分别是71.0%、68.6%、77.3%,都明显高于上海。这说明在民营企业家的眼中,上海的政治清廉程度要高于其他三个省份。

6.3　经济民族主义

6.3.1　对国际环境的认知

大部分民营企业家认为有些国际势力试

图阻止中国的发展和崛起。统计结果显示，有15.0%的被访企业家表示"非常同意"，49.5%表示"同意"，合计达到64.5%，而表示"非常不同意"和"不同意"的比例只有2.3%和6.3%（见表J9-60）。这说明在中美贸易摩擦加剧的背景下，广大民营企业家对国际形势有着清醒的认识，中国的经济发展和崛起的国际环境总体是和平的，但中国本身经济实体的增长已经对旧有的国际秩序构成了挑战，对美国的霸主地位形成了威慑态势。民营企业家对国际形势的判断与中央是一致的。

表J9-60　目前有些国际势力试图阻止中国的发展和崛起

非常同意	45	15.0%
同　意	149	49.5%
不好说	81	26.9%
不同意	19	6.3%
非常不同意	7	2.3%
总　计	301	100%

6.3.2　保护国内薄弱产业

在贸易保护主义和贸易自由主义之间，上海的民营企业家更倾向于后者。3.3%的被访企业家非常同意"我们应该限制其他国家的产品进口来保护国内相关薄弱产业"，28.2%的企业家表示同意，二者合计达到31.5%；另有33.1%的被访企业家表示不同意，3.6%表示非常不同意，合计是36.7%。坚持贸易自由主义立场的民营企业家的比例略高于贸易保护主义，但二者的差异不是很大。另有31.8%的被访企业家态度不明，选择了"不好说"（见表J9-61）。

表J9-61　应该限制其他国家的产品进口来保护国内相关薄弱产业

非常同意	10	3.3%
同　意	85	28.2%
不好说	96	31.8%
不同意	100	33.1%
非常不同意	11	3.6%
总　计	302	100%

在全球经济下行的背景之下，以中美贸易摩擦为代表的逆全球化、国际贸易保护主义日渐抬头，贸易保护主义与贸易自由主义的争论也甚嚣尘上。但是，无论是贸易保护主义还是自由主义，最终的落脚点依然是本国经济的持续健康稳定发展。弗里德里希·李斯特在《政治经济学的国民体系》一书中就提出了开放—保护—开放三个阶段，以便通过灵活的政策来扶持本国制造业的发展。上海的市场化水平以及民营经济的发展程度在全国领先，因此上海的民营企业家不同意对国内薄弱产业进行保护的比例稍高，换言之更倾向于通过与国外产品的市场竞争来优胜劣汰，加速我国市场结构的调整和产业升级。

7　政策建议

7.1　凝聚支持民营经济发展的强大共识

民营经济是改革开放的时代产物，也是改革开放的重要标志。要以实际行动贯彻习近平总书记关于支持民营经济发展的系列重要指示和本市促进民营经济发展大会精神,大力推动市委市政府《关于全面提升民营经济活力大力促进民营经济健康发展的若干意见》等政策措施的落地落实,营造全社会重视民营经济、支持民营企业、尊重民营企业家的浓厚氛围。同时,要大力宣扬优秀民营企业家先进典型,讲好爱国、守法、奋斗的故事,让他们成为青年人创业与创新的楷模,让民众深刻认识到,上海民营经济的发展与改革开放同步伐,与上海这座城市共命运。

7.2 营商环境建设重在细水长流

调查结果显示,上海营商环境的特征是法治水平高,行政服务高效、行政体制成熟,属于"可预期的营商环境",不确定性较低。特别适合处于成长、成熟、发展期的企业,尤其是那些追求高水平稳态发展的企业,这是上海"不可复制的优势"。不容忽视的是,这种营商环境不太适合"攻城略地型"的初创型企业,或者是"第一个吃螃蟹"的企业,这些企业需要不断突破政策瓶颈和制度壁垒,同时需要各级政府和相关部门保持改革的勇气和创造力,平衡好"秩序"与"活力"的关系。营商环境的改善不应是短期的"运动式扶持",而是整体社会环境的不断改善,努力营造公平竞争的市场环境、公正严明的法治环境、一视同仁的体制环境,这是一项长期系统的工程。对民营企业的支持要细水长流,实现支持民营企业的常态化、制度化,避免大热大冷、大起大落。

7.3 发挥"店小二"精神,构建更加亲密的政商关系

与苏浙粤三省相比,上海的政商关系在"清"的维度相对较好,而"亲"的维度则略显疏远。上海市领导提出"有求必应、无事不扰"的"店小二"精神,要求上海各级领导干部以全市大调研为抓手,密集走访民营企业和中小企业,上门当好"店小二",积极作为、靠前服务,帮民营企业解决实际困难。这极大拉近了政商之间的关系,将积极服务民营企业落在了实处。构建亲、清的新型政商关系更需要制度化、长期化,切忌"一窝蜂""一阵风"。咨政会、座谈会、企业调研应常态化。福建省建立了"干部挂钩联系企业"制度,将支持民营企业纳入干部考核;广东建立了一年两次的"粤商·省长面对面协商座谈"制度。国内其他省市的经验可以因地制宜、选择性借鉴。

7.4 精准扶持方能"降本减负"

为了更好地为民营企业"降本减负",针对民营企业的扶持政策不仅要落实,还要落细。本次调查结果显示,被访的上海民营企业家认为人力成本、物流成本、能源成本的上涨比较明显。在上海支持民营经济发展的"27条"中有"平稳调整最低工资标准,进一步降低企业社保缴费比例;进一步扩大民营企业参与直购电,降低企业用电成本",这两项措施针对的是人力成本和能源成本,除此之外需要更多、更细的举措来帮助民营企业降

低这两类成本以及物流成本。分行业的统计结果显示，主营业务为建筑业和制造业的民营企业承受经营成本上升的压力最大。对这两个行业的民营企业应多关心、多支持，相关政策可以适当倾斜。

7.5 "制造业"是城市经济发展的压舱石

"制造业回归"是纽约、伦敦等国际大城市共同的战略选择，大力支持高新技术产业，在制造业领域重新建立竞争优势，以保持其在全球经济发展中的领先地位。上海的发展需要吸取这些国际大都市的经验教训，重视制造业对于经济发展与社会稳定的重要作用，保护上海经济发展免受金融危机的冲击。面对国内外的复杂形势，尤其是"中美贸易摩擦"及周边国家对中国加工制造业的挤压，上海需要重振制造业，大力发展高新技术产业，利用上海的人才优势和文化品牌，努力降低营商成本，对符合经济结构优化升级方向的民营企业进行必要的资金支持。

7.6 扩大对民营企业家的政治吸纳

统计结果显示，政治吸纳显著提升了民营企业家的政治认同，对施政政策的评价更高，对经济发展的预期更加乐观。可以说，政治吸纳产生了积极的效果。近年来上海民营企业家入党、担任政协委员、人大代表的比例有稳步增长，但总体比例不高，甚至低于江苏、浙江、广东三省。建议在严格筛选的基础上，更加积极地发展民营企业家入党、担任政协委员，体制内的群团组织加大对民营企业家的吸纳。人民代表大会作为权力机关，能否担任人大代表有严格的标准和竞选程序，在名额的分配上则需要格外谨慎，必须考虑法律与主流意识形态的双重约束。

7.7 民营企业党建与企业发展要更好融合

上海民营企业的党团建设走在前列，统战工作成绩显著。调查结果显示超过半数的被访民营企业家建立了党组织。但是，党建的数量不等于党建的质量。要加强对广大民营企业家进行引导，使其认识到"党建也是生产力"。尤其是那些没有形成成熟的组织管理模式和企业文化的中小型企业，党的政治优势、组织优势和红色文化恰恰能够弥补这些民营企业的短板。要将党建与企业的组织和文化建设结合起来，形成企业发展的巨大优势和潜力，使其成为体现中国特色社会主义本质特征的重要环节和推进非公经济健康发展的原动力。

上海市工商业联合会　供稿
主要完成人：徐惠明　孙　明　张　捍
　　　　　　封丹华　吕　鹏　彭　飞
　　　　　　项　军　朱　妍　杨　帅

专题报告十

发挥融资平台作用,促进军民融合、企业融资创新研究

1 研究背景与研究目的

军民融合就是把国防和军队现代化建设深深融入经济社会发展体系之中,全面推进经济、科技、教育、人才等各个领域的军民融合,在更广范围、更高层次、更深程度上把国防和军队现代化建设与经济社会发展结合起来,为实现国防和军队现代化提供丰厚的资源和可持续发展的后劲。自2015年军民融合上升为国家战略以来,在国家鼓励和政策支持下,许多民营企业加入了军工配套体系,打破了军工的封闭环境,将国防科技工业根植于国民经济体系之中。由于涉密等原因,军民融合企业较难获得信贷政策支持,资金短缺问题凸显,尤其是大规模的科研投入以及研发失败的风险损失,基本需要靠企业自筹资金参与军品科研生产。可以说,资金瓶颈问题制约了军民融合企业的可持续发展。然而,这也意味着军民融合领域的融资创新迎来了重要战略机遇期。

上海一方面作为国家军民融合发展重要地区,基础扎实、要素齐全、优势明显,融合环境良好、发展成效显著,是国家军民融合发展战略实施贡献的重要力量。另一方面,上海要立足国家军民融合发展中的重要地位,进一步发挥科技、科教、产业、人才、服务等优势,大力推动军民科技协同创新、提升军民融合产业结构、促进新兴领域深度融合;要大胆开展先行先试、积极探索新模式新路径,争取在重点领域、重点行业、重点环节率先实现突破,为新时代军民融合发展开新局、谱新篇发挥更大作用。中共中央政治局委员、上海市委书记、市军民融合发展委员会主任李强曾在上海市军民融合发展委员会第一次全体会议上强调,"军民融合发展是一项重大国家战略,我们要坚持以习近平新时代中国特色社会主义思想为指导,深入实施军民融合发展战略,按照当好新时代全国改革开放排头兵、创新发展先行者的要求,始终服从服务国家战略,努力走出一条具有上海特色的军民融合深度发展新路子"。

基于上述背景,本课题立足上海,研究如何积极发挥融资平台作用、促进军民融合企业融资创新,不仅为军民融合企业融资创新

提供理论支持,完善和丰富现有学术研究,而且为实际解决军民融合企业发展过程中的融资问题提供经验借鉴。军民融合其实是一个很大的难题,本课题选择从融资的角度切入,目的是要激发军民融合企业的活力,让相关企业把能量释放出来,做大做强,在一定程度上为上海民营企业的高质量发展提供参考。

2 政策基础

军民融合发展战略是党中央从国家安全和发展战略全局出发做出的重大决策,是在全面建成小康社会进程中实现富国和强军相统一的必由之路。自从党中央于1978年十一届三中全会提出"军民结合、平战结合、军品优先、以民养军"至今,尤其在习近平总书记提出把军民融合上升为国家战略以来,国家出台了一系列关于军民融合、寓军于民的相关政策,党中央、国务院和中央军委大力推进军民融合深度发展,我国军民融合发展进入了从初步融合向深度融合推进的关键阶段。例如,在2018年7月6日召开的中央全面深化改革委员会第三次会议上,审议通过了《关于推进军民融合深度发展若干财政政策的意见》,强调各级财政部门要聚焦军民融合发展重点领域和新兴领域,处理好政府和市场、中央和地方的关系,落实资金保障,引导多元投入,优化资源配置,健全配套政策,更好发挥财政政策在推进军民融合深度发展中的作用。

上海近年来积极贯彻国家军民融合发展战略,落实市委市政府提出的"以改革创新的精神服务好、实施好军民融合发展国家战略"要求,积极探索、先行先试,聚焦国防科技工业和战略性新兴产业发展,在体制机制、政策措施、重点突破、集聚发展、合力推进等方面进行了创新。

2013年,市经济信息化委、市国防科工办会同市财政局,设立了上海市军民融合专项扶持资金。采取前期引导、中期扶持、后期补偿等方式,积极鼓励和引导军民两用技术成果转化和产业化。一是扶持重点领域军民融合产业发展。这明确了航天、船舶、核能、航空、空间信息及应用,以及军民两用智能装备、电子信息与元器件、新材料等8个重点军民融合产业领域,加以扶持。二是支持军民融合关键技术产品创新。这推动了量子通信、卫星应用、海上核动力平台、人工智能、增材制造、大数据等关键技术产品开发,助力科创中心建设和智能制造发展。三是引导军民两用技术成果相互转化。这支持了军工单位加大优势技术向民用领域溢出,鼓励民口企业先进适用技术产品参与国防建设,推动高端技术产品应用。四是支持军民融合公共服务平台建设。这支持了军民融合成果展示中心、交易中心、转化孵化功能平台等建设,促进资源共享。

2017年,上海继续加大推进力度,推出"十个一"举措,聚焦重点难点,系统全面推进,积极探索军民融合产业深度发展之路。

一是建设"1+X"产业基地。依托闵行区级军民融合产业基地,深化市区联动推进机制,细化基地规划布局,继续推进成果转化和产业化项目,推动国家军民融合创新示范区争创。同时,带动其他各区军民融合产业特色园区建设,形成"1+X"的上海军民融合产业集聚发展格局。

二是出台一个政策。根据中央军民融合发展委员会和国防军队改革的有关政策,围绕体制机制创新,立足现有政策聚焦和若干政策突破,出台市级军民融合深度发展具体举措。

三是组建一个基金。按照"国家地方共建、市区共同引导、社会资本为主、专业公司运作"的思路,由市经济信息化委、市国防科工办指导,国盛集团牵头运作,11家单位出资,总规模40亿元的上海市军民融合产业投资基金正式成立,主要用于满足军民融合重点产业、两用技术成果转化、军工企事业单位改制重组等过程中产生的投资需求。

四是推进一批项目。以重大投资项目、重点产业化项目、两用技术成果转化项目、央企上海总部建设为抓手,推动北斗地基增强网、重型燃气轮机、豪华游轮、中核上海总部、中核建上海科创园等一批重大项目落户上海,以此牵引军民融合产业发展。

五是成立一个促进中心。由航天八院、上海交大、中船711所、中航615所、中科院硅酸盐所、临港集团、闵行高新中心、上海电科所、炬通实业等单位发起,成立上海市军民融合产业促进中心,围绕"小核心、大协作、开放型"国防科工体系,探索市场化机制,推进军工技术成果转化和产业化,为军民融合企业发展提供专业服务。

六是建立一个展示中心。依托闵行区以及在沪各军工单位、民口企业、院所高校,建立上海市军民融合成果展示中心,通过图片、文字、实物、模型、互动体验等方式,集中展示上海军民融合发展经验和成就。

七是构建一个交易平台。按照政府指导、需求牵引、市场运作的模式,会同市发展改革委等部门,依托闵行区、上海联合产权交易所等单位,成立上海市军民融合技术成果交易中心,探索军民融合技术成果交易的业务模式和运作机制,促进军民两用技术成果相互转化和产业化。

八是签署"1+7"战略协议。市政府与国防科工局、工信部系统七所军工特色高校战略合作协议,在共同承担国家重大专项、航天航空等重点领域产学研合作、技术成果来沪转化和产业化、共建国防特色学科、支持上海科创中心建设等方面加强战略合作。

九是举办一次大会。邀请军民融合领域不同层面的领导、专家、学者,以主旨演讲与专题发言相结合的形式,举办上海军民融合产业深度发展推进大会,就军民融合发展有关议题进行交流研讨。

十是制定一个专项行动计划。围绕市区联动、部门协同、创新先行、合力推进的军民融合产业发展思路,制定上海市军民融合产业发展专项行动计划,建立全要素整合的委办局协同推进机制和上下联动的市区合力推进机制。

2018年2月11日,市经济信息化委副主任、市国防科工办主任吴磊在2018年推进军民融合产业深度发展专题会议上提出,要按照市委市政府决策部署和市军民融合发展委员会第一次全体会议精神,坚持"需求导向、问题导向、效果导向",围绕重点领域、深化改革创新,夯实"十大举措",推动军民融合在"统""融""新""深"上做文章、见实效;要对接科创中心建设和"上海制造"品牌战略,促进军民融合产业发展质量变革、效率变革、动力变革,助推实体经济发展和制造强国建设,构建军民融合产业发展新高地。

2018年4月2日,上海市军民融合发展研究会成立大会在上海警备区机关圆满召开,这是上海贯彻习近平新时代军民融合发展战略思想、推进实施军民融合发展国家战略的又一实际举措。

3 行业特点

3.1 军民融合企业的融资特征

第一,在计划经济中军工企业的融资必须经过一定的程序,由主管部门审批再上交资金供应部门进行拨款,必须遵循一定的项目审批制度。然而,这种由历史发展而来的融资模式在现今的市场经济体制下仍无本质上的改变,军工企业的融资模式仍基本沿袭项目的审批制度。

第二,民间资本进入军工企业的途径主要有:(1)直接投资创建新的军品研制企业;(2)在已有产品或业务的基础上向军工领域延伸;(3)通过场外市场直接收购兼并某些军工企业;(4)租赁或承包经营;(5)通过资本市场投资或收购军工企业。其中最后一条途径显然是最普遍、也最便捷的方式。

3.2 融资平台的发展现状

3.2.1 风险投资

(1)资金来源渠道不畅,资金规模有限;(2)缺乏风险投资专业人才;(3)风险投资退出机制不健全;(4)风险投资监管不完善;(5)存在监管过度、多头监管等问题;(6)享受税收优惠门槛较高。

3.2.2 天使基金

(1)针对天使投资的激励和教育明显不足,以企业家为主的富裕人群对参与天使投资的认知不足,对天使投资的激励制度不完善,力度也不够,还远不能抵消投资人在天使投资阶段所要承担的风险;(2)为天使投资提供服务的组织和平台还远远不够,并且很多组织和平台本身也面临专业人才缺乏、服务提升及可持续发展的挑战;(3)缺乏统一的法律制度和引导政策,已有政策的适用性和有效性还有待进一步评估。

3.2.3 银行

银行存在"金融歧视",即资金主要流向大型国有企业。在中小企业对银行融资存在依赖的背景下,金融歧视造成中小企业融资困难的情况。

3.2.4 私募股权

(1)政策法规不完善制约着我国私募股权行业的快速发展;(2)自身机制不健全,存在着投资组织模式不健全、认识不到位、监管缺位等缺陷;(3)缺少多层级的资本市场,退出渠道不通畅;(4)在私募股权的资金筹集环节上,投资者数量仍较少;(5)私募股权投资人才缺乏,机构管理水平尚待提升;(6)中间服务机构市场不完善;(7)私募股权投资重点领域主要为传统行业。

4 现存问题

4.1 体制方面

4.1.1 投融资体制有待改革

从宏观层面看,市场多元融资机制发挥作用的重要途径之一是各资金主体能够从资本市场自由进出,但现有军民融合产业的投融资体制并不利于这一目标的实现。社会资本等非公有制经济进入军工领域,需要经过国防工业管理部门、军队有关部门的重重审批,其程序复杂,进入壁垒较高。这也在相当程度上影响了民间资本进入军工企业领域的积极性。

4.1.2 融资激励机制运行不畅

首先,投资者很难保障自身权益。我国军工集团大多具有二级、三级法人治理结构,党委、董事会、经理层和母子公司关系错综复杂,投资者很难获得公司经营管理决策权,很难准确了解资金使用情况,也无法从根本上履行出资人的有效权利,投资风险高,影响了投资者的积极性。其次,现有军品订货制度抑制了投资者的积极性。与市场上经营绩效较好的公司相比,我国军品订货制度规定投资军品项目的利润率明显偏低,根本无法吸引资金投入军品项目。因而,资金不愿流入国防工业领域,导致军工企业无法在资本市场上实现融资需求。

4.1.3 针对产业特性的政策缺失

目前,我国缺少针对军民融合产业投融资的法律法规和措施规定,除军工集团部分下属上市公司外,很多融资活动仍然主要依靠行政审批运行,削弱了军工企业自主融资的作用,政策性金融供给、多层次资本市场运作、多模式的创新型金融工作利用还不够。

4.2 主体方面

4.2.1 军民融合企业(资金需求方)

(1)证券化率低、上市公司仍然较少。截至2017年3月,A股共有174家军工企业上市公司,但相比于3 200多家A股市场,仅占5.24%,与国防工业占国民经济的地位不相符合。同时,我国国防科技工业的资产证券化率平均水平为37%,其中资产证券化程度最高的中船重工集团也只有58%,最低的核工业集团仅为1.7%,与国外大型军工集团公司的资产证券化率一般处于70%—80%的水平相比,差距甚远。

(2) 对银行贷款依赖性强、债券融资发展不均衡。我国军工企业的融资渠道虽然与过去相比更加多元化,但银行贷款仍是最主要的融资方式。同时,虽然债券融资增长较快,但是存在短期债券多、中长期债券少,大军工企业集团发行多、中小军民融合企业发行少等问题。

4.2.2 融资平台(资金供给方)

(1) 多层次资本市场运用不足。虽然我国军民融合企业融资渠道有所拓展,但是与国外军工企业相比,我国军民融合企业对资本市场的利用还远远不够。目前,我国虽然已经具有主板、创业板等多个类型的资本市场,但我国的金融平台和资本布局仍然处在不均衡的模式当中,这就导致军民融合工作的资本供给相对匮乏,很多金融企业在对军民融合产业的资本扶持工作上仍缺乏有效的手段。

(2) 缺乏综合类系统投资基金平台。军民融合投融资平台建设面临产品单一、系统性不足、投资面较为局限等共性问题,未形成较为成熟的服务模式和金融产品,缺乏广泛化和系统化体系,缺乏从可持续发展创新角度分析复杂决策的系统机构平台。例如,分析军民融合发展重点投资领域、测算总体融资需求、规范融资模式和产品设计、梳理发布投融资项目池并提出有针对性的投融资保障措施和政策建议等;前期基金实践虽然积累了丰富经验和相关基础,但实用效果有限;各地各行业基金规模参差不齐;存在政府主导多、民营资本参与相对较少的问题。总之,平台建设亟待规范化、转型化发展,整体效果有待提升。

(3) 金融产品不能适应融合发展的需要。表现在两个方面。一是现有的军民融合特色的产品少。现在设立具有鲜明的军民融合的金融产品,绵阳支行是做得比较好的,但是其他的银行不多。二是根据军民融合发展的实际需要设计的军民融合金融产品的创新不足。正是由于这两个原因,使得金融产品与军民融合快速发展的实际有所脱节。

4.2.3 供需矛盾

(1) 研发 VC 和天使基金投入力度和精确性不足。由于风险资本的特性,使得研发 VC 和天使基金对民营军民融合企业并不青睐。在调研中了解到,纵使有普通基金对军民融合企业的项目感兴趣,提出的要求一般都是"2+1",即基金希望进入辅导两年以后,企业就能够 IPO 上市,上市一年之后基金可以退出,共计三年,退一步也仅能放宽到"3+1",即最晚要求企业在三年内上市,但这对于研发周期短则 3—5 年,长则 10—20 年的军民融合企业来说,都是不可能达到的。

(2) 银行缺乏定制信贷政策。民营军民融合企业虽然会有大量投入在样机、材料、人力资本、测试费用等方面,但形成产品较少,同时客户不会为样机付费,使得这些企业具有轻资产的特点,账面资产很少、缺少抵押或担保、信用等级评得很低、授信额度也很低,常常面临"短贷长投"的问题——用短期贷款投长期项目,资金成本非常大,企业的压力就更大了。银行用高利率贷款或者少贷款甚至不贷款给民营的军民融合企业,一方面可能存在观念上"所有制歧视"的原因,另一方面也是因为现有的信贷政策和风控规范与军民融合企业的特点完全不匹配,从制度上就很难达到要求。

(3)信息不对称阻碍资本市场的 PE 支持。一方面,在我国目前的军工企业改革中,很大一部分的军工核心资产并没有上市。虽然各大军工集团的企业资产相当一部分已经完成股份制改造,并积极注入上市公司中,但军工领域包括科研院所资产在内的优良资产仍保留在集团公司内部,大部分尚未注入上市公司。已经上市的主要是一些制造类企业,研发类资产注入上市公司的步伐依然缓慢。其中主要原因,就是担心军工技术的流失和泄密问题。如果不能解决这一问题,军工企业的上市融资很难迈开实质性步伐。另一方面,资本市场要求公司的各种经营活动、财务状况尽可能被投资者掌握和了解,公司有责任和义务及时向社会公布重大决策、管理层变动和财务信息等。但是,军工行业的垄断与保密特性让投资机构通过行业研究、尽职调查等方式获得的信息仍然有限,投资者与公司所有者、经营者之间信息不对称的情况较严重,因此军工企业难以获得投资者的信任,从而影响资金供给方的投资积极性。

5 实施路径

5.1 我国军民融合融资的历程

许维鸿(2018)指出,我国的国防金融经历了"从无到有、渐进发展"的不同阶段:新中国成立后,中国国防建设单纯依靠国家财政拨款,没有利用社会资金;改革开放初期,军工企业的资金来源主要还是依靠国家的财政支出,可以说是最初级的国防金融"1.0版本";随着改革开发的进行,商业银行贷款和军工集团财务公司逐渐成为军工企业资金来源的主力军,开启了"间接融资、被动借贷"的发展阶段,国防金融进入"2.0版本"。在这个过程中,我国的政策性银行逐步参与进来。自20世纪90年代我国建立股票交易所,特别是进入21世纪以来,以开发金融、债券发行和股票发行等为主要形式的军工产业直接融资与间接融资相结合,取得了大发展,国防金融迫切需要向新型的"3.0版本"转变。

类似地,我国军民融合产业投融资机制也经历了单一财政拨款、国有银行贷款和市场机制融资的变迁过程,目前正向市场多元化融资机制方向发展。

5.2 军民融合融资的国际经验

5.2.1 美国模式:"政府先导+市场化运作"

自20世纪60年代起,美国便开始"军民一体化"的探索,但全面开展军民融合是在20世纪90年代苏联解体之后。由于外部威胁解除和内部财力约束,美国以政府引导的"有形之手"为先导,更多依靠其较为成熟的直接融资为主的市场条件,在国防部的统一部署下,以硅谷为核心的科技创新中心和以华尔街为核心的金融创新中心"并驾齐驱",实现多方资源共享,共同促进军民融合不断深入。"冷战"后,美国军民融合历史发展大致经历三个阶段,虽然各阶段的目标和特点有所差异,但整体上坚持市场化运作的方向没有发生改变。正是在充分调度市场资源的基础上,大量引入社会资本,不断促进技术、资金、人才等"军民一体化",最终成就美国世界头号军事强国、经济强国和科技强国的地位。由于美国是直接融资为主体的金融体系,在军民融合历史发展中,美国相比其他国家,更加注重公平竞争(倾向于竞争的采办体制、改革军用标准),更侧重于运用市场化手段(风险投资、合并重组等)。

5.2.2 日本模式:"民企为主 + 政策性金融"

日本是"以民掩军"代表国家,其军民融合始于"二战"后。受到"和平宪法"的制约,国家不设立专门的武器装备生产企业,所有军事技术和装备生产以民营企业为主体。而且,日本跻身于国际前列的国防科技实力,正是得益于以民企投资为主体模式。从国家科学和技术发展总投入上,政府投入包括防卫省在内比例不到20%,其中军事科研经费更是不足1%,而其余的80%的国防科研项目皆由民营企业完成。这些民营企业由年产值约200亿美元、雇员超过4万人、总数约有2 500家的大小企业组成,不断将尖端民用技术应用于军事领域。结合间接融资为主的金融体系特征,日本政府在推进军民融合的过程中,除了财政补贴、税收优惠等经济资助以外,对重点民营军工企业(三菱重工、川崎重工、日本制钢等)和中小民营军工企业实施"金融倾斜"政策,侧重于政策性金融、中小企业贷款优惠、无担保贷款、长期低息贷款等间接融资手段。同时,为拓宽中小企业的融资渠道,择机发展中小企业直接融资机构、鼓励中小企业公开发行股票和债券、引入风险投资、在主板市场之外设立二板市场、设立设备租赁业务等直接融资方式。此外,日本防卫省设有协商窗口,为拥有独特技术的中小企业促成资金合作机会,类似经济团体联合会等民间组织也在军民融合中发挥着积极作用。

5.2.3 德国模式:"中小民企为主 + 政策性金融"

同样是战败国,德国在军民融合上,很多方面与日本相类似——无论是在采用"以民掩军"模式上,还是在采用以政策性金融为主的资金支持体系上。唯一不同的是,德国在军民融合资金支持上以中小民营军工企业为主体的模式更为成功,军民两用资源使用效率更高。"二战"后,德国开始组建复兴贷款银行、储蓄银行、合作银行和大众银行等专门政策性金融机构,为中小民营军工企业提供长期、稳定的融资服务。值得一提的是,在尝试发展风险投资和资本市场等直接融资方式受挫之后,德国回归到以间接融资为主的资金支持体系,对中小民企提供低息贷款和财政支持;组建中小民企发展基金(资金主要来源于财政补贴),对中小企业直接投资和贷款项目补贴;实施中小民企信用担保体系,形成完善的风险分担机制等方式。

5.2.4 俄罗斯模式:"财政支持+基金会支持"

俄罗斯是"先军后民"代表国家,这是一种既想避免军民分离弊端,又不想放弃独立军工体系的折中做法。苏联解体后,俄罗斯的经济处于崩溃边缘,国防预算急剧下降。俄罗斯政府立志改变苏联国防工业和民用工业"两张皮"的情况,大力推行国防工业"军转民"政策,发展和采用军民两用技术,促进建立军民融合的工业体系。俄罗斯同样是以间接融资为主体的国家,但金融基础相对薄弱。为了解决资金短缺问题,俄罗斯政府曾引导企业组成了集"科研设计—生产—金融—贸易—保险"于一体的金融工业集团,还专门成立了"军事工业出口银行";借鉴美国做法,在军工企业军转民过程中增加私人投资的份额、实行军工企业证券私有化、引入国外投资等。但是,受种种因素的影响,俄罗斯军民融合金融支持明显不足,导致资金支持上仍以财政投入和科学技术发展基金为主的局面。

5.2.5 以色列模式:"政府主导下国内+国际"

以色列是"以军带民"代表国家,长期以来用先进的军工技术带动国民经济的发展,以国防高科技为立国之本。自1948年宣布建国以来,面对恶劣的地区战争与严酷的地缘政治环境,以色列依靠自己仅有的人力资源,大力发展资源和劳动力耗用少、资本和知识密集型的高科技产业,特别是军民两用科技产业。在短短的几十年中,以色列发展成为中东地区唯一的发达国家。归其因,以色列独创一整套军民融合资金支持体系。政府直接参与科技企业孵化的全过程,并推出众多种子基金计划。尤其是政府主导的科技企业孵化机制最为成功,为初创期的科技企业提供充分的金融服务;设立了首席科学家办公室,向高科技企业提供优惠的政府研发支持基金;政府主导和干预风险投资,通过设立基金直接参与风险投资的具体运作;设立国家担保基金,由以色列议会授权,由设立在中小企业局的五人核心委员会管理,并由以色列财政部与工业贸易部派代表参加,为银行给中小企业的贷款业务提供信用担保服务,由以色列的四家银行具体经营;推动国防部研制机构公司化,将国防部下属的AAS公司和拉法尔武器研制局转变为国有公司;设立国际合作的基金和启动"全球企业合作计划",吸引国际资本以风险投资等多种形式参与到本国军民融合过程中。

5.3 军民融合融资的地方实践

从总体来看,当前金融促进军民融合发展正处在一个蓬勃发展期,运用金融手段支持军民融合发展,已经成为各级政府深入贯彻落实军民融合国家战略,推动本地区本部门军民融合深度发展落地的一个实际抓手和战略举措。具体的创新和实践有如下五个方面。

5.3.1 不断设立各类军民融合发展基金

从基金设立的情况来看,一是设立基金热情很高。陕西省设立基金方面走在前列,江苏省在设立军民融合发展基金方面也是紧追不舍。江苏省2018年要在全省设立的军民融合发展基金不低于千亿元,这是一个不小的规模。同时,在社会上还有一系列的基金,如国华、四川、贵州以及河北省军民融合产业股权投资基金等。所有这些,都反映出运用金融手段支持军民融合发展、推动军民融合发展、促进军民融合发展的热情在不断高涨。

二是从基金具体的设立方式上,各个省也有自己的特点。例如,浙江省采取政府资金引导、社会募集为主。浙江省的突出特点是社会资本多,在浙江杭州有一个基金小镇,全国的若干著名基金基本上都集中在杭州的基金小镇里。浙江省人民政府正是看到了这个特点,所以采取了政府出资引导、主要募集社会资本为主的方式,建立了浙江省军民融合产业发展基金。同时,它也鼓励地市设立军民融合产业发展基金,服务地市级的军民融合发展。

三是支持宗旨清晰明确。例如,国华基金支持的宗旨,就是要支持军工产业"十三五"重大战略任务实施,这是支持的重点。陕西一共有5支基金,这5支基金分别支持不同的领域,而这些不同的领域都是陕西经济社会发展,也是陕西军民融合发展的重要领域。例如陕西省把高端装备制造业作为其重要的支柱,第一支基金就是高端装备制造业产业投资基金。这反映了整个基金设置不但讲究规模,而且讲究结构的合理性,这是基金发展的非常鲜明的态势。四川基金设立支持宗旨在于引入社会资本,倒逼企业提高研发和生产效率,目的在于推动四川省国防科技工业转型升级,促进四川省军工企业的体制机制再造,催生一批新体制和新机制下的新型军工企业。它的关键点是在倒逼,运用社会资本倒逼军工企业改革。

5.3.2 金融支持更加注重实效

具体表现为四个方面:一是结合实际支持,二是多域覆盖支持,三是项目牵引支持,四是突出重点支持。

以江苏的做法为例:第一,着重支持军转民、民参军,军民两用技术产业化应用,这是支持的一个重点;第二,地(市)以上军民融合公共服务平台建设;第三,军民科技协同创新;第四,军民融合示范区建设。这些是江苏基金支持的特点。有关具体项目方面的特点,江苏也非常明确:一是军转民产业化投资项目;二是民参军产业化投资项目,支持的重点是在产业化;三是军民融合产业示范基地;四是军民融合公共服务平台;五是技术研发机构建设。

四川从支持的领域来讲,有以下四个方面:一是支持军用技术转移转化,军民两用技术发展形成的军民融合高技术产业;二是支持相关民营企业加快技术改造,加快技术改造的目的是为了提升四川省企业武器装备生产能力;三是支持军工能力专业化重组,这是根据四川的特点所做出重大的战略决策;四是支持符合省委、省政府发展战略的特色军民融合产业基地和项目。

成都工作做得更加细,规定更加细化。比如,支持民企提升参军能力,给出具体的指标。只要在成都的企业能取得证书(四证之一),都能够从成都市人民政府获得相应的奖励。又如,支持完善军工配套产业体系,民营中小企业参加军品制造,开展军民融合公共服务平台建设,特别是军转民、民参军的信息平台建设。在成都市人民政府这样的政策支持下,一些民营企业开始打造非政府军转民、民参军公共服务平台,现在的平台建设已经初见成效。

5.3.3 高度重视管理制度建设

2015 年,江苏省在军民融合发展办公室牵头下,制定了《江苏省省级军民融合发展引导资金管理办法》。当时江苏省军民融合发展引导基金实际规模并不大,只有一亿元左右。但是围绕这一亿元到底怎么用,怎么样把它用好,办公室专门制定了一个管理办法,按照这个管理办法遴选引导企业,管理拨付给企业的军民融合发展引导基金,到年底或者项目终结时按照管理办法的要求,要对基金的使用情况做出专门的评价。2016 年,江苏省军民融合发展办公室、江苏省财政厅联合颁布《关于做好 2016 年省级军民融合发展引导基金项目申报的通知》,这个通知和 2015 年的管理办法相比,就申报的程序、评审的方法、评价的标准做出了更为细致的规定。

5.3.4 严格按程序、按标准办事

湖南在金融支持军民融合发展过程中:首先明确了支持范围和支持条件,专门出台了十条管理规定;其次明确了基金和资金的申报程序和申报数量,就整个中央在湖南的企业、省属企业、县市企业,财政对其分别制定了严格的申报程序。这样的做法得到了企业的支持。

同时,各地还十分注意以明晰的标准来细化管理。例如,成都对成功参与改组改制的军民融合企业,按合同实际出资金额的 5% 给予最高不超过 100 万元补助,实际上是鼓励企业参与军工企业改组改制。成都对新引进协议投资 5 亿元以上(包括 5 亿元)、签约一年内开工建设的重大项目,按两年内实际固定资产投入的 2% 给予项目业主最高不超过 1 000 万元的补助。类似这样的标准还有很多,如针对国家授权发明专利、引进各类人才等,成都市都有明晰的规定。

5.3.5 支持方式灵活多样

例如,江苏省军民融合产业发展引导基金分为无偿使用和有偿使用两种投资方式,根据需要可以采取不同的使用方式。同时,还采取了投资补助、贷款贴息等多种途径来支持企业的军民融合发展。

5.4 军民融合融资的创新建议

5.4.1 完善军民产业融资的顶层设计

从顶层设计来看,我国中央军委装备发

展部主要履行全军装备发展规划计划、负责制定军民融合技术标准等职能,是推进军民融合的主要领导部门之一;军委战略规划办公室下属的军民融合局主要侧重于推动民参军方向;国务院工业和信息化部下属的国防科工局侧重于推动军转民方向。部门虽各有分工,但缺乏统一规划和领导的部门,部分负责推进军民融合的部门存在职能交叉、多头管理现象。因此,应加强构建统一领导的军工体制,规范相关法律法规及行业标准,避免各省、市出现理解偏差。同时,明确各部门的职能分工,将权力分散在各个机构,让管理体制统一高效,管理政策公开透明。

5.4.2 发挥政策性金融支持机制的作用

所谓政策性金融支持机制,是指政策性金融机构所从事的金融支持活动或者是引导商业性金融机构从事部分政策性信贷业务等金融支持活动形成的机制。发挥政策性金融支持机制在间接和直接金融体系中的作用,服务军民深度融合发展需要,可采取的做法有:第一,争取国家建立专门的政策性金融机构试点(如国家军民融合发展银行试点),对参与"民参军"中小科技型企业提供中长期、低息信贷资金支持,让这些需要扶持的中小企业能够获得免息、贴息和低息贷款;第二,设立专项军民融合贷款,用于涉军企业的技术改造、产品的结构升级等特定用途,地方政府可以与当地金融机构直接商谈,给予地方军民融合企业每年一个专项授信;第三,争取

国家设立专门的类似投资银行的政策性信托机构试点,从事国防领域的信托投资和投资管理业务,负责国防项目和军民两用项目的融资中介、证券的发行与推广、国防企业之间的并购以及国防融资工具的创新。

5.4.3 建立多层次的资本市场体系

资本市场是产业创新和金融创新相结合的产物,是分散高科技风险的有效手段。参与国防科技与武器装备建设的科技型军民融合企业,因其类型不同、发展阶段不同和规模不同,适用于不同的融资策略,需要多层次的资本市场,尤其要让资本市场惠及民营科技型中小企业。因此,采取多种类型的金融支持策略,建立一个多层次的资本市场体系,市场才能够将资源的配置能力充分地发挥出来,这也是让科技创新链条与银行业的金融市场链条之间产生合力的重要基础。银行业应当以军民融合工作的实际需求作为参与导向,将提高融资产品的数量与资金规模作为参与重点,加大债券市场、股票市场以及金融衍生品等资本市场的发展力度。

5.4.3.1 加强对金融支持的定向调控

在我国以银行为主体的间接融资是企业融资的首要渠道。很多中小型高科技"民参军"企业在间接融资中遭遇到了"规模歧视"和"所有制歧视"的双重压力,并因为其具有轻资产、非线性增长等财务指标特征,商业银行对这些企业存在"惜贷"现象。对此有六个具体措施。

(1)银行业可以围绕新技术、新材料、新

装备、天空、海洋、信息等军民融合产业中的重点领域,加大对创新创业企业的金融供给,提高银行业金融支持工作的针对性和有效性。例如,银行企业可以建立一个能够支持军民融合工作的长期低息贷款机制,这样可以有效提高军民融合企业的中长期贷款比重。

(2)各地的政府部门可以对银行业在军民融合产业中所创新的金融产品与金融业务予以鼓励,增加以网络自助服务等网上金融活动的金融供给,打造一条以银行业为主要服务企业的生态链条。

(3)银行业可以拓宽以科技为研究对象的中小型企业的资产抵押范围,并开发出更多的符合此类中小型企业发展特点的信贷产品,用多种不同形式的融资方式来进行军民融合工作的对接,为军民融合企业提供银行团体贷款、变更担保方式、增强利率的下调弹性等多种不同方式的政策扶持。同时,通过税收减免、坏账补贴等途径,鼓励商业银行积极开展国防知识产权质押贷款业务,允许银行设立科技型企业贷款风险准备金,鼓励开发新型金融服务产品。

(4)金融企业可以鼓励以融资工作为担保的单位机构拓宽对军民融合产业担保业务的掌管范围,采取内保外贷、人民币贷款、股权融资等多种方式,加大银行业对我国军民融合企业走向国际化的支持力度,建立多元化的军民融合贷款担保体系,建立政策性、商业性、互助性的多元化军民融合担保机构体系,加大对军民融合企业融资担保的支持力度。

(5)加大银行金融创新力度。银行贷款仍然是目前军民融合企业主要的融资方式,但是银行贷款的审批流程烦琐,成本较高。银行应在金融产品和流程上共同创新,加大对军民融合企业的金融服务力度。可以针对性地设计并推出创新型金融产品,丰富金融服务军民融合企业的产品线。

(6)可以引入多元化信贷主体,大力发展中小金融机构,如设立专业化、区域化和特色化的中小型、新型金融机构和科技型银行,形成一种由大、中、小银行等金融机构组成的多元化信贷市场,以满足国防领域中大、中、小企业的多样化需求。

5.4.3.2 积极探索发行军民融合企业债券

银行、企业可以放宽军工企业的发债条件,加大企业债券在国防科技以及军民技术领域的发展规模,支持那些有较强创新能力、较大融合潜力的中小型银行、企业积极进行上市融资、发行债券的工作。例如,鼓励和支持大型的"军转民"企业直接发行企业短、中长期债券;探索发行"军民融合中小企业集合债"。

5.4.3.3 建立股权投资链

一是可以大力引进国内外天使投资、风险投资、私募股权投资(AI/VC/PE),为"民参军"中小科技型企业(特别是处于种子期和起步期的企业)提供股权融资。相关部门应当积极对私募股权投资基金的发展加以引导，使中小型银行、企业的股权市场能够进一步完善。

二是针对涉军企业的所有制、规模、盈利能力、发展目标、技术创新活跃程度、抵御市场风险能力的不同，要"因企施策"：支持传统大型国有军工企业、军事科研院所改制企业走主板上市路线，支持有实力的"民参军"科技型企业走创业板上市路线，支持科技型中小企业积极在新三板上市，打造新三板上的"军民融合板块"。

5.4.3.4 提高军民融合产业发展基金规模

基金是股票和债券的组合，它可以广泛吸纳社会资金，并凭借其雄厚的资金，在法律允许的投资范围内，以科学的投资组合，按照政府指导、市场运作、专业管理原则，进行多样化投资运作。通过设立基金，可以为军民融合企业提供强大的资金支持，有利于调整企业融资结构，提高融资能力，以及促进军民融合产业和金融资本深度结合。设立军民融合发展的专项基金，能够提高军工技术转化速度，扩大军工产业市场化规模，促进军工集团转型升级，进而推进军民融合深度发展。所以，不仅要设立基金，还应适度扩大基金规模，以此拓宽军民融合企业融资渠道，最终达到军民融合纵深发展的目的。

5.4.3.5 扶持优选综合服务平台

各地区政府可以搭建一个快捷的军民融合产业投资融资平台，推进各类银行机构以大数据为基础的投资融资平台的建设进程，建立一个能够涵盖国际与国内的各项军民融合项目的数据库。目前，汇聚各方研究力量、服务军民融合战略决策的全国性军民融合智库联盟正在筹建；以军民融合信息云服务为核心的公共信息平台不断涌现；军民融合综合评估、国防知识产权集群式孵化等第三方服务平台建设也在不断论证与发展。军地多方协同合作、资源共享、需求对接、制度衔接通道逐渐打通，军民融合创新服务平台不断搭建，既能实现跨军地、跨部门、跨层级信息共享和业务协同，也能为金融产品与金融服务创新提供统计评估、决策咨询、信用评价、智慧对接、交易管控等综合性支持。

5.4.3.6 建立区域国防技术产权交易市场

该市场以国防科技成果或军民两用科技成果及国防科技企业产权为标的，通过将国防领域里各类科技成果、项目和资本连接，以解决国防科技成果转化和企业融资问题，同时提高技术与资本两个市场的交易效率。

5.4.4 探索多模式创新性融资体系

随着军民融合深度发展过程的推进，更需要创新性金融支持机制的支持作用。军民融合发展可围绕《关于经济建设和国防建设融合发展的意见》要求的"六大领域"多样化综合性需求，充分研究现代金融运行机制和模式，分析区域金融政策的具体做法和运作效果，探索利用现代金融手段促进军民融合发展思路和原则,研究社会资本投入国防科技渠道和方式,依托社会财力资源、创业风险投资、贷款、保险、金融环境等,创新创业风险投资、科技贷款、科技保险、天使投资、创业投资等产品模式,提高代办股份转让、境内外上市、并购重组、集合发债、担保贷款、信用贷款、小额贷款、信用保险和贸易融资等金融服务水平,在金融创新领域形成畅通的军地资源融通"上升通道"与"下降通道"。

(1) 改造军工企业的产权结构。针对证券市场容量有限的问题,可以依据由易到难、循序渐进的原则对现有军工企业进行改革,先让一些效益好、规模小、掌握非核心机密技术的企业整体上市,而对于那些效益差、规模大、掌握核心军事机密的军工企业或单位,则应根据具体情况采用多种方式进行产权改造:如非营利性基础设施或公用资产由国家所有,但该资产可以直接让渡给企业使用,企业承担维持该资产或功能完整性的责任;某些先导技术或共性技术开发机构,可以转化为国家实验室,交由大学或非营利性科研机构进行管理;某些绝密技术开发机构,收归军队所有;某些研发先进而非绝密技术的机构,可以实行国家绝对控股、相对控股、参股、"金股"制度加以控制。同时,要把握好军工企业上市的时机和节奏,避免军工企业上市对证券市场造成大的冲击。

(2) 军民融合企业尝试 ABS 与 BT 相结合的融资模式。ABS 项目融资方式是通过在资本市场发行债券来募集资金。该证券化融资方式,以项目所拥有的资产为基础,以项目资产可以带来的预期收益为保证。BT 融资模式是项目融资中一种较为创新的方式,可以"超前消费,分期回购"。BT 融资模式是政府利用非政府资金,来开展基础非经营性设施建设项目的一种融资模式,将公共产品的使用功能与货币价值适度分离。该模式如果应用于军工企业的生产,可以有效缓解企业的资金压力,资金来源也更加多元化。同时,它为投资建设方提供了新的投资途径,提高了投资管理效率,二者利益共享,风险共担。

6 研究结论

军民融合需要国资作为改革先锋,更需要多样化资本作为共同的主力军。随着中国经济的高速发展,社会财富积累量举世瞩目,资产证券化为社会资本提供了投资军工企业的金融产品;反过来也可以促进民营企业自主研发高新技术产品,助力军队提升战斗力。在"民参军"层面,以长三角和珠三角地区为代表的民营企业参与热情高昂。

2018 年 4 月以来,美国悍然发动贸易战,中国制造的成本竞争优势逐渐丧失,宏观经济产能过剩带来的去杠杆压力,首当其冲地降临到民营企业头上。上海作为金融中心,应该通过金融创新助力中国民营企业通过技术革新摆脱困境,通过军工领域的混合所有制进入国防现代化的巨大"蓝海"市场。

中国经济转型升级,区域经济的供给侧

改革,需要核心技术和产业龙头带动,多样化资本脱虚入实可以推进军工央企、民营资本和地方政府合作,真正落实中央"通过供给侧改革提升生产要素有效配置"的战略。建议各级政府要考虑国防产业基金的模式,通过地方政府或者行业龙头设立引导基金,弥补私人股权投资方面社会资金的不足,地方或国家主导的产业投资基金是由政府设立并按市场化方式运作的政策性基金,可以有效引导社会资金进入重点发展的投资领域。

上海市工商业联合会　供稿
主要完成人：徐惠明　张　捍　封丹华
　　　　　　杜颖杰　陆　畅

专题报告十一

商事制度改革"放管服"研究

2017年1月4日,李克强总理在主持召开国务院第一次常务会议时强调:"要按照推进供给侧结构性改革的要求,把简政放权、放管结合、优化服务改革不断推向纵深。"此次会议将全年深化改革的先手棋定格在"放管服"改革的不同层次上。对此可以预期,按照深化供给侧结构性改革的新要求,把"放管服"改革推向纵深已成为我国推动经济社会持续健康发展的重要战略举措。在经济下行压力不断增大的背景下,充分发挥市场在资源配置中的决定性作用,就必须正确处理好政府与市场的关系。"放管服"改革的核心,就是通过一系列的政府简政放权和职能转变,给市场腾出更多的位置,以最大限度地激发市场主体的活力。

近几年的实践表明,商事制度改革实际上充当了"放管服"改革的"先行官"和重要抓手。一方面,商事制度改革的主要内容正是包括"放管服"三个方面,旨在处理好政府和市场的关系,坚持市场化改革方向,进一步增强市场活力,推动"大众创业、万众创新",从这一点来说,商事制度改革和"放管服"改革在目标上具有高度统一性。另一方面,对于市场主体——企业来说,"放管服"改革成效如何,最直观的感受来自商事制度改革:企业登记是否更便利了?"准入不准营"问题是否能够得到有效解决?公共服务是否更加优质?……因此,在当前经济发展进入新常态、经济增速换挡、产业结构调整、增长方式转型的大背景下,要想啃掉"放管服"改革过程中的"硬骨头",让百姓充分享受到"放管服"改革的红利,必须全面深入推进商事制度改革"放管服"工作,为各类市场主体营造公平的经商环境,降低制度性交易成本,维护交易安全,健全企业和社会信用体系,促进经济可持续健康发展。

基于时代的要求、市场的要求、职能的要求,我们提出了"商事制度改革'放管服'研究"课题,希望通过课题研究,进一步总结商事制度改革"放管服"工作的相关经验和成效、创新与商事制度改革"放管服"相配套的体制机制、思路方法,激发市场活力,为供给侧结构性改革提供支撑,为提升市场监管履职效能明确路径,为经济社会发展强化保障。

1 商事制度改革"放管服"的实质

早在2016年5月18日,李克强总理在国务院常务会议上就提出要把商事制度改革作为"放管服"改革的重要抓手,为各类市场主体营造公平的经商环境,降低制度性交易成本,完善市场退出机制,支持成长型企业发展,提高市场主体活跃度。因此,深入推进商事制度改革,既是激发市场活力的必要举措,又是"放管服"改革的必然要求。工商和市场监管部门结合自身实际,把握商事制度改革"放管服"的实质,厘清简政放权、放管结合、优化服务的内在逻辑关系,全面深入推进相关工作,就成为必须完成的"规定动作"。

1.1 商事制度改革"放管服"的内涵

2014年3月,商事制度改革成为简政放权、放管结合的"先行官",在全国范围内拉开序幕。作为党中央、国务院的一项重要部署,也是政府转变职能、简政放权、稳增长、促改革、调结构、惠民生、保就业的一个重要措施,商事制度改革主要的内容是处理好政府和市场的关系,坚持市场化改革方向,进一步增强市场活力,推动"大众创业、万众创新"。包括"放""管""服"三个方面。

"放"的方面,主要是简政放权,推动市场准入便利化。三年来,全面实施了注册资本由实缴登记制改为认缴登记制、"先证后照"改为"先照后证"、"三证合一,一照一码"等系列改革,并在"三证合一"基础上实现了"五证合一",在上海自贸区推进"证照分离"改革试点,推进了简化经营场所登记、企业名称登记管理改革试点、简易注销登记试点、电子营业执照试点和全程电子化登记试点等改革工作。

"管"的方面,主要是放管结合,创新市场监管方式。围绕从过去以审批为主的准入监管、审批监管转向事中事后监管,对企业的监管方式发生了变化,建立以企业信用监管为核心的新型监管制度。全面实施了市场主体信息公示制度、履行"双告知"职责、"双随机"抽查、建立经营异常名录和严重违法失信企业名单制度等改革,并建立完善事中事后监管体系。

"服"的方面,主要是优化服务,完善各项市场服务配套机制。推进市场监管部门服务流程再造,推行"一站式"注册服务工作机制,扩大市场主体便利;提升部门间服务共建能力和共享水平,打破"信息孤岛";以"双创"工作为抓手,助推众创空间建设;试点网络市场监管和服务示范区建设;优化注册商标申请服务;健全投诉举报处理机制,为群众消费维权增便利。

1.2 商事制度改革"放管服"的逻辑关系

商事制度改革"放""管""服"三个方面,是推进"大众创业、万众创新"的"组合拳",三者相辅相成,构成一个完整的政策链,不能执其一端而不及其余。只有厘清三者的内在逻辑关系,打好"放""管""服"组合拳,才能将为人民服务的宗旨落到实处,才能让一切创造社会财富的源泉充分涌流,才能为发展注入强劲动力,才能释放"放管服"改革的最大红利。

1.2.1 "放管服"三者存在统一性

就性质而言,"放管服"三者都是政府职能转变的一场新革命,都是打造现代政府的必然选择。就目的而言,都在于降低制度性交易成本,落脚点都在于激发市场活力与社会创造力;都在于建设人民满意的服务型政府。就理论基础而言,政府、市场、社会共同创造价值的协同共治理论(也可根据习近平总书记相关提法,将协同共治称为协同治理),科学行政、依法行政、效能行政相统一的公共管理理论,是"放管服"的理论基础。

1.2.2 "放管服"三者存在对立性

"放管服"三者之中,"放"与"管"是一对矛盾;"管"与"服"又是一对矛盾。"放"与"管"这对矛盾,"管"是矛盾的主要方面——必须以"善管"才能保"宽放";"管"与"服"这对矛盾,"管"又是矛盾的主要方面——必须以"善管"才能保"优服"。

以"宽放"促"释放"。"宽放"是简政放权的核心,"释放"是简政放权的目的。释放市场机制在资源配置中的天然活力,释放社会资本投资的内生动力,释放企业的自主权,释放行业协会等社会组织自律的潜力,释放公民参与社会治理的天性。以"宽放"促"释放":是促使政府最终摆脱疲于奔命的状态,促进政府治理现代化的迫切需要;是经济新常态下对冲经济下行压力,加速经济动能转换的内在需要;是充分运用大数据时代提供的一切便利实施精准监管的时代需要;是充分调动社会资源满足社会公共需求、缓解社会焦虑的社会需求。

以"善管"保"宽放"。"放"与"管"是简政放权过程中的一对基本矛盾。"善管"是"宽放"的充分条件,是能否巩固简政放权改革成果、能否继续深化简政放权改革的先决制约条件。"善管"是促进新经济快速健康发展的迫切需要。从长远看,"善管"是实施市场准入负面清单制度的必然选择。

"善管"同样是"优服"的必要条件。如果不以服务之心、服务之道行市场监管之责,同样可以窒息市场社会活力。道理很浅显,行政许可是行政权力,市场监管同样是行政权力,权力的性质并没有改变,而一切权力来源于人民,最终也必须为人民所用。提高市场监管权力运用的质量和效能的关键在于以人为本,增进服务之心,完善服务之道。

1.3 商事制度改革"放管服"的重要意义

1.3.1 是降低制度性交易成本、促进经济提质升级的现实需要

在经济学中,制度性交易成本一直被认为是影响企业运行成本和效率的重要因素。早在2015年年底召开的中央经济工作会议,就已经将降成本列入五大重点任务之一,其中降低制度性交易成本,位居降成本"组合拳"首位。可以说,能否更加有效降低制度性交易成本,决定着"降成本"重要任务能否顺利完成,影响着供给侧结构性改革的推进。经过近几年简政放权改革的推进,企业的各项制度性交易成本有所下降,但从实践看,

企业运营中的制度性交易成本依然偏高。进一步深化商事制度改革"放管服"工作,有利于把各种制度性交易成本减下来,让企业和各类市场主体轻装上阵,集中精力提质增效。

1.3.2 是适应经济发展新常态、转变市场监管职能的必然要求

国际时空的新变化,大数据、云计算、"互联网+"时代的新发展,我国全面深化改革的新战略,经济运行的新常态,人民群众生活的丰富化、多元化对政府传统管理模式提出新的要求。在新常态下,商业模式、产业组织形式、经营方式不断推陈出新,互联网交易与服务、电子商务、文化创意等新兴业态的发展,都要求市场监管方式适时创新,与之适应。与此同时,商事登记制度改革后,市场主体准入更加便利,市场主体数量大幅增加,过去监管实体经济、有形市场的标准、规则、方式已不能适应新常态的要求,相关法律、法规已滞后于新业态的发展,需要市场监管部门转变思维方式,改善工作流程,从过去注重事前严格管制转变到事中事后的严格监管和高效服务,避免"管制失灵"现象的发生,才能更好地提升市场监管效能。

1.3.3 是深化供给侧结构性改革的题中之意和内在构成

2017年是推进供给侧结构性改革的深化之年,以推进供给侧结构性改革为主线,其实质内容包括建立健全适应社会主义市场经济的各种体制机制、创新各种科学有效的监管政策措施以及为市场主体提供高效精准的服务。从这个意义上来说,把商事制度改革"放管服"工作推向纵深,就是推进供给侧结构性改革的重要内容。2017年深化供给侧结构性改革,其中一项重要内容,就是推进"三去一降一补"五大任务有实质性进展。对此,只有不断推进商事制度"放管服"工作,进一步降低市场准入门槛,进一步创新市场监管方式,进一步完善各项公共服务,才能降低企业的制度性交易成本,才能推动"大众创业、万众创新"并培育发展经济新动能,才能营造更加有利于激发人民群众创造力的制度环境,进而赢得深化供给侧结构性改革这一战略全局的全面胜利。

2 商事制度改革"放管服"的理论和国外实践经验借鉴

简政放权、加强事中事后监管和优化服务同时推进,是本轮机构改革的一个显著特点,也是本届政府一个重大的突破。李克强总理上任伊始就反复强调,"要把简政放权、放管结合作为'先手棋'"。"放管服"是三驾马车,只有同时拉起来、转起来,政府改革才能顺利推进。近年来,为了实现十八届三中全会提出的"让市场在资源配置中起决定性作用"的改革目标,商事制度改革作为"先行官"正在大刀阔斧地有序推行,但仍无法完全满足"大众创业、万众创新"的要求,需要进一步简政放权,降低市场主体准入门槛;也需要

进一步放管结合,营造公平竞争的市场环境;更需要进一步优化服务,激活市场主体活力。通过梳理"放管服"相关理论基础并借鉴国外商事制度在商事登记立法模式、审查制度、资本制度、年报制度、监管机制和市场服务机制等方面的优秀做法,总结有益的经验及启示,对推动我国商事制度改革"放管服"工作具有重要的借鉴意义。

2.1 "放管服"改革的基本思想及理论概述

2.1.1 法治政府思想

2004年,国务院发布《全面推进依法行政实施纲要》,提出"全面推进依法行政,经过十年左右坚持不懈的努力,基本实现建设法治政府的目标"。2015年年底,中共中央、国务院印发《法治政府建设实施纲要(2015—2020年)》,提出"经过坚持不懈的努力,到2020年基本建成职能科学、权责法定、执法严明、公开公正、廉洁高效、守法诚信的法治政府"。党的十八届三中全会、四中全会提出推进国家治理体系和治理能力的现代化,建设社会主义法治体系和社会主义法治国家。可见,法治政府建设是法治国家建设的重要组成部分,也最能体现法治精神。因此,"简政放权、放管结合、优化服务"既是当下行政体制改革的重要内容,也是法治政府建设的现实要求。"放管服"改革的一切政策和措施都必须全面纳入法治轨道,注重用法治思维和法治方式推进改革,这是改革的基本指导思想,也是一条基本原则。

2.1.2 服务型政府理论

21世纪,我国学者适应国内外环境的深刻变化发展,对政府管理的模式予以积极探索,"服务型政府"这一概念应运而生。学者对"服务型政府"的概念进行了深入而广泛的探析,提出了很多影响深远的解释。有学者认为服务型政府"是在社会民主秩序框架中,坚持公民本位、社会本位理念,通过法定程序,把政府定位于服务者,按照公民意志组建起来的以为人民服务为宗旨,以公正执法为标志,并承担相应责任的政府"。有学者认为所谓服务型政府"就是以实现公共利益、解决公共问题为目标,以表达和体现公众意志为根本,以廉洁高效、诚信守责、公正透明为基本施政理念,行为规范、运转协调地有效回应社会,满足公众对公共产品和公共服务需求的政府管理模式"。政府的职责和作用主要是保持宏观经济稳定,加强和优化公共服务,保障公平竞争,加强市场监管,维护市场秩序,推动可持续发展,促进共同富裕,弥补市场失灵。简政放权的关键是打破现有的政府利益格局,重新划分政府、市场与社会的权力边界。服务型政府的重要特点即精简、高效。服务型政府是一个高效的、精简的而非冗杂的、人浮于事的政府,是要兼顾效率与效益的政府,必须考虑当事人与社会发展的实际需要,在为公众提供更高、更多的优质服务的同时,减少或避免不必要的资源浪费。只有精简政府机构的设置、提高政府工作的效率,才能真正回应公众对服务型政府的期待。因此,简政放权改革必须以构建服务型政府为理论依据。

2.1.3 政府流程再造理论

政府流程再造是指以"公众需求"为核心,引入现代企业业务流程再造方法和理念,对政府现有的服务流程、组织机构进行重组,从而形成政府内部决策、执行、监督的有机统一体,以快速地适应政府部门外部环境的变化,提高政府绩效,提高社会公众对公共服务或产品的满意度与认可。该理论起源于20世纪90年代的美国,最初作为新公共管理的重要组成部分,成为政府再造的有效工具。政府流程再造在服务型政府建设中占有重要地位,因此要优化政府机构设置、职能配置、工作流程。流程再造促使政府优化组织结构、科学配置政府资源,对以往重复、低效、无效的流程进行合并整合、改善或取消,从而加快政府职能转变。从行政行为角度看,政府流程再造的主要内容包括行政审批制度改革、市场监管机制改革等,行政权对市场和社会的干预、管理,主要通过行政审批的方式实现。因此,以行政审批流程再造为切入点,成为推动政府流程再造的重要路径。从实践看,各地政府对政府流程再造积累了一些探索和尝试,如各地陆续开展商事登记制度改革,有序推进"多证合一"以及实施市场监管体制改革,大力推动市场监管资源优化整合等。

2.1.4 回应性监管理论

回应性监管理论最早是由美国和澳大利亚的两位学者伊恩·艾尔斯和约翰·布雷斯维特在1992年出版的《回应性监管：超越放松监管的争论》一书中提出的。这一理论的基本内容是强调监管的主体、策略和手段的多样化：从主体上来看,除了政府部门外,还包括社会团体、企业、媒体和公民个人；从策略上来看,所谓的监管不仅包括政府通过制定法律而实行的强制力,还包括社会组织的监管、企业的自我监管等多主体的监管；从手段来看,除了政府部门所运用的刑事处罚和行政处罚外,还可以运用说服、协商等非权力性手段。回应性监管理论的目标在于建立政府与市场、社会的合作型监管治理新模式,而要实现这样的新型监管治理模式则需要政府改变自身的监管者身份,把监管权与其他社会主体分享,或者说将监管权进行分配。政府将部分监管职责让渡给非政府机构可以有以下三种办法：鼓励企业自我管制、利用企业内部第三方特别是工人进行监督和利用外部第三方评估机构。这三种办法分别是把监管权让渡给企业自身、工会和第三方非政府机构。这一点正是回应性监管与传统政府监管最大的不同之一,改变了传统形式下监管权集于政府一身的弊病,也充分体现了政府放权于社会和市场主体的思想。

2.2 国外商事领域"放管服"相关的经验借鉴

2.2.1 国外商事登记领域"简政放权"改革经验

2.2.1.1 分离商事立法模式

在现代各国商事立法中,无论是大陆法

系还是英美法系国家,均采用商事登记主体资格和经营资格相分离立法模式。

在德国,商事登记的主体资格和经营资格分别由司法机关(法院)和行政机关(经济劳工部营业局)来承担。法院作为商事主体资格的登记机关,其法律授权来自《德国商法典》;而营业局的经营资格登记法律授权来源于《德国公共秩序法》。商事主体要想合法从事商事经营活动,必须先取得主体资格,然后进行营业资格登记;如果商事主体在只获得法律上的主体资格却没有取得商事经营资格情形下,从事商事活动属于擅自营业,将受到商事法律的严惩。

在英国,商事登记制度实行市场准入许可后置审批程序。商事主体先在公司注册署登记获取主体资格,然后依据所要从事的商事经营活动申请特许经营许可从事相关领域商事活动。特定经营许可是商事主体从事经营活动的前提条件,如果在特定经营许可审批时间内从事经营活动,公司注册署将吊销已颁发的主体资格证书。

这种模式,降低了商事主体市场准入门槛,激活市场主体创业活力,而后通过商事经营资格对其具体营业活动进行管理,规范市场经营行为,从而保持市场主体交易有序进行。

2.2.1.2 形式商事审查机制

日本、英国均对商事登记材料采取形式审查制度。在日本,商事登记官员对申请人提交的注册登记文件进行形式上的合规性审查和判断,无权对文件具体记载事项内容的真实性进行审查,因文件内容真实性产生的纠纷,均由当事人诉诸司法救济方式解决。在英国,商事登记机关实行注册官制度,公司登记机关只对创设公司申请人提交的材料是否齐全、形式上是否合规、格式是否准确等事项进行审查,不对其提交申请材料的真实性审查,其材料的真实性由公司承诺和保证并由公司股东、董事、会计师、律师等成员负责。

从日本、英国商事登记形式审查制度的实践效果来看,这种审查制度有利于降低商事登记成本、简化程序和提高效率,符合自由市场经济高效运行要求;另外,形式审查制度便于简便操作,降低市场准入门槛,强调企业信用自律约束,有利于营造市场主体诚信经营环境。

2.2.1.3 宽松注册资本制度

近20年来,发达国家商事立法的一个重要发展趋势是抛弃最低注册资本制度,通过各种方式降低有限公司的准入门槛,增强其灵活性,悉心培育市场,提升本国企业的国际竞争力。在美国,注册资本制度采用认缴制或授权资本制,该制度的特点在于创设公司注册资本无须一次性足额缴清和出具验资证明手续,没有最低注册资本限额,其出资形式、变更资本由公司章程规定。美国依托其完善的企业信用信息披露制度、破产程序制度、资产重组制度、发达的商业信用和市场经济,注册资本认缴制度才得以高效运行。英国的公司登记制度对于投资人少有资格限制,也不设注册资本起点额,规定了低廉的登记注册费用,也很少有前置审批环节,公司的法定住所可以登记为投资人的住所(经营场所另外登记),为大多数想投资创业的人提供了机会。在新加坡,成立公司不要求注册资本验资,注册资本额不反映在执照上,而只反映在企业章程中,注册资本额面资本与实缴资本缴足资本不一致。

2.2.2 国外商事领域"放管结合"改革经验

2.2.2.1 自律商事年报制度

为加强对商事主体市场交易行为的管控,发达国家都规定了严格的商事年检制度,提倡商事主体自律经营和管理,使其按法律规定时间自主申报公司年度报告,并对违法提交年度财务报告的行为采取严厉处罚措施,以此增强商事主体内在自律约束。

英国负责商事主体年检的机关是公司登记官。英国公司法规定,公司必须按法律规定按时提交年度财务资料和报告;如果公司不按时提交财务资料和年度报告或提供含有虚假数据的材料,将受到一定额度的行政罚款;若违法情况严重,公司将被取消营业资格和吊销营业执照,并没收公司违法所得全部财产;公司负责人及直接负责人将受到法律的追究或承担刑事责任。

德国对公司年检的机关是法院。依据《德国商法典》规定,公司应按法律规定的时间向法院提交上一年度的经会计师事务所审计并公示过的财务审计年度报告,法院对公司提交的年度财务审计报告进行合规性审查,其真实性由公司及股东、董事等高级管理人员负责;如未按时提交公司年度财务报告,依据法律规定将受到罚款、退回等行政处罚;如提交虚假或瞒报年度财务报告,将受到重大金额的罚款、取消营业资格处罚;公司负责人将受到刑事责任追究。

2.2.2.2 信用商事监管机制

在企业信用监管方面,西方国家建立了信用约束和联合惩戒机制,极为重视政府各部门之间的协作和联合监管,强化各自领域对企业违法经营行为的信用约束,形成强大的社会监督网络。

美国以《公平信用报告法》《平等信用机会法》《个人信用保护法》等法律法规为基础,建立了大量社会信用信息服务机构。例如消费者数据业协会和全国信用管理协会,依据章程和行业规则在各类信用信息服务机构间进行交流、培训、协调,并在行业标准制定、违规行为处罚和企业竞争秩序维护等方面发挥着重要的监督作用。而且,美国信用管理体系有着较为完善的奖罚机制,失信惩戒和守信激励相结合。企业和个人的信用状况有据可查且一清二楚,其信用状况又直接决定了其融资成本和融资数量。美国信用交易已经渗透到了经济社会的各个领域,就像一柄"达摩克利斯之剑"高悬于企业头上,倒逼企业规范竞争和交易行为。

2.2.2.3 行业组织监管机制

不同国家的转型实践表明,社会可以作

为平衡和控制政府与市场之间张力的关键要素,行业组织在协调各方利益、共享公共资源、促进公平正义等方面可以对政府形成很好的补充和替代作用,这就要求政府从具体的、微观的社会管理环节中抽身出来,将自身管不好也管不了的领域交给行业组织来自我管理。

世界各国行业组织有三种模式:大陆模式、英美模式和混合模式。大陆模式,行业协会商会为公法人,具有公共权力,承担政府职能,获得政府资金的支持,政府对行业协会商会监管也较为严格;英美模式,政府不授予行业协会商会任何政府职能,行业协会商会自由竞争淘汰,政府只做一般性的规范;混合模式,建立起兼有两种模式特点的体制。例如,法国独立电视委员会通过制定电视规范,颁布关于广告的指导标准、广告表达方式、时间等细则,充分发挥行业自律作用;日本农业协同组合中央会,在保证农产品流通的同时,还承担着保证产品质量安全的责任,推进生产过程管理,监督农业企业生产等职能。

2.2.3 国外商事领域"优化服务"改革经验

2.2.3.1 简化公司设立、变更、注销手续

在英国,设立公司只需到公司署办理三项文件:一是提供公司备忘录;二是提供股东、董事、秘书情况,填写统一的表格;三是提供一个登记地址和经查询的名称。新公司注册的时限为法定材料齐后五天内。公司登记注册仅记录公司的名称、投资人、注册地址、申报资金(无须验资)、将从事的行业,登记一个全国统一的注册号。公司变更营业执照内容或董事、秘书,须在14天内告知公司署。填报统一的表格。不涉及营业执照内容变更的不收费。公司注销,一般由公司向公司署说明,公司署发给注销证明。注销须在报纸上公告。债权、债务由公司自己负责。

同时,借助电子网络,英国也在推广网上登记注册工作。目前,网上登记注册权只授予几家有经验的登记注册代理机构。网上的发证主要是公司署在网上签发,由投资者于网上下载或打印。英国的公司注册证明已经不再盖任何公章。同传统的登记注册一样,每个证书都有一个全国统一的编号,可以在公司登记注册网络中查到任何一家登记过的公司的情况。

2.2.3.2 设立专门的中小企业管理和服务机构

为扶持中小企业的发展,许多国家(地区)都设立了专门的中小企业管理和服务机构。美国的中小企业管理局就是政府的独立机构,主要负责在立法、融资、技术、培训、信息咨询等方面对中小企业进行管理与提供服务;英国在贸工部设有中小企业管理局;德国在经济事务部下设中小企业局;比利时、卢森堡等国设有中产阶级事务部;日本在通产省内设中小企业厅;我国台湾地区成立了中小企业辅导处,香港则在生产力促进局设立了中小企业中心;西班牙、葡萄牙、爱尔兰等国

也都有相应的专职机构。这些机构虽然在不同的国家(地区)具有不同的称呼,但它们的主要职能却是具有相通性的:制定中小企业发展的政策与措施;帮助中小企业制定发展规划,接受诸如制定企业经营策略等方面的咨询;为中小企业提供国外先进技术及市场的信息;向中小企业提供管理人员和员工培训方面的服务,帮助中小企业解决发展中的困难等。

2.2.3.3 完善企业信息化服务体系

完善企业信息化服务体系信息网络建设也是企业基础建设中一个不可或缺的重要部分,国外政府致力加快信息网络建设,为企业提供各种信息服务。英国、欧盟在因特网上开通了"商业联系"网站、"企业之窗"网站,以拓宽企业发展为目的,积极向企业提供最具权威的市场动态和行情分析、行业监管法规、产品基本标准和成功企业的经营风格等。美国中小企业管理局在全国建立了"企业发展中心""企业信息中心",为个人和中小企业提供各类信息咨询服务。日本成立了国家级的以中小企业为对象的服务团体并设置面向中小企业的信息服务体系。日本中小企业信息服务机构主要有财团法人转包企业振兴协会和中小企业地区服务中心(地方情报中心);前者主要是面向中小企业,进行企业或项目转包的中介和信息服务,同时也为中小企业进入国际市场提供方便;后者主要向中小企业提供经营、技术、人才、金融等方面的信息。

3 上海商事制度改革"放管服"工作实践

国务院实施商事制度改革后,上海把推进商事制度改革"放管服"工作作为全面深化改革的先手棋来抓,作为推动"大众创业、万众创新"的重要举措来推进。从改革路径和目标看,商事制度改革"放管服"工作从商事登记便利化入手,核心是市场监管方式的变革,由门槛式审批监管向市场主体自律、行业自治、社会共治和政府适当监管的方式转变,最后落脚到立足政府治理创新、优化市场公共服务,实现市场主体充满活力、市场要素竞相迸发的发展环境营建。

3.1 上海商事制度"放管服"改革的主要措施及成效

3.1.1 立足政府职能转变,把降低市场主体准入门槛、促进商事登记便利化作为商事制度改革的切入点

早在全国实施商事登记制度改革之前,上海市就以中国(上海)自由贸易试验区为试点,在商事登记领域推出了注册资本认缴制、"先照后证"登记制、年度报告公示制等一系列改革措施,随后又陆续探索出"负面清单"和备案制管理模式、企业名称登记改革,放宽企业住所登记条件、简易注销登记制等改革举措,进一步贯彻了"法无禁止即自由"的原则,推动了政府在行政审批方式上的转变,也进一步降低了市场主体的准入门槛,企业投

资、大众创业活力持续迸发。截至2016年年底,本市各类市场主体共209.89万户,比上年增长9.6%。各类市场主体实有注册资本(金)总量18.64万亿元,增长29.9%。主要改革包括以下六个方面。

3.1.1.1 实行注册资本认缴登记制并改革企业营业执照样式

在全国范围内率先试行注册资本认缴登记制并改革企业营业执照样式。在自贸试验区,除法律、行政法规等另有规定外,取消公司最低注册资本金额要求,不再限制公司股东(发起人)首次出资额及比例、货币出资金额占注册资本比例,不再规定缴足出资的期限,不再登记实收资本。注册资本认缴登记制试行后,为防止投资者对个人出资和承担风险能力考虑不够,申报出资金额和期限随意、盲目的情况发生,上海工商部门加强政策解读,引导社会公众正确认识注册资本认缴登记制的意义和股东出资责任,保证注册资本认缴登记制正常运行。同时,借鉴国际经验,将原有的12种类型的企业营业执照统一成一种样式,既提高了登记管理效率,又体现了国企、民企在法律地位上的平等。

3.1.1.2 实行先照后证改革,开展证照分离改革试点

从"先证后照"到"先照后证",市场主体反映,获得商事登记制度主体资格后,要实际开展经营业务,需要办的证还很多,办起来也很难。因此,2015年12月,国务院印发《关于上海市开展"证照分离"改革试点总体方案的批复》,同意在上海市浦东新区开展"证照分离"改革试点。根据许可事项的不同,"证照分离"改革分五种情况推进试点:对于市场能够有效调节、行业能够自律管理的事项,一律取消审批;对于政府需要获得信息、开展行业引导、制定产业政策、维护公共利益的事项,改为备案管理;对于暂时不能取消审批,但通过事中事后监管能够纠正不符合审批条件的行为,实行告知承诺制;对暂时不能取消审批,也不适合告知承诺制的事项,简化办事流程、公开办事程序,提高透明度和可预期性;但是,对涉及国家安全、公共安全和生态环保等特定活动,仍将坚持底线思维、加强风险控制、强化市场准入管理。

同时,上海市工商局梳理全市"先照后证"审批事项目录并实施。落实国务院关于在浦东新区试点"证照分离"改革的部署,做好"双告知"工作。2016年1月1日起,在浦东新区实行"双告知",经营范围涉及后置审批事项的,对申请人进行书面告知;申请事项涉及区级机关审批监管职能的,通过区事中事后综合监管平台推送给审批监管部门。同年4月1日起,全市工商(市场监管)部门依托"上海市法人信息共享与应用系统"(市法人库),实行全程信息化的"双告知"流程。在发放营业执照时,向申请人书面告知有关后置审批事项和审批部门。同时,将企业登记信息上传至市法人库,推送给同级审批部门。截至2017年6月底,全市工商(市场监管)部

门推送数据累计104 786条,涉及40多个部门。

3.1.1.3 开展企业名称登记改革

2016年11月28日,根据国家工商总局的统一部署,上海市工商局在上海自贸试验区及浦东新区率先推出企业名称登记改革试点,推出"企业名称负面清单、制定企业名称登记审查规范、推广完善可选用名称库、推行企业名称网上自主申报、加强对企业名称保护和支持力度、简化企业名称登记程序"6项创新举措。申请人可以直接在"中国上海网上政务大厅"或者"上海工商"网站上申报企业名称。改革实施以来取得显著成效:截至2017年5月底,企业名称申报总量75 799件,较改革前同期增长106%;企业名称网上申报60 807件,占比80.22%,较改革前增长41.05倍;企业名称核准时间由5个工作日缩短到3个工作日,提速40%;1 946家企业使用可选用名称申报并快速通过,比改革前增长近7倍。

3.1.1.4 放宽企业住所登记条件

随着各项商事制度改革措施的不断推进,越来越多的企业特别是初创期的小微企业对于现有企业住所登记制度改革的呼声越来越高。为了合理释放各类场地资源,降低创业成本,激发市场主体活力,根据《国务院关于印发注册资本登记制度改革方案的通知》要求,结合本市实际,制定《上海市企业住所登记管理办法》,并由市政府办公厅印发。该办法允许部分居住用房经过一定程序后作为企业住所,试行"集中登记"和"一址多照"登记方式,并明晰各部门对企业住所的管理职责。目前,全市共有12个区出台本区住所登记管理细则,全市共设立集中登记地374个。同时,借鉴香港地区以律师事务所作为企业通讯及法律文书送达地址的经验,在内地率先允许律师事务所将其办公场所作为企业住所进行集中登记,满足自贸区内跨国企业需求。截至2017年5月底,共有30家律师事务所提交备案申请,其中20家已正式通过住所备案;共有31家企业(9家外资,22家内资)使用律所办公地址作为住所登记,涉及注册资金7.65亿元人民币。

3.1.1.5 实行简易注销登记制

以往企业注销,一般需要提交6份材料,相关公告满45日后才可办理注销登记。不少企业负责人"嫌麻烦",索性扔下公司不管,公司就成了不开展业务也不按时公示年报的"僵尸企业"。作为全国四个"简易注销"改革试点区域之一,上海在浦东率先开辟"简易注销"通道,允许设立不满三年、未开业或无债权债务且未被列入经营异常名录的有限公司、合伙企业合法而快速地退出市场。申请注销时,无须进行清算组备案、清算及登报公告,只要交申请书、委托书和营业执照3份材料,并依托企业信用信息公示系统向社会公示即可。公示10个工作日后,公司就注销掉了,足足省掉一个月。截至2017年5月底,共有747户企业、1 224户个体工商户办理简易注销登记。

3.1.1.6 探索"负面清单"和备案制管理模式

十八届三中全会提出"放宽投资准入,加快自由贸易区建设"。在探索外资准入管理方面,上海也始终秉承这一理念。随着上海自贸区的成立,上海率先在自贸区内建立起创新外资投资准入管理机制,对外资准入的国民待遇采取了"负面清单"管理模式,即除清单中列明的领域及其不符条件外,其他领域均享受准入前国民待遇。它依照"法无禁止即可享受准入前国民待遇"的思想,通过放宽外商投资市场准入标准来实现进一步开放的宏伟目标。上海自贸试验区自2013年9月开始率先实行负面清单制度,外商投资特别管理措施共有190条,经过三年多调整,2017年版的负面清单中外商投资特别管理措施压缩到95条,调整率达50%。对负面清单之外的领域,将外商投资项目核准、外商投资企业合同章程审批改为备案管理。

3.1.2 立足监管模式创新,把打造新型市场监管体系作为商事制度改革的重要环节

市场准入方式的改革会带来市场监管方式的转变和监管重心的转移。这必然要求工商和市场监管部门加快职能转变,处理好"放"和"管"的关系,构建权责明确、透明高效的事中事后监管新机制,把有限的监管力量和资源有效整合起来,集中到信用监管、智慧监管等重点环节和基层一线等重点部位上来,并综合运用多种惩治手段,有效维护法律权威和市场秩序。为此,上海采取了一系列旨在优化市场监管方式的措施和手段,主要有以下三个方面。

3.1.2.1 推动市场监管资源优化整合

从2014年1月1日浦东新区在上海率先成立市场监管局,到2015年6月1日最后两个区县市场监管局挂牌,上海市已从组织架构上全面完成了区级市场监管力量的整合。上海市场监管体制改革的最大价值,在于实现了理念创新、机制创新、方法创新,推动了市场监管资源的优化整合,为深化政府职能转变、发挥优化整合效应探索了路径。

一是形成"大基层"运行机制。"精兵简政""夯实基层"是上海市场监管体制改革的重要途径。通过机关瘦身"做减法"、基层强身"做加法",大幅充实一线监管力量,并将量大面广、专业技术要求相对不高的职能下放基层,形成了"大基层"工作格局,有利于加强"最后一公里"的一线监管力度,提高对问题的及时发现、及时处置能力。改革前,质监、食药监、物价部门的一线执法力量不足,食药监一个所几个人一般要管几个街镇,质监部门在基层几乎没有"脚",对食品药品、特种设备等涉及民生安全的高风险领域的监管难以全面覆盖。通过改革,各区市场监管局保证每个街镇对应1个基层派出机构,内设机构(机关科处室)平均精简了34%,机关编制平均精简了26%,近80%的人员在基层一线,使管理更加到位,保障更加有力。

二是形成"大监管"执法机制。构建"一体化""全过程"的监管体系,优化整合资源、

再造执法流程,最大限度提升行政效能,是上海市场监管体制改革的重要内容。在改革中,各区致力于打破原有部门格局,消除监管"缝隙",大力构建"市场准入一体化、市场监管一体化、执法办案一体化、诉求处置一体化"等"大监管"体系。监管流程方面,完善了贯穿生产、流通、消费全过程,监管、执法、技术支撑相衔接的体制机制,较好解决了原来因职能分散、交叉导致的监管"盲点"问题,使管理进一步高效。食品安全一个部门全环节监管的优势不断显现,原分属质监、工商部门的质量监管职能得以统一。在机构设置上,整合原分属不同部门、不同类别的执法办案、诉求处置等职能,形成"一个处(科)室、综合协调"模式,从机制上保障监管的统筹性、有效性。在检查模式方面,探索形成"集约化"检查机制,制定标准化流程,着力"合并同类项",将对超市、市场等重点监管对象的所有检查项目、要求,整合到"一张表",形成"一次出动、全面体检"的监管模式,整合了执法资源,节约了行政成本。

3.1.2.2 建立事中事后综合监管平台

自2016年4月开始,上海正式启动上海市事中事后综合监管平台建设工作,由上海市工商局作为平台承建单位,按照市政府部署,将该平台作为上海市落实国务院"证照分离"改革试点和构建事中事后监管体系的重要抓手,探索运用科技手段加强市场监管,形成横向到边、纵向到底的监管网络和科学有效的监管机制。截至目前,市、区两级平台均已完成,16个区级平台已上线运行,具备了证照分离"双告知"、市场监管"双随机"抽查、检查事项日常监管、联合惩戒数据应用、行政执法和刑事司法衔接、"老赖"名单查询下载、公示信息分析等功能。同时,为贯彻落实《上海市市场监督管理行政处罚程序规定》,建设完成上海市市场监督管理行政处罚信息系统,提高了基层执法的统一性。

一是制定事中事后监管措施。根据部门监管职责和监管清单,各部门制定有关事中事后监管措施,开展日常监管、抽查检查、专项整治等应用建设,实现各领域、各环节监管措施的全面开展和集中展示。

二是多渠道归集企业信息。各部门在履行职责过程中产生的行政许可、行政处罚及其他监管信息在平台上进行归集,供市、区相关部门共享使用。

三是落实"双告知"制度。在办理企业登记注册时,生成告知单,告知企业申请人需要申请审批的经营项目和相应的审批部门。在办理登记注册后,对经营项目的审批部门明确的,将市场主体登记注册信息及时告知同级相关审批部门,对不明确或不涉及审批的,各部门可至综合监管平台查询。同时,市场主体登记注册信息在企业信息平台上发布。

四是落实"双随机"抽查机制。开发了"双随机、一公开"监管系统。系统对应"双随机、一公开"的工作要求,设置项目启动、实施检查、检查公示等工作模块,并实现执法人员名录库管理、统计查询、效能监察等功能。系统的上线运行,为"双随机、一公开"监管工作提供了技术支撑,增强了综合监管随机抽查工作机制的规范性、高效性、兼容性。系统还具备开放功能,能够兼顾今后开展跨部门"双随机"联合检查的工作需要,允许各部门以填充方式自由增加有关抽查事项。2016年共对4.4万户企业开展了企业登记事项检查、信用信息核查、行业管理规范、经营行为监管等随机综合检查,对企业违法违规问题的平均发现率,由2015年度单纯开展企业信息抽查的17.3%,上升到49.5%。

五是实施多部门联合惩戒机制。实行跨部门联动响应机制和失信惩戒机制,实现部门间的失信企业信息共享和应用。综合运用企业公示信息、"黑名单"等多种监管手段,发挥失信惩戒的威慑作用,加大行政处罚和信用约束力度。

六是完善行政处罚与刑事司法衔接机制。建立公检法机关与各相关监管部门间案情通报机制、信息共享和协调合作机制,使案件信息能够及时流转处理,形成工作合力。商事制度改革以来,按照最高人民法院、国家工商总局《关于加强信息合作规范执行与协助执行的通知》规定,本市各级工商和市场监管部门共协助人民法院执行有限责任公司股东的强制变更登记330件,累计金额16.1亿元(其中,本市法院共301件,累计金额12.9亿元;外省市法院29件,累计金额3.2亿元)。此外,按照《关于对失信被执行人实施联合惩戒的合作备忘录》,本市各级工商和市场监管部门共拦截、限制失信被执行人4 283人次,不允许其登记为企业的法定代表人、董事、监事和高级管理人员,并通过上海市企业信用信息公示系统向社会公示。

七是建立健全数据综合应用机制。充分利用归集的监管信息,发挥企业数据核查功能。运用大数据、云计算等技术,挖掘数据价值,建立业务模型,分析市场监管重热点问题,提升监管效能。上海市工商局在数据综合应用方面做了大量探索。通过与工商业务一体化平台对接,实时展现、动态更新工商业务数据,便于数据的统一归集和共享应用。通过市场主体、自然人之间的投资关系、隶属关系、任职关系、经营关系等,发掘主体内在关联与关键人员,辅助开展案件调查工作。通过对自然人投资、任职等行为的大数据分析,辅助发现传销、非法集资等异常经营行为线索。通过企业存续年限与违法行为发生率之间的关系及企业违法行为分布,切实提高"双随机"抽查的针对性,对特定企业实施重点检查。

3.1.2.3 推进企业信用监管体系建设

近年来,上海工商和市场监管部门在全国率先开展了企业信用监管工作,经过多年的实践探索,通过抓合理分类、抓内部整合、抓系统完善、抓机制创新,取得了显著成效,为全国推行企业信用监管改革提供了宝贵的经验,也为推行上海社会信用体系建设发挥了积极的作用。特别是根据《企业信息公示暂行条例》等法律法规规章的规定,上海市工商局于2016年3月出台了《关于健全信用约束机制加强内部工作联动的意见》，对失信企业在市场准入、日常监管和荣誉评定等方面实施信用约束。

一是建立企业经营异常名录制度。2013年年底，经市政府法制办规范性文件审查备案，上海市工商局制定出台《中国(上海)自由贸易试验区企业经营异常名录管理办法(试行)》，并发布全国首批企业经营异常名录，这一经验同样也为《企业信息公示暂行条例》所复制推广。截至目前，全市共有32.1万户被列入经营异常名录，其中因未按期报年度报告被列入的26.1万户，未按照规定公示即时信息被列入的127户，公示信息隐瞒真实情况弄虚作假被列入的4998户，无法通过登记的住所(经营场所)联系被列入的5.5万户。

二是开展信用分类监管制度。在总结中国(上海)自贸试验区先行试点的基础上，在全市全面推行新型企业信用分类监管制度，改革企业信用评级制度，制定信用状况分类标准，明确将企业信用状况分为A、B、C、D(信用良好企业、守信企业、失信企业、严重失信企业)四种类型，并针对企业不同信用状况，实行差别化分类监管。上海市工商局出台了《关于健全信用约束机制加强内部工作联动的意见》，着力强化内部信用监管联动，将被纳入经营异常名录的企业、被列入严重违法名单的企业等8个类型的违法失信企业纳入联动监管，实施信用联合约束。信用约束的具体措施包括市场准入、日常监管、荣誉评定等方面，共11条，包括法定代表人任职限制、撤销"守合同重信用"资格、不予认定著名商标、不得评定为"诚信市场"等。同时，对相关部门在日常管理中提出需要联动惩戒、查询企业工商登记和管理信息的，全市各级工商部门都积极提供便利、予以支持。仅2016年，全市共开具各类企业上市、企业融资、设立销售基金公司、工程招投标等信用信息证明6307份，对4502名人大代表候选人、政协委员人选等进行核审，对1076户参与劳模评选、"五一"奖章评选企业的守法诚信情况进行专项查询，并协助住房和城乡建设管理部门对3947户房地产经纪机构进行了集中清理。

三是推进失信联合惩戒制度。一方面，积极加强企业信用信息公示工作，截至2017年6月底，全市122.5万户企业公示了2016年度报告，公示率为91.2%，稳步提升；另一方面，积极推动建立跨部门联动响应、协同监管、信用联合惩戒机制。在全国率先开展国家企业信用信息公示系统(上海)建设试点，将企业经营异常名录信息交换至税务、规土、银行、法院、检察院等部门，主动协调上述部门对被列入经营异常名录的企业在土地出让、银行贷款等方面进行限制；建立市场监管部门与法院之间全市统一的信息化协作系统，加强与法院信息合作和协助执行，对相关当事人实现自动警示、惩戒；实施重大税收违法案件当事人联合惩戒，通过公示平台向社会公示重大税收违法案件当事人等信息，对相关企业法定代表人实施任职限制等举措,形成工作合力,提升监管效能,让失信者"一处违法,处处受限"。2016年,上海市工商局与市税务局紧密合作,对96 418户连续两年未报送年度报告、在登记的住所或经营场所无法取得联系、连续两年未报税的企业,严格依据法定程序实施公告吊照处罚,切实清理"僵尸企业"。对上海外汇管理局列入货物贸易外汇分类管理C类企业名单的58户企业进行核查,将其中24户企业依法进行吊照处罚,9户企业列入经营异常名录。市工商局与市总工会联合对被列入经营异常名录的企业,在表彰评优中实施信用分类监管的案例,入选2016上海十大失信联合惩戒案例。

3.1.3 立足政府治理创新,把优化市场公共服务作为商事制度改革的落脚点

优化和提升政府服务水平,是推进政府职能转变的关键内容,核心目的是提高政府效率和透明度,降低制度性交易成本,变"群众跑腿"和"企业四处找"为"部门协同办"。近年来,上海市按照中央、国务院统一部署,大力推进简政放权、放管结合、优化服务改革,尤其将立足政府治理创新、优化市场公共服务作为重中之重,努力破除制约企业和群众办事创业的体制机制障碍,取得了积极成效。

3.1.3.1 推行"一站式"注册服务工作机制,为市场准入减负担

一是积极推进"五证合一"和"两证整合"。上海市工商局协调相关部门,实现与各部门互联互通、信息共享,实现营业执照、组织机构代码证、税务登记证"三证合一"。在此基础上,将参与证照整合与数据共享的部门扩展至社保和统计部门,自2016年10月1日起全市实施"五证合一"登记制度改革。同时,借"五证合一"的契机,将个体工商户"两证整合"与企业"五证合一"改革相结合,在个体工商户办理"两证整合"的同时,实现工商(市场监管)、社保、统计等部门的数据共享,不再另行发放个体工商户的社会保险登记证,率先推行全部市场主体的"五证合一"。截至2017年6月底,本市累计发放统一社会信用代码营业执照1 649 716张,其中个体工商户134 461张,企业和农民专业合作社1 515 255张。

二是加快推进电子营业执照和网上政务大厅建设。作为国家工商总局确定的9个试点单位之一,上海市工商局制定电子营业执照(试点)实施工作方案,自2015年12月30日起,向企业发放私钥版、公示版电子营业执照。存量企业和新设企业公示版电子营业执照无须申请,通过企业的统一社会信用代码自动生成,在上海市企业信用信息公示系统予以发放并公示。截至2017年6月底,全市共发放电子营业执照1 854 096张,其中公示版电子营业执照1 752 767张,私钥版电子营业执照101 329张。同时,为了推进网上政务,已于2016年6月15日在"中国上海"和"上海工商"网站上线网上设立登记申请和预审,所有企业类型的设立登记(包括公司、分

公司、非公司制企业法人、非公司制企业法人分支机构、合伙企业、合伙企业分支机构、个人独资企业、个人独资企业分支机构以及企业集团设立登记），均可在"中国上海"或"上海工商"申报。网上设立登记申请和预审系统实行企业登记示范文本格式化，系统可根据申请人填报的内容自动生成章程、决议等文本（目前限于公司设立）。截至2017年6月底，全市已有171 225户内资企业办理了网上企业登记。

三是建立"一口受理窗口"服务快速反应机制。为帮助企业快速协调解决创业兴业需求，浦东新区将原先分散在工商、质监、食药监各个局的许可审批事项进行全方位整合，设立统一的"注册许可分局"，并构建"大窗口"服务模式，设置"一口受理窗口"，对涉及原多个局的多个审批事项实行"一次受理、资源共享、证照统发"。同时，加强与相关职能部门协作，大力推进市场准入"单一窗口"，使外资企业需要重复递交的多份纸质材料缩减至3份，办理时限由26个工作日缩短至9个工作日，缩短了近三分之二；内资企业办理时限从原来的22个工作日缩短至9个工作日，缩短了近60%。同时，建立以"O&K"为特色的"窗口无否决权"快速反应服务机制，O代表OK，Q代表Quick（快速）。要求窗口工作人员对申请人提出的新情况、新要求，只有说"行"的权力，没有说"不行"的权力，不能简单地说"不能办"，而是要讲"如何办"，做到快速反应、及时报告、协调解决、限时办理，更好地满足企业需求。新政实施以来，浦东新区市场监管局先后启动"O&K"快速反应机制380余次，帮助中国商用飞机有限公司、上海浦东投资控股有限公司等企业及时解决各类市场准入难题。

3.1.3.2 加强"互联网＋政务"服务，提升企业感受度

为了深入转变政府职能，更好服务自贸试验区建设和浦东新区企业发展，浦东新区市场监管局于2016年4月6日探索推出注册许可网上预约服务，并依托支付宝App"城市服务"平台实现"掌上预约"，取得了明显成效。截至2017年6月底，共有55 115户次企业使用网上预约服务办理注册许可业务，占总受理量的66%。通过预约服务，进一步拓展了服务渠道，改进了工作流程，实现了政企双赢。

一方面，企业感受度大幅提高。表现在等候时间明显缩短。针对浦东注册登记量大、此前企业办理证照前往受理大厅现场取号、平均等候时间较长的情况，将"单一窗口"服务机制延伸至"网上预约"环节，申请人仅需在网上填写一份表格，就能享受39项网上预约、预登记服务。通过网上预约，企业平均等候时间缩减了三分之二，有效缓解了排队久、耗时长的问题。同时，办事效率明显提高。对同一申请件实行"专人"全周期服务，申请人补正材料时，由首次为其服务的窗口干部继续提供服务，无须再次排队等候。

另一方面，行政效能显著提升。"网上预

约"在为企业提供便利的同时,大幅降低了行政成本,提高了行政效能。"全周期服务"推出后,申请案退件率明显减少,有效受理量占窗口接待量的比例从60%提高至88%。同时,由于减少了申请案重复受理审核,窗口人员工作效率明显提高,处理申请案平均提速30%。

同时,为进一步提高窗口服务品质,增强企业感受度,浦东市场监管局针对性推出多项增值服务。在网上预约专栏增加"办事指南"模块,方便申请人对照完成所需材料准备;对同一申请件提供"全周期"服务,从受理到发证由"专人专窗"全程服务,申请人再次递交材料时,可直接到同一窗口、同一人员,无须再次排队等候,并可享受专业指导及个性化咨询服务。还探索推出"证照寄递线上服务",申请人可在线填写快递信息,享受证照快递上门,目前已进入测试阶段。

3.1.3.3 优化商标注册申请服务,为市场竞争添活力

近年来,上海工商和市场监管部门认真贯彻落实市委市政府和国家工商总局关于商标品牌工作的决策部署,按照"放管服"改革要求,积极推进商标品牌战略实施,大力开展商标品牌保护工作,主动服务于上海"四个中心"、科创中心及自贸区建设。

一是以商标注册化便利改革为契机,提升商标公共服务水平。如果说注册是企业发展的"准生证",那么商标则是商品和服务进入市场的"通行证"。为了贯彻落实《工商总局关于大力推进商标注册便利化改革的意见》,方便商标申请人办理商标注册申请,2017年3月1日,作为国家工商总局商标局批准的41个商标受理窗口之一,也是上海首个商标受理窗口——徐汇商标受理窗口正式启动运行,开展商标注册申请受理工作。受理窗口负责指定区域内商标注册申请受理、规费收缴,并接收、审核商标注册申请文件,对符合受理条件的商标注册申请确定申请日;受理窗口同时还代发商标注册证,提供查询和咨询等服务工作。这一举措为商标申请人就近办理商标注册申请业务提供了便利,也是大力推进商标注册便利化改革的一项重要举措,旨在方便商标申请人就近办理商标注册申请业务。截至2017年5月15日,共受理282个企业及个人的1343个商标申请件,平均每个工作日受理26件,受理量位列全国两批56个受理窗口第2位,在第二批受理窗口中位列第1位。除上海外,还吸引了海南等外省市及香港、台湾地区的20余户企业及个人前来办理商标注册申请。另外,2016年7月28日设立的注册商标专用权质权登记申请受理点至今共受理商标质押登记5件,质押金额达2 500万元人民币。

二是积极筹备商标审查协作上海中心建设。2017年,还将在徐汇设立国家工商总局商标审查协作中心上海分中心,筹备组已入驻市工商局。市工商局积极配合筹备组协调开展有关工作,如事业单位法人登记、上海中心办公场地建设以及信息化建设需求、后勤

保障等。目前,审查协作上海中心人员的招聘工作全部结束,办公场地建设也即将正式开工。届时企业不去北京就能在上海一站式办理包括注册、变更、转让、续展等所有商标业务,商标注册证也将在上海直接核发。

三是向社会广泛开展商标注册、保护、发展等知识普及,提升商标知识产权认知度。市工商局与移动电视联合制作了"商标课堂""商标零距离""商标档案""十大案例""商标活动现场""商标鉴别现场"6个主题的对话商标系列片,共计8集宣传片。宣传片从2017年4月18日至30日通过地铁电视、公交电视、楼宇电视、迪士尼园区、机场指路机、大型电子屏、候车亭广告牌等多种形式进行了2 000万多人次/天播放、展示,较好地向社会公众普及了商标注册、商标发展、商标保护等知识,提高了公众对商标及相关知识产权的认知度。

3.1.3.4 健全投诉举报处理机制,为群众消费维权增便利

消费维权是"放管服"改革的重要内容,是"双创"服务的重要抓手,也是拉动消费经济的重要保障。近年来,上海市消保条线积极发挥新消费的引领作用,着力创新消费维权机制,引导科学消费理念,提升消费维权整体效能,努力营造安全放心的消费环境。

一是创新机制,牵头开展投诉举报统一规范立法工作。为顺应基层市场监管综合执法体制改革的需要,上海成立了由市工商局主要领导担任组长、相关单位分管副局长任副组长的立法工作领导小组,按照科学民主立法、突出问题导向、注重服务基层、坚持社会共治的原则,牵头开展《上海市市场监督管理投诉举报处理程序规定》的相关立法工作。广泛征求基层和机关部门意见和建议,在统一程序、统一时限、统一文书,投诉快速处理机制、"绿色通道"机制、投诉信息公示、政府购买服务参与消费争议处理等方面进行了积极探索。目前,该《规定》(草案)已被列入2017年市政府规章的立法项目,正在向社会公开征求意见。

二是健全网络,深入推进消费维权联络点创建工作。上海自2000年试点设立消费维权联络点以来,已从最初试点的126个发展到如今的8 435个,实现了对居(村)委会的全覆盖,并通过进商场、进超市、进市场、进企业、进景区,逐步延伸到全市各个消费领域。上海工商部门同时探索出"先行赔付"、首问负责等长效工作机制,走出了一条"上海路子"。2016年,国家工商总局向全国推广上海经验。经过十多年的创建和发展,覆盖面广、类型丰富、点面结合、质量并重的维权联络点网络体系已初步形成。同时,为进一步扩大联络点的社会知晓度和影响力,2016年以来,上海市工商局从全市消费领域的企业、景区、商圈消费维权联络点中选取50家,通过上海工商门户网站、腾讯电子地图、大众点评网等新媒体向社会公示,推动联络点更好地发挥"维权岗""宣传站""监察哨"的作用。据不完全统计,2016年以来,全市联络点共处理消费投诉

14.5万件,涉及金额1 500万元,向基层工商和市场监管部门反映涉嫌违法线索2 500多条。国家工商总局副局长马正其专门批示:将上海联络点维权情况整理印发全国学习推广。

三是引导自律,试点开展消费者投诉信息公示工作。为推动社会监督更好地发挥作用,倒逼经营者落实主体责任,2016年,国家工商总局在全国3个省市试点开展企业投诉信息公示工作。上海被列为试点省市之一。为确保试点工作取得预期效果,上海市工商局出台了《上海市工商行政管理局12315消费者投诉信息公示办法(试行)》及实施方案,根据分类管理的原则,针对不同的公示内容、公示载体,按照不同的要求和程序开展投诉信息公示工作,加强消费者权益保护的社会监督,引导经营者诚信自律。同时,通过约谈、走访等手段,督促引导行业、企业优化管理流程,降低消费投诉量,从源头上做好消费纠纷的先行和解。例如:2016年"双11"消费高峰前,市工商局组织本市40余家网络经营企业召开"加强自律自治,推进网络消费维权"座谈会,相关平台企业签订承诺书,承诺在网店资质审核、个人信息保护、消费争议和解等方面加强自律自治,保护消费者权益。

3.1.3.5 探索网络市场监管与服务示范区建设,为网络公平营商创条件

自2016年12月13日全国首个"网络市场监管与服务示范区"在上海市长宁区创建启动以来,围绕总体目标和行动计划,突出服务发展区域经济、突出改革释放发展动力、突出任务举措务实落地,探索出了一套网络市场监管服务新机制。

一是加强对互联网政策扶持力度。构建示范区成员单位间协同配合机制,释放政府导向性政策,提升网络企业政策扶持的精准度。从产业聚集发展、企业做精做强、创新创业环境、制度引领支撑等方面,为互联网企业、拟向互联网转型的生活性服务业企业,以及为互联网企业提供服务的第三方专业机构等发展提供全力支持。倡导商标品牌发展,引导企业申请上海著名商标和中国驰名商标的认定和保护,对获得"上海市著名商标""上海名牌"等商标的网络经营企业给予相应金额的一次性补贴。并且,设立区级的专项扶持,对符合条件的网络经营企业,大力推动居住证积分、居住证转户籍、直接落户等人才安居、高层次人才激励政策,优先满足于"互联网+生活性服务业"高端紧缺人才,并为符合互联网产业发展的企业提供相关专项资金扶持。

二是推进网络交易监管平台建设。充分征求政府相关监管部门、信息咨询公司、网络企业以及平台建设专业机构的意见与建议,梳理汇总各方需求和日常监管中存在的问题,论证监管平台建设的可行性、实用性及科学性,最终形成网络监管服务平台建设方案。平台依托"事中事后监管平台"的建设和应用,在各横向部门之间形成数据共享、联动执法、联合惩戒的互联网协同监管模式,平台以

网络交易监管系统、企业服务系统以及公众服务系统为基础,突出现代化信息技术手段和大数据的应用分析,探索对网络市场实施精准监管,同时,对企业和消费者进行定向服务,实现"统分结合、上下联动、左右互动"监管服务体系的构建。目前,平台建设方案正进入项目立项申报阶段。

三是深化电子商务行业标准化服务。坚持"政府引导、市场主导、专业指导、分步推进"的框架原则,邀请上海市标准委员会、上海市质量技术监督局标准化处、上海市电子商务行业协会及部分行业领先企业共同参与,建立由协会牵头组织、政府规范引导、企业广泛参与、社会监督反馈的网络经营企业团体(联盟)标准建设工作机制。根据长宁区现有互联网行业涉及不同领域的实际特点,鼓励成熟领域试点先行,支持易果网、菜管家、都市菜园和兰维乐等网络经营企业,围绕产品质量及服务标准,制定"互联网＋生鲜类"团体(联盟)标准,并充分发挥团体(联盟)标准建设工作机制作用,为逐步推行旅游、文化和家庭服务等行业团体(联盟)标准建设提供工作模板。

四是引导平台企业加强自律自治。大力支持美团点评网"天眼"二期食品安全数据系统的研发,鼓励企业加快形成食品安全负面关键词清单。积极指导美团点评网通过"天网系统——入网经营商户的电子档案系统",建立入网经营商户的全生命周期(从入网至退网)管理机制。该机制主要利用图片识别系统,完成许可证照片关键信息的自动识别和记录,并通过上海市食品药品监督管理局的共享数据,核验许可证信息的真实性,实现严把入驻商户准入关。目前,系统已实现与上海市工商局、上海市食品药品监督管理局的相关数据对接,并投入试运行。

3.2 上海商事制度改革"放管服"工作的经验启示

3.2.1 改革要坚持"简政放权"的总体方向

不管是中央深改组还是政府工作报告,以及国务院的重点工作部署,都明确提出要继续深化行政审批制度改革,取消和下放行政审批事项,同时要把简化审批流程,清理和规范中介服务、修改和废止有碍发展的行政法规和规范性文件等,放在重要地位。上海商事制度改革"放管服"工作坚持把改善营商环境放在首要位置,以信息化为手段,降低市场主体准入门槛,整合办事流程,减除登记环节不必要的证照以及办理程序,从而切实降低企业准入环节的制度性交易成本,同时也降低了经办部门的行政成本,真正实现了"减证简政",为市场主体营造了更好的发展环境,并注重处理政府与市场、政府与社会的关系,体现了改革政府自身、转变政府职能的改革目标。同时,注重改革的"系统性",坚持将简政放权与加强事中事后监管有机结合,"宽进"的同时强调"严管",体现了"放管结合"。上海的改革举措顺应了国家全面深化改革的发展方向,这是改革取得成功并不断扩大成效的战略基础。

3.2.2 改革要坚持"制度创新"的核心理念

随着经济社会的不断发展和市场业态的日趋复杂,传统的监管思维、监管方式已经不完全适应时代发展的现状,需要不断开拓创新,探索更加有利于加强事中事后监管、更加有利于提升监管效能的体制机制,形成可复制、可推广的制度、模式。上海在打造新型市场监管体系方面,注重在发挥资源整合优势基础上,进一步再造流程,探索长效机制,加强制度创新,体现可复制、可推广的改革价值。例如,实行全过程监管、集约化执法,制定一体化、标准化监管规程,加强事中事后监管平台建设,探索"信用监管"、大数据监管、"双随机"抽查、"行业自治、社会共治"等监管机制等,都形成了规范化、制度化的创新模板,为面上推进和深化改革提供了经验。

3.2.3 改革要坚持"系统集成"的基础路径

上海将转变政府职能贯穿于商事制度改革"放管服"工作的全过程,尤其注重遵循"市场治理"的基本思路,由政府管制向社会共治转变,最大限度减少政府部门对微观市场活动的干预,有效激发市场主体的内生动力。着力强化"系统集成"思维,在市场监管的多个领域创新实践了多元主体参与管理的新机制、新举措,发挥了社会组织和市民在社会公共事务管理中的能动作用,从而改变市场监管中政府封闭式、集中式的大包大揽,推进加强开放式、协同式的多元共治,一定程度上体现了从传统管制型政府向现代服务型政府、从无限政府向有限政府的转变,在推动形成"小政府、大社会"治理格局、促进治理能力现代化方面进行了积极探索。

3.2.4 改革要坚持"服务社会"的最终目标

"民者,国之本也。"让民众能够有尊严地生活、让民众有更多的获得感,是我们推进政府治理变革的基本目标。一项改革的价值,最终在于是否让群众得到实惠。在推进商事制度改革的过程中,上海始终坚持监管和服务相结合,以服务发展、服务民生作为改革的基本出发点,通过"放开""管好""优服"等措施化解困扰百姓的审批繁、创业难、职能交叉、监管缺位、维权无门等问题,为企业"松了绑"、为群众"解了绊"、为市场"腾了位",也为廉政"强了身",而且始终将攸关老百姓切身利益的食品药品安全、特种设备安全、产品质量安全、消费安全等市场安全作为必须坚守的工作底线,坚持从基层实际出发、从群众需求出发、从社会发展出发,着力加大薄弱环节的监管力度,并不断推出简化登记许可流程、提高公众诉求处置效率等便民利民措施,让企业和老百姓真正享受到了改革的红利,也得到了百姓的认同和支持。

3.3 上海商事制度改革"放管服"工作存在的瓶颈与问题

总的来说,上海商事制度改革"放管服"工作已经走在全国的前列。但是,由于改革是一项全面性、系统性的工程,目前上海商事制度改革"放管服"工作中也面临一些瓶颈和问题,影响了改革前进的步伐。

3.3.1 推进商事登记制度改革过程中存在的问题

3.3.1.1 顶层设计层面:对商事登记的功能定位尚待明晰

现行商事登记制度的功能主要定位于市场准入控制,例如:把主体资格取得与营业资格的取得合二为一;所有的市场交易(经营)行为都要进行商事登记,导致登记的市场主体中个体工商户占较大比重;对登记的很多事项如名称、经营范围、出资数额、方式时间、经营项目、营业期限等属于商事主体经营自主权范围内的事,行政干预和管制过多,限制了申请人的自主选择和决定权。随着市场经济体制的确立和不断完善,现行制度设计中带有计划经济色彩的部分已不能完全适应形势发展的需要。国务院决定对这样一个发挥着积极作用的重要制度进行深度改革,其核心并不仅仅是针对商事登记制度本身的不足,而是要调整和完善其所体现和承载的政府职能。这就意味着需要对商事登记制度进行全面的重构。然而,制度重构首要的是对商事登记的功能进行重新定位,实现从管理功能到服务功能的转变,并相应地完善形式审查、主体资格与营业资格分离等制度,让商事登记回归到记载和公示的功能定位,让市场主体更便捷地获得主体资格,快速进入市场。

3.3.1.2 配套保障层面:部门统筹推进力度有待加强

一是部门改革不同步。一些部门认为商事制度改革是工商一家之事,部门间协作监管机制尚未及时调整和重新建立。例如,根据国务院"五证合一"登记制度改革要求,全面实施"五证合一、一照一码"登记制度,各相关部门要在各自的领域认可、使用、推广"一照一码"营业执照。国家工商总局等五部门通知中提出"按照相关要求尽快改造升级各相关业务信息系统,以统一代码为标识接入省级信用信息共享平台"。但是,到目前为止,社保部门等依然使用内部代码作为市场主体社保相关业务的标识码,未能在其内部系统采用统一的社会信用代码。

二是各部门信息还没有完全实现共享互认。信息共享互认是推进商事登记制度改革的基础,更是推进全程电子化的支撑。调研反映,主要问题是信息采集准确性的要求存在差异,影响业务部门后续管理。例如,统计和社保部门对企业联系地址的准确性有明确的要求,以便于后续联系及寄送相关通知材料,但对于工商(市场监管)部门来说,营业执照上的注册地即该企业的法定联系地址。"五证合一"后,主体信息的采集还不能完全兼顾不同业务部门对信息范围和准确性的要求。部门间信息交换机制为单向"一对多",多部门交换联动不足。目前为止,上海工商(市场监管)及其他部门间已经完成基本数据的对接和传输,但部门间数据的传输依然是单向的,仍未形成"双向""多向"的信息传输的回路,影响主体信息归集的完整性、准确性、及时性,难以发挥对后续流程办理、后续监管的支撑。信息交换后的部门数据管理机制尚未建立。部门间仅实现初步数据对接传递,缺乏数据推送管理机制以及数据使用安全管理规范,部门间数据共享尺度以及各部门从法人库调取使用数据的安全性尚未出台具体的法律规定。

3.3.2 加强事中事后监管工作过程中存在的问题

3.3.2.1 市场监管重点尚须明晰

市场监管体制改革的直接优势在于资源整合、综合执法。与此同时,食品药品监管、特种设备监管、网络监管、执法办案等工作,都具有较强专业性,需要加强专业监管。随着改革后各条线监管覆盖面和力度要求的加大,现有专业人才队伍上存在较大缺口,将未接触过某项业务的人员培养成合格的专业监管人员,也需要一定时间。不少干部面临着从改革前的单一业务转型为综合业务等现实困难,仅从需要掌握、应用的法规数量来说,从事两个以上条线业务就须熟练掌握20部以上法律、法规、规章和相关技术规范,一定时期内必然存在干部心理和业务能力不适应的情况。同时,各区市场监管局及基层市场监管所综合行使职能,而市级层面则是分别专业监管,从而带来矛盾:一方面为体现改革综合优势,需要进行资源整合、流程再造;另一方面上级条线部门对工作任务量、流程具有严格要求,使基层疲于应付,难以把握工作重点,影响到监管效能提高。

3.3.2.2 信用监管缺乏刚性约束

在年检制度下,工商和市场监管部门有法律依据对不进行年检的企业做吊销营业执照、罚款等处罚。施行年报后,对未按时公示信息的企业,除了在企业信息系统进行公布并将其列入经营异常名录外,并无其他惩罚性规定,即使在规定时间内未公示信息而被列入经营异常名录,企业也可以通过补录公示信息后,将其从经营异常名录中移出。而且,信用约束对企业的影响周期较长,造成部分企业并不在乎异常名录的约束,对年报持消极态度。

3.3.2.3 行业自律、社会共治作用需要进一步发挥

市场监管对象量大面广,不少风险隐患较为隐蔽,单靠市场监管部门难以一一监管到位,还需要行业协会等第三方机构以及居民、社区等多方共同参与。

行业协会是帮助政府管理企业,推动行业内企业实现自律的重要组织,包括向政府传达行业内企业的共同需求,协助政府制定和实施行业发展规划、产业政策,制定行规行约,协调本行业内部企业之间的经营行为,鼓励公平竞争等。近年来,上海工商和市场监管部门与行业协会及专业机构合作,已经在加强特种设备、计量、食品、医疗器械等行业监管方面,推出了诸多举措,产生了明显效果,但是总体而言,并非所有行业都有规范的

行业协会,已有行业协会参与市场监管的面还不够广,程度还不够深,行业自管自律的功能还没有完全发挥。例如,在加强行业质量控制、规范管理,在化解行业内企业和消费者之间的争议、企业和企业之间的纠纷等方面,行业协会和其他组织还有较大的功能空间。

此外,在市场监管尤其在食品药品、特种设备监管方面,合理挖掘和利用社会监管力量,不但可以实现风险预警,还能有效降低行政成本。但是,目前社会参与监管的广度和深度还不足,如网络交易平台、招商中心、楼宇物业管理等与企业直接打交道的关键管理方还未被充分组织,相应的集成化治理网络还未彻底打通,社会一体化的监管格局还未完全形成,舆论监督的作用也需要更进一步发挥。

3.3.2.4 市场监管理念和方法还须优化创新

按照职责法定、信用约束、协同监管、社会共治的原则,需要不断创新监管的理念、方法,以适应新机制、新形势的需要。但是,目前各区市场监管部门在一些市场监管理念上还没有完全转变,在监管实践中还存在一定的条线分割、方式粗放、手段陈旧等情况。一些领域在利用大数据实现精准监管和效能监管、在利用信用数据进行信用监管等方面,还处于探索和起步阶段,不完全适应"四新经济"和"互联网+"经济发展的要求。一些监管还处于机械完成任务、等着上面发指令的被动局面,主动创新的意识和方法不足。

同时,不少市场监管职能涉及多个部门、多个环节,目前各区市场监管部门与相关职能部门之间协同监管的力度还需要加强,相关工作机制还有优化提升的空间。例如,在信息共享、信用联动方面,尽管已搭建了公共信用信息服务平台、事中事后综合监管平台等工作平台,但要依托平台在实践层面真正实现全面、深入、即时、高效的协同监管,还需要继续努力;市场监管部门与海关、检验检疫、税务、公安、司法等监管部门之间信息对接、联合执法的覆盖面和深度,也还需要进一步拓展。

3.3.3 优化市场公共服务过程中存在的问题

3.3.3.1 现有行政服务资源短缺

认缴登记制的实行大幅降低了企业的准入门槛,随之产生的直接影响就是企业注册数量出现了井喷式增长,窗口业务量翻倍增长。自贸区、浦东登记注册大厅等长期出现"排长队"的情况,长时间的排队不仅造成申请人办事体验度差,也容易造成申请人情绪不佳,引发窗口矛盾。同样,随着商事制度改革的深入,市场准入门槛不断降低,消费投诉量也大幅增加;综合执法改革后,维权覆盖面和热线受理渠道双扩展,热线承办量增、面广、事多、人少等矛盾日益凸显。2015年,12315投诉总量同比增加108%,达4.6万件;2016年,投诉同比增加76%,达8.1万件。近年来举报的增幅也保持在20%左右。特别是涉及职业索赔、职业举报的数量大幅增长,近年来,此类投诉举报同比增幅在3倍左右。尽管工商和市场监管部门通过内部人力资源调配、服务手段创新等方式努力解决,但有限的行政资源与日益增长的需求之间的矛盾仍将持续,沿用现有传统的窗口注册登记模式和消保维权模式无法从根本上解决问题。

3.3.3.2 部门间并联式服务协调联动机制还未建立

在推进"五证合一"过程中,以社保业务为例,企业在开户环节不用再去社保部门窗口而是通过数字法人一证通网上操作完成后续社保的补充登记。但是,根据改革后截至2016年12月上海市社保中心的数据反馈来看,只有10%的企业通过网上自助补充社保信息,绝大部分企业依然是通过社保部门窗口办理,并未减少企业负担。经调研,企业办好营业执照并在上海市人力资源和社会保障自主经办平台补充登录社保信息后,部门后台并不能为企业"一站式"开通社保功能,企业仍须凭补充信息后获取的社保登记码,专门登录数字证书公司官网申请开通社保功能,并未实现理想中"一站式"工作服务机制,且中间任何一个环节出现问题,企业社保功能都无法顺利开通,企业不得不至窗口现场办理,过程十分烦琐费力。

4 进一步深化商事制度改革"放管服"工作的建议

上海商事制度改革"放管服"工作的有力推进,探索了一批可复制、可推广的创新制度,改革的红利正在逐步得到释放。当前,商事制度改革正处于深化、拓展期,正处于从"放活"向"管好""优服"推进的重要阶段,在此前各项制度创新取得成效的基础上,需要进一步借鉴国际先进经验,巩固和转化先行先试的成果,努力形成可复制、可推广的制度。在经济转型升级、新旧动能转换的关键时期,深入推进商事制度改革"放管服"工作,需要在更大范围、更深层次上探索创新,放要放得更活、管要管得更好、服要服得更优。只有坚持从投资创业实际需求出发,营造更加有利于创业创新的政策环境,最大限度打破各类"玻璃门""弹簧门",实施公正监管、推进综合监管、探索审慎监管,为市场和企业解套松绑,为群众排忧解难,才能让新市场主体生得出、长得好,新产业茁壮成长,新业态蓬勃发展,才能确保"大众创业、万众创新"的势头不减、热情依旧,并持续增强发展内生动力。

4.1 放得更活:进一步释放商事登记便利化红利

针对当前商事登记制度改革中存在的瓶颈问题,需要进一步前瞻考量、放眼国际、对接需求,充分发挥市场在资源配置中的决定性作用,正确处理好政府、市场与社会的关系,着力推进供给侧结构性改革,进一步简政放权,把该放的放开,进一步释放市场的潜力和活力。

4.1.1 明确商事登记的直接性功能

商事登记制度的直接性功能应当是对

引起登记发生之前法律事实的记录和公告。明确区分商事登记的制度功能才能在现行的商事登记改革中理清思路,弱化公权主义色彩,完成从核准制到准则制的转变,实现主体资格与营业资格的分离。允许商事主体资格登记与经营资格许可各自独立进行,营业执照属于商事主体的主体资格证明,是其取得经营资格的前提条件。经营资格的证明则要根据不同的许可另发,不再作为商事主体登记的前置条件,同时对于法律并无明文规定需要前置许可的经营项目可以放宽登记,以改善投资的软硬环境,提高注册效率。

4.1.2 建立配套的商事登记法律制度

加快商事登记改革,法律法规保障是关键。为了加快推进商事登记改革进程,建议在国家层面就商事登记主体涉及的法律关系进行进一步探索,完善和制定统一、配套的法律法规。

一是通过统一的商事登记立法,明确相关商事概念,从而实现立法内容上的协调统一。

二是对行政许可审批项目进行清理和整合,出台行政许可审批目录,规范行政许可内容和用语,供登记部门、行政许可部门和公众使用。

三是根据国家对商事登记制度相关法律法规制定或修改的进程,各地及时出台或修改相关配套地方性法规,以配合商事登记制度改革。

4.1.3 进一步推进"多证合一"登记制度改革

根据国家工商总局即将出台的《关于推进"多证合一"登记制度改革的意见》,与市商务委、市公安局、人民银行上海分行、上海海关、上海出入境检验检疫等部门进行对接,整合更多涉企证件,更深层次实现部门间信息共享,减少重复办证、重复提交材料,便利群众办事创业。

4.1.4 以"双告知"为抓手,推进"先照后证""证照分离"改革

一是进一步加强协作,积极会同相关审批部门、行业主管部门建立沟通协作机制,根据"谁审批、谁监管,谁主管、谁监管"原则,厘清监管职责,做好相关工作衔接,确保改革顺利开展、全面实施。

二是协调各相关审批单位适时梳理、更新前置改后置审批事项目录,加强与审批部门的信息联动共享,完善"双告知"工作流程。

三是推动形成长效机制,积极推动市政府形成双告知工作机制,明确目录梳理主体、双告知工作职责,加强区级层面数据共享,形成信息共享、互联互通、齐抓共管的局面。

4.1.5 优化经营范围登记方式

一是制定出台新兴行业经营范围指导目录,为培育新动能、壮大新经济拓展更大发展空间。目录以《战略性新兴产业重点产品和服务指导目录(2016版)》为基础,会同统计、税务等部门共同梳理,涵盖200多个新兴行业,并纳入新兴产业统计规则,解决后期统

计、税收的障碍,助力加快培育壮大新兴产业和上海科创中心建设。

二是推出经营范围网上自主申报系统,为申请人提供辅导和网上登记申请便利。该系统涵盖常用一般经营范围、前置审批事项目录、先照后证审批事项目录和新兴行业指导目录,为企业和申请人的个性化需求查询提供便利。

4.1.6 完善"负面清单"管理制度

依托自贸区先行先试优势,逐步修改调整负面清单,进一步与国际通行的产业分类标准接轨,升级负面清单管理机制。扩大开放领域,实施更加开放宽松的外资准入制度,逐步开放外商投资领域,根据区域发展实际,扩大金融、贸易、航运等行业开放,进一步放宽外资准入限制,深入实施外资投资备案制度。加强平台建设,集聚高端外资行业资源,增强资源配置能力,拓展对外开放的深度。

4.2 管得更好:构建事中事后监管制度体系

商事制度改革的核心是"降低门槛",改革成功的关键是在"宽进"的同时必须加强后续"严管"。针对监管对象多、风险高、市场形势更加复杂的挑战,面对新技术、新产业、新业态、新模式对市场监管提出的新要求,需要进一步发挥体制改革综合优势,以转变政府职能、落实放管结合为引领,以需求为导向、问题为导向,不断优化监管方式与手段,以更加有效的制度创新,破解市场监管深层次难题,实现监管效能的不断提升。

4.2.1 进一步转变政府职能,创新市场监管的思维和方式

要彻底转变市场监管部门内部不适应改革发展新形势的传统观念和陈旧做法,从"放管服"改革的视野,从理顺政府与市场关系的角度,不断强化新理念、运用新思维,从源头上、根本上为创新监管机制方法、调整优化市场秩序提供动力。

4.2.1.1 强化"系统集成"思维,构建适应供给侧改革的监管体系

目前,为了进一步加强市场监管、优化市场秩序,各地纷纷推出创新举措,但总体而言,方法、举措的碎片化、孤立化现象较为严重,存在部门与部门之间、条线与条线之间、准入与监管之间、监管与服务之间、方案与操作之间、创新突破与保障制度之间的不协调、不同步,甚至相互冲突,导致创新机制实施不顺畅、效果不明显,如信用信息平台推进缓慢、"三证合一"改革之初银行不认可新照等。2016年8月,上海自贸试验区发布了深化事中事后监管体系建设总体方案,明确了事中事后监管的总体框架、重点内容,为改革创新、市场监管的系统化提供了范例。市场监管部门也要进一步强化"系统集成"思维,构建完善市场准入和事中事后监管的框架体系和"四梁八柱"。在研究推出任何一项改革举措,或者计划部署任何一项工作时,更多从全局、整体高度进行考量,实现条与条的衔接、条与块的衔接、证与照的衔接、宽进和严管的衔接,以系统集成优势,促进市场监管效能提

升,为供给侧结构性改革提供更有力支持。

4.2.1.2 强化"民生导向"思维,提升市场秩序各相关方的感受度

在市场监管工作实践中,存在不少工作花费了很大力气、感觉取得了显著成效,但市场、社会却反响平平,自我评价和市场感受不匹配的情况,影响了市场秩序调整优化的实际效果。为此,要进一步强化问题导向、需求导向、民生导向思维,真正从企业、百姓是否获益、感受度如何的角度,去思考改革、思考工作,使制度创新和履职措施从"看起来很美"转变为群众实实在在的"红利",并力求实现各方满意的最优效果。这就需要进一步强化务实的作风和机制。事前,要完善调研机制,对存在问题和市场需求进行深入调查,确保对症下药;事中,要完善执行机制,确保一项方案、项目、措施得到有力推行;事后,要完善跟踪评估机制,对工作的实际成果、成本收益、经验影响等进行全面评估,加以不断优化提升。例如,上海自贸区在全国率先试点注册资本认缴制改革时,就基于严格的调研论证,符合国际惯例、符合市场规律、符合企业需求,因此该项改革取得了明显成效并在全国复制推广。

4.2.1.3 强化"市场化"思维,进一步处理好政府和市场的关系

《中共中央关于全面深化改革若干重大问题的决定》强调:"经济体制改革是全面深化改革的重点,核心问题是处理好政府和市场的关系。"要实现市场秩序的调整优化,同样需要处理好政府和市场的关系,进一步"向改革要活力、向市场要动力"。这就要树立"市场化"思维,从"市场管制"向"市场治理"转变;要围绕"简政放权""放管结合""优化服务",更加科学地厘定职能的重点,更加注重发挥市场主体和社会自身的能动性,不断构建"主体自律、业界自治、社会监督、政府监管"四位一体的市场监管新格局。一方面要做"加法",就是在高风险领域和行政执法方面做"加法",切实加大食品药品安全、特种设备安全、产品质量安全、百姓消费安全等监管力度,始终坚守安全底线,加快建设统一开放、竞争有序、诚信守法、监管有力的现代市场体系;另一方面要做"减法",就是在市场准入、技术评估和民事领域等做"减法",将能放给市场的放给市场、能放给社会的放给社会,充分调动市场活力,降低行政成本。尤其对投诉调解、品牌培育等民事领域,对企业培训、社会宣传等服务事务,可积极研究由行业组织或第三方机构承担,从而激发市场自身活力,释放行政资源,使市场监管进一步回归"初心"。

4.2.1.4 强化"效能化"思维,不断转变监管的方式方法

欲善其事、先利其器。市场监管部门必须树立"效能化"思维,通过更加有效的监管手段、方法,实现市场监管的效益最大化。要注重监管的"成本效益"分析,在每一项工作中,考量人力物力等行政成本及产生的监管效益、社会效益,探寻以较小成本提升监管效

能的有效方法。要强化"国际化"理念,主动研究国际经验、对接国际惯例,使上海市场监管部门的工作始终走在时代的前列。要强化信息技术运用,更多依托大数据、"互联网+"等手段,不断提高监管的能级。要转变"粗放型监管""运动式执法"的传统做法,加强精准监管、分类监管、动态监管、长效监管。

4.2.2 进一步加强制度创新,完善综合执法体制改革

坚持"以需求为导向""以问题为导向",进一步理顺权责关系,完善综合执法体制,提升专业化水平,不断为优化整合强化支撑。

4.2.2.1 深化机构改革工作,构建"上下协同""保障有力"的监管模式

探索在市级层面推进综合执法改革,构建市区协同、机构统一的市场监管体制。进一步加强体制改革的法治保障,根据市场监管实际需要和市场变化情况,修订完善相应的地方性法规和政府规章,构建"大市场监管"法治体系;建立立法后评估工作机制,及时对妨碍市场发展的规定进行修改或废止;进一步理顺市、区两级市场监管部门的执法关系,以市政府规范性文件形式,从全市层面整合行政执法程序、统一行政执法文书,实现监管流程统一、标准统一、裁量统一、技术检测统一。进一步加强体制改革的信息化保障,建立自上而下相对统一、互联互通的OA系统、业务系统,切实优化市场监管部门信息手段,推动工作效能提升。

4.2.2.2 科学划分基层事权,完善"权责一致""标准统一"的执法体制

对职能、事权进行再梳理,以行政效率最高化为目标,进一步构建完善"权责一致、行为规范、监督有效"的行政执法体制。充分考虑事权划分涉及的专业性程度、覆盖面大小、违法危害程度以及原有监管模式运行成效等客观因素,既要充分发挥改革优势,体现"放管服"的基本思路,又要避免因盲目下放导致基层监管事项的"过度集中"。注重将量大面广、专业性要求相对不高的职能下沉基层,对专业化要求极高的监管项目,由区市场监管局支(大)队进行专业监管,形成综专结合的科学机制。在事权下放的同时,做到"人员下放""业务指导""技术支撑"三个同步,切实为基层工作提供保障。以制度形式,进一步细化责任清单,明确一线监管执法的"履职标准"及"免责边界"。研究推进决策、执行、监督相分离,增加执法"公信力",构建监管长效机制。

4.2.2.3 加强执行力建设,打造"披坚执锐""攻坚克难"的专业队伍

加快市场监管部门的文化融合和能力建设,全面提升队伍凝聚力、执行力、战斗力。进一步打破固有思维方式、工作方式,从一切有利于优化整合的角度,形成具有市场监管特色的统一文化理念和共同价值取向,并采取人文关怀、集体活动等多种形式,增强干部的归属感、荣誉感、责任感。进一步加强履职能力培养,兼顾监管执法的整体综合性和条

线专业性,从监管层级和实务需要两个方面,完善执法人员的培训机制,提高人员的专业能力和综合素质。进一步完善人员激励机制,制定人才发展规划,健全人才培养、选拔、任用制度,进一步激发基层执法人员的工作积极性,实现改善公务员队伍结构和提高监管效能的有机结合。

4.2.3 进一步加强信用监管,完善社会信用体系建设

健全企业信用监管机制,强化企业责任意识,增强企业自我约束机制,让信用创造财富,用信用积累财富,发挥信用在经济运行中的基础性作用,促进社会信用体系建设。

4.2.3.1 完善企业信息公示制度

完善企业信息公示制度,提高企业信息透明度,增强企业之间的交易安全,降低市场交易风险,提高经济运行效率。进一步贯彻实施《企业信息公示暂行条例》,明确企业信息公示的责任和义务,提高企业年报的公示率和年报信息的准确性。指导市场主体及时公示即时信息,强化对与市场监管有关的出资、行政许可和受到行政处罚等信息的公示。要提高市场监管行政执法的公开性和透明度,及时公示对企业的行政处罚信息。支持利用新媒体等多渠道公示市场主体信用信息,为社会公众查询信息提供便捷高效的服务。

4.2.3.2 强化企业信息归集机制

企业信息归集是实现企业信用监管、协同监管、联合惩戒和社会共治的基础。加强信息整合,建立涉企信用信息归集机制,整合各部门涉企信息资源,解决企业信息碎片化、分散化、区域化的问题。依托国家企业信用信息公示系统(上海),将企业基础信息和政府部门在履职过程中形成的行政许可、行政处罚及其他监管信息,全部归集到企业名下,形成企业的全景多维画像。建立跨部门信息交换机制,依托市法人库和国家企业信用信息公示系统(上海),推动政府及相关部门及时、有效地交换共享信息,推动打破信息"孤岛"。健全信息归集机制,完善企业信息归集办法,制定信息归集标准规范,提升信息归集的统一调度处理能力和互联互通的协同能力。

4.2.3.3 健全信用约束和失信联合惩戒机制

发挥企业信用监管的作用,推动企业诚信经营。完善企业经营异常名录、严重违法失信企业名单制度,在各部门"黑名单"管理基础上,形成统一的"黑名单"管理规范。完善法定代表人、相关负责人及高级管理人员任职限制制度,将信用信息作为惩戒失信市场主体的重要依据。实行跨部门信用联合惩戒,加大对失信企业惩治力度,对具有不良信用记录的失信市场主体,在经营、投融资、取得政府供应土地、进出口、出入境、注册新公司、工程招投标、政府采购、获得荣誉、安全许可、生产许可、从业任职资格、资质审核等方面,依法予以限制或禁止。实行企业信用风

险分类管理,依据企业信用记录,发布企业风险提示,加强分类监管和风险预防。建立企业信用修复机制,鼓励企业重塑信用。

4.2.3.4 全面推行"双随机、一公开"监管

推进监管方式改革,提高政府部门对企业监管的规范性、公正性和透明度。改革传统的巡查监管方式,建立健全"双随机、一公开"监管机制,尽快建设完善以随机抽查为重点的日常监督检查制度。加强对基层工作的统筹指导,提高执法效能,鼓励各市场监管局把"双随机、一公开"扩展到相关政府部门、扩展到对市场主体的各项检查事项上,建立政府部门的"随机联查"制度,发挥跨部门联合惩戒的作用,切实减轻分散检查对市场主体造成的负担。

4.2.4 进一步推进社会共治,破解市场监管难题

4.2.4.1 引导企业自律,落实主体责任

国务院《关于全面推进依法行政实施纲要》明确提出,"要充分发挥行政指导的作用",市场监管部门是为了维护市场秩序,对市场活动主体及其行为进行监督管理和行政执法的职能部门,在职能业务工作中推行行政指导,更具有特殊的重要性,尤其是在当前加快科学发展,构建和谐社会的大背景下,推行行政指导,意义更加重大和深远。

行政指导与传统意义的强制监管有着明显区别,其核心是以人为本、优化服务、促进发展。行政指导工作对经济发展重在建言献策,对企业和群众重在引导服务,对违法违规行为重在警示纠错。例如,在市场主体准入环节加强行政指导,可以使企业掌握法律的相关规则,主动提醒行政许可事项的设立、变更、备案等,为企业创造更加便捷的市场环境;在市场监管环节加强行政指导,对发现的不良行为倾向和情节轻微的违法行为,进行警示并责令整改,做到善施行政告诫、勤于行政指导、慎定行政处罚,可以弥补单纯依靠行政处罚等强制手段进行监管的诸多缺陷,为企业创造良好宽松的发展环境;在实施处罚环节加强行政指导,结合行政处罚开展案后帮扶工作,可以通过走访、询问、建议,帮助行政管理相对人纠正违法行为,引导相对人规范经营,为企业良性发展营造和谐的执法环境;在维权环节加强行政指导,可以唤起消费者的自我维权意识,提高自我维权能力,学会自觉运用法律法规维护自身的合法权益,不断规范市场经济秩序,优化市场竞争环境。

4.2.4.2 发挥专业机构作用,完善第三方参与监管机制

通过市场监管部门与第三方机构的合作治理,实现市场监管中的"巧监管""巧治理"。充分发挥市场专业化服务组织的监督作用,积极探索在食品、特种设备等领域,引入第三方专业机构,完善安全风险预警、监测机制;鼓励会计师事务所、公证机构等专业服务机构发挥专业技能对市场主体及其行为进行监督;支持行业协会、仲裁机构通过调解、仲裁

解决股东之间、公司与股东之间股权纠纷；鼓励发展和支持信用评价机构等第三方机构开展对市场主体信用评级，为政府和相关公众了解市场主体提供参考。例如，上海浦东新区市场监管局与第三方征信机构芝麻信用签署合作协议，打通企业与个人信用信息共享通道，对失信者酌情予以限制。

4.2.4.3 强化公众监督，争取"社会共治"最大支持

加强行业自治，鼓励企业建立自治组织，形成企业经营规范、自律准则、市场纪律等约束机制；鼓励社会各界人士依法参与市场监督，探索建立专家人才库，主动邀请和动员专家、学者、法律工作者等专业人士对市场监管工作提出意见和建议；充分发挥社会团体在引导社会力量方面的宣传、倡导、示范、带动作用，调动积极因素广泛参与市场监督。探索在信用公示系统平台增设"社会评价"模块，支持诚信优秀企业上传荣誉证明，增加"诚信砝码"，支持社会公众以上传合同履行情况、交易信用等证明材料的方式，推荐诚信企业，举报失信企业，织就信用监督的"恢恢天网"。构建好"政府主导、社会参与、行业自律、主体自治"的信用共治监管格局。

4.3 服务更优：提高行政办事效能

"放管服"的成效最终要体现在政府办事效率的提升、服务质量的改进上。优化服务、建设服务型政府是深化改革创新和扩大对外开放的客观需要。随着改革开放往纵深发展，国际经济联系更加密切、竞争日趋激烈。为适应经济发展的新形势，实现国际国内要素有序自由流动，实现资源高效配置、市场深度融合，政府部门必须转变职能，精简机构，创新管理方式和服务模式，实现政府职能由微观管理向宏观管理、由直接管理向服务治理转变。

4.3.1 推进市场监管部门服务流程再造，扩大市场主体便利

不断完善工商和市场监管部门的综合服务体系，围绕窗口接待制度、行为规范、争议处理、口径统一、学习培训、督查通报等方面，建立完善以提高工商和市场监管部门登记注册窗口工作效率为核心的标准化工作机制。实施企业开办"单一窗口"受理和全生命周期"一条龙"服务，加快推进电子化登记管理，加强商事登记平台支撑体系建设，为企业提供政策、信息、法律、人才、场地等全方位服务，确保新注册企业增长势头不减，活跃度提升，让它们生得出、长得好。

4.3.1.1 加强窗口服务队伍建设

一方面，要创新激励方式。窗口服务工作是苦活、累活。每个人都是社会性的，在大多数人认为干多干少都一样、做多错多的机关单位，很容易产生攀比心理，导致思想出现懈怠。要想长期保证窗口服务人员的工作热情，采取适当的激励措施必不可少。根据彼得原理，激励方式如若选择不恰当，也起不到较好的效果。所以，建议可采用奖金、休假、评优升职等方式进行鼓励，并建立长效激励

机制。

另一方面,要加强业务培训。现行关于市场主体准入登记的法律法规较多,专业性较强。登记注册是一项烦琐且需要耐心的工作。各个地区都要根据自身的特殊情况出台相关的规范性文件,以更好地适应当地市场经济的发展。登记知识的复杂性、灵活性、创新性对注册登记人员提出了较高的要求,对相关政策法律法规的熟练运用程度,直接影响着窗口服务工作的合法合规程度,影响着服务的效率与质量。对注册登记人员实行资格认证制,打造一支专业、优质的团队显得尤为重要。

4.3.1.2 改进监督机制,完善窗口服务监督体系

首先,要提高执行力,落实窗口制度执行。建设学习型窗口,争当学习型窗口服务人员。树立在工作中学习、在学习中工作的终身学习理念。把学习效果同综合目标考核集合,并定期组织考核,使窗口服务人员产生压力,从而不断提高全员素质,提高自我约束力。

其次,明确责任,实行层层责任制。明确管理职责,通过工作分工,明确各自职责,做到在其位、谋其政、尽其责。同时,分解责任,通过层层签订责任书、问责制、追究制等形式把责任落实到人头,并用规章制度加以明确、规范,确保制度的落实。

最后,要建立广泛有效的监督渠道。营造良好社会氛围,对群众举报问题严格处理,公开处理结果,增强群众对政府的信心,如发现相关人员存在打击报复的行为,应严肃处理,以儆效尤。同时,不定期地进行明察暗访。明察暗访是实行监督的有效途径。在没有预先告知的情况下,往往能发现窗口服务人员的最真实状态。应明确明察暗访的范围、方式、内容,同时保障结果的执行,避免流于形式化。对于考察中出现不规范行为的要及时通报,严格惩戒,及时纠正不良作风。同时,创新监督手段。随着社会的进步和科技的发展,社会呈现多元化,除了电话、电视、报纸等媒介,互联网、微信等新兴的媒介在我们的生活中也越来越重要。工商和市场监管部门应探讨更多的渠道,完善对窗口服务的监督。

4.3.1.3 加快推进企业注册全程电子化

进一步完善企业登记网上申报系统,优化登记事项外网填报、内网预审、网上预约等功能,开通涵盖所有业务、适用所有企业类型的网上登记系统,实现各类型企业的设立、变更、注销、备案等各个业务环节均可通过互联网办理,为申请人提供渠道多样、业务全面、简便易用的企业登记服务。探索以国家工商总局为统一信任源点,具备无介质电子营业执照发放能力,逐步实现电子营业执照跨区域、跨部门、跨领域的互通、互认、互用,真正为企业降低办事成本。尊重企业的办事途径选择权利,实行线上线下"双轨并行",企业可以根据自身情况,自主选择线

上或线下办理;企业在领取电子营业执照的同时,也可以选择领取和使用纸质营业执照。

4.3.1.4 加强商事登记平台支撑体系建设

商事登记制度改革的不断深入要求我们必须加强商事登记平台支撑体系建设。随着"多证合一""一照一码"的推进,借助云计算和虚拟化技术,未来"一照一码"综合业务服务平台可以实现以下功能:公共信息服务系统将"一照一码"相关行政审批事项办理说明与后续业务衔接说明信息相关资料集中在一个统一的界面中,方便公众查阅;网上行政许可业务办理大厅作为登记许可业务统一的网上入口,对企业的"一照一码"业务申请进行受理与审核,并由系统实现与内部业务应用系统的衔接,实现后续核准、赋码、发证等功能。审批后的"一照一码"信息向税务、社保等行政部门进行共享,实现与网上工商平台的无缝对接。具体来说:一方面,构建虚拟化云平台,将工商和市场监管部门传统架构的数据中心转变为虚拟化架构的数据中心,利用工商和市场监管部门原数据中心IT基础实施,通过建设虚拟化云平台,将物理资源虚拟化使用,充分利用物理资源,避免传统架构下的系统基础资源使用分配不均、维护管理复杂等问题,真正实现数据中心的节能、高可靠和高效率;另一方面,科学建设信息资源管控体系,整合原来不集中的数据资源,科学建立体系结构,为业务工作人员和技术保障人员把握数据资源体系的整体结构并准确、有效地利用、管理数据资源提供最大的便利。信息资源管理体系的科学建设须根据企业业务流程,使用信息集成管理、信息资源规划等方法,对企业内部信息系统和相关信息资源进行整体规划和设计,建立数据标准统一、数据模型合理、高质量的数据环境,达到信息资源共享、消除信息系统重复建设、促进信息系统持续发展的目的。同时,规划主题数据,依据市场监督管理的业务管理范围和业务管理要点,以管理服务对象为核心,为进行高效的业务管理、公共服务、决策支持而建立主题数据库,为未来数据挖掘开发和大数据应用打下坚实基础。

4.3.2 提升部门间服务共建能力和共享水平,打破"信息孤岛"

商事制度改革涉及部门众多,市场主体便利度的体现关键在于政府部门的服务意识、服务能力是否到位。一方面,要加强各自业务部门的窗口服务能力、网上系统的易操作性;另一方面,还要加强部门间的流程衔接和服务协同,建立一条方便企业办事的"全程高速"。

4.3.2.1 推动信息互通互认,建立动态、高效、开放的主体信息共享共用平台

信息共享共用是商事制度改革成功与否的重要影响因素,要进一步提升信息接入水平,提高信息共享应用效率。探索建立信息归集的"最大公约数"机制。制定统一的部门信息归集标准,完善现有法人库数据对

接和应急处理机制,减少数据丢失和延误情况发生,合理确定企业办理营业执照阶段的信息采集范围,把握好信息采集的"度",梳理各相关部门真正需要的"有用信息"取"最大公约数",尽量将信息采集环节集中到营业执照办理阶段,配合充实法人库,避免无用信息的过度归集。探索建立信息交换"多向"回路,实现多口归集、动态共享。建议在合理扩大登记环节统一归集信息范围的同时,增强各参与部门信息共享的主动性,以法人库为平台,以统一社会信用码为标识,要求各参与部门动态推送主体相关信息,把原来"一对多"的单向推送转变为"多对一""多对多"的推送模式。加强基础信息互认共享。确保基础信息在工商部门验证并录入后,其他部门互认共享,避免企业仍需要到各个部门分别办理相关事项,做好营业执照后续审批事项办理的信息衔接,梳理"五证合一"以外事项办理需要企业提供的材料清单,避免企业带着全部纸质材料原件逐个部门办理。

4.3.2.2 加强部门协调联动,进一步提升市场主体感受度

商事制度改革的成效最终是体现在市场主体的感受度,要进一步加强部门间的协同,完善机制,优化服务。例如,未来推进"多证合一"过程中,需要加快推动办理流程全程电子化。建议由市工商局、经信委牵头,协商数字证书公司,进一步优化法人一证通证书的功能加载流程,通过数字证书公司接口自动加载基本信息,如直接开通数字证书中的社保功能,方便企业使用数字证书网上办理后续补充登记工作,真正做到无缝衔接、一码通用。推动社保经办系统改造升级,实现社保登记码与统一社会信用码的互认互换。完善登记准入流程与后续业务开办的衔接。建议工商(市场监管)经办窗口在按照规定办理营业执照后,结合其他部门需求,建立后续联动服务机制,不仅局限于履行后续经办流程的告知义务,还要覆盖各专业部门的专业规则、法律法规、操作方式等,推出流程清单,建立方便企业流程办理的"一站式回路"。推动打破部门系统、各类平台间的"信息分割",强化协同监管。以法人库为基础,整合网上政务大厅、事中事后综合监管平台、公共信用信息服务平台、政务信息资源动态共享交换体系等各信息化平台的功能与数据,打破各平台"信息分割",加强各平台之间的合作、交流、联动,深化政务数据分类整理、信息共享、协同运用。

4.3.3 把握企业需求导向,完善线上线下服务网络

"大众创业、万众创新"是推动发展的强大动力,也是群众的迫切愿望。对"双创"和小微企业的发展要因势利导,主动服务、跟踪服务,借助互联网信息技术的应用,打破物理空间的界限,搭建线上服务平台,同步线下创新创业服务资源。通过搭建公共服务网络,努力营造良好的创新创业环境。

4.3.3.1 强化对口服务，为实体企业创造规范便利的营商环境

一方面，简化优化公共服务流程。落实国务院关于简化优化公共服务流程，方便市场主体办事创业的政策要求，打造网上全程电子化办事平台，进一步简化办事环节和手续，实现政府服务由"面对面"到"键对键"。依托"互联网＋政务服务"，打造政务服务"一张网"。探索将实体政务大厅、网上政务平台、移动客户端、自助终端、服务热线结合起来，实行线上线下一体化运行，让企业和群众打个电话或点下鼠标，就能轻松办理网上申请、网上审核等事项，相关疑问和咨询得到及时回应和解决。

另一方面，创办企业孵化器。因地制宜搭建企业孵化平台，为新创办的科技型小微企业提供场地、设施、法律、政策、资金、信息、技术、管理等方面的综合服务，坚持问题导向、需求导向、项目导向，持续深入开展"走千家企业"活动，对小微企业"扶上马、送一程"，增强抵御创业风险的能力，提高创业成功率，促进科技成果转化。

4.3.3.2 对接自贸区和科创中心建设，持续挖掘制度创新红利

为深入对接自贸试验区和科创中心建设，工商和市场监管部门也需要进一步聚焦国家战略，以自贸试验区改革为突破口，以科技创新中心建设为重要载体，持续挖掘制度创新红利，持续激发市场活力和发展动力。

一是推动科技成果转移转化。支持研发机构、高等院校以本单位名义或者本单位独资设立的负责资产管理的法人名义将科技成果作价投资，可以根据转化方案或者约定，将投资形成的股权奖励给对完成、转化职务科技成果做出重要贡献的人员。上述股权转让由研发机构、高等院校自主决定，在工商登记时免于提交国资监管部门批准文件。探索支持持有外国人永久居留证的外籍高层次人才创办科技型企业。

二是支持新兴行业发展，落实好《上海新兴行业分类和经营范围指导目录》。按照"非禁即入"的原则，优化经营范围登记方式，支持人工智能科技、标准化服务、大数据服务等新兴行业发展，及时梳理《国民经济行业分类》中没有包含的新兴行业，制定全市统一的支持新兴行业发展的行业分类和经营范围指导意见。同时，建立完善政府各部门间的协同机制，统一行业分类标准，形成管理合力，推动新技术、新产品、新业态、新模式发展。

4.3.3.3 树立"互联网思维"，探索网络市场监管和服务示范区建设

继续深入推进长宁区"网络市场监管和服务示范区"试点工作，寻求推进"互联网＋生活性服务业"领域的行政审批事项改为备案制；放宽网络经营企业在行业表述、经营范围的登记条件；对内资的网络经营企业试行在登记机关辖区内"一照多址"登记制度；加大人工智能、互联网医疗和虚拟现实等新兴

网络经营企业注册准入等方面的制度改革支持。制定工商（市场监管）部门与第三方平台企业的政企合作指导性协议，积极开展合作试点，探索建立网络监管政企合作机制。开展主体信息数据交换，工商部门为平台企业提供企业注册信息批量核对服务，平台企业向工商部门提供辖区平台内经营者信息。为大型电商企业提供广告信息发布等合规性指导，帮助企业加强自我管理和事前防范，依法合规经营。同时，结合当前长宁区网络经营企业行业领域特点，在制定"互联网＋生鲜"团体（联盟）标准的基础上，分层次、分阶段、分步骤，有序推进网络经营企业团体标准化工作。并通过点上提升，支持携程网、美团点评网等第三方平台企业制定推广企业服务标准；通过线上发动，鼓励网络经营企业建立"互联网＋旅游"等团体（联盟）标准，逐步推进行业标准的建设。

4.3.3.4 推进商标品牌战略实施，促进社会经济持续发展

继续推进商标注册便利化工作。根据国家工商总局关于大力推进商标注册便利化改革要求，促成总局与市政府签署部市商标战略实施框架合作协议，积极配合推进商标审查协作上海中心建设进程，设立马德里商标国际注册受理窗口，促进商标资源进一步集聚，促进专业化商标服务机构进一步集群；继续深入实施商标品牌战略。根据国家工商总局《关于深入实施商标品牌战略推进中国品牌建设的意见》，出台制定相关的实施意见，

指导奉贤、嘉定、静安等有条件的区域建立园区品牌指导站，强化区域品牌创建、推广和培育；继续探索统一市场监管框架下的知识产权综合管理试点工作。按照总局要求，深入调研，密切关注各地知识产权综合管理执法改革的情况。继续服务规范商标代理中介行业。根据《商标代理服务规范》，评选一批符合规范标准的商标代理机构。指导商标代理机构规范使用商标代理机构专业委员会注册的证明商标。指导上海市商标协会换届选举。继续加强商标品牌信息化建设。运用总局商标数据库以及第三方商标专业软件公司数据服务，进一步分析处理商标信息数据，形成2017年度商标注册发展状况报告；继续加强商标宣传教育和培训，解读商标法律及政策，曝光违法典型案例，举办商标国际注册业务培训班，进一步拓展基层商标监管干部的监管技能和水平。

4.3.4 提升消费维权效能，优化消费者权益保障环境

消费维权是"放管服"改革的重要内容，是"双创"服务的重要抓手，也是拉动消费经济的重要保障。为积极发挥新消费的引领作用，下一步还须多措并举，着力创新消费维权机制，引导科学消费理念，提升消费维权整体效能，努力营造符合上海"世界级消费城市"定位的消费环境。

4.3.4.1 健全维权机制，畅通诉求表达渠道

一是以高效便捷为核心，优化公众诉求

综合处置平台、全国12315互联网平台和电话平台建设。

二是探索建立第三方平台企业投诉"绿色通道",引导维权成效好、消费者认可度高的网络平台企业积极参与投诉"绿色通道"创建,力争实现简单消费投诉快速转派。

三是按照"谁销售商品谁负责,谁提供服务谁负责"原则,督促各类经营者完善首问负责制度,促进消费纠纷及时和解;鼓励和引导具备条件的网络交易平台、电视购物平台和具备一定规模的家具、建材、家电等大型商场以及摊位较多的集贸市场、批发市场等经营者,建立和完善先行赔付机制,保证先行赔付资金的来源,明确先行赔付的启动条件、时限、程序等,切实维护消费者的合法权益。

四是加强消费维权联络点建设。拓展基层消费维权网络,在示范联络点创建工作基础上,推进联络点分层分类管理,探索开展"星级联络点"创建工作,从硬件配置、业务能力、工作实绩、特色亮点等方面对各联络点的服务质量进行综合测评,并根据测评结果给予相应的星级授牌,进一步拓展联络点功能,激发联络点工作活力,提升规范化建设水平。

4.3.4.2 创新监管方式,净化消费市场环境

一方面,推进12315消费者投诉信息公示工作。根据国家工商总局关于企业投诉信息公示试点工作的部署和要求,推进落实《上海市工商行政管理局12315消费者投诉信息公示办法(试行)》,进一步扩大试点范围,丰富公示内容,加大公示频率,提高公示成效,倒逼企业落实主体责任,推动社会监督更好地发挥作用。

另一方面,积极运用大数据等信息化手段,努力实现精准监管、智能监管。以新消费、日常消费等为重点,加强线上线下一体化监管。以问题为导向,加强对微商、预付费消费、跨境消费、个人信息保护、职业打假等热点难点问题的专题调研,努力解决消费者反映强烈、投诉集中的突出问题。加大侵权案件查办力度,重拳打击消费领域违法行为。

4.3.4.3 推动社会共治,提高创建工作实效

一是开展消费环境第三方调研。围绕"世界级消费城市"的定位,开展消费环境综合指数调研,研究提出上海消费环境指数体系,为提升消费维权工作效能、改善本市消费环境明确方向。

二是根据消费者权益保护工作部际联席会议工作机制,推动建立上海市消费者权益保护工作联席会议制度,进一步强化部门间协作配合,提升消费维权工作效能。针对消费领域群众反映强烈的突出问题,组织开展综合治理,齐抓共管、凝聚合力,共同营造安全放心的消费环境。

三是加强与市综治办、司法局的协调联动,出台行政调解与人民调解相对接方案,

创新消费纠纷多元化解机制,促进消费矛盾化解在基层。

"惟改革者进,惟创新者强,惟改革创新者胜",深化商事制度改革"放管服"工作是一场牵一发而动全身的深刻变革,是构建现代政府治理体系的重要抓手,工商和市场监管部门要树立大局意识,相忍为国、让利于民,继续致力于降低市场主体准入门槛,建立与国际通行规则一致的商事登记制度;继续致力于确立以规范市场主体行为为重点的事中事后监管制度,形成透明高效的准入后全过程监管体系;继续致力于聚焦放活和服务市场主体,促进市场内在活力和企业发展动力持续增强。要以"啃硬骨头"和"自我革命"的精神,以"三严三实"狠抓落实的作风,敢于涉险滩,敢于过深水区,不断深化重点领域和关键环节改革,坚持创新驱动发展,坚持问题导向,推出更加务实有效的举措,真抓实干,狠抓落地,将商事制度改革"放管服"工作做深、做透、做到位,不断推向深入。

上海市工商行政管理局　供稿
主要完成人:朱亚明　姚　霞　池燕萍
　　　　　　张海兵　马　乐　施文英
　　　　　　蓝晓瑜

专题报告十二

普陀区民营制造业面临的机遇挑战及对策

当前,制造业的发展是一个全球性问题,行业整体盈利能力饱受下行的困扰,依托先进的制造业技术的转型发展势在必行。同期我国经济环境发生重大变化,对民营制造业发展产生了深刻的影响,特别是新常态下的经济速度变化、结构优化、动力转换"三期"恰好与民营经济发展"困难期"叠加,使得民营制造业面临"四期交织"的复杂背景,迎来机遇与挑战并存的战略转型期。当前民营制造企业,尤其是中小微企业普遍面临市场需求不旺、成本攀升、融资成本高、税费负担重等压力,如何摆脱困境,抓住转型机遇,实现稳定增长是所有制造业民营企业的共同企盼。

同时,上海经济转型升级和科技创新中心建设面临着制造业和服务业、信息化和工业化、城市化和信息化、产业和城市"四个融合"的新常态,其中制造业是根基。但是,近几年市内民营制造的发展情况不容乐观。以2016上海民企百强为例,服务业、制造业和建筑业企业数分别为46家、46家和8家。对比2015年数据,建筑业、服务业企业稳中有增,制造业企业数量却减少了8家,制造业企业的数量占比回落到50%以下。服务业增长明显高于制造业,存在着"脱实就虚"的潜在趋势。

普陀区作为曾经苏州河以北的老工业区,随着城市形态变化和多次产业结构调整,民营制造业的地位已经大不如前。目前民营制造业在发展中不光存在以上诸多共性问题,同时大型龙头企业匮乏、行业集聚度差、转型升级限制多、中心城区经营成本大、发展环境待优化、专项政策缺失等区域性问题也很突出。因此,我区制造业民营企业正面临主动与倒逼并存,挫折与机遇交织的复杂局面。基于以上背景,区工商联成立了"普陀区民营制造业面临的机遇挑战及对策"课题组,以区内制造业民营企业为调研对象,通过厘清其发展现状,发现其发展机遇,梳理其所存问题,直面其发展诉求,从营商环境优化、产业结构调整、服务平台搭建等方面提出促进区内制造业民营企业提质增效、转型升级、发展壮大的意见和建议,进而为区委、区政府相关职能部门制定提振我区实体经济发展的相关政策和措施提供参考。

本次调研以问卷调研和座谈会为主,辅以企业个别访谈,通过科学多样的调研方法,多层次、多角度、多渠道直面区制造业民营企业的困境和诉求,发现困扰其发展的"老病灶、新问题"。其中,问卷共计发放90份,回收有效问卷88份,全面覆盖普陀区所辖2个镇8个街道。并且,充分考虑了民营制造业在区内的分布比例因素,合理发放至桃浦17家、曹杨10家、宜川11家、长风11家、长征11家、真如10家、长寿3家、甘泉5家、石泉5家、万里5家企业手中,充分体现了有效性和均衡性的原则,保证问卷能够代表区制造业民营企业的基本情况。其次,调研组先后召开多场专题研讨会,代表性的有组织区内16家不同类别的代表性制造业民企参加普陀区民营制造业发展问题座谈会,就企业在运营和转型中的实际问题展开研讨;组织专题协商会,邀请4位区领导及19位区政协委员,以"加强经济结构转型,推进新兴产业加快发展"为议题,就普陀区新兴产业发展布局及政策配套情况、面临的主要矛盾困难,协商如何有效推进新兴产业加快发展进行研讨。最后,集中访谈了部分制造业民营企业家,获得大量一手资料,以期真正懂企业所想,知企业所需。

1 普陀区制造业民营企业发展现状分析

调研发现,目前我区民营制造业呈现在民营经济中地位不凸显、大中小企业比例合理、门类齐全但集聚性差、龙头企业实力强但数量少、财务指标"两高一低"、融资渠道单一、重视质量管理、自动化程度有待提高、"互联网+"运用广泛但融合深度不够等特点。

1.1 区民营制造业在民营经济中地位不凸显

普陀区原为老工业区,1945年建区以来民营制造业以纺织、面粉为主体。改革开放后,迅速成为各门类制造业竞争发展的综合性工业区。受调查者中最早创办于1988年,最近的为2016年,平均年份为2003年。区税务局数据显示,目前我区登记在册的制造业民企数量仅1 121户,约占民营企业总数的3.15%,远不及占比48.04%的商业。同时,其在民营企业中税收贡献率为7.96%,与贡献率达41.08%的商业亦相去甚远。税收民企百强企业中,制造业民企占比约16%,纳税过亿的仅有5家,与服务业及地产业等相比差距较大。从总体看,我区民营经济对虚拟经济较为依赖,而民营制造业在产业结构中地位不高。

1.2 大中小企业比例合理,门类齐全但集聚效应不明显

一方面,企业规模比例分布较为均衡。受调查企业中上市企业占9%,未上市的占91%;8家上市企业含主板2家,中小板2家,创业板1家,新三板挂牌3家。同时,根据国家统计局《统计上大中小微型企业划分办法》(国统字〔2011〕75号文件)内容,按照职工人数和营业收入两大指标划分受调查的制造业民企,大型、中型、小微型企业分别为13家、28家和47家,三者比例为1∶2.1∶3.6,对比全市1∶2.4∶4的结构更为合理(见图J12-1)。

另一方面,企业门类齐全,但总体集聚度

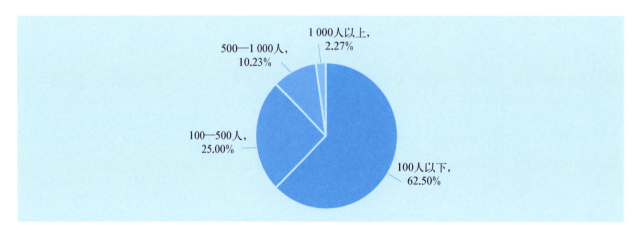

图 J12-1　企业职工人数分布图

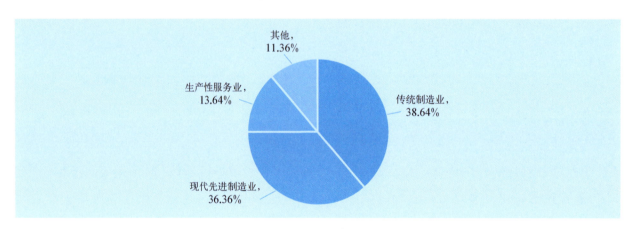

图 J12-2　所属行业

不高。受调研的88家企业主营业务主要涉及：照明设备制造业、食品制造业、纺织服饰业、家具制造业、印刷和记录媒介复制业、化学原料和化学制品制造业、医药制造业、通用设备制造业、专用设备制造业、非金属矿物制品业、汽车设备制造业、电气机械和器材制造业、计算机、通信和其他电子设备制造业等，除照明、机械制造等存在产业集聚效应外，其他均较为分散。同时，38.64%属于传统制造业，36.36%属于现代先进制造业，生产性服务业占13.64%，落后产能依然很大（见图J12-2）。

1.3　龙头企业实力强劲但数量稀少，引领带动作用不够突出

龙头企业是指对同行业的其他企业具有号召力和一定的示范、引导作用，并对区域经济做出突出贡献的企业。目前具有全市乃至全国影响力的民营制造业龙头企业有第一梯队的复星、奥盛和致达，第二梯队的中安消、月星（制造业部分）和劲霸等，虽然总体数量较少，但实力强劲，均位列上海市百强企业名单。含金量极高的2016中国制造业500强名单中，民营制造业中有3家上海企业上榜，而我区依靠复星和奥盛独占两席，其实力可见

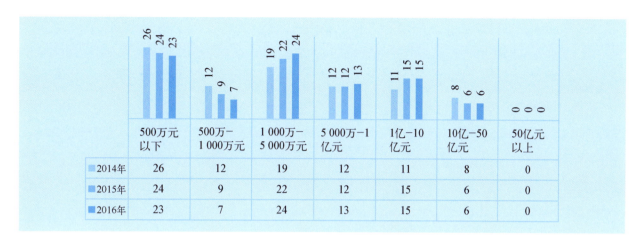

图 J12-3 2014—2016 年度企业营业收入总额对比

一斑。

1.4 营收总额较为稳定,主要财务指标呈现"两高一低"的特点

总体而言,受访民营制造业小微企业3年营收增幅明显,不断向中型企业进化;中型企业稳中有进,稳定性最高;部分大型企业业绩下滑,略有衰退之势(见图J12-3)。个别企业亏损严重,但数量不多,占比较小。

企业净利润率较低。受访企业2016年净利润占营业收入总额的平均比率仅为6.2%,略高于2015年全国规模以上制造业企业的5.4%和2016年的5.8%。其中,最高者可达70%,而其中有9家企业这一指标为负数,最低为-34.5%。经过了解发现这些企业经营受困,有环境发生变化、产品销售不畅及经营成本过高、入不敷出等问题存在,值得关注。

企业综合税负率较高,平均达10.68%,即企业各类税负累加可达净利润的1.7倍,最高者综合税负率35%,为当年其净利润的31.8倍。

企业资产负债率略高,平均达64.5%,略高于国家统计局的较优指标(制造业的资产负债率≤60%为优),需要进行一定的去杠杆化工作。其中有一家超过100%,达111.3%,说明其企业资不抵债,存在经营严重亏损的情况。

1.5 区内制造业民企大多发展成熟,但发展资金来源单一

受调查者中有28.4%处于成长期,46.59%处于成熟期,初创企业和面临衰退和转型的企业,均占一定比重(见图J12-4)。企业发展过程中,大多依赖自由资金和银行借贷,两者相加比重占所有方式的77.08%。其他渠道如股票、债券、民间借贷、融资租赁、政府资助、其他(房产贷款、企业贷款、退税政策、扶持政策)等使用不多,相加总和仅占22.92%(见图J12-5)。另外,区政府的企业扶持基金对小微企业作用很大,是57.94%初创期和成长期企业的重要资金来源。

1.6 企业重视质量管理,自主研发能力强但持续投入不足

区内制造业民企在质量管理上方法全

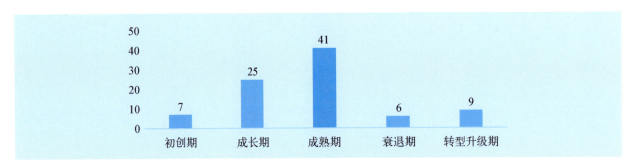

图 J12-4　企业所处生命周期

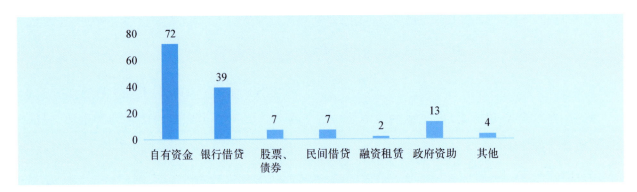

图 J12-5　企业发展资金来源

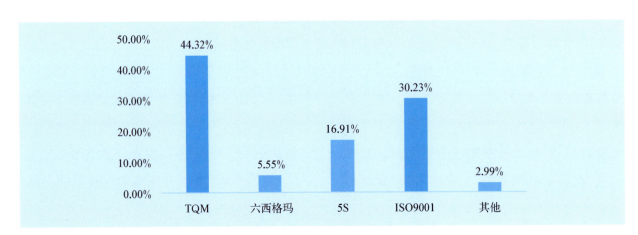

图 J12-6　企业主要质量管理方法

面,理念先进,国际通用性强。其中 TQM(全面质量管理)和 ISO9001 质量认证体系最为常用,其他诸如 5S 和六西格玛也有较为广泛的应用(见图 J12-6)。在主营业务经营形态方面,完全自主研发、生产的企业超过半数,无具体生产业务的贸易及研发型公司紧随其后,占 14.77%,原厂委托代工(OEM)、原厂委托设计与加工(ODM)、原厂委托、代工厂自创品牌(OBM)这些在珠三角地区常见的企业类型存在比例较少(见图 J12-7)。

同时,60% 的企业可以通过自主独立研发掌握核心技术(见图 J12-8),在专利拥有上

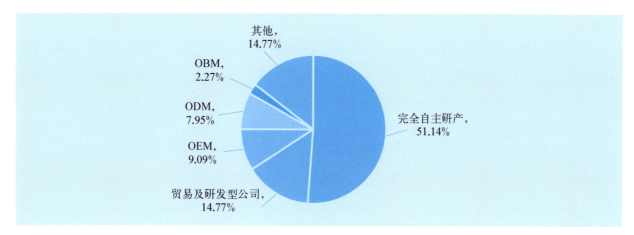

图 J12-7　企业主营业务经营形态

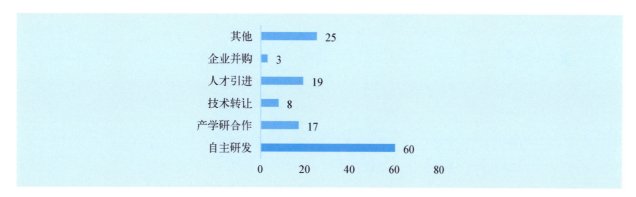

图 J12-8　企业主要技术来源

也颇有建树。平均有效专利数达9件,最多一家达65件。这说明我区制造业民企自主经营能力更高,理论上有更强的抗风险能力。但是,在技术持续创新上存在不足,近四成企业的平均研发强度(研发费用占营业收入的比重)在1%以下,近六成在3%以下,20%以上的仅占10.23%(见图J12-9)。然而,2014年全国制造业研发投入比也仅为1.1%,全国所有企业为6.7%,信息传输软件和信息技术服务业的投入强度则高达28.2%。此外,2016中国制造业企业500强的平均研发强度(研发费用占营业收入的比重)仅为2.10%,超过10%的企业仅有4家。

对比可知,我区民营制造业研发强度在制造业行业中超过平均水平,但与其他产业相比差距巨大,特别是互联网产业。

1.7　企业自动化水平有待提高,普及智能制造任重道远

在88家企业中,近一半企业依然未达到完全机械化生产,1/4已达到自动化生产水平,实现智能制造的仅有3家(见图J12-10)。智能制造方面,主要集中在设计、工艺智能化(计算机辅助设计、精密传感技术等)、管理智能化(通过数据共享协作平台实时监控、及时决策和有效沟通)和产品智能化(生产"可感知、可计算、可交互"的智能化产品)三方面,

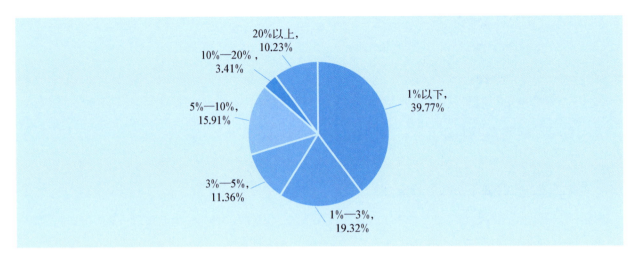

图 J12-9　企业研发投入比

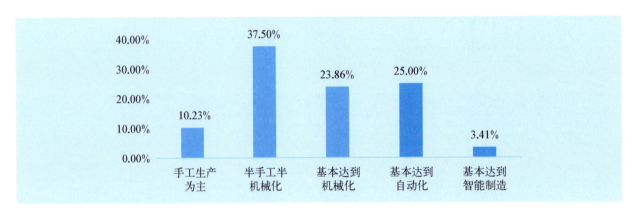

图 J12-10　企业自动化水平

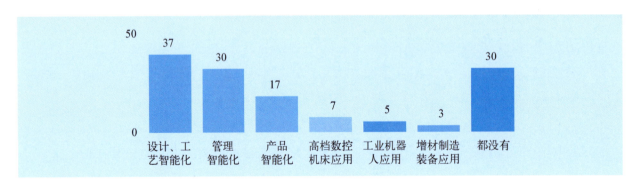

图 J12-11　智能制造在企业内的应用

科技含量更高的数控机床、工业机器人和增材制造装备应用（如快速原型制造、3D 打印、实体自由制造等）等尖端智能制造技术使用程度还有待提高（见图 J12-11）。

1.8　"互联网＋"运用广泛

"互联网＋"应用较为广泛，主要集中在生产、管理和营销等方面。产品营销上应用最广，主要通过"自主搭建＋购买服务"两大方式实现线上推广。远程网络会议已经成为很多企业日常管理中的惯常使用手段,极大提高了办事效率,加速了信息传递。智能化生产监控、设备管控、服务运维(实时监测,设备全生命周期管理,提供远程维护、预防性维修等服务)的应用也较广,可以大大减少劳动力的使用。另外,个性化产品定制(基于互联网大数据获取用户个性化需求,开发生产定制化产品)也逐渐在区制造业民营企业中普及,有利于实现产品对市场的精准投放(见图J12-12)。虽然互联网的作用日益凸显,但依然有14家企业尚未应用。

2 新常态下区民营制造业发展环境分析

2.1 新常态下企业的发展机遇

企业发展环境是指与其生产经营有关的所有因素的总和。扎实的环境分析是政府切准行业命脉,进而对症下药解决企业问题的基础。首先通过对宏观环境的研判,本研究提炼出普陀区民营制造业面临的四大发展机遇。

2.1.1 政策环境的不断优化为民营制造业发展注入了强心剂

普陀区相关政策的制定和落实,有效改善了企业发展环境。近几年,普陀区出台了一系列有利于制造业发展的政策、办法和实施细则,具体如《上海市普陀区科技小巨人企业实施办法》《普陀区科委关于支持科技创新若干政策实施细则》《普陀区关于加快推进机器人产业技术创新的扶持办法(试行)》等。总体而言,政府对民营制造业重视程度较高,政企间沟通较为畅达。但是,调研发现我区在政策制订和落实上尚有不足:20.45%的企业认为相关政策有所缺失,尚未与国家最新政策同步;32.95%认为配套举措不够细化量化,难以具体操作;23.86%指出具体政策已出台,但执行落实不到位(见图J12-13)。具体而言,区政府在提高涉企办事效率、税收优惠、改善首台套技术装备环境、降低行政许可收费、公共平台帮扶、简化初创企业注册手续等方面对企业的帮助效果较为显著,而在技改资金支持、降低中介服务收费、"五险一金"缴费降低、初创企业"孵化器"租金优惠等方面还有较大提升空间(见表J12-1)。

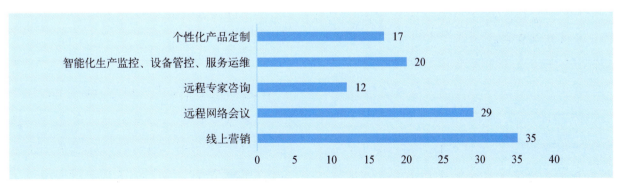

图 J12-12　企业互联网应用情况

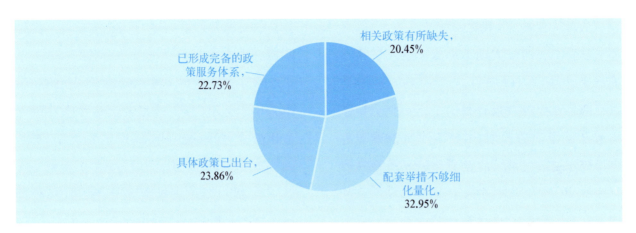

图 J12-13　区内民营制造业相关政策总体效果

表 J12-1　区政府相关政策措施实施效果指标评价表

总体评价(%)							
政策实施效果指标	很重视	一般	不重视	政策实施效果指标	畅达	一般	不畅
1. 对民营制造业发展的重视程度	56.8	42.05	1.14	2. 区内政企间沟通渠道是否畅达	68.18	31.82	0.00
具体举措(%)							
政策实施效果指标	是	否	不清楚		是	否	不清楚
3. 涉企办事效率是否提高	80.68	5.68	13.64	4. 是否获得过区政府税收优惠	48.86	32.95	18.18
5. 是否获得过区科委技改资金支持	34.09	47.73	18.18	6. 涉企行政许可收费负担是否降低	37.50	18.18	44.32
7. 中介服务收费是否降低	19.32	25.00	55.68	8. 区内"五险一金"缴纳是否降低	23.86	56.82	19.32
9. 首台套技术装备应用政策环境是否改善	23.86	19.32	56.82	10. 是否获得区政府搭建公共服务平台的帮助	39.77	31.82	28.41
11. 区内初创企业注册手续是否得到简化	44.44	22.22	33.33	12. 区内初创企业是否得到"孵化器"租金等优惠	16.67	33.33	50.00

2.1.2　新旧动能转换挡期为民营制造业发展创造了转型良机

在旧动能疲软、新动能待入的背景下，普陀区制造业走传统粗放型发展的老路难以为继，而发展以技术创新为引领，以新技术、新产业、新业态、新模式为核心，以知识、技术、信息、数据等新生产要素为支撑的先进制造业呼之欲出。同时，我区发达的互联网、物流、金融、设计等现代服务业，为跨界融合提供了可能，促进民营制造业加快转型升级步伐。

从调研数据看,我区制造业民企转型升级与创新发展的最大动力来自市场和资源环境的变化(见图J12-14),对此区内企业有了以下两个方面的发展计划。一是不少企业有扩大自身体量的预期。14.77%的企业有上市融资计划,28.41%的企业有扩大产能的打算,12.50%的企业拟在未来5年内成立子公司,35.23%的企业将更新设备,39.77%的企业准备培育和储备人才(见表J12-2)。企业投资计划中也有企业选择了将加强对自身(69.32%)和上下游产业(21.59%)的投资,以增强自身实力。二是虚拟经济的飞速发展初步打开了企业视野,使其有了升级技术(37.50%)、跨界融合(11.36%)的打算。15.91%欲投资战略性新兴产业,11.36%看好生产性服务业(见图J12-15)。

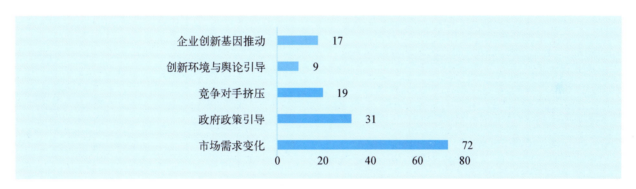

图J12-14 企业创新的动力

表J12-2 企业未来5年发展计划表

计　划	频　数	百分比	计　划	频　数	百分比
上市融资	13	14.77%	升级技术	33	37.50%
降低资产负债率	2	2.27%	跨界融合	10	11.36%
扩大产能	25	28.41%	开拓新市场	29	32.95%
增扩用地	5	5.68%	人才培育与储备	35	39.77%
搬迁总部	1	1.14%	坚守传统,维持现状	14	15.91%
产研销分离	4	4.55%	退出制造业,转投他行	9	10.22%
成立子公司	11	12.50%	其他	4	4.55%
更新设备	31	35.23%			

2.1.3 总部经济发展模式为民营制造业发展提供了升级佳径

近几年,以劳动力密集、低端生产为特征的传统制造模式制约普陀区制造业综合竞争力的提升。同时,由于资源环境压力和成本不断上升,我区不少制造业企业纷纷外迁,制

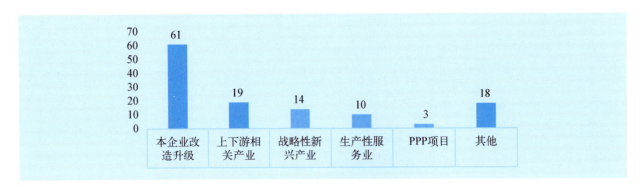

图 J12-15　企业投资计划

造业"空心化"现象凸显。此时,对普陀区而言,"总部-制造基地"分离布局的总部经济模式应运而生。该模式下,通过将企业总部等高端环节留下,而将生产制造等低端环节向更具成本优势的区域转移,能够推动本区域制造业由原来的简单生产加工向研发、设计、营销、品牌等价值链高端延伸和升级,为制造业转型升级提供了一种新的思路。同时,总部经济模式能够实现制造业与服务业融合发展,优化和提升产业结构。这样既能提高我区优势制造业的附加价值和竞争力,也能促进"微笑曲线"两端分化出的现代服务业迅速发展,还可通过转移生产基地等低端环节置换出大量的土地空间资源,吸引更多国内外制造业企业总部和研发、营销等高端环节入驻,进一步为普陀发展引入增量资源,扩大制造业的总量规模和品牌影响力。

2.1.4　新兴技术的不断涌现为民营制造业发展凝聚了新动力

新兴技术快速发展为我区民营制造业转型升级、创新发展提供了重大机遇,具体体现在以下三个方面。一是科技创新带动产业创新。国家战略性新兴产业规划及中央和地方的配套支持政策确定的7个领域(新七领域),即7大战略性新兴产业,在普陀区民营制造业中均有涉及。按存在数量由高到低排列,依次是节能环保、新兴信息产业、高端装备制造业、生物产业、新材料、新能源与新能源汽车(见图J12-16),未来这些产业发展潜力巨大。二是科技创新是企业转型升级的重要路径。调研发现,区制造业民企转型升级的9大预期模式中,多个模式与新兴技术和科技创新有关,主要包括:认识传统制造产业的新技术特点和新需求,实现整体的转型升级;通过技术积累和能力演进,突破关键部件壁垒与限制,实现产业的整体转型升级;通过技术创新降低投入与消耗,提升环保标准与附加值;借助行业边界模糊与产业融合,借助其他产业技术,创造新产品,实现转型升级等。三是以互联网为代表的新技术的应用,改变了制造企业的经营环境。调查数据显示,互联网对我区制造业民企的促进按广泛性从高到低排列,依次是人才招聘、市场营销、原材料采购、日常综合管理、售后服务和

图 J12-16　战略性新兴产业分布情况

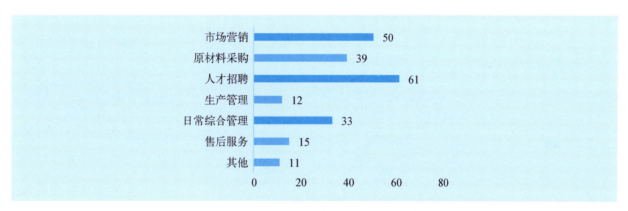

图 J12-17　互联网技术对企业发展的作用

生产管理(见图 J12-17)。可见,"两化融合"对我区民营制造业企业发展意义重大,电子信息技术已经广泛应用到该行业的多个领域。

2.2　新常态下企业面临的困难与挑战

2.2.1　企业发展信心不足,日常运营负担较重

一方面,企业信心不足问题突出。仅 1/4 的企业认为 2017 年行情较好,近 1/5 的企业则觉得行情糟糕(见图 J12-18),其中 10.22% 的企业表示在未来计划中有退出制造业、转投他行的打算;而对 2018 年的预判略微好转,看好其发展的比例增加至 32.95%,不看好的比例下降至 13.64%(见图 J12-19)。目前与虚拟经济相比,实体经济往往投入成本较高、产出周期偏长、利润空间有限。特别是中小型民营制造业企业更是面对严峻挑战,生产经营往往处于微利、无利状态,有的甚至难以为继。根据判别指数高低,对企业发展信心影响最大的是要素成本快速上升(0.62)和产品附加值低、利润率低(0.61)两大因素;其次影响较大的是人才流动性大(0.59)、面临恶性竞争(0.58)、制度交易成本居高不下(0.56)、资源能源环境约束趋紧(0.54)、市场

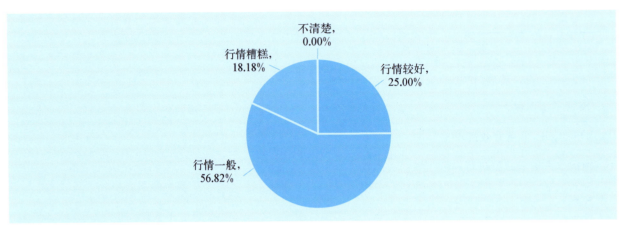

图 J12-18　对 2017 年本行业情况的判断

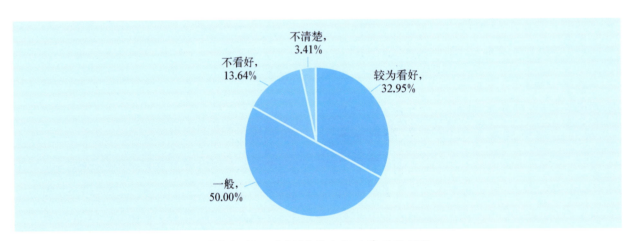

图 J12-19　对 2018 年本行业情况的判断

准入难,"玻璃门""弹簧门""旋转门"依然存在(0.53);最后,融资渠道不畅(0.49)和产能过剩,市场有效需求不足(0.48)影响一般(见表 J12-3)。

表 J12-3　区制造业民营企业信心不足的影响因素表

影 响 因 素	判别指数	标准差
1. 要素成本快速上升(土地、劳动力、原材料等)	0.62	0.07
2. 产品附加值低、利润率低	0.61	0.11
3. 人才流动性大、留不住	0.59	0.19
4. 面临恶性竞争	0.58	0.10
5. 制度交易成本居高不下	0.56	0.12
6. 资源能源环境约束趋紧	0.54	0.14

续表

影 响 因 素	判别指数	标准差
7. 市场准入难,"玻璃门""弹簧门""旋转门"依然存在	0.53	0.11
8. 融资渠道不畅	0.49	0.14
9. 产能过剩,市场有效需求不足	0.48	0.15
判别指数由量表数据进行标准化处理后加权平均求得(权重0.11),指数越高,影响越大。大于等于0.6表示影响极大,大于等于0.5、小于0.6表示影响较大,大于等于0.4、小于0.5表示影响一般,0.4以下表示影响较小		

另一方面,企业运营负担较重。研究发现,对其日常运作影响最大的是劳动力成本(0.61)和原材料成本(0.60),其次是社保成本(0.57)、缴税负担(0.55)、缴费负担(0.54)、物流成本(0.53)和土地成本(0.50),影响较大;最后是融资成本(0.45)、环保处理成本(0.42),影响一般。访谈发现,劳动力成本高是共性问题,对制造业企业而言,基层员工的子女入学、医疗、落户、社保、居住等支出使得其经营压力日益增加,有些企业已经因此出现经营困难的情况,如月星家居。同时,新《劳动法》颁布后,因判例导向性等问题,明显增加了企业的人力成本。据普陀区博和律师事务所副主任朱宇辉测算,区内企业因此增加5个点左右的成本,利润则下降了3—5个点。

在各种因素的影响下,普陀区民营制造业的地位呈不断下降趋势。区税务局2015年数据显示,民营经济中三产占区民营经济总税收的87.37%,而相比之下含制造业的二产仅占12.47%。区民营房地产、现代服务业和商业对税收贡献度表现突出,分别完成民营经济税收总量的41.08%、25.75%和19.59%,而民营制造业仅占7.96%。同时,近几年区内民企招商引资工作主要聚焦金融、商贸、科技和服务业四类企业,对大部分民营制造业企业的关注力度和重视程度明显不足。

2.2.2 恶性竞争问题突出,知识产权缺乏保障

一是作为"虚拟经济"的代表之一,电子商务的流行本有利于减少流通环节,带动制造业企业生产,但由于监管的不到位,导致其给踏实做生产的制造业民企带来了两大问题。其一是价格战盛行,造成了恶性竞争;其二是由于得不到有效的知识产权保护,仿冒产品盛行,靠双低效应(低成本低价格)导致了劣币驱逐良币的发生(见图J12-20、图J12-21)。座谈中区内著名家居产品生产企业月星环球港负责人表示:电商时代"李逵打不过李鬼"。网上仿冒产品很多,而大部分人对高端家具不甚了解,受售假商家精美的宣传广告和低于正品较多的价格吸引,销量很大,而真正品质优良的正牌产品却鲜有人问津,销售量减少,使得月星家居利润率不到4%。因此这些老老实实做传统高端制造的企业经营

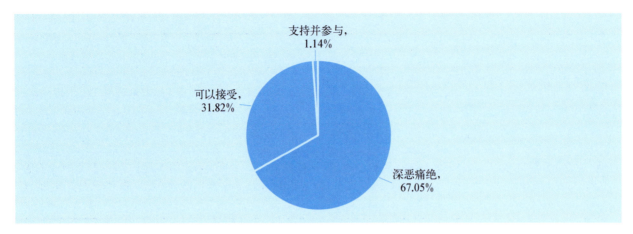

图 J12-20　企业对价格战的看法

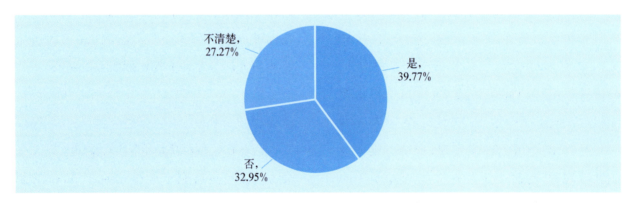

图 J12-21　是否存在劣币驱逐良币现象

压力剧增,遭遇了无法避免的经营危机。

二是有关部门欠缺对知识产权方面的保障与服务。根据数据,具体有 7 类欠缺:(1) 缺乏高效的审批和管理制度(51 家);(2) 缺少定期开展专利、商标和版权等相关内容的宣讲、咨询活动(45 家);(3) 欠缺知识产权权利清单、责任清单、负面清单制度(33 家);(4) 没有区知识产权评议、专利导航机制(29 家);(5) 缺乏知识产权相关的法律援助(29 家);(6) 没有完备、高效的知识产权维权援助网站(25 家);(7) 尚无知识产权风险预警机制(20 家)(见图 J12-22)。

2.2.3　行业各类人才紧缺,人才流失情况严重

首先,人才吸引不来。2014 年普陀区非公领域人才分布中,制造业人才共 10 212 人,仅占总人才数的 7.6%,到 2016 年区民营制造业人才紧缺的情况并未有所好转。调查显示,所需四类人才按紧缺度排名分别是营销人才、研发人才、技工人才和管理人才(含财会、法务等)(见图 J12-23、图 J12-24)。造成人才不愿来的原因多样,一方面大家普遍认为制造业就是与当工人挂钩,因而觉得大材小用,没前途、没面子。通过对在区内应届择

图 J12-22　知识产权保障缺失内容

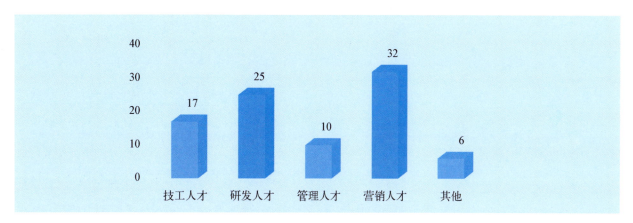

图 J12-23　企业最紧缺人才类型

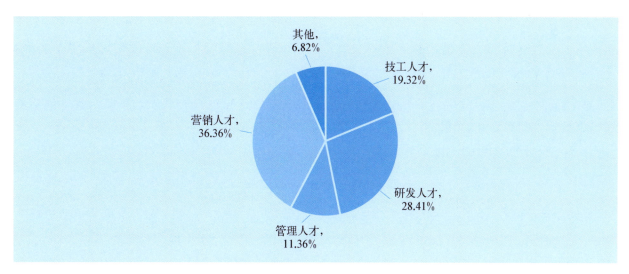

图 J12-24　紧缺人才比例

业的大学学生访谈发现,其对制造业企业确实存在一些偏见,认为进入制造业民企意味着工作辛苦、薪酬低、技能低级、无法学到太多知识;与金融、房地产、互联网企业相比,民营制造业企业就是落后的代名词;就算投身制造行业,也更乐意去国企工作。

其次，人才留不住。普陀区作为上海中心城区，生活成本过高也是各类企业人才流失严重的重要原因，特别是员工落户和住房问题困扰了绝大部分的受访企业。此外，各企业家也表示目前制造业的薪资待遇确实与互联网、房地产等行业相差悬殊，招聘技术人才困难重重。若通过校园招聘，很多学生参加培训后很快就走人，白白耗费了企业的财力和精力。很多企业就只能选择招聘能力和上进心差一些的本地员工，造成企业创新发展受限制。

再次，人才管理难。就受访民企而言，在人才落户（58家）、人才引进（49家）、人才培训（40家）、人才招聘（39家）、人才测评（11家）等方面还存在不小的困难与负担，希望政府给予相关帮扶。

最后，缺乏人才合作共享模式。受访企业肯定了产学研联盟的存在对企业发展的作用。26.97%的企业认为产学研联盟成效显著，59.55%的企业认为其存在一些帮助。不少企业提出，随着学生毕业等现实问题，产学研联合开发中项目中断的可能性很高，区内缺乏专项机制保护企业的权益；同时，跨界型、共享型的产学研平台的缺位，使得场地、资金和信息获取等各方面都存在困难。

2.2.4 转型升级进展缓慢，科创等限制条件多

首先，影响企业转型升级的因素从高到低排列依次是：缺乏相关人才（40家）、缺乏专项引导政策引导（31家）、缺乏转型的方向与目标（29家）、持续创新能力不足（29家）、转型资金不足（28家）、恶性竞争突出（25家）、技术积淀不足（14家）、品牌难培育（11家）、企业经营管理滞后（8家）、国际竞争力不足（8家）、关键技术和装备受制于人（6家）（见图J12-25）。

其次，企业科技创新发展中缺乏各项支撑条件。按选择数从高到低排列依次是资金不足和筹资困难（44家）、技术人才短缺（34家）、经济风险较高（29家）、创新必要小（19家）、缺乏知识产权保护（16家）、缺乏创新服

图 J12-25　企业转型升级中的困难

图 J12-26　企业创新过程中的困难

图 J12-27　智能制造中存在的困难

务平台(15家)、地区政策支持力度不够(14家)、很难获得技术和市场信息(10家)、缺乏与研究机构的联系(9家)、很难找到合作伙伴(6家)(见图J12-26)。

最后,区制造业民企在开展智能化技术改造方面问题较多,从高到低依次为:(1)需要大量投入财力、物力、人力,暂无能力升级(41家);(2)缺乏制造、运行、维护等方面的操作人才(36家);(3)相关服务业配套不够(29家);(4)关键零部件、原材料获得成本与门槛高(19家);(5)产业链整体装备水平不高,影响智能制造的应用效果(16家);(6)目前智能制造对本企业发展的作用不大(13家);(7)数控机床、传感器、智能仪器仪表等高端设备获得成本和门槛高(12家);(8)互联网信息传输存在安全隐患(9家)(见图J12-27)。

2.3　企业政策诉求

2.3.1　希望构建新型政商关系,营造良好营商环境

调研发现,税费减免(60家)是企业最大

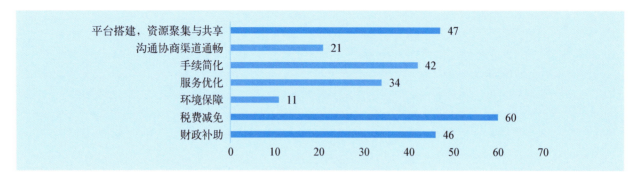

图 J12-28　新型政商关系诉求

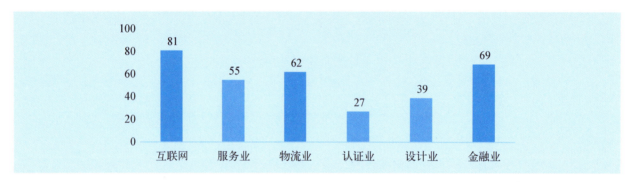

图 J12-29　与其他产业融合需求

的需求；其次希望政府在搭建平台实现资源聚集与共享（47家）、财政补助（46家）和手续简化（42家）上有所突破；最后希望区内服务更加优化（34家）、沟通协商渠道更加通畅（21家）、经营竞争环境更有保障（11家）（见图J12-28）。

2.3.2　希望助推完成产业融合，扩宽企业生存空间

区内制造业民企与其他产业融合发展，跨界寻求生存空间的愿望强烈。调研发现，互联网（81家）、金融业（69家）和物流业（62家）是最受欢迎的行业，其次是服务业（55家）、设计业（39家）和认证业（27家）（见图J12-29），而这些以虚拟经济为主的产业恰好是普陀区的优势产业。

以与金融业融合发展为例，企业在金融服务上的需求从高至低排列，依次是：（1）鼓励区银行推出信用贷款、知识产权质押、股权质押、应收账款质押和商标专利权质押等贷款服务（0.51）；（2）引导企业与人民银行应收账款融资服务平台对接，进行线上应收账款融资（0.49）；（3）鼓励创业投资基金、产业投资基金加大投资（0.47）；（4）完善兼并重组融资服务（0.45）；（5）合理加大"股权融资"力度，助推企业上市（0.42）；（6）推进区投贷联动金融服务模式（一种"债转股"的有效渠道）（0.41）；（7）开发制造业保险产品并扩大保险资金的投资（0.40）；（8）支持鼓励企业发行债券融资（0.40）；（9）支持制造业领域资产证券化（0.39）。

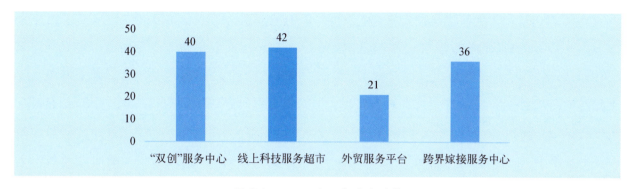

图 J12-30　公共服务平台借鉴

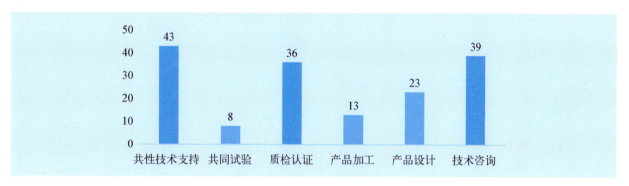

图 J12-31　所需公共技术平台

2.3.3　希望牵头搭建各类平台，实现资源集聚与共享

数据显示，企业对各类平台的需求如下：公共服务平台（47家）、公共技术平台（31家）、融资服务平台（27家）、科技成果交易平台（20家）、对外贸易平台（20家）、"双创"扶助平台（20家）、产业联盟等技术协同平台（14家）、其他（7家）。

此外，企业表示其他地区的一些公共服务平台对其发展帮助较大，值得我区借鉴。具体有线上科技服务超市、企业"双创"服务中心、跨界嫁接服务中心（助推制造业与其他产业的创新融合）、外贸服务平台（如太仓德国中心）等（见图J12-30）。企业对公共技术平台的搭建也有一定期盼，主要平台包括共性技术支持（如信息技术、高档数控机床、智能机器人、电力装备、新材料等）、技术咨询、质检认证、产品设计、产品加工、共同试验等（见图J12-31）。

2.3.4　希望有专项政策与服务，促进企业科创与转型

根据调研数据，企业在科创和转型升级上的服务需求由高至低排序分别是：（1）信息咨询、人才培训、技术指导、贷款担保等中介服务（37家）；（2）专家技术咨询服务（36家）；（3）金融协调保障服务（如提供贷款风险补偿和给予企业部分贷款利息补贴）（34家）；（4）技术创新成果交易渠道优化服务（27家）；（5）科技设施共享服务（27家）；（6）区级关键共性技术发展导向服务（24

家);(7)科研机构间联系协调服务(20家)。

此外,企业的具体政策需求由高至低排序分别是:(1)技术开发费和科研经费加大抵扣所得税(52家);(2)鼓励企业培养和吸引稀缺人才(如居转户手续简化)(44家);(3)技术转让、技术开发免征增值税优惠(营改增后)(38家);(4)优化区外经贸奖励、补贴政策(28家);(5)高新技术企业所得税减免政策扩展到其他进行技术创新的企业(27家);(6)进一步完善区科技计划项目经费管理办法(18家);(7)企业中试设备加快折旧(科技成果转化中试环节)(15家);(8)技术开发费用资本化(10家)。

3 关于促进普陀区民营制造业提质增效的建议

根据前述关于普陀区民营制造业发展现状的分析,结合其当前所处的复杂环境,依托国家、上海市相关政策及区"十三五"规划内容,围绕如何帮助区民营制造业抓好发展机遇,解决发展困难,满足发展中的合理诉求三方面内容,提出关于促进普陀区民营制造业提质增效的思考和建议。

3.1 帮助企业抓住机遇,乘势而上

3.1.1 全面悟透上位政策,持续创新区级政策体系

从前述调研数据来看,普陀区存在某些相关政策尚未与国家同步、配套举措欠缺操作性和政策落实不到位三个问题。首先,区政府要深入领悟上位政策精神,基于国家和上海市层面有关制造业发展的一些系列政策措施,特别是"中国制造2025"和上海市关于巩固实体经济能级的50条意见等,结合时代背景及我区民营制造业发展现状,前瞻性地预判其未来发展态势,在不断研究新情况的前提下,持续地创新和完善区级相关政策体系。力求通过先导性强、精准度高的扶持政策,促进区内制造业民营企业牢牢把握转型升级的发展机遇期。其次,要做好配套措施的制订工作,保证政策的落实,定期对相关政策落实情况进行回访。最后,针对一些民企提出的政策知晓度不高、相关规定的确切内涵和外延不明、企业和执行政策的具体单位理解不透彻等影响政策实施效果的现实问题,政府除了在网上公布外,对某些解释空间较大的政策要组织政策实施者和企业经营者进行线下学习和讲解,减少企业已经按照政府要求执行、在要求兑现优惠政策时却发现不达标等情况的发生。

3.1.2 加速淘汰落后产能,促进工业用地腾笼换凤

为淘汰落后产能,推进先进制造业发展,普陀区应当不断优化产业用地保障。通过联合、兼并、收购、改制、重组等市场化运作方式,有效整合土地等资源要素,向新兴产业倾斜。围绕我区"一轴两翼"科创功能布局(桃浦科技智慧城、武宁科技园、中环中小企业总部社区、未来岛高新技术产业园),着力为区内科技型制造业民企、先进制造业民企发展

腾挪空间。因规划上智能制造产业发展空间有限，普陀区现有制造业用地虽然达555公顷，但纳入104区块、195区域的规划工业用地不到现状用地的28.3%。因此，要进一步对列入淘汰落后产能计划的化工、印染、电镀等企业予以关闭和转移，对关停、淘汰落后产能腾出的地块，优先开放给属于新兴产业或科技型的制造业民营企业。同时，要坚持工业项目用地投资产出强度双控政策，制定含项目产出效益评估、资源节约、环境保护等基本准入指标的进驻门槛。

3.1.3 加强区域合作分工，打造内脑型制造业总部

为促进我区民营制造业向研发、设计、品牌等高端环节拓展升级，鼓励有能力的企业采取"总部-制造基地"分离模式进行布局调整，同时大力引进国内知名制造业企业设立区域性总部和职能总部，以带动普陀区民营制造业综合竞争力和品牌知名度的提升。建议尽快出台普陀区关于加快总部经济发展的实施意见及配套措施，利用我区在金融、商贸、设计、物流、跨国贸易等方面的优势，通过扶持有实力的民营企业研发中心的技术创新活动，带动全区实现由高技术制造向高技术研发的转型升级，进一步加强我区对上海乃至长三角地区制造业基地的创新辐射效应。建议对2016年后在我区新注册设立或新引进且认定为总部的民营制造业企业，按照注册资本多寡进行分级奖励，以吸引总部企业入驻。特别是要依托靠近制造业强区嘉定和宝山的优势，加强区域联动，鼓励企业逐步将财务、设计和研发总部设于普陀，而将生产基地设于土地、劳动力更实惠的嘉定与宝山，实现区域联动发展。

3.1.4 支持传统产业改造，促进新兴产业快速发展

要支持新兴产业快速发展，着力推进重大技术装备及共性关键技术项目的研制开发工作，按实际项目投资额进行专项奖励；突出引进布局战略性新兴产业、先进民营制造业，重点打造如智慧照明产业、机器人产业、智能安防产业、软件及微电子技术、生物医药和医疗器械等先进制造产业。建立区领导与重点企业、重大项目挂钩联系制度，确保项目落地与协调推进。

3.1.5 鼓励企业科技创新，完善专项奖励激励机制

首先，在现有《普陀区支持科技创新的若干政策意见(试行)》(简称科创28条)、《上海市普陀区科技小巨人企业实施办法》、《普陀区企业技术中心管理办法》、《普陀区推进标准化工作奖励(资助)实施细则》及《上海市普陀区科技创新项目管理办法》等基础上，针对制造业民营企业，提出针对性更强的创新扶持政策，扩展受惠企业范围。其次，制定发展目标，到2020年，培育或参与若干国家级制造业创新中心，建成一批市级制造业创新中心，认定一批区级制造业创新中心。特别要鼓励民营制造业企业承担或参与各级创新中心建设，对参与企业给予一定的奖励。再次，鼓励制造业民企争创国家级企业技术中心和国家

级技术创新示范企业，对获得认定的民企予以奖励。最后，促进政府对创新产品的首购和订购，制定普陀区创新产品首购和订购实施办法，发挥政府采购政策效用。

3.2 扶助企业迎接挑战，脱离困境

3.2.1 帮助企业减负提气，重拾扎根制造业的信心

一是切实减轻区内制造业民企负担。根据国家统一部署，全面推行营改增改革。落实好固定资产加速折旧的优惠政策。继续精准实施研发费用加计扣除、小微企业增值税和企业所得税减免等各项优惠政策。严格执行教育费附加、地方教育附加、水利建设基金、文化事业建设费、残疾人就业保障金等免征扩大范围政策。制定区涉企收费目录清单，进一步整合整理涉企收费项目，根据上级规定及时调整收费标准。严格规范涉及民营企业的评比、达标、升级、排序、表彰等活动，力争为民营制造业减负。

二是进一步完善专项财政投入机制。深化区收入分配机制改革，从财政安排上着力调动制造业民企参与产业转型升级和发展区实体经济的积极性。发挥好推进转型升级、智能制造、科技创新、产业融合等专项资金的作用，扩大"服务券"和"四新券"等覆盖范围。完善区政府采购支持政策，试行对创新成果、智能产品的采购规定。

3.2.2 协助企业留住人才，发挥我区人才高地优势

一是出台并落实制造业人才保障专项政策。根据现行的《普陀区人才激励保障政策实施意见（试行）》《关于进一步促进普陀区就业创业工作的实施意见（2016—2018年）》，对符合条件的制造业人才实施补贴；制定财政资源适当向制造业倾斜的专项人才激励保障政策，特别是在落户、住房和子女教育等外来人才最关心的问题上寻求突破，真正保证制造业各层次人才在普陀区工作奉献无后顾之忧。

二是及时做好政策推送与解读工作。通过官方网站、微信、微博等渠道及时推送最新发布的人才保障相关政策与措施。建立更有效的政商联系渠道，提醒企业及时申报奖励与补贴。定期开展政策集中宣讲活动，并开通线上问答平台，促进人才政策的有效落实。

三是实现产业与教育深度结合。根据教育部发布的《制造业人才发展规划指南》（教职成〔2016〕9号），编制普陀区制造业人才发展规划，构建以区政府主导，院校企业为主体，多方合作共赢的人才培育机制。充分发挥区内华师大和同济两大高校的教育资源优势，开展高技能人才培训基地和技能大师工作室建设，对获得国家级称号的给予一定奖励。

3.2.3 制定企业保护机制，落实知识产权保护工作

首先，要在保护的前提下鼓励和支持一些传统制造业改造升级。对符合国家发展改革委《2016国家产业结构调整指导目录》（2016年末本）鼓励类的，达到一定设备投资

额的,按其实际设备投资额的一定比例给予奖励。对具有特殊价值的传统制造业企业,特别是工艺品、家具、艺术品生产企业要设立专项保护资金,同时加强引导其品牌意识,对获得商务部中华老字号认证的企业给予专项奖励。

其次,加强对区内民营制造业知识产权保护。根据国家知识产权局《关于严格专利保护的若干意见》《上海市专利资助办法》和《普陀区专利资助办法(试行)》,落实好专利资助工作。同时,定期邀请有关单位领导和律师开展专利、商标和版权等方面的宣讲活动,并为一些中小型企业发放免费法务咨询券。

3.2.4 实施"升制为智"计划,缓解企业转型多方掣肘

首先,开展"升制为智"计划,制定完善考评指标标准和奖励机制。利用我区目前已经建成机器人产业园及国家机器人检测与评定中心的优势,加速研发或引进工业机器人,率先在区内推广普及"机器代人"计划,对应用我区产业园设计生产或引进的工业机器人流水线、数控机床、智能仪表仪器等智能化设备的企业发放"购买补贴券",使其可以优先使用、优先受益、优先提效。此外,要做好验收工作,对智能化完成度高的企业实施奖励,进而带动全区智能化生产水平的提高。

其次,企业在科技创新和转型中面临的各项复杂问题,无法凭借扶持政策在一朝一夕脱困,政府应当针对企业所遇的具体问题提出具体的应对措施。例如,针对新产品综合税负率高、使得企业研发动力不足的问题,可以参照北京市的做法,企业用于技术开发费用的150%可以抵扣当年应纳税的所得额,如果当年抵扣不足,还可以在5年内结转抵扣。即若企业投入100万元科技研发费用,在企业缴纳所得税时可先从所得税中扣除150万元之后再纳税。

3.3 满足企业合理诉求,创造更好的发展环境

3.3.1 加快转变政府职能,打造"亲"上加"清"型政商关系

首先,要找好抓手,打造新型政商关系。习近平总书记指出,新型政商关系概括起来就是"亲"和"清"两个字。"亲"字要求着力构建政府与企业良性互动的政商机制和环境。可以以完善协商沟通渠道为抓手,特别是通过网络新媒体广开言路,在政务网、微信微博公众号等开通制造业民企专栏,从中搜集企业集中反映的一些问题。针对一些共性问题,由区政府领导定期或不定期召开多部门联席会议进行协商解决。"清"字则要求明确政企间界限,保证政务的公开与透明,对待国企和民企,对待大企业和小企业,要做到一视同仁。

其次,要加快从管理型政府向服务型政府转变,提升区政府机关单位服务效能。要充分运用互联网及大数据加强各部门之间的信息互联共享和协同服务,加大为企业提供优质、高效服务的力度,找到最便捷的服务提

供渠道,切实帮助企业解决在发展过程中遇到的困难和问题。另外,可学习其他区(市)开通"企业综合服务窗口",实现"五证合一、证章同发",减少企业麻烦。同时,要减少政府的过度服务,特别是减少一些实际效用不高的活动,避免给企业造成额外的负担和麻烦。此外,还应落实好《普陀区关于落实产业项目行政审批流程优化实施方案》和各部委制定的行政审批流程优化工作实施细则,进一步优化审批流程,简化审批手续,提高审批效率,保证企业在审批等环节少耗费精力。

3.3.2 深度推进产业融合,助推民营制造业实现与多产业联姻

一是引互联网"活泉",激民营制造业"活水"。要充分利用我区优质的互联网产业资源,积极支持"互联网+民营制造业"的发展。围绕民营制造业转型发展需求,大力发展包括大数据市场分析、电子商务平台、数据存储平台、线上产品定制、智能设计等制造业信息服务业。同时,要大力推动国家信息技术服务标准(ITSS)在我区的应用,鼓励我市重点软件企业和制造业企业加强ITSS的研究,积极参与ITSS的制订和实施。对每年进入国家级和市级的ITSS示范企业予以奖励。

二是靠金融业"专资",协民营制造业"富强"。调研发现,我区制造业民企在发展、转型、创新中对资金要求较大,资金不足早已是共性问题。一方面,合理加大"股权融资"力度,助推有实力的制造业民营企业上市;另一方面,建议提升融资担保行业,增加区内融资担保公司数量,优先发展政策性融资担保机构,服务于一些轻资产的小微企业。同时,鼓励企业以融资租赁的方式获得新设备。另外,要发挥好长风"上海普陀并购金融集聚区"优势,发挥好并购服务功能,支持区内龙头及大型制造业民企开展并购,特别是海外并购工作,不断做大做强。

三是融服务业"活力",延民营制造业"生机"。普陀区"十三五"规划要求着力形成以"5+X"现代服务业为主导的产业体系,同时要求加快发展科技服务业。推动形成覆盖科技创新链重要环节的科技服务体系。因此,要实施"智能制造"和"智慧服务"双轮驱动,大力发展以智能制造为核心的先进制造业与智慧服务为关键的生产性服务业。鼓励工业企业探索"制造+服务"的服务型制造新模式。依托桃浦科技智慧城等园区,开展工程总包、个性化定制、交易便捷化、产品全生命周期管理和模式创新等增值服务,引导企业向价值链"微笑曲线"两端延伸,创建一批市级服务型制造示范企业及示范项目,认定一批区级制造服务化转型示范项目,并给予表彰和奖励。

四是联物流业"高效",助民营制造业"降本"。依托区位优势,不断提升西北保税物流园区等物流产业集聚区能级,打造普陀区智慧物流体系,创新物流服务新业态,推动与先进制造业的深度融合发展。提供供应链一体化管理及物流整体解决方案,增强协同制造业提效、降本能力的物流企业;搭建跨境电商实体运作平台,鼓励制造业民营企业对接跨

境电子商务平台,促进对外贸易发展,更好地走出去。

五是享认证业"专检",推民营制造业"提质"。依托区域内科研资源和现有平台(如机器人检测与评定平台),发展标准化服务业,优化提升检验检测及国际认证产业。积极推进与国际惯例接轨的全方位检验检测认证服务,为制造业民营企业提供产销全过程的分析、测试、检验、计量等"专检"服务,支持符合条件的检验检测认证机构认定为高新技术企业,享受15%的企业所得税优惠税率。

六是倚设计业"专精",带民营制造业"增效"。调研及访谈发现,我区无具体生产业务的贸易及研发型公司占比较大,占所有类型的15%左右,依据此特点和优势,可促进工业设计与制造业深度融合。优化工业设计业发展环境,以"园中园"的模式打造若干区级、市级乃至国家级工业设计中心(园区):一方面筑巢引凤,引进国内外知名工业研发设计中心,鼓励民营制造业将研发设计总部设于普陀;另一方面利用我区科研优势,鼓励企业与华师大、电科所、同济大学等科研单位组建专业设计公司,服务制造业民营企业。通过定期组织区级工业设计大赛,打造普陀工业设计品牌,辐射长三角乃至全国。同时,全面提升设计创新能力,加快完善我区设计产业链。

3.3.3 完善三类服务平台,支持区制造业民营企业实现创新发展

首先,优化提升企业科技创新政务性服务平台。建设并完善一站式审批服务中心和政务性服务大厅,简化企业办理手续;完善网站、新媒体产业政策咨询发布平台,及时发布和解读最新政策;推广全程电子化登记及电子营业执照申办平台,开展企业名称登记改革试点,以便实施企业简易注销登记办法,促进市场准入和退出制度便利化。

其次,牵头搭建企业科技创新基础性服务平台。充分发挥现有智能电网用户端电气设备研发、机器人检测与评定、可信嵌入式软件、聚烯烃催化剂4家国家级科技创新公共服务平台和23家市级科技创新公共服务平台对民营制造业创新发展的促进作用。同时,搭建高水平创新载体,如"双创"服务平台、孵化器信息交互平台、公共技术平台、知识产权保障平台等有利于企业开展科创工作的助力性平台。

最后,引导搭建规范专项性服务平台。充分发挥专项服务平台锦上添花的功效,引导搭建并规范完善新兴产业标准化协作平台、投融资服务平台、跨界嫁接服务中心、制造业科技成果转化平台、产权交易平台、外贸服务平台、产学研联盟(依托武宁创新发展轴,实现官产学研园互动)、小微企业专项扶助平台、人才服务平台、法律服务平台等。

普陀区工商业联合会　供稿
主要完成人:马　毓　任甫清

专题报告十三

充分发挥民营科技企业在科创中心建设中的关键作用

2014年,习近平总书记对上海提出了建设具有全球影响力的科技创新中心的要求,浦东新区承担了上海建设全球影响力科技创新中心核心功能区的重大使命。上海市第十一届委员会第四次全体会议提出加快"五个中心"深度融合,提升上海国际科技创新中心的策源能力,同时,新区也制定"四高"战略构筑新时代浦东发展的核心优势,加快实施创新驱动发展,推进科创中心核心功能区建设。科创中心形成的根本驱动力是什么?浦东如何建成有影响力的科创中心?本文旨在探讨民营科技企业在科创中心建设中的作用,以及如何充分发挥它们的作用。

本文所称民营企业是指在中国境内除国有企业、国有资产控股企业、集体资产控股企业和外商投资企业以外的所有企业,并以科技类行业的民营企业为分析对象。

1 民营科技企业对于科创中心形成的关键作用

1.1 国内外主要科创中心形成过程

1.1.1 硅谷

硅谷是当今举世公认的全球科创中心。硅谷在19世纪末以农业为主,早期的淘金热、铁路、航运及港口和无线电通信的发展,为硅谷后期发展孕育了一定的基础。之后硅谷经历了以无线电为主的电子工业时代、半导体时代、微型计算机时代和互联网时代。在电子工业时代,出现了联邦电报公司、Magnavox、惠普、利顿工业、AMPex等企业,为硅谷培养了大批的无线电发烧友和电子工业人才,对硅谷高科技产业的诞生产生了深远影响,其中惠普成为伟大的公司。1956年,晶体管的发明者之一肖克利回到硅谷成立肖克利晶体管公司,一年后公司八位骨干工程师("八叛逆")辞职成立了仙童半导体,后又从仙童半导体衍生出了包括英特尔、AMD等在内的硅谷大多数半导体公司,主导了世界半导体产业。但是,硅谷并未停止创新发展脚步,随着英特尔和AMD等公司微处理器的发展,微型计算机时代来临,20世纪七八十年代苹果和微软创立,同时还诞生了甲骨文、SUN和思科等数据库和网络服务领域的知名企业,以及一批知名软件企业(如SGI硅图、Photoshop的奥比多、计算机辅助设计软件公司欧特克等)。20世纪90年代互联网的前身帕特网由于硅谷公司开发的浏览器问世获得了飞速发展,硅谷诞生了雅虎、网景、谷歌、ebay、PayPal等早期知名互联网企业。21世纪初,随着互联网社区化的发展,Facebook、Twitter、Skype、Youtube、Pinterest等互联网社交领域的公司纷纷诞生。如今随着人工智能的兴起,大量的人工智能初创公司又在硅谷诞生。除电子信息产业外,硅谷在生物科技和新能源、新材料领域也非常突出,诞生了梅菲尔德、应用材料、吉利德科学、基因泰克、阿米瑞斯、特斯拉等企业。2015年硅谷150强科技企业排名中年销售额最低也在1.5亿美元左右,年销售额100亿美元以上的有10家,50亿—100亿美元的有10家,10亿—50亿美元的有近30家。

硅谷在近100年的漫长时间里长盛不衰的最根本动力是无数创业企业诞生、成长和成为巨头并衍生更多创新企业的循环过程。

1.1.2 伦敦科技城

伦敦作为全球金融中心之一,早就蜚声世界,近几年因为伦敦科技城的兴起突然快速成为"欧洲科技创新中心"而声名远扬。伦敦科技城所在地伦敦东部、港口附近原来只是一个拥挤贫民区,20世纪90年代在政府引导下,一批年轻新锐设计师把工作室搬到这里,使这里迅速成为国际知名的艺术家聚集地。但是,在科技方面2010年初只有一个由85家科技企业和初创企业自发成长起来的高密度科技园——"硅环岛"。2010年11月英国首相大卫·卡梅伦把该地区升级为科技城,颁布了一项支持"迷你硅谷"发展的计划,把东伦敦区域建造成高科技产业中心。如今这里不仅吸引了众多科技巨头,也有Transferwise、Shazam、Wonga等20多家科技创业独角兽,还有超过4 000家科技创业公司,36家孵化器和加速器,70多个共享办公室。

东伦敦科技城原来是一个几乎被遗弃的重工业贫民区,虽然邻近地区有四所知名大学,但在科技城发展起来之前,这些大学并未把这个地区培育成高科技地区。科技城的兴起源于该地区被改造成为知名艺术街区之后,互联网科技创业企业自发地集聚,加上英国政府的助推才迅速发展起来。伦敦科技城成功的原因同样可以归纳出很多,显然,没有活跃的民间创业企业的集聚、发展,这一切都将成为空谈,科技城的快速崛起正是大量科技创业企业诞生成长的过程。

1.1.3 北京中关村

北京中关村被称为中国"硅谷",起源于中科院这座科学的金字塔下,几个勇敢的知识分子抛下铁饭碗,创办了第一家民办科技企业,自此中关村出现了一个富有生命力的民营科技企业群,并逐渐形成了"中关村电子一条街",建立了第一个新技术开发试验区。30多年来,中关村以民营科技企业为主体,遵循市场机制,从最早的联想、方正等计算机企业,到用友、金山、新浪、搜狐、百度、京东等一批知名软件和互联网民营科技企业,以及如今领先全国的人工智能创业企业。目前,中关村每 20 平方千米就有一家独角兽企业。

中关村是在中国最好的高校和科研院所圈里成长起来的,但中关村的起源及发展却是源于知识分子的"翻墙"创业行为,在中关村后期的发展过程中,民营科技企业一直扮演着主体角色。

1.1.4 深圳

20 世纪 80 年代初,中国宣布开发四个经济特区。深圳以"三来一补"低端加工贸易起步,短时间内出现了大量的手工作坊型企业,包括早期华为、中兴、万科在内的企业都曾经是其中的一分子。80 年代末、90 年代初深圳从传统的低端加工向电子工业转型升级。这个阶段有一大批的深圳本地民营电子企业为外资大企业做产业链配套,并有大量"山寨"和贴牌企业出现,许多民营企业在这个过程中快速学习和成长。与此同时,1987 年深圳市颁布了《关于鼓励科技人员兴办民间科技企业的暂行规定》,吸引了来自国内各地有胆有识的人才到深圳创业,"孔雀东南飞"一时成为那个时代的亮丽风景线。这些人员中以中高层科技人员居多,怀抱着到深圳干一番事业的梦想,具有很强的创业、开拓和拼搏精神,在深圳相对自由宽松的环境中,成长出了很多优秀企业。20 世纪 90 年代初深圳已有大量民间科技企业,60% 左右从事高新技术领域,其中电子和计算机行业就有 7 000 多家。90 年代后期至 21 世纪初期,在特区政策优势减弱后,深圳开始"二次创业",从外向型工业主导向自主创新转型升级,吸引和集聚了一批又一批国内外一流技术和管理人才到深圳创业。如今,深圳的民营科技企业已成为深圳创新发展的主体力量,成为深圳创新自我循环的核心部分。

深圳完全是在一张白纸上发展起来的,除了毗邻港澳和开发开放初期的经济特区政策,其他几乎一无所有。即便这样,深圳成为世界上用最短的时间建成的科创中心城市。深圳的成长过程带有较浓重的政府主导色彩,但整个城市的成长过程就是创新创业的发展过程,民营科技企业成为发展的主体力量,企业家的冒险和拼搏精神成为深圳核心的文化基因。

1.2 对科创中心形成因素的基本认识

从上述国内外不同历史时期、不同产业阶段、不同环境和基础条件下成长起来的四个科技创新中心案例中,可以总结出一些基本认识。

1.2.1 科创中心体现为创新要素的高度集聚

无论哪个时代、哪个区域的科创中心,其形成后都存在一些共同的特征,即创业企业、高端人才、科研机构、风险投资、专业服务机构等要素的高度集聚以及整体创新文化的形成。也可以说,科创中心的形成过程就是这些要素不断集聚的过程。

1.2.2 创新要素并非科创中心形成的先决条件

例如,大学或科研机构,早期硅谷的斯坦

福大学和加州大学伯克利分校并不是美国最好的学校,在波士顿有世界闻名的著名高校(哈佛大学和麻省理工)和128号公路周围的高科技产业园区,但波士顿没有成为硅谷一样的地区;我国深圳就是建在一个小渔村的基础上,即使现在其在科研设施方面也没有优势可言;而日本筑波集聚了一大批国家高等级设施,但并未成为一个有影响力的科创中心。再如,技术,信息产业时代的一些重大发明如晶体管、计算机、互联网、移动电话都不是在硅谷发明的,但硅谷领导了全球信息产业的发展。

1.2.3 具有活力的民间创业企业的诞生和发展是科创中心形成的核心路径

无论哪一个科创中心的形成,都离不开民营科技创新创业企业大规模的诞生、成长,并且这个过程在不同产业时代和历史阶段具有延续性和循环性。大量创新要素的集聚不是创业企业发展的动因,而是创业企业不断发展的结果。

1.2.4 科创中心最初的发展存在很多偶然因素,其中核心企业的诞生具有关键性作用

例如,被称为"硅谷之父"的肖克利老家在硅谷,他的回归带来了硅谷真正意义上的腾飞;中关村因几个大学教授不安于现状出来创业,结果诞生了早期的联想等一批明星企业,造就了中国的硅谷;杭州因为一个杭州人马云创办了阿里巴巴,迅速从一个旅游休闲城市变成全球的电子商务高地。

1.3 民营科技企业在科创中心发展过程中的作用机理

1.3.1 民营科技企业是科技成果产业化的"助推器"

著名学者弗里曼认为,技术创新就是指新产品、新过程、新系统和新服务的首次商业性转化。我国的傅家骥等学者也认为,企业技术创新是企业家对生产要素、生产条件、生产组织进行重新组合,以建立效能更好、效率更高的新生产体系,获得更大利润的过程。从国内外对创新的理解可以看到,创新不只是技术创造发明,而是生产要素和条件重新组合创造利润和财富的过程。与其他创新主体不同,民营科技企业的创立就是奔着科技成果产业化这个目标的。几乎所有的科技企业成立的初衷都是希望把自己掌握的知识转化为财富,而不是要获得某种发现或发明。为了持续保持自己的竞争力,他们也会持续保持创新的动力。然而,高校和科研机构进行的科技研究,往往是为了产生新的思想和技术本身,并没有产业化的机制和动力。国有企业因管理体制和利益机制等原因,动能不够强。因此,民营科技企业天生就是科技成果产业化的助推器。

1.3.2 民营科技企业是创新要素的"吸铁石"

民营科技企业要实现科技成果的产业化,它首先要做的就是获取并优化组合各种创新要素,如资金、人才、科技成果等。而且,

为了保持持续的市场竞争能力,它会不断获取更多、更优质的要素资源。各种人才、资金等要素就是奔着优秀创业企业而集聚起来的。因此,民营企业发展的过程就是吸收各种要素资源并优化组合的过程,是各类创新要素的"吸铁石",而不是这些要素堆砌的结果。

1.3.3 民营科技企业是科技创新的"原子核"

民营科技企业在一个区域诞生,会不断吸引创新要素集聚。随着创新要素集聚和原有科技企业的不断壮大,核心能量不断增强,裂变效应产生,会催生更多的科技企业诞生和集聚。众多科技企业集聚又带来区域性的规模效益递增,创业成本降低,创新效益增加,如此循环累积,产生强大的磁场效应,最终形成难以复制的科创中心功能。这也是为什么全球的科创中心只集中在少数几个地区的重要原因。

1.3.4 民营科技企业是创新文化的源头

民营科技企业天生就具备创新文化的基因。几乎所有的创业者都是不安于现状且具有敢闯敢试精神的人,他们放弃原有的生活,不希望按部就班地工作,希望用自己的知识和能力去改变世界、改变自己的人生。他们的成功又会激发更多人的创业激情。这些人聚集在一起,通过长时间的博弈、合作,慢慢会形成一种特定的创业文化,以至于后加入者也会很快融入这种文化。这种文化的形成,会促使区域的创新活力、创新能力、创新效率更加强化,从而成为该区域的主导性文化。

可以说,民营科技企业天生的特质决定了它们是科创中心的"发动机"。科创中心的形成过程本质上是一批批民营科技企业诞生、成长、壮大和裂变的过程,主要成果和标志就是民营科技企业不断涌现和集聚,并形成一批伟大的企业。

2 民营科技企业发展特征和规律分析

2.1 民营科技企业发展阶段及其特征

企业是一个社会组织,也是一个有机生命体,企业发展也有生命周期和不同发展阶段。国内外有不少研究专家对企业生命周期进行过专门研究,较著名的有美国最有影响力的管理学家伊查克·爱迪思以人的生命周期阶段来形容创业企业的发展过程,把企业的发展分成十个阶段:孕育期、婴儿期、学步期、青春期、壮年期、稳定期、贵族期、官僚化早期、官僚期、死亡(见图J13-1)。

按照民营科技创业企业在技术、产品、资金、销售和管理等方面不同阶段的显著特征,可以把爱迪斯的企业发展十个阶段归并为四个大的阶段,即创业初期、成长期、成熟期和衰退期,各阶段主要特征如表J13-1所示。

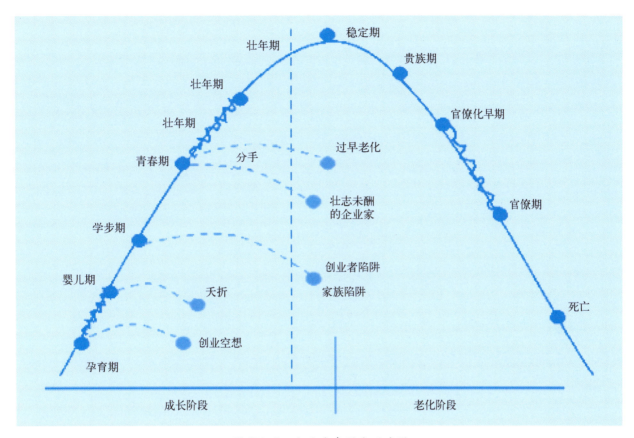

图 J13-1　企业生命周期示意图

表 J13-1　科技企业发展阶段特征

发展内容	创业初期(3—5年)	成长期(5—10年)	成熟期(8—10年)	衰退期(10年之后)
1. 产业背景	产业处于刚刚萌芽早期或发展初期	产业处于旺盛的爆发期	产业过了快速成长期,进入平稳发展期	产业出现天花板或已开始衰退
2. 团队	在组建过程中或还在组建完善,人数较少,在几十人至百人之间	核心团队已完全到位,团队稳定,人数超百人	企业规模较大,人数上千人	团队开始动荡,企业人数继续增长或减少
3. 技术	构想、探索、开发、初步验证	开发完成,市场逐步验证和完善,继续创新	很成熟,壁垒和门槛降低,逐渐出现新技术	替代技术逐渐成熟,老的技术缺乏生命力
4. 产品	构想、落地、开发、初步验证	开发完成,落地和产业化方案都已成熟,批量销售	产品已很成熟,产品系列丰富,新产品出现	老产品逐渐被新产品替代,产品缺乏创新
5. 商业模式	构想、探索、开发、初步验证	初步验证完成,市场中验证完善,构筑壁垒和优势	非常成熟,壁垒和优势降低,新模式出现	新模式替代老模式,企业缺乏模式创新

续表

发展内容	创业初期(3—5年)	成长期(5—10年)	成熟期(8—10年)	衰退期(10年之后)
6. 销售	没有销售,或少量样品和非主流产品销售	大批量销售,迅速占领市场,市场份额快速上升	渠道成熟,销售和市场份额稳定	缺乏新的渠道拓展,销售和市场份额下降
7. 资金	没有或少量收入,大量投入,依赖融资,A轮之前,贷款和风险投资等融资较困难	收入急剧增长,优秀企业年增幅翻倍以上,不缺钱,融资为了构筑壁垒、快速扩大规模,容易贷款,风险投资追逐	收入增长变慢,但进入稳定循环,优秀企业已上市,基本无须融资,进行生态扩张	收入下降,不能维持良性循环,新领域拓展不顺,资金逐渐出现问题
8. 管理	自由、随意,组织机构不完整,以适应发展为原则,依赖信任关系和自发精神	组织机构逐渐完善,形成管理体制和机制,管理更规范化	组织机构规模大,更多依赖管理机制的流畅和效率	组织机构庞大臃肿,管理和沟通机制不顺畅,效率降低
9. 文化	顾不上文化建设,创始团队思维、性格及作风无意中形成公司文化,以创新创业文化为主	自发的文化意识形态逐渐清晰成形,有意识、有规划地构建企业文化	文化固化并融入管理运营机制中	未能坚持优良的文化,或文化已经不合时宜,缺乏创新

注：表中为各发展阶段企业的普遍特征,不排除一些特别的案例

根据全国工商联统计：中国私营企业的平均寿命只有2.9年,85%的企业将在10年内消亡;日本企业的平均寿命为30年,是我们的10倍;美国企业平均寿命为40年,是我们的13倍。国内企业平均寿命较短主要原因是中小企业创业者的整体素质不够高,发展环境存在融资难、融资贵、市场和竞争秩序不完善等问题。

2.2 民营科技企业成功要素分析

成功的民营科技企业至少是能走到成熟阶段,完成整个生命周期,其中的杰出企业能够成为产业领域巨头或垄断型企业。民营科技企业成功的因素很多,如果把众多企业成长过程比作盛大的比赛,主要成功因素可概括为"赛道""赛车""赛手"和"赛制"四大方面的合力。

2.2.1 赛道

赛道是指企业所在的产业领域,主要有两大因素。一是产业趋势。趋势是最大的力量,趁着趋势之风企业能走得更快、更远。每个产业变革趋势里都能产生一些巨头,它们是产业生命周期中充分竞争剩下的几家强者;反过来,产业巨头诞生和长成也一定是某个产业爆发或延续的结果,逆趋势而动要获得巨大成功是非常困难的。因此,成功的企业都有对产业趋势的敏锐感悟力。二是产业

规模。产业领域规模和延展空间越大,需求越大,机会越多,能够容纳企业越多,越能产生超大规模的企业,跑在前面的企业成为产业巨头的概率大;相反,产业规模小的细分领域只能产生专业型的小龙头企业。不过,产业巨头形成过程实际也是从细分领域逐级扩展到更大的行业和产业领域的过程。因为,企业在创业初期规模小、力量小,业务难以覆盖大而杂的领域,而需要在细分领域专注聚焦成为细分龙头,在实力壮大之后逐步扩展到大的领域。总体而言,巨头所在的大产业领域一定具有超大市场容量和规模,有足够空间可让优秀企业充分扩展。

2.2.2 赛车

赛车主要是指商业模式。同样的赛道里,有好赛车,才能跑得更快、更远。商业模式是资源组合的方式,是创业者的商业创意,来自丰富的机会,并逻辑化和创造性地组合。由于商业模式是各种资源(包括资金、原材料、人力资源、作业方式、销售方式、信息、品牌、知识产权、企业环境、创新力,又称输入变量)的组合,组合过程复杂,形成后能够建立较好的壁垒,使竞争对手难以复制,从而具有较强的竞争优势。有一个好的商业模式,成功就有了一半的保证。同一个产业趋势和产业领域里,特别是较大的产业领域和趋势,会有许多参与者,商业模式好的企业最终胜出。

2.2.3 赛手

赛手即企业团队。伟大的企业都有良好的基因,这些基因正是来自创始团队的优秀品质。成功企业的团队必须在产业趋势把握、商业模式探索、技术和产品开发、战略规划、市场拓展、企业管理和运营以及创新意识等各方面都有很强的综合能力。团队核心创始人往往具有像革命家一样的企业家精神,创业过程就像革命一样,是开创从未有的事业,是从 0 到 1 直到 N 的过程。因此,创业企业成功与否,团队是最核心的要素,所有的事情都是人做出来的。许多企业的失败,归根到底是源于创始团队的基因缺陷。

2.2.4 赛制

赛制主要指企业成长的政治、政策环境和氛围。赛道、赛车和赛手都具备了,也未必能成功,赛制也很重要。马云在北京和上海都曾努力尝试过,都未成功,回到杭州后才顺利发展,原因正是三地政治氛围和政策环境不同。创新创业文化中的自由、开放、宽松、冒险等因素,很大程度上来自当地相对宽松的文化环境,使得市场因素能够充分发挥作用。

3 浦东民营科技企业发展现状

3.1 民营企业总体情况

根据工商注册信息,截至2017年,新区工商登记注册企业 287 963 家,其中私营企业 247 185 家,占 85.8%,民营企业在数量上已成为浦东企业的主体(见表 J13-2)。

表 J13-2　截至2017年工商登记注册企业情况

企业类型	企业数（家）	占　比
注册企业总数	287 963	100.0%
国　有	16 793	5.8%
私　营	247 185	85.8%
外　资	23 985	8.3%

民营企业在数量上已成为绝对主体，但经济规模还不够大，经济贡献比例不高。根据2013年经济普查数据，由私人控股和其他控股组成的民营企业数占比合计达到了82.5%，但民营控股性质的企业营业收入、利润和税收占比分别为48.0%、35.8%、26.4%（见表J13-3）。

表 J13-3　2013年经济普查企业控股性质结构

控股类型	企业数占比	营业收入占比	利润占比	税收占比
国有控股	3.8%	13.8%	37.0%	52.5%
集体控股	3.4%	2.5%	8.0%	1.9%
私人控股	78.1%	42.1%	27.5%	20.3%
港澳台商控股	3.3%	9.5%	3.7%	7.8%
外商控股	7.0%	26.3%	15.4%	11.4%
其　他	4.4%	5.9%	8.3%	6.1%

3.2　浦东民营科技企业主要情况

3.2.1　浦东民营科技企业总体经济贡献小

民营科技企业目前还缺乏专门统计口径的统计数据，我们通过科技类行业的民营企业情况来进行大致分析。由于2013年经济普查的企业数据最为全面，本文以该数据为基础进行分析。

从表J13-4中20个与科技相关的主要行业情况看，这些行业中2013年民营企业的数量占比都已达到六成以上，但20个行业民营企业营业收入、利润和税收合计分别占浦东企业营业收入总额、利润总额和税收总额的比例为9.2%、18.6%和10.0%。民营科技企业的经济贡献总体很小。

分行业看，各行业中民营企业收入和税收占比（指各行业中的民营企业收入占该行业营收和税收总收入的比例）也普遍在四成以下，行业差异较大。其中，新闻和出版业、电信广播电视卫星服务业、通用设备制造业、软件和信息技术服务业四个行业民营企业营收占比五成以上；计算机通信和其他电子制造业、研究和试验发展、科学技术服务、生态环境治理四个行业营收占比也能达到三成以上。

表 J13-4 主要科技类行业 2013 年经济普查民营企业收入占比

行　　业	营业收入占比	税收占比
1. 医药制造业	10.2%	13.2%
2. 通用设备制造业	52.3%	71.2%
3. 专用设备制造业	18.1%	27.4%
4. 汽车制造业	21.8%	37.4%
5. 铁路、船舶、航空航天制造业	4.9%	0.6%
6. 电气机械和器材制造业	10.9%	53.2%
7. 计算机、通信和其他电子设备制造业	34.4%	57.5%
8. 仪器仪表制造业	3.3%	25.8%
9. 电信、广播电视和卫星传输服务	80.3%	79.3%
10. 互联网和相关服务	0.7%	0.5%
11. 软件和信息技术服务业	57.1%	74.5%
12. 资本市场服务	33.7%	50.3%
13. 商务服务业	8.6%	8.4%
14. 研究和试验发展	8.6%	8.1%
15. 专业技术服务业	38.9%	47.3%
16. 科技推广和应用服务业	37.9%	34.8%
17. 生态保护和环境治理业	31.0%	45.1%
18. 新闻和出版业	36.4%	32.7%
19. 广播、电视、电影和影视录音制作业	98.2%	97.9%
20. 文化艺术业	2.8%	2.9%

3.2.2　2014—2017 年重点科技行业民营企业数量显著增加

从 2014 年以来新注册企业的行业分布看，民营科技企业所在的主要大类行业制造业、信息传输软件和信息技术服务业、科学研究和技术服务业企业在新增民营企业中的总体占比还不高，2017 年三类行业合计占比 30% 左右。其中，制造业由于浦东制造成本上升，新注册民营企业逐渐萎缩，几乎快要消失，2017 年只有 16 家；但信息传输、软件和信息技术服务业的占比逐渐提高，2017 年比 2014 年增长了一倍左右，科学研究和技术服务业也新增了近一倍（见表 J13-5）。

表 J13-5　2014—2017 年各行业新注册企业中民营企业的占比

行　业　分　类	2014 年	2015 年	2016 年	2017 年
1. 农林牧渔	0.2%	0.1%	0.1%	0.1%
2. 采矿业	0.0%	0.0%	0.0%	0.0%
3. 制造业	1.1%	0.1%	0.1%	0.0%
4. 电力、热力、燃气及水生产和供应业	0.0%	0.0%	0.0%	0.0%
5. 建筑业	3.2%	2.5%	3.8%	5.1%
6. 批发和零售业	39.5%	36.2%	34.8%	28.0%
7. 交通运输、仓储和邮政业	2.7%	1.6%	1.3%	1.7%
8. 住宿和餐饮业	0.6%	0.9%	1.9%	2.1%
9. 信息传输、软件和信息技术服务业	4.8%	6.1%	8.9%	9.1%
10. 金融业	3.1%	4.5%	0.9%	0.2%
11. 房地产业	0.9%	0.7%	1.5%	1.8%
12. 租赁和商务服务	29.7%	31.4%	23.4%	20.8%
13. 科学研究和技术服务业	12.0%	12.6%	17.1%	21.2%
14. 水利、环境和公共设施管理业	0.1%	0.1%	0.1%	0.1%
15. 居民服务、修理和其他服务业	0.7%	0.6%	0.7%	1.0%
16. 教育	0.1%	0.0%	0.1%	0.6%
17. 卫生和社会工作	0.0%	0.0%	0.1%	0.2%
18. 文化、体育和娱乐业	1.2%	2.6%	5.2%	8.0%
合计	100.0%	100.0%	100.0%	100.0%

3.2.3　各科技类行业的龙头企业中民营企业少

从各科技类行业的龙头企业看，浦东本土成长起来的民营科技龙头企业不多，至 2016 年年底，10 亿元以上收入规模的民营企业不到 20 家（科技类行业 10 亿元以上收入企业总共在 130 家左右），50 亿元以上收入规模的更是凤毛麟角（见表 J13-6）。各科技行业的龙头企业仍以外资（纯外企分公司）和国企为主。

表 J13-6　2016 年主要科技类行业营收 10 亿元以上的民营企业

序号	单位详细名称	行　　业	营收规模（元）	上市情况
1	上海药明康德新药开发有限公司	医学研究和试验发展	10 亿—50 亿	A 股
2	上海微创医疗器械（集团）	医疗器械制造	10 亿—50 亿	A 股

续表

序号	单位详细名称	行业	营收规模（元）	上市情况
3	瑞庭网络技术(安居客)有限公司	软件开发	10亿—50亿	58同城收购
4	前锦网络信息技术(前程无忧)	软件开发	10亿—50亿	纳斯达克
5	格科微电子(上海)有限公司	集成电路设计	10亿—50亿	未上市
6	展讯通信(上海)有限公司	集成电路设计	50亿元以上	紫光收购
7	上海绿谷制药有限公司	中成药生产	10亿—50亿	未上市
8	上海胜华电缆厂有限公司	电线、电缆制造	10亿—50亿	未上市
9	上海艾郎风电科技发展有限公司	发电机及发电机组	10亿—50亿	未上市
10	上海贝思特电气有限公司	轻小型起重设备	10亿—50亿	未上市
11	上海聚力传媒技术有限公司	信息系统集成服务	10亿—50亿	未上市
12	上海万得信息技术股份有限公司	软件开发	10亿—50亿	A股
13	上海岱美汽车零部件有限公司	汽车零部件及配件	10亿—50亿	未上市
14	科博达技术有限公司	汽车零部件及配件	10亿—50亿	未上市

3.2.4 浦东民营科技企业发展水平比较分析

由于浦东本土民营科技企业龙头企业较少，在国内外具有影响力的民营科技企业更少。在全国工商联发布的中国民营企业500强中，在浦东的民营企业7家上榜，其中民营科技类相关企业只有1家上榜，胜华电缆集团以164亿元的营业收入位居第362位。然而，深圳却有26家民营企业上榜，科技类相关企业10多家；北京则有14家民营企业上榜，科技类相关3家。在全球500强排行榜中，深圳和北京也有部分民营科技企业上榜，而浦东没有一家(见表J13-7)。

浦东独角兽级别的民营科技企业也比北京、深圳少很多。根据科技部公布的2017年164家独角兽民营科技企业，北京70家、上海36家、杭州16家、深圳15家，浦东只有9家(陆金所、复宏汉霖、三宝国际医疗、姚明明码、沪江网校、波奇网、七牛云、WIFI万能钥匙、安翰医疗)(见图J13-2)。

表J13-7 主要地区国内外具有影响力的民营科技企业情况

地区	全球500强（民营科技企业）	中国民营企业500强（科技企业）
浦东	无	胜华电缆
北京	京东、美的	联想、京东、百度
深圳	华为	华为、腾邦、创维、研祥、欧菲光、华星光电、华强集团、魅族科技、瑞声科技、华讯方舟

从创新相关的具体数据看，浦东不仅优秀民营科技企业明显少于北京和深圳，其创

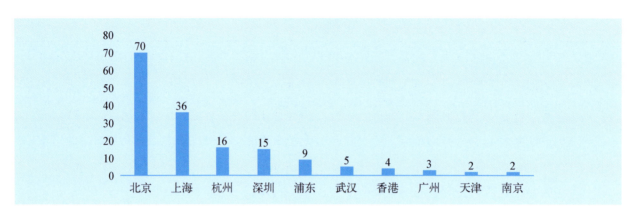

图 J13-2　2017 年科技部发布的主要城市独角兽企业数量

新基础能力整体不及这些地区。浦东国家高新技术企业数不及中关村的 1/4、深圳的 1/5；专利授权是北京的 1/6、深圳的 1/5 左右，国际 PCT（专利合作条约）专利不到北京的 1/6、深圳的 1/20；技术合同成交金额不及中关村的 1/5；孵化平台是北京海淀区的 1/2、深圳的 1/5，孵化企业是海淀区的 1/6、深圳的 1/3（见表 J13-8）。

表 J13-8　主要创新指标浦东与北京、深圳比较

主要指标	浦东	北京	深圳
2017 年上市公司数	200 家左右	520 家左右	350 家左右
国家级高新技术企业数	2016 年 1 711 家	2017 年中关村 8 989 家	2016 年 10 988 家
2016 年授权专利	15 512 件	100 578 件	75 043 件
2016 年 PCT 国际专利	少于 1 000 件	6 651 件	19 648 件
2016 年 R&D 经费支出	320.95 亿元	1 484.6 亿元	842.9 亿元
2016 年技术合同成交金额	280.6 亿元	中关村海淀园 1 523.9 亿元	
2016 年孵化器等孵化平台	97 家	北京海淀区 194 家	447 家
2016 年孵化企业	3 116 家	北京海淀区 21 391 家	8 548 家

4　浦东科技企业创业环境分析

4.1　浦东创新创业环境在国内总体有优势，但落后于领先地区

根据广东省社科院连续三年（2014、2015 和 2016 年）做的《中国区域孵化能力报告》，浦东的区域创新孵化能力在全国排名靠前（根据孵化企业、孵化成果、孵化平台和孵化人才综合评分），但落后于深圳南山和北京海淀（见图 J13-3）。浦东在孵化企业（指本地的高新技术企业）、孵化成果（专利等科技转化成

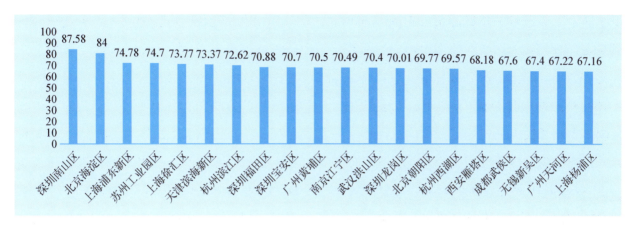

图 J13-3 2016年中国各区域孵化能力评分及排名

数据来源：广东省社科院《2016年中国区域孵化能力报告》

果)、孵化平台(孵化器、创业园等双创平台)和人才(人才资源)方面都显著落后于南山和海淀,四个方面在全国各区域中分别排名第3、第9、第14和第6名。

4.2 浦东创新环境的核心问题是内在创新动能不足

区域创新环境的形成具有一定历史发展渊源和文化因素。浦东开发由于当时所处的历史阶段和区域定位不同,这对浦东的创新环境和文化产生了关键影响。

一是在发展导向上以外向型为主导。浦东开发是在我国改革开放进行到一定阶段,国内各种矛盾有所激化,对改革开放的认识也出现偏差的背景下,中央做出的进一步扩大开放、提升开放层次的一个重大决定。因此,浦东开发之初,就把外向型作为浦东的一个最重要导向,外资在浦东整个发展过程中起到了十分重要的作用。2016年,浦东实到外资仍达70.4亿美元,而整个深圳市才67.3亿美元,北京海淀区仅18.9亿美元。1999年

图 J13-4 浦东开发以来工业总产值按注册类型构成

以来浦东工业产值中外资占比一直在六至七成左右,2016年占63.7%(见图J13-4),而深圳为41.0%,北京海淀为37.8%。以外资为主导的外向型经济结构,对浦东自主创新的原动力产生了较大影响。

二是在发展重点上注重多功能,特别是金融、贸易和航运等功能的发展。与深圳不同,浦东是中国最大的经济中心——上海的一个区,围绕提升城市的核心功能开发是浦东开发的必然选择。20世纪90年代以来,上海市的城市规划都是围绕经济、金融、航运和贸易"四个中心"为主导的发展格局,直到习近平总书记提出建设全球影响力的科创中心之后,才把科创中心作为重要发展目标。虽然上海在1999年提出"聚焦张江"策略,但创新创业积累比北京和深圳差了10年以上。我们看到,北京和深圳目前已经成长起来的知名民营科技企业,创立时间多是在20世纪90年代初和2000年前后,而浦东目前较突出的民营科技创业企业创立时间基本以2000年以后为主。

三是发展模式上以政府主导为主,大项目的招商引资成主要动力机制。浦东采用了开发区模式,且重点发展的金融、航运、贸易等产业在当时环境下也都是政府主导的,因此通过政府强力引资实现超常规发展是浦东开发之初的主要模式,招商引资一贯被视为浦东发展的"生命线",这是浦东在20世纪90年代和21世纪初能够高速发展的关键原因。长期招商引资模式形成了重视大项目、大企业、大机构的思维定式,忽视中小企业和创新创业企业的发展,大多数资源都集聚在大企业、大项目等上面。例如,浦东目前累计吸引跨国公司地区总部270余家,占上海全市的45%,这与浦东长期较大力度的总部政策有关。即使是科技创新类政策也以招商引资和技术平台、研发中心等为主。根据对2011年至2016年新区主要科技和产业政策及上级重点配套政策近700家补贴单位(包括平台和企业)的调查分析,在本次调查汇总的20多亿元补贴资金中,只有一成左右的资金补贴给了成立5年以内的创业企业,其余补贴对象主要为大项目、大中型企业和各类平台。

四是在文化氛围上以"成功者文化"为主。上海长期作为中国的经济中心城市,其城市优越感很强,且以金融、航运、贸易、总部等产业功能为主导,这些大多是"成功者"玩的行业,加上上海完善的综合配套体系,吸引了很多"功成名就"的人,整体文化氛围中冒险和拼搏精神不足,自我满足、求稳、讲究生活情调等方面比较多,对草根企业创新不够尊重与包容,对民营企业支持力度较小,限制了更多一流人才从500强的高档写字楼走向位于地下室、民房、车库的创业公司。然而,北京城市文化中有更多的理想主义色彩,能为科研人员"下海"和大批"北漂"创业创造宽松的政策环境;深圳则是敢闯敢试的冒险家的乐土(见表J13-9)。

总体而言,浦东在发展导向、发展重点、发展模式和文化意识等方面,对创新创业企

表 J13-9　浦东与中关村、深圳的文化比较

比较视角	浦　东	中关村	深　圳
重点支持对象	外企、国企	本土科技人员	国内新移民
地域特点	海派文化，崇尚"高大上"，对草根创业关注不多	本土意识强烈，建设基于学缘、业缘的创新集群	开放、多元、包容的移民文化，敢为天下先
主要优势	频繁的国际交流带来的创新思维	官产学研一体化激发科技人员"下海"创业	"特区"环境催生强烈的自由意识和市场意识
冒险精神	谨慎有余、冒险不足	"翻墙"意识和行为	敢闯敢试
合作方式	中外跨国合作	产学研合作	产业链分工合作

资料来源：《上海浦东新区、北京海淀区、深圳市创新创业环境比较研究》，曾刚等

业重视不够，形成了以外资和大企业为主体的经济结构和创新体系，而不是以民营创业企业为主体。外资企业设立的地区总部或研发中心，管理者多为外派或当地职业经理人，主要目的是开拓市场，创新利益驱动和机制灵活性大大受限。大量外资集聚，对民营科技企业成长所需的市场、产业链、成本和政策资源等环境都产生了深远影响，有些产业（如汽车）整个产业链外资企业居多，不利于民营科技企业发展，内在创新动能较难形成。

5　浦东民营科技企业的发展需求及相关政策建议

5.1　浦东民营科技创业企业发展需求

根据对1 000多家浦东初创科技类企业的问卷调查，科技创业企业在发展中碰到的问题主要有：首先是市场、成本、人才和资金等问题，这些方面也是企业发展最为核心的问题，需要通过外部资源积累和环境匹配才能解决；其次是企业自身技术研发、产品落地和量产等通过内部努力可以解决的事项；再次是所在地区商业和生活配套环境等问题（见图J13-5）。

与企业在发展中碰到的问题相对应，浦东科技创业企业最希望得到的政府扶持也主要围绕资金、市场和人才方面，其次才是商务、政务和生活设施等公共服务配套（见图J13-6）。

5.2　浦东与国内外先进地区创新政策比较分析

5.2.1　硅谷

由于体制的不同，硅谷地区的政府总体上不如国内各地那么积极主动地推动创新，更多依赖市场和企业的自主行为，政府主要是营造创新环境和保护创新。主要有以下方面措施：税收方面，对研发支出进行税收激励和支出抵免，对风险投资降低税率或税收优惠；金融环境方面，创造有利于风险投资集聚的环境，硅谷集聚了美国40%左右的风险投

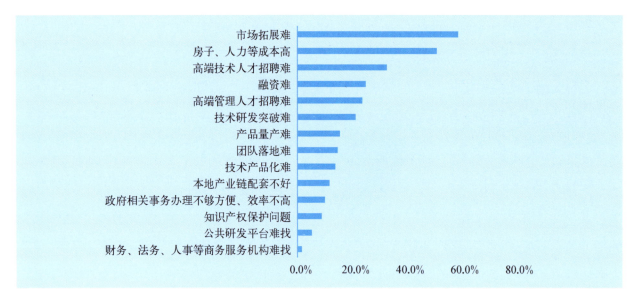

图 J13-5　浦东科技创业企业发展中碰到的主要困难

图 J13-6　科技创业企业最希望得到的政府支持

资,纳斯达克有成熟的证券交易市场;人才方面,美国有股权税收优惠、员工养老金 EET 模式等政策,根据产业和科研发展修改移民法,硅谷也有股票期权政策等激发科技人员的积极性,并吸引世界各地的人才流入;政府采购方面,美国政府采购长年占财政支出 30% 左右,硅谷地区的政府采购在发展初期和发展过程中都起到了重要作用;知识产权方面,美国和硅谷历来非常重视知识产权保护。

5.2.2　中关村

从 20 世纪 80 年代末以来非常重视自主创新环境营造,出台了众多创新政策。目前中关村国家自主创新示范区政策数量近百项,涵盖人才、财税、技术创新、科技金融、产业发展、创业服务等方面,已形成较为完整的政策体系,政策力度较大。

5.2.3　深圳

深圳 20 世纪 90 年代以来一直非常重视

科技创新环境建设,政策的系统性和延续性较强。在2016年出台了《关于促进科技创新的若干措施》《关于支持企业提升竞争力的若干措施》《关于促进人才优先发展的若干措施》三大措施,100多个政策着力点,涵盖创新科技管理机制、产业创新能力、对外合作、创新生态体系、人才发展等各方面的完整的政策体系。2017年深圳又出台了"十大行动计划",并大力推进深港澳大湾区的科技创新合作。

5.2.4 浦东

浦东出台过对中小科技企业的创新政策,其中招商引资类和对大中型科技企业(年收入要求一般在1 000万元以上)政策较多。浦东已出台的科技类政策主要为科技发展基金政策,该政策已实施多年,尽管根据新的时代背景,不断有改进的需求,但是总体在推动创新创业方面发挥了不容忽视的突出作用,对不同层面企业也有很强的吸引力,成效不容忽视。但是,该政策的力度在某些方面也存在小且分散的不足。对近1 200家创业企业的调查显示,有500多家初创企业获得过补贴,但补贴金额超过40万元的不到40家,超过100万元的只有20家左右,其余400多家全部为40万元以下的小金额补贴(主要为房租、研发费、创新资金补贴)。

5.3 浦东发展民营科技企业的主要政策建议

根据前述分析,民营科技企业在科创中心建设中发挥着核心的作用。从目前情况看,浦东民营科技企业的发展并没有显著的优势,因此如何集聚和培育更多更优秀的民营科技企业,这是浦东建设科创中心核心功能区面临的最重要课题。根据我们对民营科技企业发展规律、浦东科技企业的实际需求以及各地的政策环境比较分析,提出如下6项政策建议。

5.3.1 把发展民营科技企业作为科创中心建设的路径之一

要深刻把握科创中心建设的规律,从理论上和思想上充分认识"企业是创新的主体"这一基本论断,特别是深刻认识民营科技创业企业的发展是形成科创中心的原动力之一,把吸引、培育和壮大民营科技创业企业作为建设科创中心的重要任务,这一点要在全区上下形成共识,全面营造适应民营高科技企业发展的制度、政策、配套环境及文化氛围。

5.3.2 聚焦未来大趋势中自身有优势的领域

任何科创中心的形成都是抓住了新一轮产业技术变迁的历史机遇。当前,以人工智能为核心的智能化时代极有可能成为新的科技时代。智能化是信息时代的纵深发展,浦东几十年的开发开放已经在集成电路和软件、互联网、大数据、云计算等信息产业领域具有较好的产业基础,并且长三角具有巨大的应用市场支撑,浦东务必要抓住这个历史机遇。集成电路是信息产业发展的基础,也是我国目前非常薄弱的环节。集成电路作为浦东开发初期就确定的主导科技产业,经过几十年的积累,目前已形成了较完善的产业链和人才高地。浦东应充分发挥优势,以突破高端芯片的国际垄断为己任,为国家科技创新战略做出贡献。此外,生物医药、养老保健等大健康领域是社会发展到一定阶段的必然趋势,浦东在技术、市场和人才方面也具有很大潜力。因此,建议浦东未来应重点关注智能化、高端集成电路和生命健康这几个关键领域。

5.3.3 围绕科技创业企业的核心需求制定政策措施

一个区域创新环境的提升需要在很多方面下功夫,包括制度、政策、服务配套、生活配套、生态环境、区域文化等,而且需要长期的努力和积累,但其中科技企业本身的集聚、成长和合作体系的形成仍然是最重要的,它们本身也是其他环境逐步完善和提升的主要推动力量。因此,针对科技创业企业发展的核心需求来制定政策措施是非常关键的。根据调查,科技企业早期发展最核心的需求是资金、市场、人才和降低研发成本,政府的政策措施应围绕这些需求来设计。

一是资金需求。最直接的手段就是财政扶持政策,在区位相当且各地都出台财政政策的情况下,政策是吸引早期创业企业的重要因素。同时,政府的支持只能解决某个阶段的部分资金需求,风险投资才是更为持续的资金来源,因此政府应通过引导资金配置、风险补贴和早期投资奖励等措施加强风险投资对早期创业企业的投入。

二是人才需求。根据调查,企业最关心的人才问题是能够吸引和留住中间层的骨干力量,目前住房、税负和子女教育等问题仍然是企业留住人才的最大困难,需要重点解决。特别是其中的人才住房问题,这是高房价的上海留住人才的最大障碍,建议把大力发展人才公寓作为营造浦东创新创业环境的重点措施。

三是市场拓展需求。创业企业的市场话语权很弱,尤其是科技企业多数是面向未来的新产品,市场接受需要过程,政府在这些方面可采取积极措施。一方面可在示范试用、政府采购等方面优先给予支持;另一方面在产业链对接和产业生态构建方面可采取一定措施(如构建产业联盟等)。

四是技术研发需求。早期科技企业最大的成本除了人才外,不少行业的研发成本高昂,如集成电路、生物医药等,要继续有针对性地支持共性研发平台的发展,尽最大努力降低初创企业的研发成本,提高研发效率。

5.3.4 根据不同行业和发展阶段采取不同的扶持策略

生物医药、集成电路等行业,其基础研究性较强,前期投资量大、研发周期长,但科技含量高、前景大,浦东有优势。对这类行业早期支持力度要大些,但由于风险也高,要优化择优机制和渐进扶持机制。对终端产品类和软件类的,早期以帮助其搞出原型产品为目标,再根据市场的认可度按业绩扶持。从发展阶段看,早期企业最大的痛点是资金和市场,这个时候,政府对其中的优秀企业要让它们有把东西做出来的机会,同时可通过体制内单位的试用、政府采购等手段助其把产品推向市场。对中后期而言,企业人员、成本都大幅增加,应重点考虑根据其业绩予以奖励(通常与税收挂钩),以降低其成本。

5.3.5 在扶持对象上要把优秀创业企业放在最优先位置

原有政府政策通常的做法是大力扶持政府认为企业必需的那些要素,如知识产权、人才、科研活动等要素以及研发机构、成果转化平台等要素机构,把它们设计成各种项目,然后由各个部门把守。但是,这些要素的最终需求者都是企业,没有创业企业,这些要素要么无法生存,要么就是奔着政府补贴来生存的,而且没有创业企业的整合,这些独立的要素也是无法发挥作用的。建议把优质创业企业作为最主要的扶持主体之一。目前浦东已经在做科技发展基金,浦东科技发展基金中的科技型重点创业企业专项中,已把获得风险投资作为重要的考量指标之一。选择好企业最直接的办法是跟着市场走,早期看风投(投资机构认可),后期看业绩(市场的认可)。对特别早期的初创企业,鉴于我国风投现阶段的风格(急功近利的多),政府为扩大创业基础,可以通过组织评审来支持一部分,但以投资机构为主而不是专家学者为主导。后期就看营业收入或税收的规模及增长。

5.3.6 扶持政策要突出重点,精准施策,加大力度

政府的扶持政策要能帮助企业渡过难关,在总体预算有限的前提下,政策的广度和深度之间、普惠和公平之间,本身就存在此消彼长的关系,关于如何突出重点、精准施策,科技管理部门也在不断探索,不同的专项针对生命周期不同阶段的企业。同时,尽管科技企业由于其特殊性,有较长的孕育期和较大的不确定性,但是关于财政奖励措施,还是要符合"与贡献相匹配"的新区政府总体导向。浦东在区位条件上与中关村、深圳等也是各有优劣,因此地方政府的政策是企业选择的重要因素,必须使出比中关村、深圳等要大得多的力气。当前的现实途径就是吸引一批、培育一批、壮大一批优质潜力企业,因此出台的政策要引得进好企业、留得住好企业,要对企业的发展有实质意义。

浦东新区工商业联合会　供稿
主要完成人:钱伟国　叶　森

2018

下篇　理论研究

上海民营经济

专题报告一

民营企业与品牌建设

品牌是企业参与市场竞争的核心资源,也是衡量企业和国家综合竞争力的综合体现。习近平同志指出,要推动中国制造向中国创造转变,中国速度向中国质量转变,中国产品向中国品牌转变。这"三个转变",为我国在新形势下建设品牌强国,提高经济发展质量和效益,提供了科学指针和根本路径。

经过改革开放40年的发展,我国经济取得了突飞猛进的进步,已成为世界第二大经济体、第一制造大国,有二百多种产品产量居世界首位。但是,从另一方面也应看到,我国"制造大国,品牌小国"的状况尚未根本改变,品牌建设水平滞后于经济发展,产品质量不高、创新能力不强、企业诚信意识淡薄等问题比较突出。在由诺贝尔经济学奖得主蒙代尔领衔的国际知名专业机构"世界品牌实验室"发布的2017年世界品牌500强中,美国上榜品牌有233个,法国、英国分别有40、39个,日本有38个,而我国只有37个。国家知名机构2016年发布的国家品牌指数排行榜中,我国在163个参评国家中,仅位列第64位,这显然与我们世界第二大经济体的地位不相称。

中国经济正处于战略转型升级期,品牌经济成为新常态发展的重要支撑和战略方向。民营企业作为改革开放标志性成果和新生的社会主义市场经济重要组成部分,在打造中国企业品牌上同样既肩负重任,也大有可为。以华为、腾讯、阿里等为代表的一批新兴民营企业使人们对中国品牌充满期待和信心。

1 中国民企当自强

改革开放的中国经济打开了国门,在引进来的同时开始走出去,刚出生的中国民企成为初闯世界的新手,在考验中成长。

1.1 中国制造尤其民企在国际市场承压

中国民营企业占中国企业总数的95%以上,其中绝大多数是中小企业,它们是中国制造的重要组成部分,更是中国一般消费品的主体生产者和基本盘,国际市场上用户感受度高的中国普通商品,在相当程度上反映了中国民营企业的水平和形象。在一段时间里,中国制造在国际市场上时常成为低质低价的标识,有时还出现假冒伪劣事件,造成负面影响。中国民营企业发端于生产力和市场水平均相对落后的短缺经济时代,靠白手起家创业。中国制造粗放式形象是中国经济粗放发展阶段和粗放发展方式的反映,这种状况与美、英、德、日、韩等国家经济发展初期的状况相似,反映的是市场经济和资本积累初期的一般规律。但是,世界经济的规律同样说明,能否转型发展是决定国家的命运关键。

1.2 国家启动转型升级品牌战略

"三十年河东,三十年河西",中国经济经过改革开放20年的快速发展后,至1998年开始进入"买方市场",首次提出了"产能过剩"问题。随着市场经济和企业水平的不断发展,以及中国加入WTO、进一步走向世界,进入新世纪后,国家重视推动转型发展,企业品牌建设加入国家议程。2001年开始的国家第十个五年规划,首次提出要"形成一批拥有著名品牌和自主知识产权、主业突出、核心能力强的大公司和集团",并提出"促进中小企业向'专、精、特、新'的方向发展"。2006年中国企业品牌建设提升为国家战略,"十一五规划"明确主要任务之一就是"形成一批拥有自主知识产权和知名品牌、国际竞争力较强的优势企业"。2011年在"十二五规划"发布后,国家工信部、商务部等七部委为贯彻规划要求,新中国成立以来首次就品牌建设发文:《关于加快我国工业企业品牌建设的指导意见》提出"打造中国制造国际形象和影响力的坚实基础"。党的十八大以来,习近平同志提出了"中国产品向中国品牌转变"等"三个转变"的重要指导方针,中国国家品牌战略更加突出、全面、坚定。

1.3 中国国情助力民企成名企

在国内外市场环境和条件的深刻影响和国家战略引导下,中国企业的品牌意识和品牌建设进入新阶段。经过市场优胜劣汰,与时俱进的优秀中国民企尽显活力和效率,成为中国制造品牌新秀。这其中,除了民企自身的条件和努力外,中国特色的国情是重要的外部因素。作为发展中大国,尽管有很多困难,但中国又具有很多可转换的发展优势,包括稳定的社会秩序、国家的支持政策、巨大的人口和市场红利、完备的工业体系和配套能力、快速发展的人才资源等,中国民企处于国家实现历史性跨越发展的新时期,躬逢其时而闻鸡起舞。

2 世界企业品牌新锐

了解中国品牌目前在世界的排名情况,可查看品牌界的知名专业机构报告。目前全球公认比较权威的排行榜有两个"世界品牌百强榜"。一个是总部位于伦敦的国际著名品牌咨询公司Interbrand(英图博略)于2000年开始发布的全球最佳品牌一百强;一个是全球最大传播服务集团WPP旗下的全球领先调研机构BrandZ,于2007年发布百强榜,其时中国上榜企业仅有中国移动一家。

2.1 中国企业尤其民企正迎头追赶

据最新消息,2017年Interbrand百强榜,美国占52席,中国仅上榜两家企业,其中华为是第四次、联想是首次入选。再看BrandZ

2018年最新版排位,中国有14家公司,美国有54家,中国的腾讯、阿里创纪录地双双进入前十。

2.2 国际化是突出"短板"

在这两个榜单上,中国企业的表现为何出现2∶14的巨大落差?这和品牌的评价方法有关,主要在于是否有国际化的硬条件。Interbrand要求评选对象国际收入占比30%以上,且经营范围达到三大洲以上。这便成了以本土经营为主的中国企业的突出"短板"。再看一下BrandZ的做法,它主要根据经济附加值法评估品牌溢价水平,同时结合全球50多个国家300万用户的调查情况产生分析结果。由于没有国际化和收入来源的限制,中国公司的表现就好得多。腾讯位列第5、阿里位列第9,其他分别为中国移动(21)、中国工商银行(22)、茅台(34)、百度(41)、中国平安(43)、华为(48)、京东(59)、中国农业银行(69)、中国人寿(79)、中国银行(84)、顺丰速递(90)。中国企业上榜14家,民企占6席,均令人尊敬,但中国民企的进步更令世人瞩目。

2.3 品牌发展的趋势和路径启示

如果探究一下,不难看到一种趋势:虽然目前中国价值最高的品牌中大量是冠以"中国"和"国家"字样的品牌,体现国家掌控领域企业的实力和地位,但那些在充分市场竞争中脱颖而出的新生民企地位越来越重要。同时,过去中国品牌中相当部分依赖的是"存量资产"或"资源禀赋",如白酒、中药,而今天创新驱动的品牌正逐步成为中国品牌的主流。这种趋势说明,即使没有行政性资源和特殊的传统禀赋,只要把握产业和市场的"风口",以有温度的创新产品和服务,不断给予消费者增值满足和体验,同样可以后来居上,成就品牌新锐。

3 品牌经济弄潮儿

习近平同志在十九大报告中指出,"经济体制改革必须以完善产权制度和要素市场化配置为重点,实现产权有效激励、要素自由流动、价格反应灵活、竞争公平有序、企业优胜劣汰"。这是对中国以建立社会主义市场经济体制为重点的改革开放的深刻总结,进一步确立了党的改革开放的坚定原则和目标。这一重要论述也为中国企业品牌建设提供了深刻的总结经验和思想方针,指明了深化市场化改革的发展方向和重点。

3.1 现代产权制度是品牌经济的强劲动力

世界经济发展规律表明,市场经济是产权经济,符合市场规律和国情的产权制度是品牌经济的根源。明晰的归属和责任、严格的保护和法权,强大的动力和挑战,让天下英雄可为品牌狂。这就不难理解众多以创造者命名的国际奢侈品、著名工业产品等为何长盛不衰。中国经济体制改革的最大突破和成就是确立了以公有制为主体,私营经济、个体经济等多种经济成分共同发展的基本经济制度,确立了公有制财产和私有经济财产平等保护的法律原则。新的制度法规释放了市场的活力,释放了新社会阶层的巨大创造力。

1995年,全国政协代表团到深圳华为公司参观考察。其时成立8年的华为年销售额已高达40亿元。当政协委员特意询问了解到国家及省市未给华为投资一分钱时,十分诧异地追问:"你们怎么发展得这么快？"任正非回答说:"就凭一个红头文件,……就是深圳市1987年颁布的《关于鼓励科技人员兴办民间科技企业的暂行规定》。"这份文件就是中国民营科技企业的"出生证",成为科技人员实现自己创业梦想的法律文书。任正非在接受新华社记者采访时总结华为成长的三条体会,第一条就是:"华为的发展得益于国家政治大环境和深圳经济小环境的改变,如果没有改革开放,就没有我们的发展。深圳1987年18号文件明晰了民营企业产权。没有这个文件,我们不会创建华为。"

无独有偶,在2015年联想控股上市前员工内部沟通会上,董事长柳传志在讲话中首先感激中科院当初帮助股权改制,"做了一件非常有意义的事"。创立于1984年的联想曾是中国科学院全资企业,1993年逐步转制成由核心骨干控股的混合所有制民营企业。柳传志坦言"这个改革对我们非常重要,如果不做这个改革,我相信我没有那个动力,也没有那个能力去做这么长远的规划"。柳传志又介绍说,在回答记者提问时他表示,"当时如果中科院不同意转制,我会毫不犹豫地辞职。为什么呢？因为从1984年到1993年,我们走的道路非常艰险,如果我们自己不能成为股东,看不到未来希望,那就没有意义,会让我们觉得自己只是一个船长,却干着船主的活,在这个大船经过大海的狂风暴雨胜利到达彼岸时,却得不到应有的回报"。柳传志总结认为,今天我们能有这样的一个体制,保证了我们以后有继承,保证了我们以后能够自己做主人,自己来设定战略。(引自2015年5月14日"北方网")

3.2 企业家是品牌建设的核心力量

这源于企业家"诚信、创新、价值"等重要精神与"信任、满足、品味"等品牌精神要素的高度契合与因果逻辑关系。优秀企业家是创立品牌的第一推动力,品牌则是企业家的人格化。当然,"成也萧何败也萧何",历史上不乏因企业家变故,而使名动一时的品牌消亡的案例,当年"东方第一魔水"健力宝,第一冰箱"容声"等品牌沉浮,均为沉思的历史记录。

改革开放以来,一大批优秀企业家在市场竞争中迅速成长,一大批具有核心竞争力的企业不断涌现。以市场驱动、创新驱动为显著特征,以民营企业为显著亮点的企业家队伍,以企业家精神照亮了品牌道路。在"华为"背后,是任正非团队几十年只做一件事,"集中力量向城墙口冲锋",突破核心关键技术;在"腾讯"的背后,是特别市场化的"内部赛马"机制产生了微信等世界级产品;在被称为"中国联邦快递"的"顺丰速递"背后,是"以员工为本"的经营理念带来勤奋如蚁的20万员工的执行力;在中国第一、世界第二的独立搜索引擎"百度"背后,是信念和信任以及比什么都重要的创新前提,在决策公司转型最艰难时刻,开始持反对意见的投资方告诉立志成为"中国户门"的李彦宏,"是你的态度而不是观点让我们改变了立场";在"阿里"的"生态型互联网王国"背后,是马云的"太极哲学"。

3.3 公平竞争的市场机制是品牌发展的淬炼熔炉

成功的品牌是无数失败者中的"幸存者",是"试错"积累的登高,是"非常道"艰辛中的精神洗礼和升华。企业打造品牌的能力就是在责任、文化支撑下的市场制胜的能力,包括出众的发现和把握商机的先发能力,探索优化拓展的进步能力,创新引领核心竞争力的发展能力,追求卓越、顾客至上的服务能力等。马化腾在"谈谈我创办腾讯这些年"报道中(2017年10月11日"经济生活")特别谈到在市场大潮下"腾讯发展中有三个非常重要的节点":一个是核心产品QQ与国际知名企业MSN之争;一个是"公司有史以来面临最大挑战"的与360之争;一个是"公司最危险时期"的微信产品。马化腾对九死一生的商战的感言不是如何锋利而是如何包容。他说,"如果没有360的发难,腾讯不会有这么多的痛苦、反思和后来那么大的感悟。经过这次事件,我发现,过去我总在思考什么是对的,但是未来我要更多地想一想什么是能被认同的。过去,我在追求用户价值的同时,也享受着奔向成功的速度和激情。但是,未来要在文化中更多地植入对公众、对行业、对未来的敬畏。"

据上观新闻报道,伦敦时间2018年9月3日,全球医学界顶级学术刊物《柳叶刀》创刊近200年来首次出现中国医疗器械身影,全文刊登了上海微创医疗器械(集团)有限公司自主研发的火鹰支架在欧洲大规模临床试验的研究结果,称该研究破解了困扰世界心血管介入领域10多年的重大难题,标志着中国企业已成为全球业内新标准的引领者。这是微创15年持续高强度投入攻关的结果,其艰难出乎亲历者预期。以海归专家常兆华博士领衔的微创集团为业界翘楚,先后5次荣获国家科技进步奖,"微创"商标系"中国驰名商标",如今,微创医疗自主研发并生产的260多种高科技医疗器械产品遍及全球80多个国家的5 000多家大型医院。现任全国工商联和上海工商联兼职企业家副主席的常兆华在改革开放40年之际,总结的体会认为:大开放才能大发展,只有"走出去"才能"走上去"。微创医疗立志面向国际高端市场,对标世界一流标准,主动融入全球高科技主流阵营,在全球一流创新网络系统中开展交流合作的基础上,形成自主核心竞争力。"微创案例"使人看到中国企业跨入国际市场的必然趋势和更高要求,也对经市场砥砺出身的中国企业在国际舞台上精彩亮相充满期待。

4 为民企品牌发展加油

民营企业是创建中国品牌的重要力量,

是新兴行业和领域品牌的先锋力量。民企品牌在国际上同样是响当当的"中国品牌",要把鼓励和支持民企品牌建设作为国家品牌建设战略的重要组成部分,在深化改革激发市场活力上发力,形成政府、社会、企业的"品牌引领工程"合力。

4.1 发挥市场和政策主导作用,深入改革激发活力

深化社会主义市场经济体制改革,重点是产权制度改革和发挥市场在资源配置中的决定性作用,弘扬企业家精神和工匠精神。在新的历史窗口期,尤其需要正本清源,珍惜发展,坚持"两个毫不动摇"为指针的基本经济制度,聚力于深化以公平为核心原则的产权制度改革,坚持权利平等、机会平等、规则平等的准则,破除一切制度性障碍,营造良好的营商环境和品牌建设环境。在政府资金扶持、政府采购、重大工程招投标、融资贷款及担保、企业科技人员享受人才政策、企业兼并重组、市场监管服务、企业对外投资经营等环节体现对中国制造品牌培育、品牌优先、品牌激励的政策导向,体现一视同仁的准则。优秀企业家是品牌建设的重要引领者和创造者。要着力保护企业家合法权益,依法保护企业家财产权、创新权益及自主经营权。大力加强知识产权保护和激励的法规政策体系和制度建设。进一步确立竞争性政策基础性地位,营造促进各类市场主体公平竞争、诚信经营的市场环境,反对行业垄断以及"劣币驱逐良币"的不正当竞争、地方保护主义等非市场行为。

4.2 发挥社会参与作用,着力壮大第三方服务

"水大鱼大",品牌建设需要良好的"生态系统",需要社会力量的积极参与,尤其需要与市场经济相适应的市场化的第三方专业服务,形成品牌建设和服务品牌经济两个市场、两种资源优势互动互补和转化的良性格局。其主线是提高市场的社会化程度,把更多社会资源转化为市场资源,更好发挥市场配置资源的优化效能,为在市场竞争中脱颖而出的中国品牌插翅添翼。同时,也与政府进一步转变职能、简政放权相协同,共同推动市场和社会进步。

要积极引导支持社会资本和社会力量进入品牌经济服务业,完善品牌价值发现机制,支持社会资本设立品牌发展基金,鼓励天使投资、创业投资、私募股权投资更多参与品牌经济发展。支持成立市场化、专业化的品牌交易评估机构,拓展品牌价值评估和交易转让业务。鼓励金融机构运用品牌价值评估结果开展品牌质押融资、融资担保等创新业务。支持品牌企业在制定品牌发展战略、导入品牌培育体系等方面购买第三方品牌专业服务;支持有条件的第三方机构发布具有公正性、权威性的品牌价值评估榜单。支持各行业协会、商标协会、消费者委员会及质量协会提供有关商标和品牌推广运营、职业技术培训、信息咨询发布、维权投诉协调等服务。以技术、经济、行政和法律手段,为品牌经济发

展保驾护航。加强具有公信力的第三方信息追溯体系建设,提升其市场化应用水平。

4.3 发挥企业主体作用,锤炼品牌内功

向中国智造、中国品牌进军,正成为新一代中国企业的目标追求,民营企业同样任重道远。民营企业要继承中国民族企业家"实业报国""科技报国""实干兴邦"的优良传统,把实现企业品牌梦与中国梦融为一体。把企业"有恒产者有恒心"的机理,升华为品牌战略的更高定位和长远目标,以坚定的信心和预期实施"强基础、长周期、高投入"的品牌建设工程,打造"百年老店"。要把企业家精神和工匠精神作为企业品牌文化的引擎,注重"爱国敬业、诚信践诺、追求卓越、精益求精"的内涵。要把创新引领和用户及服务至上作为品牌建设的关键抓手,以增加市场核心竞争力为主线,加强具有自主知识产权的核心技术的研发和应用,突破技术制约瓶颈,以创新创造打造品牌价值和文化附加值。要把企业"当家人"的责权感,提升为企业社会公民的责任感,建设"阳光企业",公布企业标准和质量承诺书,发布企业社会责任白皮书。以企业品牌为载体践行"创新、协调、绿色、开放、共享"的新发展理念,在社会上树立负责任的企业形象,在国际上成为负责任大国形象中的亮丽元素。

上海市工商业联合会、
上海市民营经济研究会 供稿
主要完成人:徐惠明 季晓东 张 捍
封丹华 陆 畅 金从强
孙天伟

专题报告二

中国商会与"一带一路"建设研究

1 "一带一路"中中国的发展和机遇

从全球治理背景的角度来讲,我们正在进入一个不稳定性和不确定性都比较突出的时代。存在三个"动荡源"。

第一,全球治理的客观世界正经历着巨大的代际变迁。人类活动已经成为一种地质力量,世界经济、技术、人口、环境、气候各方面自20世纪中叶以来加速发展和剧烈变迁,给地球环境带来了深刻的影响。

第二,全球治理的主体角色、相互关系之间也进入不稳定性和不确定性更加突出的时期。无论是国际还是国内层面,传统意义上的金字塔结构都面临剧烈动摇甚至瓦解的危险,从而助长了民粹主义、民族主义抬头,导致了形形色色保护主义和逆全球化的蔓延,给全球合作制造了很多障碍。

第三,围绕全球治理的主观世界里,不同观念、规范、模式之争加剧,不稳定性、不确定性突出,增加了国际共识和集体行动的困难。

上述三个"动荡源"导致了"不稳定性、不确定性突出",全球治理面临艰巨任务和复杂形势,我们不能盲目乐观,但也绝没有理由消极悲观。因为从人类演化史来看,贯彻其中的就是一条人类通过合作不断发展壮大起来的主线。在新的历史时期,国际社会更加要思考如何激发人类特有的合作的"文化基因",在世界上努力推动构建"人类命运共同体"的身份认同和共同的价值目标,才能避免陷入全球治理过程可能的陷阱。相比既往,中国在新时代具有五大优势。

第一,中国经济发展新阶段优势。我国经济已由高速增长阶段转向高质量发展阶段。中国正在转变发展方式、优化经济结构、转换增长动力,向高质量发展转变。

第二,中国开放新阶段优势。中国努力推动经济全球化朝着更加开放、包容、平衡、共享、普惠的方向发展。

第三,中国新倡议优势。中国将继续通过实施"一带一路"倡议,加强国际合作,打造国际合作平台,增添共同发展新动力。

第四,中国制造业的综合优势。中国制造业劳动生产率比较高,能够大量吸收劳动力,具有普遍的前相和后相联系(通过积累和创新推动经济总体增长),具有无条件趋总的特征。

第五,中国的资金优势。中国是全球储蓄水平最高的国家,有能力通过创新投融资支持的方式,综合运用股权、债券、基金、信贷、信保以及本币和外币等多种融资方式和多币种的融资组合,主推在华企业以及"走出去"的中国企业加速资金循环和实现投资效率的提升。

2 "一带一路"倡议与中国对外直接投资的新战略

"一带一路"倡议是最初在2013年由习总书记提出的战略设想,2015年国家相关部委出台推动共建丝绸之路愿景行动,提出政策沟通、设施联通、贸易畅通、资金融通、民心相通。其中,投资、贸易和金融的密切联系,是中国对外开放中经济增长非常重要的部分。在改革开放初期,我们推行的是出口拉动增长的政策,现在又提出需求拉动增长的政策。在中国经济增长模式转型过程中,我国的贸易政策正从过去的单向贸易转为双向贸易,也就是说,由出口为主转为进口和出口平衡的模式。同时,在对内直接投资政策中,过去以税收激励政策为主给予跨国公司进入中国的超国民待遇,逐渐过渡到国民待遇,并进行政策机制的优化。

其次,我们在引进外资的同时,也开始对外直接投资,特别是"一带一路"倡议提出后,我们的对外直接投资发展得非常快,其增速甚至超过引进外资的速度,已经形成了双向投资格局。中国企业对"一带一路"沿线国家投资居前的存量国是新加坡、俄罗斯、印度尼西亚、哈萨克斯坦、老挝、阿联酋、巴基斯坦、印度和柬埔寨,流量国是新加坡、俄罗斯、印度尼西亚、阿联酋、印度、土耳其、越南、老挝、马来西亚和柬埔寨(如图L2-1、L2-2)。

中国企业在"一带一路"沿线国家和地区的投资有五个特点:(1)规模增加非常迅速;(2)投资地点集中;(3)并购项目居多,这个数据占到了中国并购项目的17%,基本上集中在以色列、哈萨克斯坦、新加坡、俄罗斯和老挝;(4)国有企业居多,截至2016年,中国企业在"一带一路"沿线国家投资了185.5亿美元;(5)经济效益显著,为东道国贡献了10.7亿美元税收,创造了17.7万个就业岗位。

通过"一带一路"倡议的实施,打通了中国国内资金流、人流和物流,实现了我们国家战略和地方战略的协同发展。以"一带一路"为依托,加强双向投资下产业发展战略的协同,并将产业园发展模式从引进来到推出去。以"一带一路"为平台实施体制改革与政策开放的协同发展,我们的企业在"一带一路"倡议指引下,实施中国企业和东道国企业,包括两国政府之间的双向合作和双赢的发展。

3 "一带一路"倡议下企业走出去的风险

《2017"一带一路"贸易合作大数据报告》显示,2016年中国与"一带一路"沿线国家贸

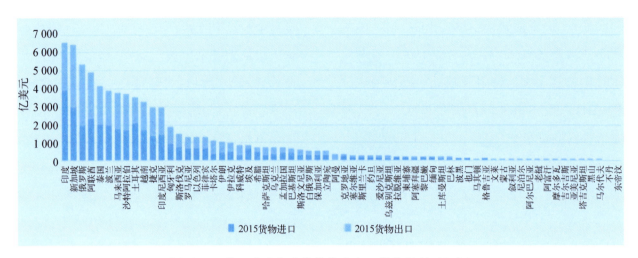

L2-1 一带一路沿线国家货物进出口贸易额（2015年）

数据来源：WTO商品贸易数据库（WTO Merchandise trade database）

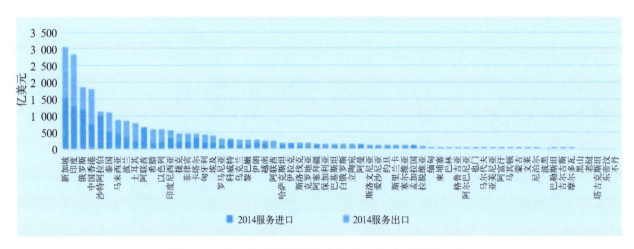

L2-2 一带一路沿线国家服务进出口贸易额（2014年）

数据来源：联合国贸发会议数据库（UNCTADSTAT）

易额达约9 535.9亿美元，占中国对外贸易总额的25.7%，较2015年上升了0.4个百分点。

中国向"一带一路"沿线国家出口自2011年以来整体呈现上升态势，2016年为5 874.8亿美元，达到近年来的高位。其中，民营中小企业出口额占比达始终保持最高且逐年上升，由2011年的46.6%上升至2016年的58.9%。

但是，中小企业发展海外贸易仍面临着多重困境。对于中小企业而言，"一带一路"好不好走、怎么走、谁能带着走等问题仍待解决。这些国家的共同特点是：基础设施不发达，经济结构不合理，市场规则不完备，同时部分国家社会形态复杂，政局不稳定。这样的市场投资，机遇毋庸置疑，但挑战不容小觑。主要有四个难题：（1）当地风险难把控；（2）复合型贸易人才紧缺；（3）贸易信息渠道不畅通；(4)金融服务不对接。

4 "一带一路"倡议下商会的作用

商会是一种非常重要的非政府组织形式，在市场经济发达和成熟地区非常活跃，是一个地区各类商业企业投资经营企业家、专家聚集互动的平台。商会是联络同根企业、同乡企业、同类企业的平台，是促进和帮助企业家寻找商机、共享商机、合作利用商机的群体。商会作为政府与市场之间的第三方力量，如何在"一带一路"建设中发挥好作用，将是沿路经贸合作可否持续发展的关键。

理论证明，商会组织视为并列于市场、企业、国家、非正式网络或门阀的第五种经济制度或社会秩序，在参与资本主义社会经济治理中起到了独特作用。国际经验也表明，企业、政府、商会往往形成"三位一体"的跨国资本推进策略：鼓励有能力的企业先行；政府全面制定配套政策；商会率先实施"走出去"战略。20世纪80年代末至90年代初，中国对外经济进入快速发展时期，欧美国家大量外资企业集中涌入，美国、日本、德国等以外国工商业为主要服务对象的外国商会也在短期内大量涌入北京、上海等外资集中地区。由于经验成熟并且完全按照市场化手法运作，"洋商会"在市场开拓方面的功能十分强大，能够为其会员企业提供包括市场营销在内的综合服务，避免会员企业自己单枪匹马地在国外市场上闯荡。同时，这些商会还通过各种方式和驻在国政府保持密切沟通，为本国企业在进出口和税收等方面争取最大限度的优惠政策。这些商会已成为本国外商企业的利益集团代表，商会也成为商界人士活动的主要场所和了解信息的主要途径。他们在中国的产生、生存和发展模式，为正处于转型期的中国商会提供了有益的经验借鉴。

中国商会在"一带一路"建设中已初步具备了传统基础、组织基础和能力基础。中华民族的历史文明中，通过地缘、业缘、血缘、趣缘等传统社会关系构建出行商、会馆等商业组织的雏形，并形成了独特的华商结社传统。随着中国经济不断发展以及与国际进一步接轨，政府职能转变和社会组织登记管理限制的进一步放开，各级商会在社会经济活动中正发挥着越来越大的作用。不少地方政府将部分事务性、辅助性职能转移、授权或委托给商会，既促进政府职能转变，也使商会对经济社会发展的服务作用进一步提升。在自身建设方面，越来越多的商会建立以章程为核心的规章制度，以会员大会为最高领导机构，以理事会为执行机构，以监事会为监督机构的法人治理机构。同时，中国的商会体系正逐渐走向完善合理：区域布局上，商会组织体系建设正从发达地区向欠发达地区、从大中城市向县及以下区域纵深发展，工商联下属乡镇商会覆盖率达到61.4%，街道商会覆盖率达到71.5%;行业布局上,在国家产业政策引导下,原先主要分布在制造业、批发零售业、居民服务业等传统行业领域的商会,开始大量布局于现代农业、战略性新兴产业和现代服务等新兴产业;组织形态上,从以个体劳动者协会、行业协会、同业公会为主的组织形式,发展到目前包括行业协会、国际商会、同业公会、私营企业协会、个体劳动者协会、商会、街道商会、社区商会、村商会、市场商会、楼宇商会、园区商会等多种形态。

针对企业在"一带一路"建设中面临的潜在风险,结合国际经验,中国商会可从五方面入手,做好企业的服务对接工作。(1)政策沟通上的对接。商会应与国外组织、中国驻国外众多使领馆、中介组织、知名企业及其经商处建立有效的沟通协调机制,增强商会自身影响力,形成合力,有效为企业服务。(2)商务联系上的对接。加强双方商会的合作,促进双方企业经贸和投资活动,支持鼓励企业参加对方举办的交易会、展销会和洽谈会等;积极推动双方工商企业界在经济贸易投资和法律咨询等方面的合作。(3)纠纷机制上的对接。不仅要与外事、商务、我驻外使领馆密切合作、加强调研、沟通信息,全面掌握目标国的投资环境,为"走出去"企业提供准确的风险信息,同时要建立"走出去"风险评估预警机制,引导企业做好项目实施过程中的风险监管,督促企业建立安全责任制,制定突发事件应急预案。(4)贸易便利上的对接。协助企业参与国际间经贸磋商,积极推进与有关国家政府和商会商谈并签订双边投资保护协定,在进出口关税、贸易条款、标准制定等方面为会员企业参与国际合作争取更多有利条件。(5)商务服务上的对接。针对"一带一路"沿线国家商务环境和商会服务缺失现状,加快构建服务业企业"走出去"的金融服务体系,形成包括吃、穿、住、行,以及教育、医疗、居住在内的企业公共服务平台。

抓住"一带一路"建设这一契机,进一步推动中国商会的体系建设、平台建设和文化建设,也为新开放战略下中国商会的整体发展提供了新的动力。

第一,强化商会的战略布局。(1)加强商会"一带一路"建设的顶层设计和整体布局,进一步统筹规划,重视支持各级商会协会等民间组织作用的有关安排,通过商会协会等民间组织和企业活动,加强同对象国广大公众的有机联系和直接联系。(2)针对各区域发展重点,在省级层面建立工商联、贸易促进会和各类代表性行业协会的商会联盟,以及包括涉外、商务、经贸等政府相关部门的联席会议机制。(3)建立企业"一带一路"专项扶持基金,并通过基金向商会定向购买信息建设、会展、法律维权等方面服务,也可通过后补贴方式,通过评估商会服务企业的质量和数量,为商会提供财政支持。(4)推动商会协会与海外华人华商组织加强合作,形成内外合作网络。(5)重视商会公共外交和民间外交人才培养,在资金、政策等方面给予其一定支持。

第二,加快商会的平台建设。结合国内各级商会的制度创新,着力打造四大平台,以弥补"一带一路"国家欠完备的商务环境。(1)公共信息平台。加强与各国商会合作,建立信息交换机制,定时定量地发布双方的政策、法律、市场供需信息,建立信息资源共享平台,形成广泛的信息采集网。(2)金融服务平台。按国别建立信息子库,以产业进行分类,建立项目对接信息库,与各项"一带一路"财政支持经费、金融行业相关资金、市场投资资金对接。(3)维权救助平台。发挥业界合作的作用,在维权救助预防上,推动产业间开展技术、投资等领域的合作;在贸易摩擦应对上,联合业界、商界加强配合,化解摩擦;积极进行有效的公关游说。(4)文化联谊平台。积极开展志愿互助、扶贫济困、医疗扶持、子女教育等公益性服务和住房、交通、签证等商务性服务。

第三,塑造商会的独特文化。(1)帮助企业增强自律意识。教育"走出去"企业切实遵守东道国法律法规和风俗习惯,走一条法制化、规范化的对外合作道路。引导"走出去"企业在生产过程中保护生态环境。鼓励"走出去"企业切实履行社会责任,积极参与当地的公益事业,以塑造企业的良好形象。(2)形成商会的区域文化品牌。频繁的商业活动促进了地域间文化融合,也彰显出中国商业文明的独特魅力,如浙商的团结进取、苏商的政商和谐、徽商的贾而好儒等,区域商界的整体形象是对企业的有力支撑。

5 "一带一路"倡议下上海企业与商会的协同发展

5.1 上海的前期基础

5.1.1 我国民营经济体量大,成为贡献税收与就业岗位的重要主体

改革开放以来,在以经济建设为中心、以市场为导向的引力作用下,所有制结构发生了深刻的变动,打破了单一公有制大一统局面。民营经济在我国经济建设中不断创新突破,目前已经成为体量高度发展、模式高度创新、活力高度体现的一支强有力的先锋部队。

2017年8月24日,全国工商联发布中国民营企业500强榜单,该榜单以2016年企业营业收入为入围标准,入围门槛为120.52亿元,比上年增加了18.77亿元。

榜单显示,华为投资控股有限公司营收首次突破5 000亿元大关,达到5 216亿元,荣登民营企业500强榜首。苏宁控股集团、山东魏桥创业集团有限公司、海航集团有限公司、正威国际集团有限公司、联想控股股份有限公司分列二到六位,营收全部超过3 000亿元。

数据显示,2016年民营企业500强质量效益稳步提高,营业收入总额达到193 616.14亿元,户均387.23亿元,增长19.84%;资产总额为233 926.22亿元,户均467.85亿元,增长35.21%,资产总额突破1 000亿元的共

有50家企业,增加16家,恒大集团有限公司以13 508.68亿元的规模位居资产总额榜首;税后净利润总额为8 354.95亿元,较上年增长19.76%,为2011年以来最高增长率,仅有7家企业发生亏损,比2015年减少8家。

民营企业经营呈现良好发展势头,对社会的贡献度也在同步提升。2016年,民营企业500强纳税总额达到7 995.75亿元,比上年增长24.53%,创历史新高。纳税额超过200亿元的企业共有5家,分别是华为、万科、恒大地产、大连万达集团和浙江吉利控股集团。2016年,民营企业500强员工人数为888.17万人,同比增加7.40%,占全国就业人员比重为1.14%。阳光保险集团员工人数最多,达22.98万人。

5.1.2　上海民营经济发展聚焦现代服务业,总部集聚、活力高度体现

就上海而言,本次入围500强的民营企业共计13家,民营经济对上海财政税收的贡献从2015年的20%提升到2016年的30%。2016年上半年,本市民营经济税收收入完成2 212.96亿元,同比增长39.2%,占全市各类所有制经济税收收入的比重达到29.9%,较上年同期提高2.8个百分点。上半年民营经济税收收入增长较快的原因主要是商务租赁服务业、金融业、现代服务业及房地产业等行业中的民营企业税收增势较好。在就业方面,上海市2016年新增就业岗位60万个,70%由民营企业创造,其中携程等大型民企的员工总数多达3万个,民营企业成为新增就业与税收的中坚力量。

从产业结构来看,上海坚定不移地贯彻经济转型减少"四个依赖"的发展方针,减少投资拉动的依赖,减少房地产的依赖,减少重化工企业的依赖和减少劳动密集型企业的依赖。2016年,上海市民营经济在房地产投资与工业投资增速回落的基础上,现代服务业引领发展。2016年上半年,本市民营企业完成固定资产投资725.69亿元,同比增长3.2%,增速低于全市固定资产投资增速4.7个百分点。民营企业投资额占全市固定资产投资的比重为25.8%,占比较上年同期下降1.2个百分点。从投资结构看,房地产投资、工业投资仍呈现"一增一降"态势。上半年,民营企业完成房地产投资576.97亿元,同比增长8.7%,增幅较上年回落8.9个百分点,略高于全市房地产业投资0.3个百分点;工业投资89.50亿元,同比下降18.6%,降幅比上年收窄9.0个百分点(同期全市工业投资同比降幅仅为2.3%)。而在电子商务等互联网新业态稳步增长的带动下,上半年以民营为主的本市网上商店实现零售额同比增长17.8%。物流行业效益持续快速攀升。上半年,民营物流业实现营业收入680.03亿元,同比增长11.0%;实现利润总额61.63亿元,同比增长91.3%。金融领域,华瑞银行以自贸区特色作为谋求差异化发展的主要战略,针对自贸区内民企的跨境业务开发产品和服务,目前60%以上的客户和业务量均集中在

区内。

5.1.3 上海民营经济总部高度集聚,多家上市民营企业聚集上海

最新数据显示,自 2004 年深交所中小板设立至今,上海市有 125 家中小企业(民营)在境内资本市场成功 IPO,累计募集资金净额 643.79 亿元。2017 年上海新增 IPO 中小企业 26 家,累计募集资金净额 96.13 亿元,其中主板 19 家、中小板 1 家、创业板 6 家。据证监会数据披露,截至 2017 年 8 月 11 日,全市有 4 家中小企业已通过发审会审核待主板发行上市,另有 48 家中小企业已向中国证监会报送了 IPO 申请材料,其中主板 37 家、创业板 11 家。上海中小企业上市融资取得的成绩,与市、区两级政府高度重视中小企业上市培育分不开。近年来,上海建立了一整套行之有效的工作体系。下一步,将继续加大营商环境改革力度,重构全市企业服务流程,创新服务方式,提高服务质量和效率,打造企业服务"高地"。

从创新业态来看,上海民营经济活力高度体现,不断涌现新商业模式。在 2016 年发布的民营企业百强榜中,制造业与服务业首次实现平分秋色。依托互联网基因的大力发展,各种新商业业态如雨后春笋般涌现。一个典型案例如万得——上海万得信息技术股份有限公司(简称万得,Wind),以"金融就是数据"为经营目标,经过十年发展,成为金融信息服务领域的领军企业,在金融咨询行业中占比超过 90%。万得资讯数据资料来源于 2 500 多个信息源,每天更新 8 万—12 万条。它每天传送和处理的数据如果转换成 0 和 1 的代码,用 A4 纸打印出来叠放,将有珠穆朗玛峰的高度。

5.2 加强对上海民营企业参与"一带一路"建设的政策引导

2017 年 2 月,《上海经济发展报告(2017)》(以下简称"报告")在上海发布。报告显示,上海经济最突出的问题是降成本和补短板,应通过增量带动,进一步增强产业创新能力,培育高端优质供给体系。报告指出,2016 年上海宏观经济运行呈现五大特点:工业发展弱势调整,政策边际作用递减;服务业发展相对稳定,生产性服务业发展突出;消费后劲不足,受收入和房价拖累;投资有所稳定,民间投资积极;外贸形势略有好转,形势依然严峻。其中,民营经济已成为上海经济发展与对外直接投资的主导力量。但是,与此同时,其发展仍面临一系列难题。

生产要素价格上升等对上海民营经济发展具有重要影响。许多原材料、能源及其他上游产业的产品价格居高不下,物流成本增加,民营企业融资的资金成本较高,企业用工成本不断提高。这些使得上海民营企业生产和经营的成本不断提高。在某种程度上,生产与经营成本高企正在成为上海民营企业进一步发展面临的主要困难。

当前,上海金融机构对民营企业的贷款金额逐年递增,增长速度较快,但还远远没有达到民营企业的整体资金需求。在企业债券

融资和股票融资方面，民营企业也受到政策环境诸多因素的限制。此外，上海民营经济还面临隐性市场准入壁垒。在许多特殊垄断行业，民营经济的进入和退出无法享受与国有资本、国有企业一样的同等优惠条件。而且，民营经济投资较多地集中于某一特定领域或行业，又会产生过度竞争。这抑制了民营经济的发展，也降低了民营企业的平均利润率。

未来，上海市政府将通过供给侧结构性改革的途径以促进上海民营经济进一步发展。

一要营造公平的民营经济发展环境，尝试允许民营经济进入一些传统垄断性行业。要通过实行无差化待遇，使上海成为民营经济发展的热土，从而吸引全国各地的民营企业来沪投资发展，并使这些企业通过在上海的发展推动公司规模、管理、技术再上一个新台阶。国家和上海市相关职能部门应当在放宽行业准入等方面积极探索，如在能源、文化、信息领域等行业试点适度开放，允许民营企业参股、控股等。

二要降低民营企业的外部环境成本，创造更为适宜的发展土壤。要为民营企业降低企业运营成本提供有利的税收环境。同时，以简政放权和市场化改革降低企业生产经营总成本，放管结合，优化服务改革，减少行政审批，以清单管理推动简政放权、提高政府工作效率。政府可以通过社会化、市场化机制，降低从业人员的生活成本，优化生活环境、政策环境和税收环境，从而间接地为企业降低成本提供条件。

三要改善民营企业的投融资环境，促进民营企业发展壮大。在资金相对充裕的条件下，要保证民营经济、民营企业能通过较为顺畅的渠道获得发展所需的资金。上海在国际金融中心建设过程中，形成了金融资源的大规模集聚，这为民营企业发展提供了有利条件。国家和上海可以通过再贷款、再贴现和差别准备金率等政策，引导银行业金融机构加大对民营经济的信贷支持力度。国家开发银行、国家进出口银行应充分发挥政策性银行和开发性银行的作用，为民营企业参与新兴产业发展提供资金服务。上海还可探索国有资本注入、银行贷款、再担保、风险补偿等措施，为民营企业进入战略性新兴产业和政策性产业领域服务。

上海市工商业联合会、
上海市民营经济研究会　供稿
主要完成人：徐惠明　季晓东　张　捍
　　　　　　封丹华　陆　畅　金从强
　　　　　　孙天伟

专题报告三

上海非公经济营商环境司法保护研究

民营经济是我国社会主义市场经济的重要组成部分,大力发展民营经济是加快我国经济发展的必然选择,是促进我国实现全面小康的重要保障。习近平同志在党的十九大报告中就民营经济发展做出许多新的重大论述,特别强调"要支持民营企业发展,激发各类市场主体活力,要努力实现更高质量、更有效率、更加公平、更可持续的发展"。

然而,要使民营经济持续、稳定、健康地发展,就必须为其营造一个良好的营商环境。营商环境是一个国家或地区经济软实力和综合竞争力的重要体现。营商环境的优劣将直接影响外来企业的进入和区域内企业的经营,最终对经济发展状况、财税收入、社会就业等都会产生重要影响。

法治环境是营商环境最重要的内容之一,而司法环境又是法治环境的核心组成部分。因此,加强对民营企业营商的司法环境研究,及时解决司法环境中困扰和影响民营企业发展的突出问题,具有十分重要的现实意义。

上海市工商业联合会、上海市法学会、上海社会科学院法学研究所等单位联合成立课题组,通过发放调查问卷和召开座谈会等方式,对上海市民营企业营商的司法环境展开调研。

1 民营企业营商司法环境的含义和内容

"司法环境"一词有两种含义:一是司法活动所处的并对司法活动产生影响的环境,包括政治、经济、文化的发展状况,人们的法律意识和法律行为,社会上通行的法律习惯和法律传统等诸多因素;二是司法机关通过司法活动所营造的环境,体现为司法的供给情况,以及司法活动对政治、经济、文化等社会诸要素的影响。本报告取第二种含义,即民营企业营商的司法环境,是指司法机关所营造的、民营企业在营商过程中参与司法活动、享受司法服务,以及通过司法机关解决纠纷的环境,它是由司法机关提供的用以规范、保障和服务民营企业生产经营活动的司法条件的总和。

关于"司法机关"的定义和范围,东西方差异很大。西方许多国家以"三权分立"理论为基础,将司法等同于审判,因此司法机关也就仅仅指审判机关。与之不同,新中国成立后我国采用具有中国社会主义特色的广义上的"司法"和"司法权"概念。所谓广义上的司法权,是指由司法机关在审判、检察、侦查、执行等司法活动中行使的权力,具体包括审判权、检察权、侦查权和执行权等。

我国《宪法》明确规定人民法院是国家的审判机关,人民检察院是国家的法律监督机关,将法院和检察院等同视为我国司法机关。党中央的许多重要文件根据《宪法》规定的精神也始终坚持这一基本观点。例如,2006年《中共中央关于进一步加强人民法院、人民检察院工作的决定》明确指出:"人民法院和人民检察院是国家司法机关,是人民民主专政的国家机器的重要组成部分,肩负着贯彻依法治国基本方略的重要使命。"党的十七大报告再次强调:"深化司法体制改革,优化司法职权配置,规范司法行为,建设公正高效权威的社会主义司法制度,保证审判机关、检察机关依法独立公正地行使审判权、检察权。"可见,我国的法院和检察院都是司法机关。

公安机关和司法行政机关的性质比较特殊,虽然二者在架构上属于行政机关(政府)领导和管辖的范畴,但又从事一定的司法事务或者与司法相关的事务,甚至有些法律法规直接将其视为司法机关。例如,我国《刑法》第94条规定:"本法所称司法工作人员,是指有侦查、检察、审判、监管职责的工作人员。"公安人员负有一定的侦查职责,而监狱、劳动教养、戒毒等场所的司法行政人员负有一定的监管职责,二者都应当属于此处的"司法工作人员"。我国《未成年人保护法》的规定更加直接,其第5章规定的是"司法保护",其中第50条明确规定:"公安机关、人民检察院、人民法院以及司法行政部门,应当依法履行职责,在司法活动中保护未成年人的合法权益。"

综上,我国的司法活动是由我国的审判机关、检察机关、公安机关和司法行政机关共同承担的,民营企业营商的司法环境也是由这些司法机关所共同营造的,缺失其中任何一个部分,都难以全面、完整、系统地对民营企业营商的司法环境予以准确的把握和评价。因此,课题组所调研的民营企业营商的司法环境,在逻辑体系上由以下四部分组成:(1)公安机关为民营企业营商提供的公安环境;(2)检察机关为民营企业营商提供的检察环境;(3)审判机关为民营企业营商提供的审判环境;(4)司法行政机关为民营企业营商提供的司法行政环境(如图L3-1所示)。

图 L3-1　司法环境的架构

2 课题调研的背景和过程

2.1 上海市民营企业的基本情况

民营企业是国民经济发展的一支生力军,在拉动上海市经济增长、增加就业岗位、推动市场化进程、促进技术创新等方面具有不可替代的地位和作用。2018年上半年,上海市民营经济运行总体稳中有进,继续为全市经济发展做出重要贡献,其特点主要表现在以下五个方面。

2.1.1 投资、消费和进出口持续增长

在投资方面,2018年上半年,上海市民营企业完成固定资产投资884.56亿元,同比增长13.3%,增速较上年同期提高4.5个百分点,且高于全市固定资产投资增速7.3个百分点;在进出口方面,上半年上海市民营企业实现进出口总额3069.69亿元,同比增长8.8%,增速虽较上年同期有所回落,但高于全市平均5.0个百分点;在消费方面,上半年上海市民营经济实现限额以上商品零售额1379.94亿元,同比增长6.0%,增速略高于上年同期。

2.1.2 主要产业稳中有进

工业、建筑业实现较快增长,增速略高于全市。上半年,上海市民营工业完成规模以上工业总产值2503.02亿元,同比增长5.4%;民营企业实现规模以上建筑业总产值1069.63亿元,同比增速由上年同期下降18.4%转为增长12.0%。此外,服务业发展总体良好,上半年规模以上社会服务业企业实现营业收入2737.55亿元,同比增长20.4%,增速高于全市9.1个百分点。

2.1.3 民营企业在新兴产业中发展迅猛

民营企业在检验检测、认证等新兴行业中发展势头较猛:在上海市检验检测行业中,民营机构的数量达到420家,占总数的47.2%,营业收入达56.1亿元,占总量的28.6%;在认证行业中,民营机构的数量更是首次超过外资机构,达到48家,占总数的47.1%,营业收入为3.7亿元,占总量的11.9%。

2.1.4 探索创新发展、转型升级取得新进展

上海市民营企业紧紧围绕上海加快建设具有全球影响力的科技创新中心,着力增强自身科技创新能力,积极探索科技创新、转型升级取得新进展。

2.1.5 继续对全市经济发展做出重要贡献

民营企业新设企业户数、注册资本增速同比提高。上半年,在上海市注册登记的新设民营企业共19.41万户,同比增长16.5%,增速较上年同期提高14.1个百分点;新设民营企业注册资本合计7930.18亿元,同比增长9.7%。上半年,上海市民营经济完成税收收入2874.59亿元,同比增长8.1%,民营经济税收收入占全市税收收入的比重为33.2%,仍保持在三分之一左右。

不过,民营企业的经营和发展也面临着不少亟待解决的困难和问题,如经济增速持续放缓、成本费用高企制约企业发展、实力雄厚的大企业为数不多、创新环境有待优化等。通过改善司法环境来优化企业的整体营商环境,依法保护民营企业和民营企业家的合法权益,建立公平竞争的市场环境,促进和保障民营企业依法经营,是解决这些困难和问题的重要途径之一。

2.2 司法机关优化营商司法环境的举措

2017年12月29日,上海市委、市政府印发了《上海市着力优化营商环境加快构建开放型经济新体制行动方案》,这是上海市为深入贯彻落实习近平总书记关于加大营商环境改革力度的重要指示精神和党中央、国务院的决策部署,进一步优化稳定、公平、透明、可预期的营商环境形成的顶层设计与行动纲领。该方案出台之后,上海市各司法机关积极行动,制定了具体的实施意见,大力推动方案的贯彻落实。

2.2.1 公安机关的举措

上海市公安局对照《上海市着力优化营商环境加快构建开放型经济新体制行动方案》,积极安排、实施和推进各项工作。例如,全市公安机关坚持整体防控和专项打击相结合,持续开展"春雷""云端""云剑""利剑"等专项行动,始终保持对金融领域涉众型犯罪、电信网络诈骗、侵犯假冒犯罪、食品药品犯罪等违法犯罪活动的严打高压态势,有力整肃市场秩序。再如,市公安局高度重视行政执法与刑事执法的衔接工作,专门起草相关规章制度,对行刑衔接过程中公安机关受理立案的程序、证据移送等予以明确和规范;与工商、环保、烟草、版权、海关、食药监等部门紧密协作,统筹情报资源,开展联合执法,确保形成工作合力;依托本市"公法""公检"联席会议平台,围绕推进执法办案信息化、上海刑事案件智能辅助办案系统"206"工程配套项目建设、完善重大敏感案件信息通报和提前介入工作机制等进行深入研究探讨,合力做好行刑衔接工作。

2.2.2 检察机关的举措

上海市检察院立足检察职能,结合上海检察工作实际,制定出台了《上海市检察机关服务保障优化营商环境的意见》,包含5个方面20项工作举措:一是聚焦权益保障,坚持公正司法,营造创新创业的良好法治环境;二是聚焦宜居宜业,强化监督履职,维护安全有序的健康市场环境;三是聚焦司法质效,规范司法行为,提供高效便捷的优质服务环境;四是聚焦制度供给,深化改革创新,构建司法保障的坚实制度环境;五是聚焦素能提升,加强能力建设,打造专业拔尖的一流人才队伍。

上海市基层检察院在服务、保障和优化民营经济营商环境方面也进行了许多探索并收到了良好的效果。例如,浦东新区检察院在出台《服务保障浦东新区营商环境建设十二条意见》的基础上,从更新理念、精准服务、延伸职能三个方面,找准法治化营商环境中的"堵点""痛点""难点",主动回应市场主体司法需求,切实把防控风险、服务发展摆在突出位置,为维护市场公平正义提供法治保障。在具体举措上,加强办案人员执法理念的专门培训;通过重点案件的引导树立良好的司法导向,如针对企业在商业秘密受损但苦于维权难的问题,在办理这类重点案件时启动多方会商机制,邀请第三方鉴定机构就技术难点进行明晰,让被害单位真实感受到检察机关维护企业合法权益、营造良好营商环境的能力和决心;依托调研找准司法办案与法律服务的结合点;依托命名检察官办公室为企业提供便利化的法治服务;开展针对性的法制宣传和法治引导等。

2.2.3　审判机关的举措

上海市高级人民法院继发布《关于贯彻落实〈上海市着力优化营商环境加快构建开放型经济新体制行动方案〉的实施方案》后,又专门制定了《关于充分发挥审判职能作用为企业家创新创业营造良好法治环境的实施意见》,内容涉及依法保护企业家的人身自由和财产权利、依法保护诚实守信企业家的合法权益、依法保护企业家的知识产权、依法保护企业家的自主经营权、努力实现企业家的胜诉权益、有效防范和切实纠正涉企业家产权冤错案件、不断完善落实保障企业家合法权益的司法政策、推动形成依法保障企业家合法权益的良好法治环境和社会氛围共8大方面31项具体措施。

上海市中级和基层法院,在优化营商法治环境方面也进行了可贵的探索,如上海市第二中级人民法院在深入调研的基础上出台了《关于司法服务保障企业家创新创业、优化营商环境建设的若干意见》,从审判、执行、保全、诉调对接等方面推出16条落实举措,在保护市场主体合法权益的同时,努力降低企业维权成本、兑现当事人胜诉权益、提高审执效率。

2.2.4　司法行政机关的举措

上海市司法局研究制定了《优化营商环境行动方案》,从5个方面推出35项优化营商环境的具体举措:一是着力提供精准、便捷的法律服务,依法保障市场健康有序运行,努力为"五个中心"建设提供坚实的法律服务支撑;二是大力发展涉外法律服务业,有序扩大法律服务对外开放,不断满足建设卓越全球城市的法律服务新需求;三是充分发挥律师职能作用,促进司法公正,依法维护各类市场主体合法权益;四是深化专业调解、行业调解,创新调解机制,为各类市场主体提供多元化便利化纠纷解决机制;五是积极参与科学立法,加强普法依法治理,努力构建良好的营商法治环境。

2.3　课题调研的过程

课题组围绕民营企业营商司法环境的架构设计了调查问卷,经市工商联先后发放关于民营企业营商司法环境的调查问卷近600份,问卷中包括基本信息题目4题,调查问题9题,涉及50余项考察指标,课题组共回收有效问卷502份(以下简称"基本问卷")。此外,课题组借助国家统计局上海调查总队发放1000余份调查问卷,对司法环境的5个方面25项考察指标进行调研,共回收有效问卷1002份(以下简称"附加问卷")。由于基本问卷是专门针对民营企业营商司法环境所进行的调查,因此课题组以基本问卷为主,结合附加问卷,对上海市民营企业营商的司法环境展开分析。

从基本问卷的发放对象来看,基本涵盖了民营经济的所有类型(如表L3-1所示),包括个体工商户、个人独资企业、合伙企业、有限责任公司、股份有限公司等,其中有限责任公司最多,占比超过65%,这与上海市民营经济的实际情况基本相符。在受访企业中,成立5年以上的企业占比72.71%,与司法机关有所接触的企业占比86.25%,这两项比例都比较高,从而在一定程度上保证了统计结果的真实性和有效性。

表L3-1 受访企业基本信息表

类 别	基本指标	数量(家)	占 比	类 别	基本指标	数量(家)	占 比
成立时间	不足1年	15	2.99%	企业年营业收入	不足50万元	46	9.16%
	1—3年	51	10.16%		51万—100万元	48	9.56%
	3—5年	71	14.14%		101万—300万元	69	13.75%
	5年以上	365	72.71%		301万—500万元	59	11.75%
民营经济类型	个体工商户	7	1.39%		500万元以上	280	55.78%
	个人独资企业	41	8.17%	与司法机关接触的情况是	接触多	43	8.57%
	合伙企业	30	5.98%		偶有接触	195	38.84%
	有限责任公司	330	65.74%		接触很少	195	38.84%
	股份有限公司	81	16.14%		没有接触	69	13.75%
	其他	13	2.59%	总 计		502	100%

课题组先后召开了两次座谈会:一次是由本市公安局、检察院、法院、司法局等单位代表参加的司法机关工作人员座谈会;另一次是由民营企业管理人员、法务人员和律师参加的座谈会。同时,课题组在基本问卷中设计有开放式问题,征求被调查人对改善上海市民营企业营商司法环境的意见,经统计,共收到86份100余项意见和建议。

以上调查问卷统计结果和座谈会记录构成本调研报告的研究基础。

3 上海市民营企业营商司法环境的评价结果

3.1 总体评价

关于上海市民营企业营商司法环境的总

体评价,基本问卷统计结果如表L3-2所示。按照满意度的计算公式,评价得分＝"100％×很好比例数＋80％×较好比例数＋60％×一般比例数＋40％×较差比例数＋20％×很差比例数＋50％×说不清比例数",受访企业对于上海市民营企业营商司法环境的总体评价得分为80.62分,由此可见,上海市民营企业营商的司法环境总体评价良好。

表L3-2 总体评价统计表

选项	数目	比例
1. 很好	125	24.9%
2. 较好	281	55.98%
3. 一般	77	15.34%
4. 较差	2	0.4%
5. 很差	2	0.4%
6. 说不清	15	2.99%

3.2 分类评价

从民营企业营商司法环境的四个组成部分来看,公安环境、检察环境、审判环境和司法行政环境得分稍有差别。

从基本问卷统计结果(如表L3-3所示)可知,民营企业营商司法环境的四个组成部分的得分由高到低为公安环境、审判环境、司法行政环境、检察环境,其中后三项得分差别不大,分别是82.67分、82.28分和82.21分;公安环境得分最高,为84.04分。

表L3-3 分类评价统计表(基本问卷)

题目\选项	很好	较好	一般	较差	很差	说不清	得分
1. 公安环境	188(37.45%)	238(47.41%)	59(11.75%)	4(0.80%)	0(0.00%)	13(2.59%)	84.04
2. 检察环境	165(32.87%)	245(48.8%)	61(12.15%)	1(0.20%)	1(0.20%)	29(5.78%)	82.21
3. 审判环境	172(34.26%)	241(48.01%)	64(12.75%)	4(0.80%)	1(0.20%)	20(3.98%)	82.67
4. 司法行政环境	168(33.47%)	240(47.81%)	65(12.95%)	2(0.40%)	1(0.20%)	26(5.18%)	82.28

附加问卷统计结果(如表L3-4所示)与基本问卷统计结果基本相符。民营企业营商司法环境的四个组成部分得分相差不大,最高的是公安环境,其后依次是司法行政环境、审判环境、检察环境。

综上可得出结论:民营企业营商司法环境的四个组成部分在满意度上差别不大,相对而言,公安环境满意度较高。

3.3 单项评价

关于民营企业营商司法环境的24项具体指标单项的评价，基本问卷数据统计结果如表L3-5所示。

表L3-4 分类评价统计表（附加问卷）

题目\选项	好	一般	不好	不清楚	得分
1. 公安环境	36.48%	48.33%	4.63%	10.58%	71.69
2. 检察环境	35.70%	46.15%	4.90%	13.25%	70.99
3. 审判环境	35.80%	45.40%	4.80%	14.00%	71.00
4. 司法行政环境	35.97%	45.97%	4.93%	13.23%	71.13

表L3-5 单项评价统计表

一、公安环境	很好	较好	一般	较差	很差	说不清
1. 对于扰乱企业生产经营秩序的违法犯罪行为及时查处	35.46%	49.20%	12.55%	0.00%	0.20%	2.59%
2. 严格区分民事纠纷与违法犯罪的界限，不插手民事纠纷，保护企业合法经营	35.46%	51.20%	10.36%	0.00%	0.20%	2.79%
3. 执法行为文明，执法手段合理，尽量不影响企业的正常生产经营活动	37.65%	49.60%	9.96%	0.20%	0.20%	2.39%
4. 办案中依法允许律师及时介入	39.44%	48.61%	6.97%	0.00%	0.20%	4.78%
5. 办案清正廉洁，不存在受贿等腐败现象	37.25%	48.80%	9.36%	0.40%	0.40%	3.78%
6. 加强延伸服务，为企业排忧解难	32.07%	45.42%	17.73%	0.60%	0.20%	3.98%
二、检察环境	很好	较好	一般	较差	很差	说不清
7. 加大对知识产权犯罪、逃汇、信用证诈骗等刑事犯罪的打击力度，促进合法经营	35.66%	50.00%	9.76%	0.40%	0.20%	3.98%
8. 案件侦查中慎重采取查封、扣押、冻结企业财产以及逮捕措施，保障企业经营	35.46%	51.00%	8.57%	0.20%	0.00%	4.78%
9. 对企业不服已生效判决、裁定的申诉案件依法受理、认真审查	37.25%	49.60%	8.37%	0.20%	0.00%	4.58%
10. 在刑事案件中提起公诉的罪名准确，量刑建议适当	35.86%	47.41%	9.16%	0.20%	0.00%	7.37%

续表

二、检察环境	很好	较好	一般	较差	很差	说不清
11. 办案清正廉洁,不存在受贿等腐败现象	37.05%	48.80%	8.37%	0.20%	0.20%	5.38%
12. 主动对接企业司法需求,保障企业家合法权益和正常经营活动	33.07%	45.82%	15.34%	0.60%	0.00%	5.18%
三、审判环境	很好	较好	一般	较差	很差	说不清
13. 坚持对国有企业与民营企业一视同仁,依法保护各类市场主体的平等地位	35.26%	43.43%	16.14%	1.59%	0.20%	3.39%
14. 审理案件高效,及时解决争议	35.06%	45.62%	15.74%	0.60%	0.40%	2.59%
15. 严守犯罪界限,坚决防止利用刑事手段干预经济纠纷	37.45%	47.01%	11.16%	0.20%	0.20%	3.98%
16. 审理案件时依法慎用强制措施和查封、扣押、冻结措施,依法适用非监禁刑,依法保障企业的正常生产经营活动	36.65%	47.21%	11.35%	0.20%	0.00%	4.58%
17. 办案中能够采纳企业及律师的合理意见	37.45%	46.22%	12.75%	0.60%	0.00%	2.99%
18. 综合运用各种强制执行措施加快胜诉企业债权实现	34.86%	46.22%	13.55%	1.20%	0.00%	4.18%
19. 办案清正廉洁,不存在受贿等腐败现象	39.04%	44.62%	10.16%	0.40%	0.40%	5.38%
20. 采取各项措施方便企业参与诉讼,强化以案释法等法治宣传,加强延伸服务	33.27%	48.21%	14.94%	0.60%	0.00%	2.99%
四、司法行政环境	很好	较好	一般	较差	很差	说不清
21. 及时受理行政复议,对行政诉讼依法应诉	35.86%	50.40%	8.17%	0.00%	0.20%	5.38%
22. 深入有效地开展法治宣传教育	34.66%	48.01%	13.94%	0.40%	0.20%	2.79%
23. 加强律师和公证管理,规范法律服务工作者的执业行为,优化法律服务渠道	34.26%	49.80%	11.35%	0.20%	0.00%	4.38%
24. 加强人民调解、行政调解、司法调解的衔接,优化调解资源,形成调解合力	36.25%	50.20%	10.16%	0.40%	0.00%	2.99%

在民营企业营商司法环境的 24 项具体指标单项中,评价得分最高的 5 项指标(如图 L3-2 所示)依次是"公安机关办案中依法允许律师及时介入""公安机关执法行为文明,执法手段合理,尽量不影响企业的正常生产经营活动""检察机关对企业不服已生效判决、裁定的申诉案件依法受理、认真审查""司法行政机关加强人民调解、行政调解、司法调解的衔接,优化调解资源,形成调解合力""公安机关严格区分民事纠纷与违法犯罪的界限,不插手民事纠纷,保护企业合法经营",这说明受访企业对司法机关的这 5 项工作满意度最高。

在民营企业营商司法环境的 24 项具体指标单项中,评价得分最低的 5 项指标(如图 L3-3 所示)依次是"公安机关加强延伸服务,为企业排忧解难""检察机关主动对接企业司法需求,保障企业家合法权益和正常经营活动""审判机关坚持对国有企业与民营企业一视同仁,依法保护各类市场主体的平等

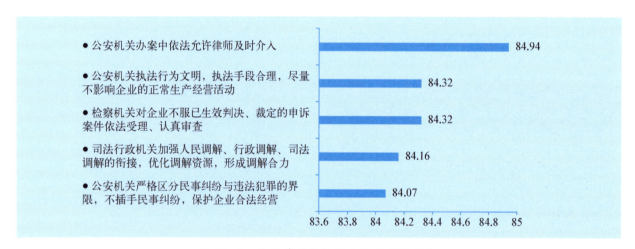

图 L3-2　指标单项评价得分前五名排序表

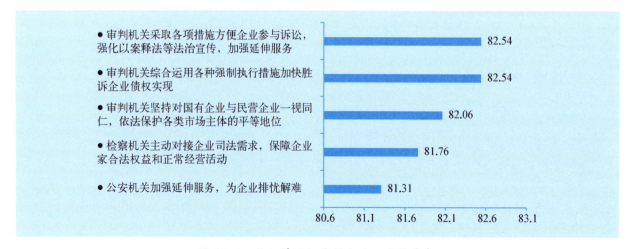

图 L3-3　指标单项评价得分后五名排序表

地位""审判机关综合运用各种强制执行措施加快胜诉企业债权实现""审判机关采取各项措施方便企业参与诉讼,强化以案释法等法治宣传,加强延伸服务",这说明受访企业对司法机关的这5项工作满意度比较低。其中3项均为对司法机关的延伸服务满意度不高;另外2项涉及对诉讼主体平等对待和执行问题。

3.4 交叉评价

课题组还将民营企业营商司法环境的总体评价与受访民营企业的成立年限、性质、规模、与司法活动的接触程度等因素结合起来,展开对营商司法环境的交叉分析(因篇幅所限,具体数据及图表放在调研报告的附件中)。通过分析发现以下4个规律。

第一,企业成立时间越长,总体评价越好。从注册成立到现在不足1年的企业,对上海市司法环境的总体评分为76分;成立1—3年的企业评分为77.25分;成立3—5年的企业评分为79.01分;成立5年以上的企业评分为81.59分。

第二,大体上,企业内部治理越完善,总体评价越好。个体工商户总体评价得分为72.87分;个人独资企业评分为76.83分;合伙企业评分为81.33分;有限责任公司评分为80.22分;股份有限公司评分为84.20分。

第三,企业规模对总体评价影响不大。年营业收入不足50万元的企业评价得分为80.88分;51万—100万元企业评分为79.17分;101万—300万元企业评分为81.16分;301万—500万元企业评分为78.13分;500万元以上企业评分为81.22分。

第四,与司法机关接触越多,总体评价越好。与司法机关没有接触的企业,总体评价得分为75.36分;接触很少的企业,评分为80.04分;偶有接触的企业,评分为82.16分;接触多的企业,评分为84.65分。

此外,课题组还将部分分类评价与受访民营企业的成立年限、性质、规模以及与司法活动的接触程度等因素相结合,展开了相关的交叉分析。限于篇幅,该部分内容也放在调研报告的附件部分,以供参考。

4 调研发现上海市民营企业营商司法环境存在的突出问题

要特别指出的是,上海市的司法环境建设走在全国的前列,这次调查结果也显示上海市民营企业营商的司法环境总体评价良好。因此,这里指出的若干问题,是在上海市基本司法环境良好的背景下,对标司法环境的高标准而提出的问题。

本次调研就上海市民营企业营商司法环境存在的突出问题设有10个选项(见图L3-4),受访对象选择最少的是"司法行为不文明",占比仅为2.79%,其次是"司法腐败"和"司法不公正",占比分别是3.39%和4.18%。这表明上海市司法机关在司法文明、司法廉洁和司法公正方面做得较好,受访者普遍比较满意。

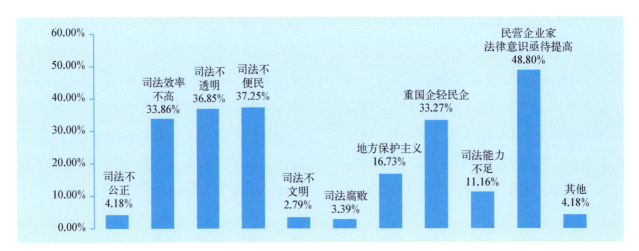

图 L3-4　本市民营企业营商司法环境突出问题分布图

另一方面,受访对象选择最多的是"民营企业家知法、尊法、守法、用法的意识亟待提高",占比达 48.8%,说明相当部分民营企业已认识到自身守法经营能力薄弱,迫切需要提升;其次,受访对象选择的突出问题有"司法不便民"(占比 37.25%)、"司法行为不够公开透明"(占比 36.85%)、"司法效率不高"(占比 33.86%)和"重国企而轻民企"(占比 33.27%)。

结合问卷统计结果和座谈会调研情况显示,上海市民营企业营商司法环境的突出问题体现在以下四个方面。

4.1　针对民营企业家的法治宣传尚显不足

上海市民营企业家法治意识不足,知法、尊法、守法、用法的意识还比较薄弱。根据北京师范大学中国企业家犯罪预防研究中心发布的《2017 中国企业家刑事风险分析报告》,在 2016 年 12 月 1 日至 2017 年 11 月 30 日"中国裁判文书网"上传的刑事案件判决书和裁定书中,属于企业家犯罪的有 2 319 件案例样本,其中上海民营企业家有 129 人,在全国列第五,也是四个直辖市中人数最多的。民营企业家知法、尊法、守法、用法的意识之所以比较薄弱,既有民营企业家个人的原因,也与司法机关法治宣传教育不足、司法服务不到位等相关。法治宣传教育是司法机关的重要职责之一,如何强化法治宣传教育并切实收到效果,是今后司法机关应重视的工作。

4.2　司法活动中一定程度尚存在不同主体区别对待

调查问卷显示,对于"坚持对国有企业与民营企业一视同仁,依法保护各类市场主体的平等地位"的评价,"很好"和"较好"的比例为 78.68%,"一般""较差""很差""说不清"的比例总和为 21.32%;此单项的评分也是调查问卷单项评分中最低之一。同时结合座谈会上参会企业的发言,可以看出参与本次调研活动的部分民营企业认为在目前的司法活动中,一定程度上还存在着不同主体区别对待的问题。

4.3 司法机关的延伸服务尚有不足

在民营企业营商司法环境评价得分最低的5项指标中,有3项涉及司法机关延伸服务,这说明受访民营企业对司法机关所提供的延伸服务满意度不高。司法机关在主动对接企业司法需求、搭建沟通平台、开展法治宣传、为企业排忧解难等方面存在不足,与新时期民营企业日益增长的对司法工作的需求和期望有差距。

4.4 司法的便民性、透明度和效率尚待提升

调查结果显示,司法不便民、司法不透明、司法效率不高仍然是受访企业所认为的比较突出的问题。客观地说,上海市各司法机关对于司法便民、司法公开、司法效率都非常重视,近年来大力采取各项措施来改进工作,不少方面还走在全国的前列。但是,目前受访企业仍将司法不便民、司法不透明、司法效率不高视为比较突出的问题,这一方面反映了民营企业主动学法知法、关注司法动态的意识不够强,同时也在一定程度上反映了司法机关的这三项工作与社会的期望值之间仍有差距,这也是新时代人民日益增长的美好生活需要和不平衡不充分的发展之间的矛盾在司法工作中的体现。

5 优化上海市民营企业营商司法环境的建议

本次调研问卷就加强上海市民营企业营商司法保护设有10个选项(见图L3-5)。受访对象选择最多的是"司法机关积极参与社会治理,加强延伸服务,主动为民营企业排忧解难",占比45.62%,说明这是受访对象最大的共同期待;选择"依法惩治侵犯民营企业和企业家权益的各类违法犯罪活动"和"建立和完善多元化的纠纷化解机制,推进纠纷源头治理"的也较多,二者占比都是37.25%;选择"建立针对民营企业的司法援助或司法救助制度,为确有困难的企业提供法律服务"的也不少,占比达36.25%。

结合问卷统计结果和座谈会调研情况,建议优化上海市民营企业营商司法环境可着重加强以下四个方面工作。

5.1 依法平等保护民营企业的合法利益

切实贯彻《中共中央国务院关于完善产权保护制度依法保护产权的意见》,依法保护民营企业的合法利益。司法机关要将平等保护作为规范财产关系的基本原则,加大对非公有财产的刑法平等保护力度;在民事诉讼中平等对待不同主体,依法处理民营企业与国有企业或自然人发生的各类纠纷。同时,依法惩治侵害民营企业和企业家权益的各类违法犯罪活动,为民营企业家的人身、财产安全和民营企业生产经营活动的正常开展提供法治保障。

5.2 加强法治宣传教育

全面落实司法机关"谁执法谁普法"的普法责任制,积极推进"谁主管谁普法""谁服务

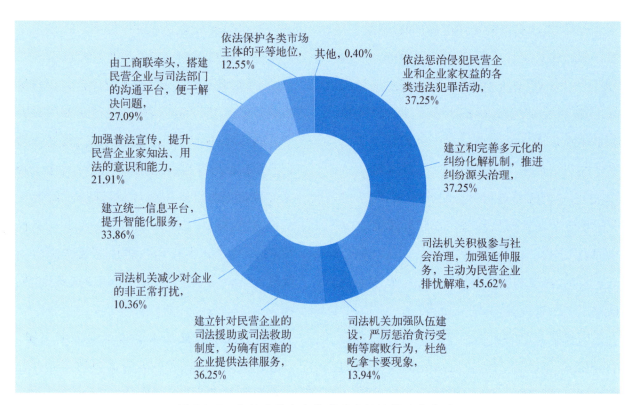

图 L3-5　加强民营企业营商司法保护措施分布图

谁普法"的责任制落实,切实加强法治宣传教育的针对性。同时,普法工作需要全社会的参与,工商联、行业协会商会及企业自身都应加强相应的法治宣传教育,确保收到实效。

5.3　改进司法工作,提高办案质效

司法机关应积极回应新时期民营企业对司法工作的要求和期待,通过具体扎实的措施改进司法工作,提高办案的质量和效率。

首先,对于扰乱企业正常生产经营活动或侵害民营企业家人身、财产安全的违法行为,司法机关依法履行职责,迅速采取有效措施予以处置。其次,抓好民事判决执行难问题,加大执行力度,切实提高执行到位率,维护法律尊严,提高司法公信力。再次,在人少案多任务重的实际情况下,司法机关可优化人员结构,提升办案能力,推进科学的办案流程管理,尽可能地缩短办案时间,提高办案效率。最后,司法行政机关进一步加强对律师的教育和监督管理,规范律师执业行为;同时探索提供公共法律服务产品,满足未能设立专门法务部门的民营企业尤其是中小企业的日常法律需求。

5.4　积极参与社会治理,加强延伸服务

司法机关应充分利用各类平台或渠道,积极参与社会治理,进一步加强延伸服务,主动为民营企业排忧解难。例如,完善社会矛盾纠纷多元化解机制,推进纠纷源头治理;开展司法所和工商联基层商会衔接联动;大力开展商会人民调解工作。搭建与民营企业的沟通平台,互通信息,增进相互了解,促进意

见交流。

司法机关通过参与社会治理和加强延伸服务：一方面，及时发现民营企业在生产经营中的法律困难和法律风险，提供有效的法律帮助或提出有针对性的法律风险警示；另一方面，深入了解民营企业对司法工作的意见和建议，及时改进工作，提高司法公信力。此外，市工商联和有关行业协会商会可依托各自职能优势，加强对民营企业法治需求方面信息情况的收集和研判，优化司法机关与民营企业的延伸服务渠道。

民营企业营商司法环境的建设是一项复杂的社会综合工程，它既需要审判机关、检察机关、公安机关和司法行政机关的共同努力，又与立法机关的立法工作，行政机关的行政管理和行政执法工作，法律服务机构提供的律师、公证、人民调解、法律援助等工作密切相关，还离不开民营企业和民营企业家的自身建设，以及全民守法的推进。因此，只有对这些工作齐抓共管，综合推进，才能使本市民营企业营商司法环境的优化真正收到实效。

6 附件一：上海市民营企业营商司法环境调查问卷交叉分析报告

6.1 对于"上海市民营企业营商司法环境"的总体评价

6.1.1 不同年限民营企业与营商司法环境满意度的交叉分析

第一，从注册成立到现在不足1年的企业：评价"很好"有3家，占比20%；评价"较好"有7家，占比46.67%；评价"一般"有3家，占比20%；评价"较差"有0家，占比0%；评价"很差"有0家，占比0%；评价"不清楚"有2家，占比13.33%。按照满意度的计算公式，注册成立到现在不足1年的企业受访者对于上海市民营企业营商司法环境的总体评价得分为76分。

第二，从注册成立到现在1—3年的企业：评价"很好"有5家，占比9.80%；评价"较好"有36家，占比70.59%；评价"一般"有7家，占比13.73%；评价"较差"有1家，占比1.96%；评价"很差"有0家，占比0%；评价"不清楚"有2家，占比3.92%。按照满意度的计算公式，注册成立到现在1—3年的企业受访者对于上海市民营企业营商司法环境的总体评价得分为77.25分。

第三，从注册成立到现在3—5年的企业：评价"很好"有13家，占比18.31%；评价"较好"有42家，占比59.15%；评价"一般"有15家，占比21.13%；评价"较差"有0家，占比0%；评价"很差"有0家，占比0%；评价"不清楚"有1家，占比1.41%。按照满意度的计算公式，注册成立到现在3—5年的企业受访者对于上海市民营企业营商司法环境的总体评价得分为79.01分。

第四，从注册成立到现在5年以上的企业：评价"很好"有104家，占比28.49%；评价"较好"有196家，占比53.70%；评价"一般"有52家，占比14.25%；评价"较差"有1家，

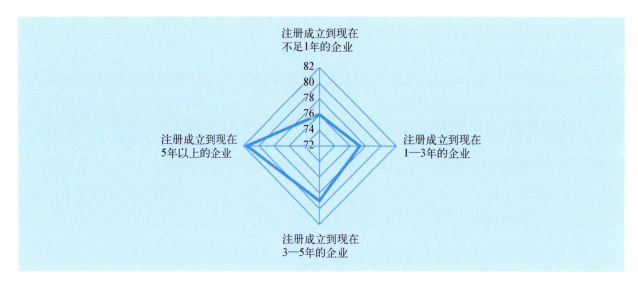

图 L3-6　不同年限民营企业对营商司法环境满意度分布图

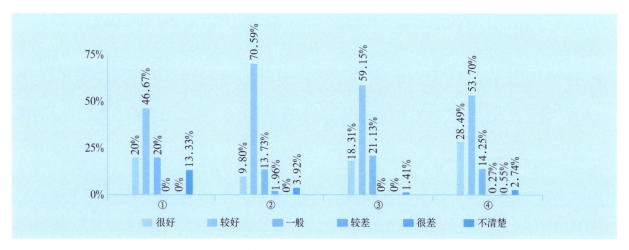

图 L3-7　不同年限民营企业与营商司法环境满意度的交叉分析图

图例：① 是指从注册成立到现在不足 1 年的企业；② 是指从注册成立到现在 1—3 年的企业；③ 是指从注册成立到现在 3—5 年的企业；④ 是指从注册成立到现在 5 年以上的企业

占比 0.27%；评价"很差"有 2 家，占比 0.55%；评价"不清楚"有 10 家，占比 2.74%。按照满意度的计算公式，注册成立到现在 5 年以上的企业受访者对于上海市民营企业营商司法环境的总体评价得分为 81.59 分。

图 L3-6 是不同年限民营企业对营商司法环境满意度分布图；图 L3-7 是不同年限民营企业与营商司法环境满意度的交叉分析图。

6.1.2　不同类型民营企业与营商司法环境满意度的交叉分析

第一，个体工商户对营商司法环境评价：评价"很好"有 1 家，占比 14.29%；评价"较好"有 3 家，占比 42.86%；评价"一般"有 2 家，占比 28.57%；评价"较差"有 0 家，占比 0%；评价"很差"有 0 家，占比 0%；评价"不清楚"有 1 家，占比 14.29%。按照满意度的计算公式,个体工商户的企业受访者对于上海市民营企业营商司法环境的总体评价得分为72.87分。

第二,个人独资企业对营商司法环境评价:评价"很好"有9家,占比21.95%;评价"较好"有19家,占比46.34%;评价"一般"有10家,占比24.39%;评价"较差"有2家,占比4.88%;评价"很差"有0家,占比0%;评价"不清楚"有1家,占比2.44%。按照满意度的计算公式,个人独资企业的企业受访者对于上海市民营企业营商司法环境的总体评价得分为76.83分。

第三,合伙企业对营商司法环境评价:评价"很好"有9家,占比30%;评价"较好"有15家,占比50%;评价"一般"有4家,占比13.33%;评价"较差"有0家,占比0%;评价"很差"有0家,占比0%;评价"不清楚"有2家,占比6.67%。按照满意度的计算公式,合伙企业受访者对于上海市民营企业营商司法环境的总体评价得分为81.33分。

第四,有限责任公司对营商司法环境评价:评价"很好"有76家,占比23.03%;评价"较好"有190家,占比57.58%;评价"一般"有53家,占比16.06%;评价"较差"有0家,占比0%;评价"很差"有2家,占比0.61%;评价"不清楚"有9家,占比2.73%。按照满意度的计算公式,有限责任公司的受访者对于上海市民营企业营商司法环境的总体评价得分为80.22分。

第五,股份有限公司对营商司法环境评价:评价"很好"有27家,占比33.33%;评价"较好"有45家,占比55.56%;评价"一般"有7家,占比8.64%;评价"较差"有0家,占比0%;评价"很差"有0家,占比0%;评价"不清楚"有2家,占比2.47%。按照满意度的计算公式,股份有限公司的受访者对于上海市民营企业营商司法环境的总体评价得分为84.20分。

第六,其他类型民营企业对营商司法环境评价:评价"很好"有3家,占比23.08%;评价"较好"有9家,占比69.23%;评价"一般"有1家,占比7.69%;评价"较差"有0家,占比0%;评价"很差"有0家,占比0%;评价"不清楚"有0家,占比0%。按照满意度的计算公式,其他类型民营企业的受访者对于上海市民营企业营商司法环境的总体评价得分为83.08分。

图L3-8是不同类型民营企业对营商司法环境满意度分布图;图L3-9是不同类型民营企业与营商司法环境满意度的交叉分析图。

6.1.3 不同规模民营企业与营商司法环境满意度的交叉分析

第一,年营业收入不足50万元民企对营商司法环境评价:评价"很好"有12家,占比26.09%;评价"较好"有25家,占比54.35%;评价"一般"有7家,占比15.22%;评价"较差"有0家,占比0%;评价"很差"有0家,占比0%;评价"不清楚"有2家,占比4.35%。按照满意度的计算公式,年营业收入不足50

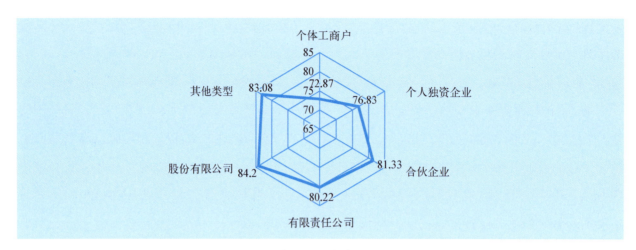

图 L3-8　不同类型民营企业对营商司法环境满意度分布图

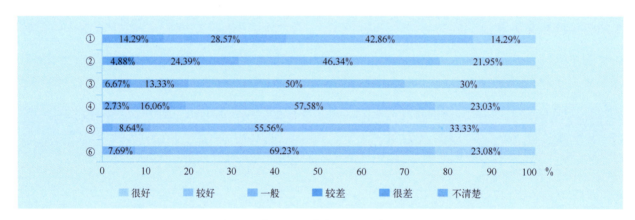

图 L3-9　不同类型民营企业与营商司法环境满意度的交叉分析图

图例：① 是指个体工商户；② 是指个人独资企业；③ 是指合伙企业；④ 是指有限责任公司；⑤ 是指股份有限公司；⑥ 是其他类型

万元民企受访者对于上海市民营企业营商司法环境的总体评价得分为 80.88 分。

第二，年营业收入 51 万—100 万元民企对营商司法环境评价：评价"很好"有 9 家，占比 18.75%；评价"较好"有 29 家，占比 60.42%；评价"一般"有 8 家，占比 16.67%；评价"较差"有 0 家，占比 0%；评价"很差"有 0 家，占比 0%；评价"不清楚"有 2 家，占比 4.17%。按照满意度的计算公式，年营业收入 51 万—100 万元民企受访者对于上海市民营企业营商司法环境的总体评价得分为 79.17 分。

第三，年营业收入 101 万—300 万元民企对营商司法环境评价：评价"很好"有 18 家，占比 26.09%；评价"较好"有 39 家，占比 56.52%；评价"一般"有 9 家，占比 13.04%；评价"较差"有 1 家，占比 1.45%；评价"很差"有 0 家，占比 0%；评价"不清楚"有 2 家，占比 2.9%。按照满意度的计算公式，年营业收入 101 万—300 万元民企受访者对于上海市民营企业营商司法环境的总体评价得分为 81.16 分。

第四,年营业收入301万—500万元民企对营商司法环境评价:评价"很好"有9家,占比15.25%;评价"较好"有36家,占比61.02%;评价"一般"有13家,占比22.03%;评价"较差"有0家,占比0%;评价"很差"有0家,占比0%;评价"不清楚"有1家,占比1.69%。按照满意度的计算公式,年营业收入301万—500万元民企受访者对于上海市民营企业营商司法环境的总体评价得分为78.13分。

第五,年营业收入500万元以上民企对营商司法环境评价:评价"很好"有77家,占比27.5%;评价"较好"有152家,占比54.29%;评价"一般"有40家,占比14.29%;评价"较差"有1家,占比0.36%;评价"很差"有2家,占比0.71%;评价"不清楚"有8家,占比2.86%。按照满意度的计算公式,年营业收入500万元以上民企受访者对于上海市民营企业营商司法环境的总体评价得分为81.22分。

图L3-10是不同规模的民营企业对营商司法环境满意度分布图;图L3-11是不同规模的民营企业与营商司法环境满意度的交叉分析图。

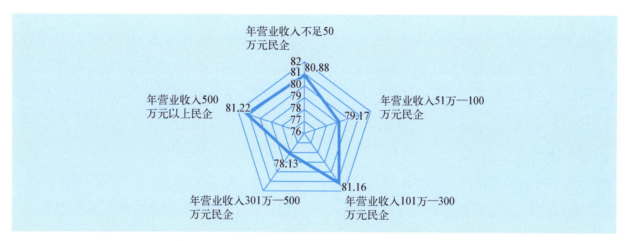

图L3-10　不同规模的民营企业对营商司法环境满意度分布图

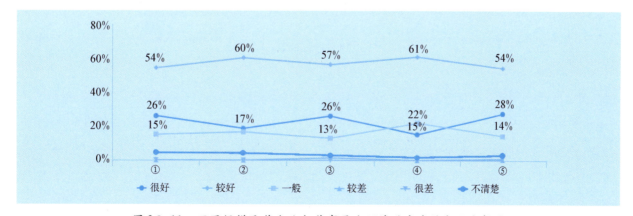

图L3-11　不同规模民营企业与营商司法环境满意度的交叉分析图

图例:①是指年营业收入不足50万元民企;②是指年营业收入51万—100万元民企;③是指年营业收入101万—300万元民企;④是指年营业收入301万—500万元民企;⑤是指年营业收入500万元以上民企

6.1.4 与司法机关不同接触度民营企业与营商司法环境满意度的交叉分析

第一,与司法机关接触多的民企对营商司法环境评价:评价"很好"有17家,占比39.53%;评价"较好"有21家,占比48.84%;评价"一般"有4家,占比9.30%;评价"较差"有0家,占比0%;评价"很差"有1家,占比2.33%;评价"不清楚"有0家,占比0%。按照满意度的计算公式,与司法机关接触多的民企受访者对于上海市民营企业营商司法环境的总体评价得分为84.65分。

第二,与司法机关偶有接触的民企对营商司法环境评价:评价"很好"有56家,占比28.72%;评价"较好"有109家,占比55.90%;评价"一般"有24家,占比12.31%;评价"较差"有1家,占比0.51%;评价"很差"有1家,占比0.51%;评价"不清楚"有4家,占比2.05%。按照满意度的计算公式,与司法机关偶有接触的民企受访者对于上海市民营企业营商司法环境的总体评价得分为82.16分。

第三,与司法机关接触很少的民企对营商司法环境评价:评价"很好"有44家,占比22.56%;评价"较好"有110家,占比56.41%;评价"一般"有36家,占比18.46%;评价"较差"有0家,占比0%;评价"很差"有0家,占比0%;评价"不清楚"有5家,占比2.56%。按照满意度的计算公式,与司法机关接触很少的民企受访者对于上海市民营企业营商司法环境的总体评价得分为80.04分。

第四,与司法机关没有接触的民企对营商司法环境评价:评价"很好"有8家,占比11.59%;评价"较好"有41家,占比59.42%;评价"一般"有13家,占比18.84%;评价"较差"有1家,占比1.45%;评价"很差"有0家,占比0%;评价"不清楚"有6家,占比8.70%。按照满意度的计算公式,与司法机关没有接触的民企受访者对于上海市民营企业营商司法环境的总体评价得分为75.36分。

图L3-12是与司法机关不同接触度民营企业对营商司法环境满意度分布图;图L3-13是与司法机关不同接触度民营企业与营商司法环境满意度的交叉分析图。

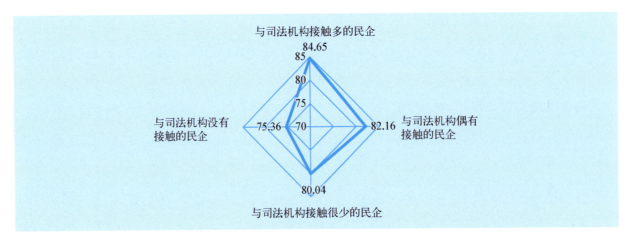

图L3-12 与司法机关不同接触度民营企业对营商司法环境满意度分布图

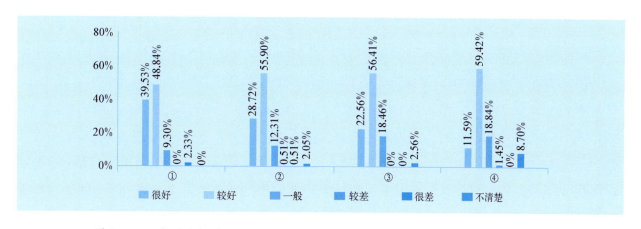

图 L3-13　与司法机关不同接触度民营企业与营商司法环境满意度的交叉分析图

图例：①是指与司法机关接触多的民企；②是指与司法机关偶有接触的民企；③是指与司法机关接触很少的民企；④是指与司法机关没有接触的民企

6.2 对于"上海市民营企业营商司法环境"的具体评价

6.2.1 不同类型民营企业与公安环境满意度的交叉分析

第一，个体工商户对公安局为民营企业营商提供的公安环境评价。评价"很好"有1家，占比14.29%；评价"较好"有3家，占比42.86%；评价"一般"有3家，占比42.86%；评价"较差"有0家，占比0%；评价"很差"有0家，占比0%；评价"不清楚"有0家，占比0%。按照满意度的计算公式，个体工商户对公安局为民营企业营商提供的公安环境总体评价得分为74.29分。

第二，个人独资企业对公安局为民营企业营商提供的公安环境评价。评价"很好"有14家，占比34.15%；评价"较好"有16家，占比39.02%；评价"一般"有9家，占比21.95%；评价"较差"有1家，占比2.44%；评价"很差"有0家，占比0%；评价"不清楚"有1家，占比2.44%。按照满意度的计算公式，个人独资企业对公安局为民营企业营商提供的公安环境总体评价得分为80.73分。

第三，合伙企业对公安局为民营企业营商提供的公安环境评价。评价"很好"有11家，占比36.67%；评价"较好"有15家，占比50%；评价"一般"有2家，占比6.67%；评价"较差"有0家，占比0%；评价"很差"有0家，占比0%；评价"不清楚"有2家，占比6.67%。按照满意度的计算公式，合伙企业对公安局为民营企业营商提供的公安环境总体评价得分为84.01分。

第四，有限责任公司对公安局为民营企业营商提供的公安环境评价。评价"很好"有119家，占比36.06%；评价"较好"有157家，占比47.58%；评价"一般"有41家，占比12.42%；评价"较差"有3家，占比0.91%；评价"很差"有0家，占比0%；评价"不清楚"有10家，占比3.03%。按照满意度的计算公式，有限责任公司对公安局为民营企业营商提供的公安环境总体评价得分为 83.46 分。

第五，股份有限公司对公安局为民营企业营商提供的公安环境评价。评价"很好"有 40 家，占比 49.38%；评价"较好"有 37 家，占比 45.68%；评价"一般"有 4 家，占比 4.94%；评价"较差"有 0 家，占比 0%；评价"很差"有 0 家，占比 0%；评价"不清楚"有 0 家，占比 0%。按照满意度的计算公式，股份有限公司对公安局为民营企业营商提供的公安环境总体评价得分为 88.89 分。

第六，其他类型民营企业对公安局为民营企业营商提供的公安环境评价。评价"很好"有 3 家，占比 23.08%；评价"较好"有 10 家，占比 76.92%；评价"一般"有 0 家，占比 0%；评价"较差"有 0 家，占比 0%；评价"很差"有 0 家，占比 0%；评价"不清楚"有 0 家，占比 0%。按照满意度的计算公式，其他类型企业对公安局为民营企业营商提供的公安环境总体评价得分为 84.62 分。

图 L3-14 是不同类型民营企业对公安环境满意度分布图。

6.2.2 不同规模民营企业与检察环境满意度的交叉分析

第一，年营业收入不足 50 万元民企对检察环境评价。评价"很好"有 11 家，占比 23.91%；评价"较好"有 25 家，占比 54.35%；评价"一般"有 4 家，占比 8.70%；评价"较差"有 0 家，占比 0%；评价"很差"有 0 家，占比 0%；评价"不清楚"有 6 家，占比 13.04%。按照满意度的计算公式，年营业收入不足 50 万元民企对民营企业检察环境总体评价得分为 79.13 分。

第二，年营业收入 51 万—100 万元民企对检察环境评价。评价"很好"有 15 家，占比 31.25%；评价"较好"有 27 家，占比 56.25%；评价"一般"有 5 家，占比 10.42%；评价"较差"有 0 家，占比 0%；评价"很差"有 0 家，占比 0%；评价"不清楚"有 1 家，占比 2.08%。按照满意度的计算公式，年营业收入 51 万—100 万元民企对民营企业检察环境总体评价得分为 83.54 分。

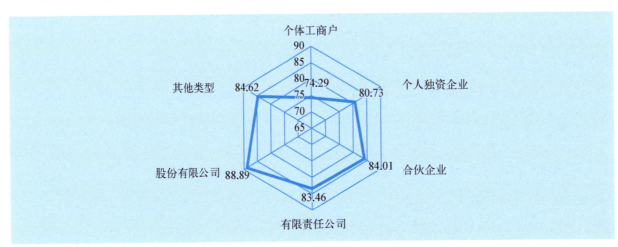

图 L3-14　不同类型民营企业对公安环境满意度分布图

第三，年营业收入101万—300万元民企对检察环境评价。评价"很好"有23家，占比33.33%；评价"较好"有34家，占比49.28%；评价"一般"有10家，占比14.49%；评价"较差"有0家，占比0%；评价"很差"有0家，占比0%；评价"不清楚"有2家，占比2.9%。按照满意度的计算公式，年营业收入101万—300万元民企对民营企业检察环境总体评价得分为82.90分。

第四，年营业收入301万—500万元民企对检察环境评价。评价"很好"有17家，占比28.81%；评价"较好"有26家，占比44.07%；评价"一般"有12家，占比20.34%；评价"较差"有0家，占比0%；评价"很差"有0家，占比0%；评价"不清楚"有4家，占比6.78%。按照满意度的计算公式，年营业收入301万—500万元民企对民营企业检察环境总体评价得分为79.66分。

第五，年营业收入500万元以上民企对检察环境评价。评价"很好"有99家，占比35.36%；评价"较好"有133家，占比47.5%；评价"一般"有30家，占比10.7%；评价"较差"有1家，占比0.36%；评价"很差"有1家，占比0.36%；评价"不清楚"有16家，占比5.71%。按照满意度的计算公式，年营业收入500万元以上民企对民营企业检察环境总体评价得分为82.66分。

图L3-15是不同规模民营企业对检察环境满意度分布图；图L3-16是不同规模民营企业与检察环境满意度的交叉分析图。

6.2.3 不同类型民营企业与审判环境满意度的交叉分析

第一，个体工商户对审判环境评价。评价"很好"有2家，占比28.57%；评价"较好"有2家，占比28.57%；评价"一般"有1家，占比14.29%；评价"较差"有0家，占比0%；评价"很差"有0家，占比0%；评价"不清楚"有2家，占比28.57%。按照满意度的计算公式，个体工商户对审判环境总体评价得分为74.29分。

第二，个人独资企业对审判环境评价。评价"很好"有10家，占比24.39%；评价"较好"有18家，占比43.90%；评价"一般"有12家，占比29.27%；评价"较差"有1家，占比

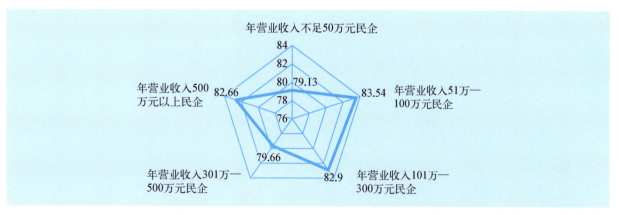

图L3-15 不同规模民营企业对检察环境满意度分布图

图 L3-16　不同规模民营企业与检察环境满意度的交叉分析图

图例：① 是指年营业收入不足 50 万元民企；② 是指年营业收入 51 万—100 万元民企；③ 是指年营业收入 101 万—300 万元民企；⑤ 是指年营业收入 301 万—500 万元民企；⑤ 是指年营业收入 500 万元以上民企

2.44%；评价"很差"有 0 家，占比 0%；评价"不清楚"有 0 家，占比 0%。按照满意度的计算公式，个人独资企业对审判环境总体评价得分为 78.05 分。

第三，合伙企业对审判环境评价。评价"很好"有 13 家，占比 43.33%；评价"较好"有 12 家，占比 40%；评价"一般"有 3 家，占比 10%；评价"较差"有 0 家，占比 0%；评价"很差"有 0 家，占比 0%；评价"不清楚"有 2 家，占比 6.67%。按照满意度的计算公式，合伙企业对审判环境总体评价得分为 84.67 分。

第四，有限责任公司对审判环境评价。评价"很好"有 109 家，占比 33.03%；评价"较好"有 167 家，占比 50.61%；评价"一般"有 40 家，占比 12.12%；评价"较差"有 2 家，占比 0.61%；评价"很差"有 1 家，占比 0.3%；评价"不清楚"有 11 家，占比 3.33%。按照满意度的计算公式，有限责任公司对审判环境总体评价得分为 82.76 分。

第五，股份有限公司对审判环境评价。评价"很好"有 34 家，占比 41.98%；评价"较好"有 34 家，占比 41.98%；评价"一般"有 7 家，占比 8.64%；评价"较差"有 1 家，占比 1.23%；评价"很差"有 0 家，占比 0%；评价"不清楚"有 5 家，占比 6.17%。按照满意度的计算公式，有限责任公司对审判环境总体评价得分为 84.33 分。

第六，其他类型民营企业对审判环境评价。评价"很好"有 4 家，占比 30.77%；评价"较好"有 8 家，占比 61.54%；评价"一般"有 1 家，占比 7.69%；评价"较差"有 0 家，占比 0%；评价"很差"有 0 家，占比 0%；评价"不清楚"有 0 家，占比 0%。按照满意度的计算公式，其他类型民营企业对审判环境总体评价得分为 84.62 分。

图 L3-17 是不同类型民营企业对审判环境满意度分布图；图 L3-18 是不同类型民营企业与审判环境满意度的交叉分析图。

6.2.4　不同规模民营企业与司法行政环境满意度交叉分析

第一，年营业收入不足 50 万元民企对司法行政环境评价。评价"很好"有 15 家，占比

下篇 理论研究

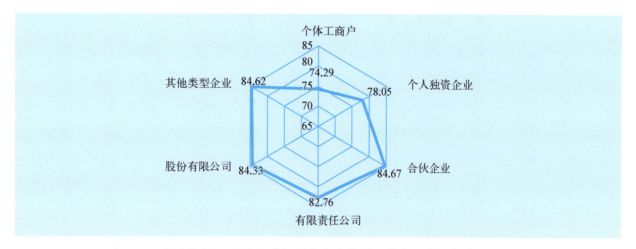

图 L3-17 不同类型民营企业对审判环境满意度分布图

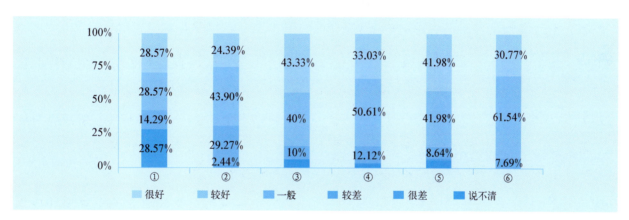

图 L3-18 不同类型民营企业与审判环境满意度的交叉分析图

图例：① 是指个体工商户；② 是指个人独资企业；③ 是指合伙企业；④ 是指有限责任公司；⑤ 是指股份有限公司；⑥ 是其他类型企业

32.61%；评价"较好"有24家，占比52.17%；评价"一般"有2家，占比4.35%；评价"较差"有0家，占比0%；评价"很差"有0家，占比0%；评价"不清楚"有5家，占比10.87%。按照满意度的计算公式，年营业收入不足50万元民企对司法行政环境总体评价得分为82.39分。

第二，年营业收入51万—100万元民企对司法行政环境评价。评价"很好"有15家，占比31.25%；评价"较好"有24家，占比50%；评价"一般"有8家，占比16.67%；评价"较差"有0家，占比0%；评价"很差"有0家，占比0%；评价"不清楚"有1家，占比2.08%。按照满意度的计算公式，年营业收入51万—100万元民企对司法行政环境总体评价得分为82.29分。

第三，年营业收入101万—300万元民企对司法行政环境评价。评价"很好"有21家，占比30.43%；评价"较好"有35家，占比50.72%；评价"一般"有11家，占比15.94%；评价"较差"有0家，占比0%；评价"很差"有0

家,占比0%;评价"不清楚"有2家,占比2.9%。按照满意度的计算公式,年营业收入101万—300万元民企对司法行政环境总体评价得分为82.02分。

第四,年营业收入301万—500万元民企对司法行政环境评价。评价"很好"有19家,占比32.20%;评价"较好"有25家,占比42.37%;评价"一般"有12家,占比20.34%;评价"较差"有0家,占比0%;评价"很差"有0家,占比0%;评价"不清楚"有3家,占比5.08%。按照满意度的计算公式,年营业收入301万—500万元民企对司法行政环境总体评价得分为80.84分。

第五,年营业收入500万元以上民企对司法行政环境评价。评价"很好"有98家,占比35%;评价"较好"有132家,占比47.14%;评价"一般"有32家,占比11.43%;评价"较差"有2家,占比0.71%;评价"很差"有1家,占比0.36%;评价"不清楚"有15家,占比5.36%。按照满意度的计算公式,年营业收入500万元以上民企对司法行政环境总体评价得分为82.61分。

图L3-19是指不同规模民营企业对司法行政环境满意度分布图;图L3-20是指不同

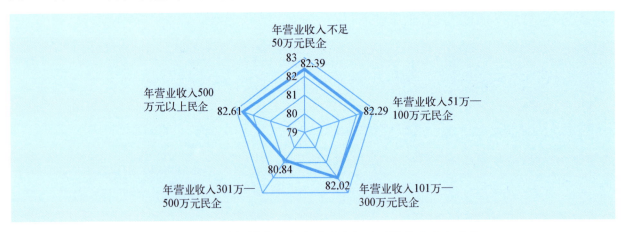

图L3-19 不同规模民营企业对司法行政环境满意度分布图

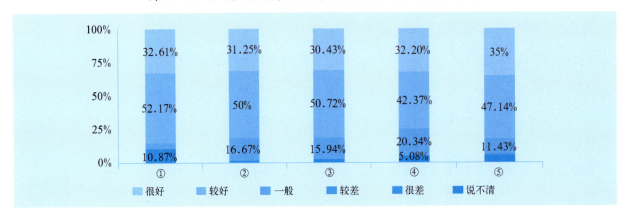

图L3-20 不同规模民营企业与司法行政环境满意度的交叉分析图

图例:① 是指年营业收入不足50万元民企;② 是指年营业收入51万—100万元民企;③ 是指年营业收入101万—300万元民企;④ 是指年营业收入301万—500万元民企;⑤ 是指年营业收入500万元以上民企。

7　附件二：上海市民营企业营商的司法环境调查问卷

规模民营企业与司法行政环境满意度的交叉分析图。

尊敬的先生/女士：

　　为加强对民营经济发展的司法环境研究，及时解决司法环境中困扰和影响民营经济发展的突出问题，我们拟对上海市民营企业营商的司法环境进行调研。您的看法和意见对我们很重要，请您认真填答问卷。

　　本次问卷调查是无记名的，对您的回答我们将依法予以保密。

　　对您的合作与支持，我们表示衷心的感谢！

上海社会科学院法学研究所
2018 年 3 月

【基本信息】

A. 您所在的企业从注册成立到现在：【单选】
　　□ ① 不足 1 年　　□ ② 1—3 年　　□ ③ 3—5 年　　□ ④ 5 年以上

B. 您所属的民营经济类型：【单选】
　　□ ① 个体工商户　　□ ② 个人独资企业　　□ ③ 合伙企业　　□ ④ 有限责任公司
　　□ ⑤ 股份有限公司　　□ ⑥ 其他（请注明：）

C. 您所属的民营经济的年营业收入：【单选】
　　□ ① 不足 50 万元　　　　　　　□ ② 51 万—100 万元
　　□ ③ 101 万—300 万元　　　　　□ ④ 301 万—500 万元
　　□ ⑤ 500 万元以上

D. 贵企业与司法机关接触的情况是：【单选】
　　□ ① 接触多　　　　　　　　　□ ② 偶有接触
　　□ ③ 接触很少　　　　　　　　□ ④ 没有接触

【调查问题】

1. 您对上海市民营企业营商的司法环境的总体评价是：【单选】
　　□ ① 很好　　□ ② 较好　　□ ③ 一般　　□ ④ 较差
　　□ ⑤ 很差　　□ ⑥ 说不清

2. 您对上海市民营企业营商的各项司法环境的评价是：【单选】

司 法 环 境	很 好	较 好	一 般	较 差	很 差	说不清
① 公安局为民营企业营商提供的公安环境	□	□	□	□	□	□
② 检察院为民营企业营商提供的检察环境	□	□	□	□	□	□
③ 法院为民营企业营商提供的审判环境	□	□	□	□	□	□
④ 司法局为民营企业营商提供的司法行政环境	□	□	□	□	□	□

3. 您对民营企业营商的各项公安环境的评价是：【单选】

公 安 环 境	很 好	较 好	一 般	较 差	很 差	说不清
① 对于扰乱企业生产经营秩序的违法犯罪行为及时查处	□	□	□	□	□	□
② 严格区分民事纠纷与违法犯罪的界限，不插手民事纠纷，保护企业合法经营	□	□	□	□	□	□
③ 执法行为文明，执法手段合理，尽量不影响企业的正常生产经营活动	□	□	□	□	□	□
④ 办案中依法允许律师及时介入	□	□	□	□	□	□
⑤ 办案清正廉洁，不存在受贿等腐败现象	□	□	□	□	□	□
⑥ 加强延伸服务，为企业排忧解难	□	□	□	□	□	□

4. 您对上海民营企业营商的各项检察环境的评价是：【单选】

检 察 环 境	很 好	较 好	一 般	较 差	很 差	说不清
① 加大对知识产权犯罪、逃汇、信用证诈骗等刑事犯罪的打击力度，促进合法经营	□	□	□	□	□	□
② 案件侦查中慎重采取查封、扣押、冻结企业财产以及逮捕措施，保障企业经营	□	□	□	□	□	□
③ 对企业不服已生效判决、裁定的申诉案件依法受理、认真审查	□	□	□	□	□	□
④ 在刑事案件中提起公诉的罪名准确，量刑建议适当	□	□	□	□	□	□
⑤ 办案清正廉洁，不存在受贿等腐败现象	□	□	□	□	□	□
⑥ 主动对接企业司法需求，保障企业家合法权益和正常经营活动	□	□	□	□	□	□

5. 您对上海民营企业营商的各项审判环境的评价是:【单选】

审 判 环 境	很 好	较 好	一 般	较 差	很 差	说不清
① 坚持对国有企业与民营企业一视同仁,依法保护各类市场主体的平等地位	□	□	□	□	□	□
② 审理案件高效,及时解决争议	□	□	□	□	□	□
③ 严守犯罪界限,坚决防止利用刑事手段干预经济纠纷	□	□	□	□	□	□
④ 审理案件时依法慎用强制措施和查封、扣押、冻结措施,依法适用非监禁刑,依法保障企业的正常生产经营活动	□	□	□	□	□	□
⑤ 办案中能够采纳企业及律师的合理意见	□	□	□	□	□	□
⑥ 综合运用各种强制执行措施加快胜诉企业债权实现	□	□	□	□	□	□
⑦ 办案清正廉洁,不存在受贿等腐败现象	□	□	□	□	□	□
⑧ 采取各项措施方便企业参与诉讼,强化以案释法等法治宣传,加强延伸服务	□	□	□	□	□	□

6. 您对上海民营企业营商的各项司法行政环境的评价是:【单选】

司法行政环境	很 好	较 好	一 般	较 差	很 差	说不清
① 及时受理行政复议,对行政诉讼依法应诉	□	□	□	□	□	□
② 深入有效地开展法治宣传教育	□	□	□	□	□	□
③ 加强律师和公证管理,规范法律服务工作者的执业行为,优化法律服务渠道	□	□	□	□	□	□
④ 加强人民调解、行政调解、司法调解的衔接,优化调解资源,形成调解合力	□	□	□	□	□	□

7. 您认为上海市民营企业营商的司法环境存在的突出问题是:【限选三项】

　　□ ① 司法不公正　　□ ② 司法效率不高　　□ ③ 司法行为不够公开透明
　　□ ④ 司法不便民　　□ ⑤ 司法腐败　　　　□ ⑥ 司法行为不文明
　　□ ⑦ 地方保护主义　□ ⑧ 重国企而轻民企　□ ⑨ 司法人员业务能力不足

- ☐ ⑩ 民营企业家知法、尊法、守法、用法的意识亟待提高
- ☐ 其他,请填写

8. 您认为加强对上海市民营企业营商的司法保护的主要方面是:【限选三项】
   - ☐ ① 依法惩治侵犯民营企业和企业家权益的各类违法犯罪活动
   - ☐ ② 建立和完善多元化的纠纷化解机制,推进纠纷源头治理
   - ☐ ③ 司法机关积极参与社会治理,加强延伸服务,主动为民营企业排忧解难
   - ☐ ④ 司法机关加强队伍建设,严厉惩治贪污受贿等腐败行为,杜绝吃拿卡要现象
   - ☐ ⑤ 建立针对民营企业的司法援助或司法救助制度,为确有困难的企业提供法律服务
   - ☐ ⑥ 司法机关减少对企业的非正常打扰
   - ☐ ⑦ 建立统一信息平台,提升智能化服务
   - ☐ ⑧ 加强普法宣传,提升民营企业家知法、用法的意识和能力
   - ☐ ⑨ 由工商联牵头,搭建民营企业与司法部门的沟通平台,便于解决问题
   - ☐ ⑩ 依法保护各类市场主体的平等地位
   - ☐ 其他,请填写

9. 您对改善上海市民营企业营商的司法环境有何意见和建议?

再次感谢您的大力支持!

上海市工商业联合会 供稿

主要完成人:杨 茜 彭 辉 王 倩

孙大伟 别 宗 谢可训

许广达 李小华

专题报告四

防范化解风险　促进民营企业高质量发展

党的十九大提出"要坚决打好防范化解重大风险、精准脱贫、污染防治的攻坚战"。2017年全国金融工作会议围绕服务实体经济、防控金融风险、深化金融改革"三位一体"的金融工作主题做出了重大部署，习近平总书记就做好当前金融工作提出"回归本源；优化结构；强化监管；市场导向"四点原则。上海市委、市政府高度重视上海国际金融中心建设工作，以扩大金融业开放为动力，着力优化营商环境，推动金融服务实体经济发展，加强金融风险防范化解，取得了积极成效。

为了进一步引导民营企业强化风险意识，适应当前经济形势和国家宏观调控要求的需要，做好重点领域风险防范和处置工作，切实帮助民营企业解决发展中遇到的政策障碍和实际困难，认真做好全国工商联关于开展民营企业防范化解风险专题调研的相关工作，我们制定了工作方案，形成多部门联动配合的工作机制，专门走访了市金融办、银监会上海监管局、市中小企业发展服务中心等政府部门，了解政策制定和实施执行的具体情况；专程走访了上海金融信息行业协会、部分实体经济企业、涉及金融业务的企业，了解行业发展现状，听取企业反映和意见建议。现将调研情况汇编整理如下。

1 本市民营企业防范化解风险工作贯彻落实的基本情况

1.1 民营企业坚持高质量发展，夯实抗风险的自身防线

2018年上半年，本市民营经济稳中有进，呈现出"总体平稳、工业回暖、消费放缓、投资提速、贸易增长、提质增效"等基本特点，除消费外，投资、税收、进出口、工业效益等相关指标均高于全市平均水平。截至5月底，民营经济完成税收收入2 508.15亿元①，同比增长9.5%，快于全市平均水平0.4个百分点；完成固定资产投资723.09亿元，同比增长15.2%，增速比上年同期提高8.3个百分点，高于全市平均增速8.1个百分点。其中，工业投资增幅显著扩大，同比由上年同期略增0.5%转为大幅增长46.7%，比全市工业投资增速高出29.4个百分点。实现规模以上工业

---

① 民营经济税收收入：不含海关代征的增值税、消费税，证券交易印花税。统计范围包括私营企业、集体企业、股份合作企业、个体经营以及私营控股、集体控股企业（联营企业、有限责任公司、股份有限公司）。

总产值 2 068.16 亿元①,同比增长 7.4%,增速比上年同期提高 4.5 个百分点,高于全市 0.7 个百分点;主营业务收入 2 184.98 亿元,同比增长 11.7%,增速比上年同期提高 5.4 个百分点,高于全市 3.3 个百分点;利润总额 115.91 亿元,同比增长 16.5%,增速较上年同期提高 7.3 个百分点,高于全市 5.3 个百分点;营业收入利润率达 5.3%,较上年同期提高 0.4 个百分点。民营企业创新性、成长性逐步显现,人工智能、大数据产业增长迅速,已成为全国数据流通交易高地,在线数据交易量超 10 亿次,占全国交易总量 30% 左右。

截至 2017 年年底,上海复星高科技(集团)有限公司合并总资产 2 367.98 亿元,同比增长 15.7%;合并净资产 800.41 亿元,同比增长 9.9%;实现净利润 85.94 亿元,同比增长 80.0%;资产负债率 66.2%,维持在较为合理的水平。复星在经营和资金管理工作中,始终将按期还本付息作为资金工作的底线。为了能做好按期还本付息工作,加强企业经营性现金流管理,关注已投项目的分红及退出;积极以各种模式对接资本市场,多样化筹集资金;储备充足的银行授信及债券发行额度,为到期债务再融资做好准备;应对市场波动,提前做好到期债务偿付准备。截至 2017 年年底,复星持有的高流动性资产包括现金、上市公司股票合计约人民币 398 亿元,对本公司母公司层面的一年内到期债务覆盖倍数为 4.1 倍。

截至 2017 年年底,上海均瑶(集团)有限公司资产总额 427.8 亿元;利润总额 21.5 亿元,同比增长 10.1%;资产负债率 65.9%。为了防范化解债务违约风险,均瑶注重整个集团融资综合管理工作,包括集团综合授信、银行金融机构统一管理、融资成本控制等;积极拓宽融资渠道,除传统流动资金贷款、经营性物业贷款、固定资产抵押贷款等,还开辟了并购贷款、黄金租赁融资、PDP(贸易前的预付款)融资等渠道;加强资金集中统一管理,除上市公司外,集团内非上市公司资金由集团统一调配管理;积极创造条件,加强与机构投资者的沟通等。

1.2 丰富金融市场,促进金融业支持实体经济发展

2017 年,本市金融业增加值达 5 330.54 亿元,同比增长 11.8%,占全市 GDP 比重达 17.69%。金融市场交易总额约 1 430 万亿元,拥有持牌金融机构 1 537 家。

2017 年,上海证券业金融机构共保荐了 41 家企业 IPO 上市,主承销 58 家金额 282 亿元;承销(分销)债券 4 091 只,规模 14 747 亿元,包括为两家科创企业发行双创债券 13 亿元和承销(分销)24 只绿色债券金额 444 亿元;帮助 250 余家中小微企业新三板融资超 100 亿元。

截至 2017 年年底,在基金业协会完成备案登记的商会私募基金管理人共 4 538 家,管

---

① 民营经济工业总产值:统计范围包括本市私营、集体、私营控股和集体控股企业。

理私募基金19 236只,私募基金管理人家数、管理私募基金数量均居全国首位。

1.3 普惠金融组织体系进一步多元化,小微企业融资环境有所改善

传统和新型、大型和小型、线上和线下金融组织机构共同发展的格局逐步形成,不同金融机构之间的协同效应得到充分发挥,实现综合化、一体化服务。截至2017年年底,五家大型商业银行上海市分行均成立了普惠金融事业部,银行机构共设有3家小微企业专营分行,13家以支农支小为市场定位的村镇银行,1 200余家小微企业金融服务专营支行和社区支行,7家汽车金融公司,2家消费金融公司,其他机构包括25家融资担保公司,129家小额贷款公司,245家典当行,1 967家融资租赁企业。各类机构共同参与打造"普惠金融服务命运共同体",服务实体经济、支持小微经济、助力多点消费需求。

截至2018年6月底,上海银行业银行类金融机构小微企业[①]贷款(含同口径个体工商户贷款、小微企业主贷款,下同)余额12 930.57亿元(占全部贷款比重18.06%),同比增加510.81亿元,增幅4.11%;小微企业贷款户数40.66万户,同比增加13.60万户;小微企业申贷获得率92.96%,高于上年同期3.62个百分点。贷小贷微趋势明显,上海银行业500万元以下(含)小微企业贷款余额1 760.31亿元,同比增长45.84%。

2018年第二季度,中资银行单户授信总额1 000万元以下(含)小微企业贷款加权平均利率7.85%,较第一季度提高0.2个百分点。其中,法人银行单户授信总额1 000万元以下(含)小微企业贷款加权平均利率5.40%,与一季度持平;国有商业银行上海市分行平均利率5.69%,较第一季度提高了0.15个百分点;股份制商业银行上海分行平均利率10.05%,提高了0.10个百分点;城市商业银行上海分行平均利率7.69%,提高了0.48个百分点;村镇银行平均利率7.35%,提高了0.2个百分点。第二季度的普惠型小微企业贷款利率普遍高于第一季度。

截至2017年年底,各类银税合作产品项下贷款余额166.65亿元,共有1 096笔贷款获得了利率下调优惠,为小微企业节约利息成本及抵押、担保等费用共计约7 239.65万元。2018年上半年,上海银行业金融机构合计取消收费项目120项,整合精简收费项目91项,降低收费标准项目54项,合计少收费6.80亿元,为服务实体经济减负做出积极贡献。

1.4 完善工作机制,系统防控金融风险的重点领域和关键环节

市金融办会同相关单位,按照"健机制、强监管、早发现、打重点、常宣传"的工作思路,不断探索适应上海这个特大型金融中心城市风险防控的工作路径。

一是在工作机制上,探索建立形成市级

---

① 小微企业认定标准参照《关于印发中小企业划型标准规定的通知》(工信部联企业〔2011〕300号)。

层面"一办三组"(办公室、案件侦办组、信访维稳组、宣传教育组)+区级层面"一事一案一专班"的工作机制,在分工明确、各负其责的基础上,紧密协作,形成工作合力。

二是在前端监测预警方面,不断建立健全多层次的风险监测预警体系,包括印发《上海市非法集资监测预警实施办法》,统筹各方面工作力量落实源头管控,在全国首创商业银行账户资金异动监测机制、依托新型金融业态监测分析平台覆盖全市二十多万家新金融企业、利用成熟的城市网格化管理平台发现涉非线索、建立监测预警协作机制发现跨行业、跨领域的金融风险等,做到早发现、早研判、早预警、早处置。

三是在中端风险处置方面,统筹推进互联网金融专项整治、交易场所清理整顿、非法集资专项排查,尤其近期针对P2P网络借贷行业风险集中爆发的情况,开展了深入排摸风险底数、聚焦重点平台开展逐一约谈和专人盯防、分类因案施策稳妥缓释风险、主动发声强化舆论引导等系列工作。

四是在后端信访维稳方面,指导各区建立工作专班,下发《工作指引》,将辖内风险案(事)件逐一分解到各区,要求各区工作专班按照《工作指引》严格落实属地风险处置和稳控吸附责任,做到"管事有专班、有事必有人",确保"一事一案一专班"工作机制高效运行,将涉非矛盾牢牢吸附在属地、化解在基层,切实防止不同矛盾群体交织合流。

2 本市民营企业防范化解风险的主要关注点

2.1 外部环境复杂多变,内部经营压力短期内难以缓解

从外部环境来看,中美贸易摩擦不断升级,美联储持续加息,中美经济周期分化将在相当长一段时间内存在,中美货币政策将继续分化,对非美货币、包括人民币造成了贬值压力,对货币扩张造成了难度。根据2017年本市民营企业对美进出口情况分析,民营企业对美贸易占全市对美贸易的比重,进口占20.2%,出口占18.1%;民营企业对美贸易占民营经济进出口的比重,进口占12.8%,出口占20.4%。与全国其他省市不同,不论是本市对美贸易,还是本市民营经济对美贸易的占比均较高,上海民营企业受到一定冲击,随着订单下降、市场波动,部分对美贸易企业面临经营困难和压力。

从民营企业自身来看,原材料、劳动力、土地等成本高企,且难以在短期内有效缓解,加大了实体企业经营压力。自2017年年底以来,各种原材料及大宗商品价格持续上涨,且部分制造生产用的原材料的上游企业因环保原因关闭,导致原材料供应降低,价格进一步上涨。由于本市最低工资标准的不断上涨,上海生活成本提高,其他城市出台的人才新政吸引了大批人才,使得本市劳动力成本不断提高。特别是近期出台的社保费用将由税

务部门征收的政策,部分之前按照最低工资缴纳社保的企业社保支出将上涨近50%。此外,受制于土地容积率等限制,企业产业转型、能级提升、改扩建都受到一定影响。

2.2 实体企业在去杠杆、强监管政策背景下,财务风险增加

从企业的融资环境来看,受2017年去杠杆以及2018年结构性去杠杆影响,社会融资规模存量增速从2017年初的接近13%,逐渐降至2018年5月的10.3%。在信用收紧背景下,如果企业自身财务杠杆过高,对外投资风格过于激进;债务结构不合理,或者没有管理好企业的债务期限,可能导致企业债券、债务集中到期的现象。监管政策全面封堵各类表外和非标通道,非标债务(信托计划、证券公司资管产品、基金子公司资管产品、私募的明股实债融资、P2P网络小贷融资等)滚续难度上升,企业需要依靠表内或者自身经营现金流对接到期债务,企业再融资受限将成为信用风险加速暴露的导火索。

2.3 民企上市公司出现债券违约,后续风险态势值得高度关注

近两年,债券市场信用风险事件频发,尤其2018年以来,据上交所提供的数据,新增债券违约数量、金额及发生频率均较往年有所增加,截至6月底,新增违约债券本金50多亿元,接近2017年全年水平。并且,2018年新增违约主体多为民营企业。根据Wind统计,2018年上半年25只违约债券中,16只为民企债,占比64%,并且违约主体逐渐从规模小、经营状况不佳的中小民企向规模和影响相对较大的民企上市公司演进。经梳理,2014年至今,上海辖内涉及债券违约的企业发行主体共6家,分别是云峰公司、华信集团、上海机电、协鑫集成(超日)、同捷科技、中安科(中安消),除云峰是地方国企外,其他5家都是民营企业,这6家企业共涉及十余只违约债券,违约债券本金100余亿元。其中,云峰公司和华信集团涉及金额较大,都超过60亿元。在宏观去杠杆、金融严监管、流动性普遍趋紧的背景下,债券市场后续的风险态势值得高度关注。

2.4 民营金融控股平台股权结构复杂,信息不明,存在交叉传染风险

近年来,资本市场并购重组热潮涌动,尤其以明天、安邦、富德等为代表的民营资本系通过并购重组加速扩张,形成各种形式的金控平台。由于信息不透明、业务无监管、内控不规范等因素,潜在风险相对较大,更有甚者沦为大股东从事非法金融活动的工具,前期金融监管部门已分别出手整治。目前,上海辖内风险比较突出的是华信系,2018年2月起,华信系爆发流动性风险,后来逐步扩大为集团偿付危机,目前上海建立了工作专班,在国家层面协调小组支持指导下稳妥有序推动风险处置。根据央行上海总部前期排查,除华信系外,本市还有复星、均瑶、东方财富3家民营企业持有主流金融牌照,另外部分民营企业投资于监管相对宽松的准金融行业(如参股控股小贷、担保、保理、租赁、典当等)

或者互联网金融行业,总的来说辖内民营企业投资金融业的规模不算大,但需要密切关注其持有金融牌照或从事金融业务后进行融资、加高杠杆可能引发的风险。除此以外,还有一些外省市民营金控平台参股控股上海辖内金融机构或企业,如安邦系的安邦财险、明天系的天安财险、富德系的浦发银行等,监管重拳整治下民营资本系实际控制人的主体风险可能导致整个集团治理失效,影响旗下相关企业平稳运行,也需要高度关注。

2.5 涉众型投资受损类风险易发高发,给社会稳定带来较大压力

一段时间以来,包括上海在内的全国各地涉众型投资受损类风险易发高发,涉案规模和人数持续高位运行。尤其近期,在平台自身长期偏离信息中介定位、监管缺位、市场流动性趋紧、专项整治深化等多重因素共同影响下,一度野蛮生长的P2P网络借贷平台较为密集地"爆雷",引起各方高度关注,尤其网络舆情热度居高不下,在某种程度上引发群体性恐慌,加剧了挤兑潮。据第三方统计,2018年6月16日以来,全国P2P网贷发生问题平台达200余家,其中本市约60家平台出现逾期、清盘或实际控制人失联等问题。此类风险由于规模大、涉众面广,容易引发群体性矛盾,给金融和社会稳定带来较大压力。

除了上述风险外,私募基金领域风险也值得关注。根据中基协公告,2018年以来全国百余家私募机构发生"失联"。当前,上海比较突出的是阜兴系风险个案,私募、P2P、非法集资、操纵上市公司股价等相互交织,复杂程度较高。目前,已经成立工作专班,在国家层面协调机制的指导下,积极配合相关风险处置工作。

3 防范化解风险,促进民营企业高质量发展的建议

上海的风险防范化解工作有其特殊性,如机构市场集聚度高容易引致风险集中、市民投资理财意识强对金融供给需求高、特大型城市矛盾消化链条短等。为了牢牢守住不发生区域性、系统性金融风险的底线,加快国际金融中心建设,促进民营企业高质量发展,按照市委、市政府主要领导指示要求,严格遵循"稳定大局、统筹协调、分类施策、精准拆弹"的基本方针,我们建议做好以下六个方面工作。

3.1 完善顶层设计,加快推动地方金融监管落地

民间资本的进入和民间金融机构的增加,给金融监管体系带来极大的监管难度。按照全国金融工作会议的重要精神,金融是特许经营行业,必须持牌经营。政府和相关监管部门应将民间金融业纳入有组织、有管理的系统中进行严格监管。前期国家已明确地方落实"7+4"类金融企业的监管,但现在一方面地方金融监管还未实质性落地,另一方面像P2P等互联网金融组织并未被纳入"7+4"的范畴,接下来如何监管还不十分明

确。国家层面应尽快完善现有金融监管体系,强化顶层设计,统筹相应法律法规,明确地方金融监管主体、监管范围、监管规则,加快推动地方金融监管落地,确保各类金融活动监管全覆盖、不留死角。

3.2 建立联防联控机制,强化监管协同

一方面,要建立地方金融监管部门和"一行三局"以及其他相关部门之间的协调机制,如针对债券违约风险,人民银行、证监部门、交易所、交易商协会、债券主承销机构之间需要共同建立风险联防联控工作机制,强化信息共享和协作配合。在沪金融监管部门发挥专业优势,地方金融监管部门落实属地责任,交易所、协会、承销机构也要承担相应的主体责任,共同履责,严密防范辖内债券违约风险。另一方面,要建立和外省市之间的跨地区协调机制,互联网的发展打破了地域限制,现在很多重大风险案(事)件都是跨省市的,尽快建立跨地区的风险联防联控、联手处置、联合维稳等尤为必要。

3.3 推动法治环境建设,营造良好环境

以债券违约风险处置为例,实践中各地方法院在违约债券发行人的破产诉讼受理、加速清偿条款效力认定、债券受托管理人诉讼代理地位认定等方面标准不一,影响了债券司法救济程序的顺利推进。建议利用上海金融法院成立的契机,统筹考虑金融案件相关诉讼的统一管辖和统一审判标准等问题,坚持法治化方向推动风险处置。依托上海市金融消费纠纷调解中心、上海银行业纠纷调解中心等矛盾化解平台,不断推进金融纠纷案件多元化解。

3.4 强化舆情监测管理,加强正面引导

近期的债券市场违约事件和P2P爆雷风波中,社会关注度和敏感度高,特别是一些涉众型比较强的债券,可能因为网络相关负面信息(债券市场专业性比较高,有时舆论媒体的解读存在误导),影响市场信心而引起连锁反应,导致信用风险加速暴露。现在投资群体趋于年轻,网络舆情成为改变心理预期的重要助推器,要加强相应的舆情监测和相应管控,并适时释放权威正面信息,强化正面引导。

3.5 建立资信评估平台和信息沟通平台,保护投资人利益

对"一行三会"监管范围以外的各类金融服务机构,应统一备案,并要求相关企业对其金融产品进行信息报送,对其经营状况进行定期风险评估,降低民间资本在金融业运营的不确定因素,以控制风险。加快统一的社会公共信用平台建设,利用科技、互联网技术、区块链技术等的发展,积极推动金融、行政、市场、会计等领域信用数据的征集、交换和应用,密切监控和分析民营金融机构信贷情况,加强与各监管部门的信息共享,准确掌握民间资本在金融领域的发展状况和趋势。支持社会机构建立征信体系,深度开发信息并提供相关服务。鼓励电子商务企业依托互联网进行相关信用平台建设,推动多类信用平台的合作与沟通。

3.6 依托商会组织加强投资者教育,提升风险防范意识

民营企业债务违约事件的集中发生,将进一步增加未来其他民营企业融资的难度和成本。要充分发挥商会的组织优势、行业优势和资源优势,精确引导、精准服务,帮助民营企业提高自身财务规范程度和市场信用等级,提升风险防控意识和风险抵御能力,积极预防违约事件的发生,提高融资主动性和可获得性。工商联及所属商会要配合有关部门,引导非公有制经济人士打好防范化解重大风险攻坚战,引导企业规范经营、远离非法集资,不盲目决策,不盲目扩张,不盲目举债,健全完善风险管控机制,努力实现企业高质量发展。

上海市工商业联合会 供稿
主要完成人:徐惠明 张 捍 封丹华
陆 畅

专题报告五

统战工作向商会组织有效覆盖问题研究
——以上海市杨浦区为例

在中央统战工作会议上,习近平总书记指出,统战工作要向商会组织有效覆盖,发挥工商联对商会组织的指导、引导、服务职能,确保商会发展的正确方向。可以说,统战工作向商会组织有效覆盖,既是新时代统一战线发展壮大的现实课题,也是商会健康发展的内在要求。但是,统战工作如何向商会组织有效覆盖尚无成熟的经验可供借鉴。基于近年来杨浦区工商联在统战工作向商会组织有效覆盖的"破题"探索,课题组自2018年4月以来,发放并统计分析调查问卷60份①、访谈12位企业家会长、无记名听取基层商会分管领导和秘书长的调查意见,深入了解杨浦区统战工作向商会组织覆盖的有效性以及问题瓶颈,以期能把握关键、抓住重点,稳步扩大统战工作向商会组织的有效覆盖。

1 新时代中国商会的统战特色分析

中国商会独有的统战特色是统战工作向商会组织有效覆盖的理论基础。在实践中,对商会的统战性一直存有这样或那样的疑虑,不仅影响商会职能作用的发挥,而且事关商会能否保持正确的政治方向。

1.1 统战性是中国商会组织的时代内核

商会是市场经济的产物。作为市场经济体系构成的重要组成部分,不仅中国有商会,西方也有商会。由于理论、道路、制度和文化的不同,中国商会与西方商会的发展历程和成长规律也不相同,其最大的区别在于:统战性、经济性、民间性的有机统一是中国商会的鲜明特色。其中,统战性是中国特色商会的独特优势,它贯穿于经济性和民间性之中,并通过指导经济性和民间性活动实现其参政议政、民主监督、团结教育、协调关系等统战功能。

坚持统战性是中国商会发展道路的深刻总结。新中国成立前后,国民经济百废待兴,迫切需要发挥私营工商业的积极作用。为更好地利用和改造私人工商业家,1949年8月中共中央发出《关于组织工商业联合会的指示》,提出成立工商联,并通过其开展统一战

---

① 课题组向街道(镇)商会、园区商会、行业协会等发出调查问卷60份,回收有效问卷60份。

线工作,以期工商业者更好地执行共同纲领和人民政府的政策、法令等。社会主义改造完成后,工商联的统战性特征更加突出,其任务主要是对原工商业者进行思想教育和思想改造工作。可见,工商联自成立伊始,统战性就是其独有的传统、优势和作用。党的十一届三中全会后,随着社会主义市场经济的建立和完善,基于国家与社会关系的变化,工商联主动转型,逐步探索和充分发挥中国特色商会的功能和作用。在原有社会组织转型的同时,还产生了一批新的基层商会。基层商会是工商联开展工作的组织基础和重要依托。与工商联的政治定位相同,基层商会亦具有统战性、经济性和民间性,在实践中发挥着促进非公有制经济健康发展和非公有制经济人士健康成长的积极作用。从工商联的转型和基层商会的发展来看,可以说,统战性是商会的立会之本。

坚持统战性是新时代中国商会健康发展的重要保证。党的十九大指出,"经过长期努力,中国特色社会主义进入了新时代,这是我国发展新的历史方位"。在新时代,我们党所面临的内外形势发生了重大变化,实现中华民族伟大复兴是一场有许多新的历史特点的伟大斗争,更加需要掌握好、运用好统一战线,最广泛地团结各方面力量共同奋斗。党的十九大在强调"统一战线是党的事业取得胜利的重要法宝,必须长期坚持"的同时,把非公有制经济和非公有制经济人士放在中国特色社会主义建设和中华民族伟大复兴的全

局中定位,进一步明确了中国商会的统战特色。党的十九大重申了坚持"两个毫不动摇"[①],肯定了非公有制经济和非公有制经济人士为中国特色社会主义建设所做的积极贡献,肯定了非公有制经济人士统一战线成员地位,明确提出要"构建亲清型政商关系,促进非公有制经济健康发展和非公有制经济人士健康成长"。因此,新时代中国商会的统战性一定要继续坚持,不能削弱,更不能放弃。只有坚持统战性,商会才能保持正确的政治方向,才能承担起党和政府赋予的团结、服务、引导和教育广大非公有制经济人士的特殊职能。

1.2 党的领导是商会组织统战工作的价值指向

价值指向为主体的实践活动提供动力,引导方向,赋予价值。只有在价值指向清晰的基础上,人们才会形成明确的统战认知和情感评价。从深层次看,价值指向实质上回答了按照什么样的价值规范来推进统战工作向商会组织覆盖的问题。坚持党的领导,是商会统战工作的价值指向。党的领导是中国特色社会主义最本质的特征和最大优势。党的十九大强调,"党政军民学,东西南北中,党是领导一切的"。可以说,坚持党的领导是统战工作向商会组织有效覆盖的出发点和落脚点。这一价值指向要求统战工作向商会组织覆盖的举措和方式都要有利于坚持和巩固党

---

① 即"毫不动摇巩固和发展公有制经济,毫不动摇鼓励、支持、引导非公有制经济发展"。

的领导地位和执政地位,同时能否坚持党的领导也是衡量商会统战工作是否有效的检验标准。

促进非公有制经济健康发展和非公有制经济人士健康成长是坚持党的领导的关键环节和集中要求。党的十九大强调,中国共产党人的初心和使命,就是为中国人民谋幸福,为中华民族谋复兴。在非公有制经济领域,促进非公有制经济健康发展和非公有制经济人士健康成长就是党的统战工作的重要使命。2007年4月29日,刚刚调任上海市委书记的习近平在会见全市非公有制经济人士优秀中国特色社会主义事业建设者时说:要始终坚持毫不动摇地巩固和发展公有制经济。毫不动摇地鼓励、支持、引导非公有制经济发展。着力优化政策环境、市场环境、法制环境、服务环境、社会环境,切实做到亲商、兴商、安商、富商,使上海真正成为投资创业的宝地,促进民营经济快速健康发展,形成公有制经济与非公有制经济相得益彰的发展格局①。当前,"两个健康"仍是实现党对非公有制经济领域领导的重要条件。2015年,习近平总书记在中央统战工作会议上强调,坚持党的领导要坚定不移,但在这个过程中也要尊重、维护、照顾同盟者的利益,帮助党外人士排忧解难。这是我们党的职责,也是实现党对统一战线领导的重要条件。对于直接诞生于市场的民营企业和非公有制经济人士,其面临的首要问题是如何在激烈的市场竞争中生存下来。统一战线的发展历程告诉我们,只有让非公有制经济人士认识到党才是他们切身利益的真正代表者,党才能成为他们当之无愧的领导者,他们才会坚定不移地跟党走。因此,坚持党的领导,必须促进"两个健康";实现了"两个健康",才能更好地坚持党的领导。

要坚持党的领导,就必须改善党的领导,加强党的建设。要正确理解党的领导的实质,发挥党的领导核心作用。正如习近平总书记指出的,党对统一战线的领导主要是政治领导,即政治原则、政治方向、重大方针政策的领导,主要体现为党委领导而不是部门领导、集体领导而不是个人领导。

1.3 服务发展是商会组织统战工作的本质要求

杨浦自第一家街(镇)商会(五角场镇商会)成立以来,已建有街镇商会12个(实现街道商会全覆盖),行业商会4个,园区商会5个,异地园区商会2个,青年商会1个,会员2 519家。各商会建立后,组织构架不断完善,服务活动不断丰富,为杨浦区域发展做出了积极贡献。一是商会组织已成为培育非公经济代表人士的孵化器。各商会在日常工作中以代表人士的发现和培养为本,将对非公有制经济人士的思想教育引导寓于服务之中,把统战工作润于商会工作的各环节,引导会员投身光彩事业,履行社会责任,提高综合素质,努力成为非公有制经济代表人士,积极

---

① 习近平.上海市将毫不动摇地支持非公经济发展[N].东方早报,2007-04-29.

争当优秀中国特色社会主义建设者。二是商会组织已成为招商安商的助推器。如五角场镇商会多次举办科企沙龙,为会员企业对接高校、科研院所优质成熟科研项目牵线搭桥,多项科研成果已被会员企业接受投入试生产,有效地促进了企业转型。三是商会组织已成为良好公共秩序的构建器。作为基层社会治理的多元主体之一,基层商会通过对会员企业内部治理进行监督、建立市场行为规范等举措,化解矛盾,避免冲突,积极构建与维护公共秩序,进而激发社会发展尤其是经济发展的活力。例如,控江商会率先建立了劳动关系协调办公室,服务企业和谐发展;东鑫公司成立10多年来劳动纠纷率为零,第一钢市有限公司在面临困境、大规模裁员时没有发生一起劳动仲裁案。四是商会组织已成为公益事业发展的动力器。杨浦各商会主动抑制自利倾向,积极参与光彩事业和慈善事业,开展捐资助学、帮困扶贫等活动,已成为区域慈善帮困的主力军。

2 统战工作向商会组织有效覆盖的实践探索

2.1 统战工作向商会组织有效覆盖的基础条件

近年来,杨浦区工商联不断开拓创新,探索新模式下基层商会的工作机制和运作机制,提升商会的功能,提高商会的服务水平。与此同时,不断加大统战工作向商会组织覆盖的力度和广度,涌现出了加强非公人士思想政治工作、宣传党的方针政策、实施商会承接政府职能转移、推进区域品牌建设、助推民营企业转型升级等一系列先行先试的工作亮点。其中,区民营经济运行动态分析平台得到区委、区政府的重视与肯定,上海市与全国工商联相关领导给予高度评价,要求总结经验加以推广。

2.2.1 商会统战要得到党(工)委重视

在座谈中,商会会长与秘书长普遍认为,党(工)委对商会工作的重视、支持是推动商会有力发展的重要因素,凡是领导高度重视的地方,商会工作就有活力、有特色、有成效。有的街(镇),一把手亲自牵头,加强对商会工作的领导,把街(镇)商会工作纳入党(工)委、办事处(镇)重要工作范畴,排入年度工作议事日程,书记和主任带头联系走访商会会员企业,形成长效联系服务制度。有的园区,商会凡有活动,负责联系的领导干部都必定参加。

2.1.2 商会工作要坚持"三性"有机统一

商会建设要牢牢把握统战性、充分发挥经济型、切实体现民间性。统战性是中国商会的独特优势,而民间性和经济性是商会的基本属性。坚持"三性"有机统一,就是要辩证处理好政治统战性与经济民间性的关系:一方面,统战工作向商会有效覆盖是中国商会不偏离社会主义方向的重要保证;另一方面,政治统战职能的发挥不侵蚀商会的民间经济性是中国商会活力发展的重要前提。目前,杨浦各商会的会长大多由企业家担任,虽归口管理和运作有所差异,但凡是商会"三性"有机统一发挥的,商会工作就有影响力。

2.1.3 商会建设要得到区工商联的有效指导

近年来,区工商联通过各种方式加强对商会组织的指导、引导和服务。一是注重建章立制。近年来相继制定了《区工商联加强联系基层商会及非公经济代表人士制度》《区工商联关于支持和促进街道(镇)商会建设的若干意见》等规范性文件,逐步形成了一套有商会特色的统战工作标准和工作规范。二是组织开展商会创优活动。根据有关标准要求,研究确定优秀基层商会、单项工作先进基层商会和先进个人推荐名单,通过发挥先进典型的表率和示范作用,增强基层商会工作的生机和活力。三是积极探索商会党建工作。商会党建工作是推动统战工作向商会组织覆盖的有力抓手。区工商联积极探索民营企业党建工作新形式和新模式,指导长白新村街道探索成立街道商会联合党支部。

2.1.4 商会发展需要良好的经济基础做支撑

以街(镇)商会为例,因各街(镇)经济发展基础不一,商会会员企业发展条件和发展状况不均。例如控江街道商会,由于社区经济基础较好,商会中坚力量丰富,其中缴纳地税超过50万元的会员企业近60家,缴纳地税超过200万元的会员企业20余家,会员企业规模相近,形成了一股稳定的商会骨干力量。再加上领导大力支持和商会秘书长有效工作,促进了商会的发展,商会统战工作也有声有色。然而,还有一些街道,虽然领导和商会秘书长等努力工作,商会会员企业也具有一定的数量,但由于街道经济基础薄弱,会员企业规模大小不一,企业家层次和需求也不同,商会统战工作的效果就不太明显。

2.2 统战工作向商会组织有效覆盖的瓶颈问题

2.2.1 主体培育待提升

从已经成立的商会运转来看,商会组织正朝着正规化方向发展,但也有部分商会有待成熟,自身实力尚不强,主要表现在三个方面。一是缺乏场地,经费不足。数据显示,约六成的商会没有独立的办公场所,存在经费短缺等问题,是当前阻碍商会运营的一大绊脚石。囿于薪酬待遇、发展空间、职业地位等问题,街道商会出现"招人难、留人难"等问题。80%的街道商会有1—2名专职工作人员。二是秘书长队伍不稳定。商会秘书长通常由统战干部等体制内工作人员担任,由于干部培养和职位吸引力等原因,商会秘书长时常调换。秘书长频繁变动必然造成对会员企业的不熟悉,难以推动工作。三是商会治理不健全。30%的受访者认为商会领导班子的产生、考核机制不健全、不合理;40%的受访者认为商会管理体制不顺,行政管制因素太多。此外,80%的街道商会没有会办网站或微信公众号。

2.2.2 覆盖共识有误区

关于统战工作向商会覆盖的共识上,存在两大误区。一是忽视商会的统战性。绝大多数商会能够认识到"三性"有机统一是我国商会的鲜明特色,但也有少数商会认为,在商言商,应突出强调商会的民间性和经济性。在调研中,当问及"从中国商会发展历史来看,近代中国商会的命运与政治紧密相连。新形势下,商会依然应该承担党和政府赋予的特殊职能。您认为,这种说法有道理吗"时,65%的受访者认为"很有道理",25%的受访者认为"比较有道理",10%的受访者认为"没有道理"。二是忽视商会的参政功能。当问及"作为独立法人地位的社会自治组织,您认为,商会的主要职能和作用是什么"时,100%的受访者认为商会的主要职能和作用是信息功能、协商功能和服务功能,只有约六成的受访者认为商会应当有参政功能。

2.2.3 互动互益须理顺

统战工作向商会组织有效覆盖不是单向的统战输出,而是统战工作与商会工作的互益互动。只有坚持平等互益制度结构和合作模式,统战工作贴近商会需求,才能长期有效地向商会组织覆盖。在政府、商会与企业会员三者的互动关系中,商会在政府和会员企业之间起到桥梁的作用。一方面,在商会与政府之间的互动关系中,存在职能边界不清晰、互动机制随意化等问题。在"大政府"向"小政府"转型的过程中,政府"不该管、管不好、管不了"的事项逐步转移出去。但是,这个转移是以政府为主导的,在实践中往往会出现政府部门把自己"不想管"的职能转移到商会,却将原本属于商会的职能留滞在自己手中的现象。在互动合作机制方面,由于资源不对等、信息不对称等原因,商会往往依靠会长或会员企业的相关资源寻求政府的支持。另一方面,在商会与会员企业的互动关系中,存在服务会员能力不足等问题。商会本质上是一种互益性组织,代表并维护广大会员企业的共同利益是商会的基本职能。数据显示,82%的受访者认为商会对企业会员深入了解不够,对企业面临的问题缺乏反映机制。当问及"当前商会服务职能的实施情况"时,51%的受访者认为"一般",29%和20%的受访者分别认为"比较好"和"非常好"。

2.2.4 体制机制待健全

作为社会组织统战工作的组成部分,商会统战工作是党的工作的新领域和重要阵地,如何加强和完善商会统战工作的管理体制和工作机制也是当前急需解决的现实课题。一是基层商会党组织的隶属关系不统一。虽然《关于加强社会组织党的建设工作的意见(试行)》规定了社会组织党建工作的管理体制,但在基层实践中仍然存在隶属关系多样、多重管理并存等现象,难以形成工作合力,影响了基层商会党建和统战工作的开展。二是有效覆盖评价体系尚未建立。统战工作向商会组织有效覆盖,重点在"有效",但何为有效,当前并没有相关评价标准。虽然当前工商联系统开展了"班子建设好、团结教育好、服务发展好、自律规范好"商会建设评比,但多为定性要求,缺乏量化指标。三是统战工作向商会组织覆盖情况未纳入基层党(工)委考核内容。随着街镇脱离招商任务,个别缺乏"阵地意识"的街镇党(工)委对商会不像以前那么重视了。

3 统战工作向商会组织有效覆盖的路径分析

3.1 充分认识党建在推动统战工作向商会组织有效覆盖中的重要作用

商会党建工作,是统战工作向商会有效覆盖的制度和机制保证。实践证明,党组织建到哪里,统战工作就可以开展到哪里。党的十九大指出,"党的基层组织是确保党的路线方针政策和决策部署贯彻落实的基础。要以提升组织力为重点,突出政治功能,把企业、农村、机关、学校、科研院所、街道社区、社会组织等建设成为宣传党的决定、领导基层治理、团结动员群众、推动改革发展的坚强战斗堡垒"。因此,加强商会党建工作既是党的建设必须覆盖新阵地的客观要求,也是推动统战工作向商会组织有效覆盖的有力抓手。第一,推动商会建立建好党组织。总体来看,基层商会党组织覆盖率还比较低。已建立党组织的商会中,发展也不平衡,有的商会党组织的政治核心作用和战斗堡垒作用不明显。建议在理顺商会党建工作领导管理体系和工作机制的基础上,扩大商会党组织和党的工作覆盖面。第二,形成党建与统战协同运作机制。党的建设和统一战线是中国革命、建设和改革事业的两大法宝,二者具有天然的一致性。虽然"以党建带统战,以统战促发展"已经是我们熟悉的统战工作方式,但整体来看,非公企业的党建和统战工作之间还没有形成科学有效的协同运作机制。制约二者协同运作的主要障碍是个别领导干部不能摆正党的建设与统一战线的关系。第三,将商会党建工作和统战工作纳入商会工作考核评价体系,建立统战工作向商会组织有效覆盖的综合评价指标。第四,培养一批有统战意识和统战思维的商会统战工作者队伍。统战工作是做人的工作,同时也是人做的工作。我们党对统战干部的要求历来都是很高的,很多优秀的干部都是统战干部,如周恩来、董必武等。

3.2 培育一批有分量的商会组织

商会是开展商会统战工作的组织基础。因此,培育一批有分量、勇担当、能创新的商会组织是统战工作向商会有效覆盖的前提。第一,制定地方政府规范性文件。当前,我国还没有《民间组织法》和《商会法》等法规来规范商会的性质、功能及其实现方式。《社会团体登记管理条例》也只是对社会团体的登记管理和行政程序做了规定。国家层面法律制度的供给不足成为制约商会发展的最大外部因素。为搭建制度性、长期性商会发展框架,避免暂时性和随意性,可探索制定地方政府规范性文件,明晰基层商会的组织机制和结构,政府向商会转移职能的范围和程序,以及商会违法行为的责任追究等。二是健全商会内部治理结构。在健全商会内部治理中,需要进一步强化章程建设。章程是商会内部的"宪法",是处理商会内部事务的主要依据。强化章程自治,调动商会积极性,促进商会规范健康发展。商会工作归根结底是做人的工作。因此,在强化依托章程完善商会治理结构的同时,抓好商会班子建设,通过商会班子建设,发挥企业家的主体作用,实现企业家自主办会。班子作用的发挥关键在企业家会长,对会长的人选物色推荐要比照党外代表人士的基本标准。三是加大政府扶持商会发展的力度。在政府控制着重要资源支配权和社团双重管理体制下,商会生存和发展空间在很大程度上仍然取决于政府的赋权和资源分配[①]。在座谈中,当问及"政府对商会支持力度"时,街道商会普遍给予高度评价,特别提到《区工商联关于支持和促进街道(镇)商会建设的若干意见》的颁布实施对商会组织发展的积极作用。建议进一步加大政府扶持商会的制度化、规范化、法治化和程序化建设,减少扶持的随意性和易变性。

3.3 构建利益导向的互动机制

权力关系指的是事物之间相互作用的一种状态,利益才是事物相互作用的原动力[②]。政府职能向商会转移的过程,实质上是双方利益博弈的过程。不管是地方政府还是基层商会都是以追求利益目标为己任的,地方政府是地方公共利益的代表者,商会是区域内行业利益的追求者。当政府职能转移达成行业利益与公共利益耦合时,政府和商会就会产生利益转移与利益接受的原动力。因此,推进统战工作向商会组织有效覆盖,要以利益为导向,构建政府与商会的互动关系。值得特别指出的是,这里的利益不仅仅是指物质利益,还包括社会利益、精神利益、政治利益等。第一,贯彻落实照顾同盟者利益原则。统战工作向商会组织有效覆盖,一方面是团结引导商会会员坚定不移跟党走的过程,另一方面也是照顾同盟者利益的过程。正如座谈中有人指出,统战工作向商会组织有效覆盖就是要实现"我要跟党走"和"我要自己走"的有机统一,而二者的统一离不开对同盟者利益的照顾。二是制定权力清单和社会自治清单。不管是照顾同盟者利益还是实现公共利益最大化,都需要进一步厘清利益的范围和具体利益事项。当前政府职能与商会职能的边界争议,在一定程度上是利益范围不清造成的。建议政府成立专门研究小组,深入研究政府、商会之间的利益分工关系,以社会主义市场经济对政府职能转变的要求为参照系,引入权力清单与社会自治清单的做法,厘清政府应保留的职能、政府可转移的职能、政府可与商会联合行使的职能,以及政府可以委托商会行使的职能,并通过建立职能转移机制(如政府购买服务等)实现职能转移。

---

① 李荣,高焰,等.成都市商会组织发展现状、问题与对策研究[J].中国商论,2016,(31):126-128.
② 张屹山,金成晓.真实的经济过程:利益竞争与权力博弈[J].社会科学战线,2004,(4):83-93.

3.4 创新统战工作向商会组织覆盖的方式方法

经过多年探索和努力,杨浦商会统战工作,已经积累了扎实的工作基础,特别是街镇商会实现了全覆盖,但从区域和行业来看,商会覆盖率和统战工作覆盖率还比较低。第一,分层分类指导管理商会统战工作。当前,杨浦区主要有街道商会、园区商会、楼宇商会和行业商会。我们建议街道商会、园区商会和楼宇商会主要由区级层面进行管理;行业商会因其涉及的是某一行业而不是某一地区,我们建议由市级层面统一规划和指导管理。随着社会主义市场经济的不断建立和完善,异地商会在杨浦区还会有进一步的发展,建议在原籍地管理的同时加大商会所在地工商联对异地商会的管理指导。第二,着力推进重点楼宇和重点人物覆盖。区域经济发展不平衡和商会发展不平衡的客观现实,内在要求统战工作的开展也必须有重点、有突破。从统战工作要主动围绕中心、服务大局的要求出发,商会统战工作要有效覆盖区域内的重点楼宇和重点区域。在重点人物方面,主要是指做好商会会长和商会秘书长这两位关键性人物的统战工作。要通过各种培训、考察和交流提升其统战意识和能力。当前,杨浦区工商联在秘书长人选上突破了体制内统战干部的局限,按照严格的标准从企业家中挑选秘书长的实践探索取得了良好成效。第三,推动其他组织参与到非公经济领域统战中来。统战工作是全党的工作。当前杨浦科技园区有17个,其中成立商会的有4个。从当前科技园区的管理体制来看,每个科技园区都有科协组织。我们认为,有科协组织的科技园区未必非要成立商会来开展统战工作,可以通过赋予科协组织统战职责来团结引导非公有制经济人士。第四,开展更加富有成效的商会活动。当问及"在商会开展工作中,您最乐于参与的是"时,列在前三位的选择分别是:能到先进的企业或地区参观考察(100%);帮助企业排忧解难,提供综合服务(81%);多开展联谊活动,加强密切交流(80%)。

杨浦区工商业联合会 供稿
主要完成人:郑佐华 王俊华 狄振华

专题报告六

引导宝山民营龙头企业推进产业集群建设研究报告

美国哈佛大学的迈克尔·波特教授认为，产业集群是指在特定区域中，具有竞争与合作关系，且在地理上集中，有交互关联性的企业、专业化供应商、服务供应商、辅助产品制造商、专业化基础设施供应商、销售渠道、金融机构及其他相关机构（如大学、行业协会等）的地理集聚体，代表着介于市场和等级制之间的一种新的空间经济组织形式。产业集群通常具有四个十分明显的优势：集群成员之间供需关系的连接和采购本地化，使得整个集群的成本优势突出；集群的产品和服务具有较强的规模优势和很高的市场占有率；集群内部的企业之间形成专业化的分工协作网络；集群内部和产学研中介机制，有力地促进着产业集群创新能力的提升。有鉴于此，产业集群在经济结构调整和产业转型升级过程中正扮演着越来越重要的角色，正成为各国、各地促进经济增长方式转变的支点和热点。

近年来，以上海钢联、福然德、富驰高科、利物盛、新通联、美钻为代表的一批宝山区民营龙头企业从长计议，积极筹划，抢占先机，主动出击，在产业集群的建设上"小荷初露尖尖角"。为切实响应宝山区委、区政府有关大力"培育以现代服务业为主、战略性新兴产业引领、先进制造业支撑的产业集群，推进产业迈向中高端水平"的号召，顺势而为，因势利导地做实、做精、做强产业集群，宝山区工商联、经信委适时会同区发展改革委、科委等部门，与上海硕智企业管理咨询有限公司组成课题组开展"引导宝山民营龙头企业推进产业集群建设"的研究。

在宝山区相关单位和企业的大力支持下，课题组对宝山区民营龙头企业推进产业集群建设的现状进行了大量的实地调研，并对产业集群的种类、演变规律，以及各国各地政府引导、促进产业集群发展的最佳实践进行了深入的研究分析，进而有理有据地提出了宝山区民营龙头企业推进产业集群建设的路径设计和引导民营龙头企业推进产业集群建设的六点建议，为政府部门制订相关政策提供参考。

1 民营龙头企业推进产业集群建设的有利条件

龙头企业（focal firm）的概念最早由意大

利学者 Boari(2001)提出,被用于描述产业集群中处于核心位置的企业。有关民营龙头企业与产业集群发展的关系问题,国内学术界已经开展了大量的理论和实证研究,其中主流的看法是,相比于那些模仿化、同质化、资源消耗、低端锁定特征明显的无龙头企业引领的产业集群和国有特大型企业,或国有龙头企业引领的产业集群,由民营龙头企业引领的产业集群(如北京中关村、广东顺德家电产业集群、浙江温州的低压电气产业集群)往往不但眼前的发展形势喜人,而且从长远看更有驱动力、创造力、竞争力和生命力。这并不奇怪,因为从深层上讲,这是由民营龙头企业的特质所决定的,它们在推进产业集群的建设上存在着一系列十分有利的条件。

1.1 民营龙头企业存在强劲的内生发展动力

民营龙头企业因为产权界定清晰,责任主体明确,所以在追求利润的动机、巨大的生存压力、超越竞争对手、做大做强的愿望等多重内外因素的作用下,势必要全力以赴地开拓新市场、采用新技术、开发新产品、运用新模式、改进产品质量、降低生产成本、提升管理水平、构建核心竞争能力。换言之,民营龙头企业与生俱来、深入骨髓的内生增长欲望客观上会引领着产业集群的形成、扩张和持续升级。例如,福州东南汽车城的形成与发展,一个原来并不具备发展该产业的地方,经过东南汽车十多年的努力,后来居上成为中国汽车行业的一匹黑马。然后,顺理成章地形成了上下游产业链完整的"东南汽车城"。而与之形成鲜明对照的是,我国很多在计划经济年代已经拥有了良好产业发展条件,但是由国有龙头企业主导的带有资源垄断性质的老工业基地,则大多因为机制方面的障碍而日渐式微,暮气沉沉。

1.2 民营龙头企业舍得核心技术的研发投入

打造一批产业集群固然重要,但更重要的是打造一批不但一时掌握了能够引领行业发展的核心技术,而且建立健全了可持续增长的创新机制,能够长时间地引领行业技术发展的产业集群。创新之于产业集群建设的重要性虽然毋庸置疑,但创新本身所固有的高投入、高风险却时常让势单力薄的中小企业望而却步,特别是在传统制造的产业里(注:在高新技术产业,大量的中小企业虽然小,但专而精,团队基本由高知识技能的专业人士组成,只要创意好,则获得风险投资的青睐并非难事)。这就不能不依赖像华为一般目光远大,敢于担当,使命感、危机感强烈的民营龙头企业,依赖民营龙头企业的资金、人才优势和强大的风险抵御能力。

1.3 民营龙头企业的产业关联性大、带动性强

民营龙头企业作为产业集群的"领头羊",通过将非核心生产制造部分和辅助生产部分业务剥离出去,交由周边中小企业来进行专业化生产,然后由民营龙头企业对其在技术上给予指导,管理上给予扶持,与中小企

业建立起稳固的"网络化"关系。毫无疑问，这种缘于分工协作的集群网络为民营龙头企业推进产业集群建设增加了得天独厚的筹码，特别是关联性大、带动性强的民营龙头企业，更是能够为之引来一大批行业内的中小企业，这几年快速崛起的由民营龙头企业联想引领的安徽合肥电子信息产业集群即是一例。

1.4 民营龙头企业规模效益好、经济实力雄厚

产业集群的打造和不断升级的过程同时也是一个不断增加投资的过程。投资当然需要以雄厚的经济实力做支撑，这就凸显了民营龙头企业的非常有利的一面。民营龙头企业的产品和服务通常技术含量高、附加值高、市场占有率高、利润率高，使得它们既有足够的财力，也有强烈的意愿来致力于产业集群的投资。

1.5 民营龙头企业的文化理念先进、管理规范

世界上从来就没有随随便便的成功，白手起家的民营龙头企业背后通常都离不开刚健的企业文化、健全的规章制度、顺畅的业务流程和有序的日常运营。因而，民营龙头企业除了在硬件投资上对产业集群的建设贡献良多外，还潜移默化地通过人才流动、管理培训、文化感化等"知识外溢"的软方式有力地促进着产业集群的健康发展。

1.6 民营龙头企业具有强烈的社会责任情怀

民营龙头企业是行业的领袖、公众人物、形象代言人等，一言一行总会给行业带来或好或坏的影响，所以不但要用先进的产品、技术、管理、商业模式引领行业的发展，而且要以热爱公益事业、关心地方经济、爱护生态环境、倡导诚信经营的强烈社会责任情怀赢得社会的尊敬，这正是产业集群建设所不可或缺的正能量。像上海利物盛集团的张忠远董事长，虽然早已到了含饴弄孙、颐养天年的年纪，依然不辞劳苦地奔走在培育产业集群、推动产业转型的漫漫征途上。

2 宝山民营龙头企业推进产业集群建设的典型案例

据统计，2016年宝山区共计完成增加值1 048.79亿元，其中属于民营经济的部分为555.86亿元，占全区的53.0%；全年工商登记新设立的法人企业数为31 554户，其中民营企业30 979户，占全区的98.18%；全年实现税收354.14亿元，其中民营经济的部分为113.98亿元，占全区的32.2%；全年新增就业中，民营经济的部分占全区的70%以上；全年完成固定资产投资341.61亿元，其中民营经济的部分为254.16亿元，占全区的74.4%；全年专利授权总量3 413件，其中民营经济的部分占全区的65%以上；科技小巨人和小巨人培育企业累计56家，其中民营的部分占全区的60%以上。

以上数据表明：(1) 民营经济从规模总量上已经占据了宝山经济版图的半壁江山，

民营企业从增长速度上已经成为宝山区经济发展的绝对主导。(2) 民营企业从科研成果和成果转化上已经成为宝山区积极参与上海建设具有全球影响力的科创中心的中流砥柱。(3) 宝山区不但要立足构建区域经济核心竞争力,谋求区域经济可持续增长的战略高度,把培育民营产业集群放在优先突出的位置,而且要着眼于稳增长、调结构的新常态,紧紧依靠民营企业,把引导民营龙头企业推进产业集群建设作为占领战略制高点和适应新常态的重要抓手。

由此,我们依据产业先进性、规模经济性、与宝山资源禀赋的匹配性、行业带动性和内生驱动性的标准,精心选择了六个样本作为政府全面了解和把握宝山民营龙头企业推进产业集群建设现状的典型案例,它们当中既有脱胎于宝山传统钢铁物流产业的上海钢联(产业互联网和大宗商品电商)、上海福然德(高精钢铁部件加工),也有代表宝山战略性新兴产业的上海利物盛(石墨烯新材料)、上海美钻(海洋石油开采设备);既有代表"四新经济"之新技术、新材料的上海富驰高科,也有代表"四新经济"之新模式、新市场的上海新通联。

2.1 雄踞于大宗商品电商制高点的排头兵——上海钢联

(1) 上海钢联电子商务股份有限公司(简称"上海钢联"),由朱军红先生于2000年5月在上海创立,2011年6月8日登陆深圳创业板上市,是我国钢铁综合资讯领域第一家上市公司,旗下"我的钢铁网"(www.mysteel.com)是全球知名的钢铁资讯网站,是我国钢铁市场行情类网站的开创者、奠基者和第一品牌,其所创建的钢材频道、炉料频道、特钢频道、有色频道等品种市场资讯分类体系和市场行情、每日分析、价格汇总、库存统计、研究报告等信息提供模式,成为行业网站的建设框架标准。

上海钢银电子商务股份有限公司(简称"钢银电商")是上海钢联控股的B2B钢材现货交易平台,成立于2008年,2015年12月21日挂牌新三板,2016年6月18日进入第一批创新层名单,位居创新层营收排行榜首位。2015年该公司完成交易额200亿元,2016年实现翻番,达到400亿元,成为率先在同行中实现盈利的龙头企业。

经过多年的发展,上海钢联深耕黑色金属领域的同时,不断延伸产业链,上游延伸到铁矿、煤炭,再延伸到能源、石油和化工,下游延伸到房地产、建筑、造船、汽车、工程机械、家电等众多领域,同时横向涉足有色金属、农产品等领域。"让大宗商品交易更便捷、更安全!"这是今天上海钢联人给自己立下的历史使命。

(2) 该公司的核心竞争优势主要体现在在中国钢铁咨询领域形成了不可替代的"我的钢铁网"的权威发布,在B2B钢铁现货交易平台建设上集新技术、新模式、新服务于一体,在产业互联网集成创新上实现了以交易为中心的商务服务、以数据为中心的信息服务、移动互联网三者之间的无缝对接和共生共享。

（3）该公司正在着力推进"大宗商品产业大数据服务产业集群",旨在围绕以数据为中心的信息服务和以交易为中心的商务服务,构建一个以钢铁产业为主、涵盖煤炭、铁矿、有色金属、能源化工、农产品等大宗商品的资讯、研究、交易、物流、仓储、金融的闭环生态圈。到2020年,集群计划实现就业人数5 000人、交易额超千亿元的发展目标。

（4）该产业集群正在和将要集聚的企业种类包括但不限于：各类大宗商品交易平台与贸易商、资讯研究机构、金融服务机构、产业基金、风投、法律服务和会展、培训机构等。

（5）该公司在产业集群的打造上已经取得了诸如占地55亩的大宗商品生态圈建设初见规模,一批贸易商、金融服务、法律服务、资讯研究机构已先行入驻,建设大宗商品交易中心所需的硬件设施已经具备,园区试运行顺利等成绩。

（6）该公司下一步围绕做大产业集群的战略发力点是优化和完善大宗商品电子商务生态体系,在线上交易端大力发展钢银平台,同时集合结算、仓储、物流、数据、金融等多种服务功能于一体,最终形成包括信息流、物流、资金流在内的完整交易闭环,使大宗商品交易更便捷、更安全。

（7）该产业集群目前面临的主要困难在三个方面：首先,因为大量一线信息采集人员面临居住证办理难的障碍,使之无法享受上海现行的居转户及相关子女入学政策,严重影响员工队伍的稳定；其次,由于在人才公寓、子女上学方面不能享受到政府提供的优惠政策,一些做大产业集群所需的高端人才很难引进；再次,考虑到平台经济和服务的特殊性,期望政府有针对性地在税收上给予适当的减免和扶持。

2.2 抢占现代钢铁服务行业先机的先行者——上海福然德

（1）该公司主要从事汽车和家电高强板,以及电工用钢的精细化加工服务,其中汽车钢铁部件加工方面的业务规模已经占到国内市场的17%,稳居第一。该公司2016年先后获得了"上海民营企业100强第26名""上海企业100强第74名""中国金属材料流通协会颁发的AAA级企业信用企业""中国金属材料流通协会颁发的2016年度中国钢材加工十强企业""中国金属材料流通协会颁发的2016年度中国钢材销售五十强企业"等荣誉称号。

（2）该公司的核心竞争优势在于它是国内精细化钢材加工配送行业唯一的多对多集成服务商,先后通过了ISO9001：2008、ISO/TS16949：2009、ISO14001：2004认证,拥有南北大众、福特、通用等优质客户资源,生产技术先进,且装备精良,独一无二。

（3）该公司正在着力推进的"上海高精钢铁部件加工产业园"将由汽车、家电、电工钢三大业务板块鼎立而成,初步计划在未来五年内,加工收入达到100亿元的量级。

（4）该产业集群正在和将要集聚的企业

种类包括但不限于与上游钢厂合资成立的激光拼焊加工中心、与下游汽车零部件供应商合作建厂、上游钢厂的区域销售中心、面向下游汽车用户、为下游汽车用户提供最佳钢材匹配的研究院等。

（5）该公司在产业集群的打造上已经取得了诸如投资形成了数百万吨的加工能力，与上游钢厂达成了合作建立加工中心的初步意向，汽车用钢研究院正在紧锣密鼓的筹备之中，高精钢铁部件加工产业＋互联网的多对多的电子商务平台实现了平稳运行等成就。

（6）该公司本身作为传统钢贸行业创新驱动、转型升级的杰出代表，下一步将在围绕产业集群的构建上坚持以创新为导向，以人才为依托，以项目为抓手，资本为利器，循序渐进，稳中求进。

（7）该产业集群目前面临的主要困难在高端领军人才的引进上存在落户难，项目引进上存在用地成本和税收双高的障碍，期望政府相关部门能够予以支持。

2.3 颠覆了传统零部件制造工艺的领路人——上海富驰高科

（1）上海富驰高科技有限公司（以下简称"富驰高科"）成立于1999年，是行业内中国最早、中国乃至世界规模最大的企业，主要依托自有的技术优势，致力于粉末注射成形技术（简称PIM，一种近净成形、高效节能的零部件制造技术，该技术属于国家鼓励的战略性新兴产业，符合国家关于中国制造2025战略发展规划）的研究、产品开发和智造。该公司拥有一大批优秀的研发和管理团队，具备强大的产品开发能力和丰富的新技术产业化应用经验。该公司非常注重与国内外知名高校和研究机构在新材料研究、新技术应用等领域进行产学研合作。2001年，公司被上海市认定为上海市高新技术企业，2003年、2008年两次被评为上海市高新技术成果转化项目，获得上海市高新技术成果转化中心认定的"A"级项目。目前，正处于IPO报会阶段，预计2018—2019年登陆创业板。

（2）该公司的核心竞争优势主要体现在中国领先、世界先进的粉末注射成形，特别是喂料、工艺控制、工装及自动化开发的技术优势和在移动互联终端、通讯（4G、5G光纤通讯、量子通讯）、锁具、医疗、工具、新材料等领域与众多行业知名企业，如苹果、华为、三星、爱默生电气、美国百得、舍弗勒、天合等国际巨头进行合作的客户优势。

（3）该公司正在致力于"PIM＋产品智能制造、高端制造产业集群"的推进，亦即以公司PIM技术为产业核心，通过对产业链进行优化配置，在3—5年内聚集20多家企业，形成一定规模的销售和税收。

（4）该产业集群正在和将要集聚的企业种类包括但不限于3D打印、液态金属、纳米级制粉、喂料制作、PVD（物理气相沉积）、精密机加工、电镀、热处理及其他先进表面处理的技术厂家。

（5）该公司在产业集群的打造上已经取

得了诸如具备了强大的产品开发能力和丰富的核心技术产业化应用经验,与国内外知名高校和研究机构在新材料、新技术领域进行紧密的产学研合作,形成跨领域齐头并进的市场格局等成绩。

(6)该公司下一步围绕做大产业集群的战略发力点:集中技术力量对 PIM 成形技术进行开发,强化技术突破并建立行业技术优势;强化垂直整合,展开液态金属、3D 打印、钛金属、陶瓷材料等新净成形工艺产业化及新材料应用研究,成为相关战略新兴行业的国际最重要客户的主要供应商;加强水平整合,充分释放产业园的产能,实现全球化的市场、研发、销售、制造组织与战略布局,力争成为世界领先的智慧设计、智能制造 PIM＋近净成形技术产品提供商。

(7)该产业集群目前面临的发展瓶颈主要在随着市场需求的增加,原来的厂房规模及历史沿革等问题已不能满足量产产品的交付;新购厂房尚存在园区综合配套能力提升及技改生产、环评落地等因素,严重影响着新品开发的进度;因为宝山区在环保方面相关政策的限制,造成集群所需的部分工艺配套及外协厂家落户难,不利于集群产业链的打造和竞争力的提升。

2.4 创造传统包装产业升级传奇的开拓者——上海新通联

(1)该公司成立于 1999 年,专注于包装行业,经过十多年的发展,历经风雨,与时俱进,已经由一个传统的包装产品制造型企业转变为集木包装、纸包装、发泡、塑料袋加工的多元化、集团化的新型包装企业。该公司推崇"设计领先、量身定做、服务领先"的经营理念,为客户提供"包装整体解决方案",推行"一体化包装服务",主要包括包装产品的研发设计、包装方案及包装产品的测试、包装产品的制造生产、客户端现场包装服务及仓储管理,是中国包装联合会纸制品包装委员会副主任单位,正积极倡导和参与行业标准的制订。

(2)该公司的核心竞争优势主要体现在依靠"一站式服务"的模式创新,持续为客户提供高效的增值服务,在汽车、电子电气、快消品、化工等领域与众多知名企业形成紧密合作的客户优势。

(3)该公司正在推进"物流包装产业集群",亦即以包装"一站式服务"模式为引领,运用信息化、自动化技术,加强对上、下游产业资源的整合和服务延伸,以整体解决的模式开创新业态,有望在 3 年内聚集企业 10 家,增加销售收入 20 多亿元。

(4)该产业集群正在和将要集聚的企业种类包括但不限于纸包装制品辅件加工企业、木材加工企业、木材贸易企业、泡沫缓冲材加工企业、仓储物流设备加工企业、仓储物流自动化技术服务企业。

(5)该公司在产业集群的打造上已经取得了诸如投资兴建了占地 66 亩、建筑面积 28 000 平方米的包装产业园,与江南大学、大连理工大学、上海商学院、上海视觉艺术学院等形成了紧密的产学研合作,具备了较强的产品开发能力,打通了上下游的产业链和服务链等成绩。

(6)该公司下一步围绕做大产业集群的战略发力点是深化"包装一站式"模式中的技术服务,成立包装创意设计中心;向下游客户提供产品发运、国际物流通关、物流运输等增值性服务。

(7)该产业集群目前面临的发展瓶颈主要在两方面:一是包装行业的特殊性,难以满足现有城市规划所要求的容积率和绿地率;二是园区生活配套设施的不足,影响着企业员工队伍的稳定和人才引进。

2.5 引领中国石墨烯新材料革命的创始人——上海利物盛

(1)利物盛集团是张江高新区宝山城市工业园的骨干龙头企业,是以实业投资为主的民营企业集团。近年来,利物盛在以生产汽车零部件为支柱产业的基础上,紧跟上海市政府"创新驱动、转型发展"的战略目标,致力于石墨烯及石墨烯材料的低成本、高品质、规模化生产,走上了从传统制造业向高科技企业转型的发展之路。经过了七年努力,利物盛集团在石墨烯自主创新方面拥有七大核心技术,如物理法石墨烯制备技术、化学法石墨烯制备技术、物理/化学混合法石墨烯制备技术、石墨烯功能化的研究技术等。取得了三大成就,即筹备创建了创新平台孵化园(被认定为"上海市科技企业孵化器",入驻企业达17家)、拥有了具有自主知识产权的石墨烯物理制备技术、建立了具有国际背景的邀问基金。该公司是中国石墨烯产业技术创新战略联盟的理事单位、中国石墨烯产业技术创新战略联盟、标准委员会委员(全程参与石墨烯行业标准的制定工作)。

(2)该公司的核心竞争优势主要体现在不但拥有石墨烯功能化技术、石墨烯应用技术、石墨烯传感技术、石墨烯储能材料技术、石墨烯屏蔽材料技术、石墨烯涂料技术、石墨烯纤维技术等核心技术和22项专利(其中实用性发明专利16项),而且创建了"上海石墨烯应用科技孵化园",并研制、开发了一条具有完全自主知识产权、国内唯一的物理化学混合制备石墨烯流水线。

(3)该公司正在着力推进的"上海石墨烯应用科技孵化园",其近期目标是形成年产千吨的高品质、低成本的单层及少数层等各种规格的石墨烯,30个以上孵化项目公司,营收100亿元;远景目标是打造一个具有全球影响力和美誉度的石墨烯开放合作平台。

(4)该产业孵化园正在和将要集聚的企业种类包括但不限于:上游的设备制造类、下游的石墨烯功能性技术应用类、投融资类、教育培训类、技术咨询类和中介服务类。

(5)该公司在产业集群的打造上已经取得了诸如建成10 000平方米孵化面积的自有场地,投入2 000万元引导资金,吸引20家企业(业务涉及特种纤维、热管理材料、特种石墨烯制备技术、特种涂料、储能材料、传感技术)入驻等成绩。

（6）该公司下一步围绕做大产业集群的战略发力点是整合优质资源，集聚高端人才，建设开放平台，突破共性关键技术，加速成果转化和企业孵化，将超碳公司建设成为国家级石墨烯技术型功能创新平台，将利物盛集团研究院建成国家石墨烯创新研究中心。

（7）该产业孵化器目前面临的发展瓶颈主要在三个方面：首先，持续的研发投入使企业的资金短缺，不堪重负，难以为继；其次，很多企业急需的研发人才迫于上海不断高企的生活成本而离去；再次，很多促进产业孵化器发展的政策落不了地，甚至连最基本的租房补贴都是可望而不可即。

2.6 深耕中国海洋能源科技领域的拓荒牛——上海美钻

（1）该公司是专业从事海洋与陆地石油天然气钻采设备的研发设计、生产制造和工程技术服务的混合所有制企业，由新华人寿保险股份有限公司、中国贸易促进会投资公司、国家外汇管理局投资公司等大型国有企业以及美钻石油钻采系统公司共同持股。公司设有技术研发、生产销售、质量体系、行政管理等部门。在上海、北京、南京、苏州和美国休斯敦分别设有设备成套公司、能源科技公司、机械设备公司、铸造公司、研发制造销售公司，员工近1 000人。

经过20多年艰苦努力，该公司成为目前国内唯一成功实现海洋水下油气生产系统装备国产化并已系列投入水下油气生产运行，国内唯一获得壳牌、道达尔全球"合格供应商"，国内唯一获得API（美国石油协会）系列证书、国内唯一组建海底油田建设工程技术作业服务队伍的高科技企业。作为上海市科委管理的"上海深海水下油气开采设备工程技术研究中心"和国内领先的深海油气生产系统供应商，一直致力于填补国家深海水下油气钻采装备制造领域空白，并取得了一系列突破性成果：成功研制并投产应用了我国首套水下采油树、水下连接器、水下控制系统、隔水导管伸缩系统、水下防喷器；成功组建了我国首支水下工程技术服务作业队伍；成功完成了"十一五"国家科技重大专项南海深水油气勘探开发示范工程"水下生产系统单元测试基地"建设任务；继续承担了"十二五"国家科技重大专项南海深水油气勘探开发示范工程"荔湾3-1及周边气田水下生产系统测试系统项目"建设任务。

（2）该公司的核心竞争优势主要体现在成功研制并投产应用了我国首套水下采油树、水下连接器、水下控制系统、隔水导管伸缩系统；在拥有国家专利技术132项的同时，拥有一大批以海军潜艇部队复转军人和国内外石油天然气钻采领域技术精英人才为主的管理研发团队（其中三名为国际石油领域享有盛誉的资深专家）。

（3）该公司正在着力推进的"海洋石油工程装备产业集群"，旨在打破国外垄断格局，亦即以高端海洋深水油气田开发钻采系统装备的自主研发和制造为目标，打造集设计、研发、制造、装配、测试、销售、技术服务及相关配套等深水业务于一体的完整产业链,努力实现具有一定规模的年度营收目标。

(4)该产业集群正在和将要集聚的企业种类主要与海洋石油工程装备产业链的构建有关,包括设计、研发、制造、装配、测试、销售、技术服务等各类专业性机构。

(5)该公司在产业集群的打造上已经取得了诸如与中海油成立合资公司,投资建成了深海水下油气开采设备单元测试基地、深海水下油气开采设备测试系统基地、上海深海水下油气开采设备工程技术研究中心、宝山区深海油气开采设备工程技术研究中心、宝山区企业技术中心等成绩。

(6)该公司下一步围绕做大产业集群的战略发力点是在加快建成国家级工程技术研发中心和我国深海工程装备产业基地,全面推进水下装备产业化、规模化、国产化,逐渐巩固加大合资公司在中国海洋油气钻采装备市场占有率的同时,抢抓"走出去""一带一路"的国家战略,逐步加强构建国际海洋深水油气钻采装备以及工程技术服务市场的网络与平台,国内国际两个市场齐头并进。

(7)该产业集群目前面临的主要困难在三个方面:首先,虽然公司希望在立足原址的基础上扩建厂房,打造深海工程装备产业基地,但实际操作中面临着很多有形和无形的障碍,严重影响事业发展;其次,海洋石油工程装备的高精尖化客观上决定了相关专业人才引进的高难度化;再次,持续高强度、高密度的研发投入给企业带来了一定的资金压力。

3 宝山民营龙头企业推进产业集群建设的路径

纵观宝山区民营龙头企业推进产业集群建设的现状,并对照可持续创新驱动的产业集群发展目标,客观地讲,尽管大有前景者大有人在,但迄今为止还难言有真正可以拿来作为学习榜样的先例。所以,我们还非常有必要本着系统思考、突出重点、稳中求进的精神,为宝山区民营龙头企业有效推进产业集群建设提供一个可操作的路径。

3.1 夯实龙头基础

打铁还要自身硬,龙头企业想要成功地扮演好产业集群的方向引领者、网络建设者、规则制订者角色,没有足够强的品牌号召力、创新推动力、资源整合力是难以想象的。毋庸讳言,宝山区民营龙头企业虽然依各自的新技术、新模式在一定程度上抢占了行业发展的先机,但经济实力不强、市场集中度低、对配套协作单位的吸引力小等现象还相当普遍,特别是从推进产业集群健康成长所需要的行业领导力看,还缺乏必要的高度和厚度。因而,宝山区民营龙头企业必须在对照标杆找差距、全面改进补短板、内外兼顾、软硬结合上狠下功夫。既要重视内部的管理规范化、精细化建设,又要优化营销体制,活化营销队伍,在深挖老客户潜力的同时,大力开发新渠道、新客户、有影响力的品牌客户,增加市场占有率和规模经济效益。

3.2 集聚产业资源

如果说夯实龙头基础是龙头企业推进产业集群的前提,那么集聚产业资源如人才、技术、资金、关联企业等,则是其千里之行的第一步。严格说来,产业资源的集聚不应是一个简单的招商引资,而是要符合产业集群发展的内在逻辑,该集的集,不该集的一律不集(尤其是那些缺乏基本的行业伦理,有可能危害集群生态的无良企业);不能只集与自己有合作、配套关系的企业,也要适当地集一些与自己有着竞争关系的企业,只有百舸争流千帆竞,才有不尽创新滚滚来。

3.3 构建内部网络

集聚不是目的,集群才是。从产业资源的集聚到产业集群的形成,有目的、有意识的网络构建无疑是其中的关键。龙头企业在构建网络互动社区时要妥善处理好两种关系。一是正式网络与非正式网络的关系。不但要高度重视基于产业分工协作关系的正式网络,以降低交易成本、实现规模经济,而且要大力促进基于不同组织间个体成员的相互交往而形成的非正式网络,以加快信息知识的传递和扩散,带动创新知识的外溢。二是网络构建与网络运管的关系。既要善于无中生有地构建网络,更要长于日新日精地运管网络,要通过培育健康优质的集群文化,孕育良好的集群生态,鼓励企业家之间、专业人员之间、创业人员之间、中介机构之间等不同群体进行多层次、多形式的沟通交流,搞活网络社区,激荡网络活力,迸发创新创意。

3.4 打造创新平台

在"大众创业、万众创新"的新常态下,科技企业孵化器、众创空间等创新平台正受到社会各界越来越多的重视。工信部在其发布的《关于进一步促进产业集群发展的指导意见》中也明确提出:"鼓励支持在产业集群中建设中小企业产业(工业)园区、小型微型企业创业创新基地、创客空间等中小企业创业创新集聚区。"为此,宝山区民营龙头企业应该把打造创新平台作为增强产业集群可持续创新能力的第一要务,龙头中的龙头。在这一点上,上海利物盛石墨烯科技有限公司已经先行一步,积累了很多值得借鉴的经验。

3.5 扶持中小企业

一花独放不是春,只有大量中小企业的兴旺发达,才能为龙头企业提供强有力零配件配套、服务配套、外包配套和创新协同,进而才有整个集群的生机勃勃。因此,龙头企业要义不容辞地帮助中小企业提升内部管理能力、团队建设能力、市场开拓能力和售后服务能力,为中小企业的新产品研发提供自己的中试平台和工艺改进指导,与中小企业开展经常的知识分享、信息交流,支持中小企业参加行业的交流与合作,力所能及地向中小企业提供员工培训的机会,以期在龙头企业与中小企业之间形成一种互联互动互助的共创共享共生关系。

3.6 培育集群品牌

一个集知名度与美誉度于一体的集群品

牌不但有利于人才、技术、资金、企业等产业资源的集聚,提升集群的整体竞争力,促进集群的转型升级,而且对增强区域经济发展的软实力,对集群各企业资产的增值、保值都大有裨益。宝山区龙头企业因此需要站在集群全局和长远的高度,以身作则,主动作为,努力协调集群内部相关企业、政府、中介机构等利益相关方,从制订产品和服务标准,加强企业掌控力入手,建立健全知识产权保护、产品质量维护监督机制,利用一切可以利用的机会推广集群品牌,唱响集群品牌。

4 引导民营龙头企业推进产业集群建设的建议

放眼那些已步入良性循环的发展轨道、可持续创新驱动力强劲的产业集群,它们大都是高校院所主导知识创新、企业主导技术创新、政府主导制度创新、中介服务机构主导服务创新、金融机构主导金融创新,既各司其职、又紧密合作的结果。同理,宝山产业集群的建设也是如此,也需要在坚持民营龙头企业主体地位的同时,努力发挥好政府的引导、协调和推动作用,尤其是在当前宝山区民营龙头企业自身的能力还不强、产业集群建设尚处于初级阶段的情况下,更是需要把精准、务实、系统的政府引导摆在一个十分突出的位置。

4.1 加强认识引导,形成带动效应

我们在调研中发现,虽然原则上讲,政府和企业都毫无疑义地认同打造产业集群的重要性和必要性,但具体到方法、思路,或者具体到对某个产业集群的评判时,又会出现形形式式的杂音、噪声。例如,因为传统的、处于产业链低端的钢贸仓储不符合宝山区域经济转型的方向,结果连带上海钢联、上海福然德等一批"四新"经济的代表也一块跟在后面饱受非议。所以,我们向区政府建议如下。

(1) 深化对发展战略性新兴产业集群重要性的认识,切实形成"宝山区只有抓住机遇,提早行动,成功培育一批有先进技术、模式和核心竞争力,产业关联性大,带动性强的,符合国家、上海市鼓励促进且有着良好发展前景的产业集群,如上海利物盛所全力以赴的石墨烯新材料产业,上海美钻志在必成的海洋能源装备产业等,才能经得住国内外市场风云变幻的考验而走上健康、平稳发展轨道"的共识。

(2) 深化对宝山钢贸资源禀赋优势的认识,真正看清宝山区域经济转型升级可资依赖的基石所在,切忌不顾自身实际地跟在别人后面盲目追风,凑热闹,要在各种形式的杂音、噪声面前保持一个清醒的头脑:淘汰低端的钢贸仓储不等于淘汰现代钢铁服务业,恰恰相反,随着宝武两大钢铁巨头的重组走向深入,宝山区在现代钢铁服务业上的资源禀赋和优势会进一步增强,并给蓄势待发的宝山大宗商品交易电子商务发展带来新一轮的增长机会。

相关政府部门要在深化上述两方面认识

的基础上,以宝山"十三五"规划(产业发展)和产业集群的发展规律为指针,深入企业一线调研,采取座谈、专题研讨、产业论坛、定向培训、微信平台推送等多种形式,加强对民营龙头企业、镇、街道、社区、产业园区相关人员在产业集群建设理念、方向、方法、重心上的认识引导,坚持一切从实际出发,透过表象看本质,以动态和发展的眼光看传统产业的转型升级,求真务实,凝心聚力,着力形成强大的带动效益。

4.2 加大规划引导,形成辐射效应

我们在调研中看到,宝山区虽然在"十三五"规划和《政府工作报告》中对产业集群建设给予了应有的强调,但还没有像浙江的杭州、福建的泉州、新疆的乌鲁木齐等地政府一样,从指导思想、基本原则、发展目标、重点任务、主攻产业、政策保障的系统思考角度,对产业集群建设的相关利益方给予顶层设计和切实可行的规划引导,还难以把各部门、镇、街道、社区、产业园区、龙头企业在产业集群建设上的资源优势和意愿整合、统筹在一起,形成一股强大的合力而众志成城。所以,我们向区政府建议如下:

(1)由区发展改革委牵头,区经委、科委和工商联联合,在深入调查宝山区支柱产业、战略性新兴产业、高新技术产业、四新经济的发展现状,全面了解世界主要国家和国内各省市、地区政府促进产业集群建设的政策措施,对照标杆、最佳实践,统筹兼顾宝山区域产业传统、资源禀赋、区域风险和发展机会的基础上,按照布局合理、产业协同、资源节约、生态环保的原则,制订《宝山区推进产业集群建设的五年规划》,并制定行动计划。计划要着重明确好促进宝山区产业集群发展的组织机构、责任主体、重点方向、主要路径、关键举措、阶段目标、政策支持、动态评价等,尤其要明确好民营龙头企业所肩负的责任使命。

(2)由区发展改革委、经信委、工商联等相关部门牵头成立专家组,根据《宝山区推进产业集群建设的五年规划》,依照产业先进性、规模经济性、与宝山资源禀赋的匹配性、行业带动性和内生驱动性的标准,本着公平、公开、公正的原则,在全区精心筛选出一批初步具备一定的基础条件,并且有志于产业集群建设的民营龙头企业,以此建立动态更新的宝山区推进产业集群建设重点企业数据库,给予专门的跟踪和分类指导。对入库企业的用地需求优先保障供应,并以入库企业入选年度的上一年对区财政贡献为基数,视其增量部分三年内给予适当比例的奖励,用于支持企业扩大生产和产业投资,以逐步形成日益显著的辐射效应。

4.3 加密政策引导,形成集聚效应

我们在调研中了解到,虽然宝山区政府也陆续制定、设立了一批促进先进制造业、现代服务业、金融服务业发展和创新创业人才集聚的政策、引导资金、专项资金等,但相比于本市内外那些民营经济和产业集群十分活跃的先发地区,尤其是地理位置上紧邻的嘉定和杨浦,宝山区的相关扶持和促进政策,无论是密度还是强度都还不具有相对竞争优势,在一定程度上稀释了民营龙头企业推进产业集群建设的种种努力。所以,我们向区政府建议如下。

(1) 积极引导列入宝山区推进产业集群建设重点企业数据库的企业从实际出发,制定可论证、可落地、可持续的产业集群推进规划报区工商联牵头成立的专家组评审,以优选出数家民营龙头企业作为宝山区推进产业集群建设的首批先行先试单位。

(2) 鼓励先行先试的民营龙头企业努力引进产业链上的关键企业、知名企业、技术先进企业、高成长性企业落户宝山,形成集聚效应。对新引进注册资本超过一定金额以上的企业,视其对区财政的贡献大小,三年内给予适当的奖励;对于存量企业通过增资扩大再生产的,按其增量部分参照执行。

(3) 鼓励先行先试的民营龙头企业通过兼并和收购等方式进行重组、整合上下游企业。企业重组后总部机构或者研发中心、销售中心等功能性总部落户宝山的,经认定给予适当金额的一次性奖励。企业或高管因并购交易而产生的税收,符合条件并经税务机关备案和认可的,可在3—5年内分期缴纳。

(4) 鼓励先行先试的民营龙头企业申报国家级和市级各类重大研发、技术创新、技术改造等项目和认定,并按立项或认定要求足额及时配套扶持资金;对于已获得国家和市级资金扶持,但不需要区级配套资金的项目,另给予国家或市级扶持资金一定比例的配套奖励。

(5) 鼓励先行先试的民营龙头企业实施技术改造、智能化改造和智能工厂建设。对于企业实施技术改造的,经认定按照企业投资额的一定比例给予扶持;达到市级智能制造试点示范专项标准的,经认定按照企业投资额的适当比例给予扶持。

(6) 鼓励先行先试的民营龙头企业建立国家和市级重点实验室、检验检测平台、工程技术研究中心等功能平台,经认定按平台实际投资额的一定比例给予扶持;功能平台对本区企业提供专业技术服务的,每年按照实际服务额度给予适当的扶持。

(7) 鼓励先行先试的民营龙头企业与高校、科研院所围绕引领产业集群发展的重大共性技术、关键技术、核心技术,以委托研发、联合攻关等多种形式开展紧密的产学研合作,对取得重大突破的,经认定给予必要的一次性奖励。

(8) 鼓励先行先试的民营龙头企业建立企业技术中心、研发中心、联合实验室等技术研发机构,首次被评为国家级、市级、区级的,分别给予一定金额的一次性奖励。对首次被认定为"专精特新"的中小企业,酌情给予适当的奖励。

(9) 鼓励先行先试的民营龙头企业牵头建立产业联盟、组织,经社团登记和认定后,可给予一定金额的一次性开办补贴;对获得市级认定的创新联盟或创新服务行业组织,给予同等金额配套扶持;产业联盟、组织运营良好的,三年内经评估后可给予必要的奖励。

(10) 鼓励先行先试的民营龙头企业投资建设旨在引领产业集群创新发展的众创空间、孵化器等产业发展载体。在项目落地、提升容积率、土地性质转性等方面,给予全力支持。众创空间和孵化器等载体可按照"区重点孵化企业"予以支持,并根据实际投入给予一定比例的补贴。

4.4 加深改革引导,形成规模效应

我们在调研中发现,虽然在区委、区政府的各类会议上,民营龙头企业都能切身感受到党和政府的高度重视和殷切之情,但当它们在推进产业集群建设的实际工作中遇到难题需要政府部门帮助协调解决时,却往往连有效的信息沟通渠道都难以获得,往往有种找不着门路的感觉。所以,我们向区政府建议如下。

(1) 成立由政府主要领导亲自担任组长的、由相关职能部门(如发展改革委、经信委、土地、税收、人保、科委、工商联等)共同参加的宝山区引导民营龙头企业推进产业集群领导小组,主要职能包括协调和研究解决宝山区民营龙头企业推进产业集群建设过程中遇到的重大问题、瓶颈问题、老大难问题,对产业集群建设采取"一企一策""一事一议"的办法,务实创新,突破难点。

(2) 领导小组下设办公室,办公室牵头咨询机构、行业协会、专业领域的专家和龙头企业代表组建宝山区民营龙头企业推进产业集群建设战略咨询委员会,研究讨论宝山区龙头企业培育和产业集群建设的前瞻性、战略性问题,为领导小组制订政策和决策提供建议。

(3) 在办公室设立民营龙头企业与政府主要领导的信息直通车,在规范要求和合理范围内,可采取单独汇报、现场调研会、工作简报等方式。办公室定向收集和及时上报民营龙头企业的诉求和建议,由区政府领导及有关负责部门给予快速受理,及时告知办理的进程和结果,着力解决政策贯彻落实过程中的最后一公里问题。

(4) 对先行先试民营龙头企业引进的紧缺人才和专业人才,可优先申请居住证加分、缩短居转户年限和直接落户政策;优先享受公共租赁房、人才公寓和人才住房补贴政策;优先享受区人才服务卡政策,为其提供在宝山就医、子女就学等绿色通道。

(5) 对先行先试民营龙头企业购买区内土地用于生产、办公的,对征收的土地出让金视其对区贡献给予适当的奖励;购买自用生产、办公用房的,按购置价的一定比例给予一次性购置补贴;对利用存量工业用地扩建厂房及辅助设施而提高容积率的,对征收的土地出让金视其对区贡献给予必要的奖励,切实降低投资成本,促进规模效应的形成。

4.5 加强服务引导,形成溢出效应

我们在调研中看到,虽然宝山区政府在提升对民营企业的服务能级和水平上采取了很多有力的措施,取得了很大的改善,但优惠政策落地难、贷款融资难、人才引进难等许多

长期以来严重制约民营企业、中小企业发展的痼疾依然挥之不去。所以，我们向区政府建议如下。

(1) 区政府相关部门以主动作为、奋发有为的姿态加强对民营龙头企业的服务引导。积极推行"一站式"、"提前介入式"、全程代办、限时办结等服务；健全建立优惠政策传递、咨询、对接、导办、兑现"一条龙"服务机制，简化审批程序，提高行政效率，形成溢出效应。

(2) 办公室安排专人负责协调先行先试民营龙头企业在推进产业集群建设方面的各项具体工作，完善重点项目跟踪服务制度，特别是对先行先试民营龙头企业的重大项目，在引进、落地和建设等环节建立专业的服务团队，实行一条龙的保姆式服务，加快项目落地和建设进度。

(3) 主要领导深入一线，靠前服务，结对帮扶，支持民营龙头企业推进产业集群建设，协调银企对接，支持上市融资，拓宽融资渠道，切实帮助企业解决项目建设中遇到的资金存在缺口、土地供给不足、人才落户和居住证办理难等问题。

(4) 全面落实国家和市级出台的各项降低企业税费的政策措施，并在此基础上，对经认定的先行先试民营龙头企业，减免区级相关费用。对其在信息化改造过程中涉及的信息基础设施建设和日常运营费用，三年内给予一定比例的扶持。

(5) 鼓励金融机构对区内先行先试的民营龙头企业或项目提供金融服务，提供贷款风险补偿机制、融资担保和贴息贴费等支持。对为先行先试的民营龙头企业提供担保的担保机构，按年度担保额的一定比例给予补贴；对实现股改上市挂牌的企业，在按区上市挂牌补贴政策的基础上，经认定另行给予适当的补贴。

4.6 加重投资引导，形成升级效应

我们在调研中了解到，虽然日益加快的城市化步伐已经使宝山区的交通、教育、科研、公共卫生设施有了长足改观，但由于原有的基础较为薄弱，一些相对偏远的产业园区还存在着很大的生产、生活服务水平落差。所以，我们向区政府建议如下。

(1) 设立宝山区产业集群建设发展基金，以母基金和联合投资方式重点投资先行先试的产业集群。发挥政府基金杠杆和引导作用，通过市场化运作，对与先行先试产业集群相关的股权投资基金和并购基金、重点项目予以重点支持。

(2) 鼓励各种股权投资基金设立专注于先行先试产业集群的专项基金。支持各类资本对先行先试民营龙头企业的规模扩张、产业整合、创新发展等进行资金支持。各类基金投资于宝山先行先试产业集群建设相关企业的，经认定每一家企业给予一定金额的奖励。

(3) 进一步深化投资体制改革，紧贴产业集群的建设需要，加大对城市基础设施和商业配套设施建设的投入，改善产业投资环

境,推进产城融合,并大力推动产业环境基础设施和公共服务设施的共建共享,扩大各类公共服务的覆盖面和受益面,产生升级效应。

(4) 加大人才住房的建设力度,盘活区域内存量住宅,建设更多的人才公寓,并优先照顾先行先试的民营龙头企业,提供人才住房补贴,让企业急需的人才"住得下""住得起""留得住"。支持所在产业园区积极开展公租房和商业配套设施建设,鼓励单个园区或多个园区联合,利用自用存量用地建设单位租赁房,提供给园区内的企业人才租住,并切实改善园区的生活服务设施。

宝山区工商业联合会　供稿
主要完成人:张明祥　陆　健

专题报告七

非公领域人才"从无到有，从有到优"研究报告

2018年是中国改革开放40周年。40年来，我们走过了很不平凡的道路，各项建设和各项事业都取得了跨越式进步，国家正在向着全面建设小康社会而迈进。2018年全国两会期间，习近平总书记在参加全国人大广东代表团审议时强调："发展是第一要务，人才是第一资源，创新是第一动力。"此外，习近平总书记曾指出，"中国改革进入攻坚期、深水区，啃硬骨头、涉险滩，要改革就需要人才、呼唤人才、造就人才"。改革开放40年的成就离不开人才发展40年的推动。

1 改革开放40年以来人才政策体系的变迁

1.1 人才政策的重建期（1977—1983年）

人才政策的改革走在通常意义的改革开放之前，1977年邓小平发表"尊重知识、尊重人才"重要讲话后，出台了一批拨乱反正、恢复落实以知识分子为主体的各项人才政策：一是重新定位知识分子的属性；二是恢复人才培养和管理的基本制度，如恢复高考、职称、留学等。1983年，人才政策才逐渐走向正规。

1.2 人才政策的破冰期（1983—1992年）

以1983年10月中组部印发《关于改革干部管理体制若干问题的规定》为标志，人才政策进入了以突破旧有体制为主要特点的改革破冰期。高校毕业生由原来的"统包统配"开始向定期服务、"双向选择"制度迈进，人才流动须历经申请和批准等关卡和手续的时代宣告结束，人才市场呼之欲出。20世纪90年代初，专业技术职务评聘制度改革成为破冰的临门一脚。

1.3 人才政策的转型期（1992—2001年）

1992年，社会主义市场经济体制转型目标的确立，使前一时期人才政策上的各种暧昧不明朗一扫而空，各种制度建设充满信心与力量。《国家公务员暂行条例》和《党政领导干部选拔任用工作暂行条例》等一系列法规的颁布标志了对体制内人才管理的规范化。21世纪初，随着经济发展而产生的下岗潮，私营领域人才得到快速发展的机会。

1.4 人才政策的推进期（2001—2012年）

2001年，随着我国加入WTO，人才政策在前期发展的基础上数量增多，相继出台了《引进人才实行（上海市居住证）制度暂行规定》《上海市引进人才申办本市户口试行办

法》《关于加强上海领军人才队伍建设的指导意见》等一大批政策法规。此外,政策的关注群体多样,涉及领域广泛,视野放宽,纵横交错,彼此勾连,在外观上呈现出一种极为丰富多样化的形态。在突出高层次人才队伍建设的基础上,由党政人才、企业经营管理人才、专业技术人才的"三支队伍"建设扩展成为包括高技能人才、农村实用人才、社会工作人才在内的六支队伍建设。

1.5 人才政策的战略发展期(2012年以来)

党的十八大以来,党中央高度重视人才工作,习近平总书记对人才工作做出一系列重要指示。他指出,"择天下英才而用之,关键是要坚持党管人才原则,遵循社会主义市场经济规律和人才成长规律",我们"比历史上任何时期都更加渴求人才",我们要"着力完善人才发展机制""在全社会大兴识才、爱才、敬才、用才之风""让人才事业兴旺起来"。我国进入人才发展是第一资源的新时代,人才得到战略发展机遇。

2 改革开放40年以来上海非公经济发展变迁

2.1 非公经济的萌芽发展期(1978—1990年)

1978年3月,国务院在批复工商行政管理总局关于全国工商局长会议的报告时指出,为了方便群众生活,并解决一部分人的就业问题,可以根据实际情况,在城镇恢复和发展一部分个体经济。我国的私营经济就此开始,出现了相对于公有制领域的新经济类型——非公有制领域。从上海非公有制经济增加值看,从1978年的2.7亿元增长到1990年的35.6亿元,增长12.2倍,年均增长23.9%。

2.2 非公经济的快速扩张期(1991—2002年)

1991年开始,非公经济进入加速扩张时期。1992年春天,邓小平同志发表南方谈话,指出中国改革的目标是要建立社会主义市场经济,提出了一些新的观点,特别是三个有利于的标准。之后,党的十五大又明确提出,"非公有制经济是我国社会主义市场经济的重要组成部分",把私营经济等非公有制经济纳入社会主义基本经济制度内,这无疑是对人们思想的再一次解放。2001年江泽民同志在庆祝中国共产党成立八十周年大会上发表讲话,明确指出私营企业主是我国改革开放以来出现的新的社会阶层之一,从而把党对私营经济的理论和政策又推向了一个新的阶段。从上海非公有制经济增加值看,从1991年的44.7亿元增长到2002年的2 056.2亿元,增长45倍,年均增长41.6%。

2.3 非公经济的提升发展期(2003—2011年)

2003年10月,十六届三中全会通过的《中共中央关于完善社会主义市场经济体制若干问题的决定》,就大力发展和积极引导非公有制经济提出了一些新的政策,如放宽市场准入,允许非公有资本进入法律法规未禁入的基础设施、公用事业及其他行业和领域,非公有制企业在投融资、税收、土地使用和对外贸易等方面与其他企业享受同等待遇等。把非公有制经济发展作为其中一条来写,这在党的文件中是第一次。从上海非公有制经济增加值看,从2003年的2 546.6亿元增长到2011年的9 727.3亿元,增长2.8倍,年均增长18.2%。

2.4 非公经济的质量提升期(2012年至今)

2012年以来,随着产业结构调整和转型,一大批新兴领域的非公企业高速发展,也伴随着传统粗放型加工制造企业的转型升级,非公经济呈现质增量稳的态势。非公企业在整体创新能力得到快速提升的同时高度重视人才培养,国际化趋势日益明显,社会责任感逐步加强。从上海非公有制经济增加值看,从2012年的10 347.9亿元增长到2016年的14 555.8亿元,增长40%,年均增长8.9%。

3 改革开放40年以来上海非公人才发展状况

改革开放初期,人才几乎全部集中在公有制领域,私营经济的萌芽带动了一批先富起来的个体户们,但他们往往并不被认可为人才。直到非公经济的发展提升期,非公经济占经济总量稳步上升,人才流动愈发呈现市场化的特征,非公领域人才才越来越受到重视。自2006年起,由中共上海市委组织部牵头,上海市人力资源和社会保障局、上海市统计局和国家统计局上海调查总队联合开展上海非公有制领域人才抽样调查。根据中央组织部对人才划分的标准,在非公领域内(非公有制企业、民办非企业单位和个体经营户进行抽样调查推算)调查经营管理人员、专业技术人员和技能人员三大类人员基本情况和数量、结构等。

3.1 非公有制企业人才发展情况

2016年年底,上海非公有制企业人才总数为345.1万人[①],比2006年增加190.5万人,增长1.2倍(见图L7-1)。与改革开放初期相比,实现了从零的开始。

3.1.1 三大类人才显著增长

2016年年底,上海非公企业人才中,经营管理人才[②]183.5万人(其中含兼任专业技术工作的复合型人才43.2万人),比2006年增加91.7万人,增长近1倍;专业技术人才[③]170.8万人(含兼任经营管理工作的复合型人才),增加78.4万人,增长84.9%;高技能人

---

① 非公有制企业人才是指在非公有制企业中具有一定的专业知识或专门技能,进行创造性劳动,并对社会做出贡献的人,主要包括经营管理人才、专业技术人才和高技能人才(高级技师、技师、高级工)。

② 经营管理人才指在单位中行使管理职能、指挥或协调他人完成具体任务的人员,包括高级、中级和初级三个级别。其中,高级指企业的领导班子成员;中级指企业内部的中层管理部门负责人;初级指除高级、中级之外的其他履行管理职能的人员。

③ 专业技术人才指符合专业技术职务准入资格要求的在专业技术工作岗位工作的人员,在企业中主要包括:工程师、计算机工程师、财务、统计、经济分析、法务、律师等;根据相应的职称级别包含正高级、副高级、中级、初级,企业可根据岗位认定无职称但在专业技术岗位工作的人才为中级、初级或未定级。

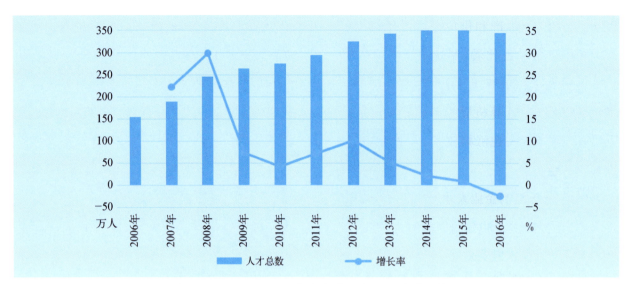

图 L7-1　2006—2016 年上海非公企业人才总量情况

才①33.9 万人,增加 28.7 万人,增长超 5 倍。

3.1.2　学历水平显著提高

2016 年年底,非公企业人才平均受教育年限②14.27 年,比 2006 年增加 1.62 年。中专、高中及以上学历人才数和比重均有所增长,大学本科及以上学历人才数涨幅最快,初中及以下人才数和比重均显著下降(见表 L7-1)。

表 L7-1　2016 年年底非公企业各学历人才数与 2006 年比较情况表

学　　历	人才数(万人)	比 2006 年增加(万人)	占人才总量的比重(%)	比重与 2006 年相比(百分点)
大学本科及以上	147.1	106.2	42.6	16.2
大学专科	90.6	51.5	26.3	1.0
中专及高中	75.4	48.7	21.8	4.6
初中及以下	31.9	−15.9	9.2	−21.7

3.1.3　行业结构明显升级

2016 年年底,上海非公企业③人才中,从事制造业、批发和零售业、租赁和商务服务业、建筑业、信息传输、软件和信息技术服务业的人才数量排在前列;与 2006 年相比,交通运输、仓储和邮政业人才数量涨幅超 3 倍,信息传输、计算机服务和软件业人才涨幅超 2 倍,租赁和商务服务业、住宿和餐饮业以及电

---

①　高技能人才指在企业中的技术工作岗位工作,并具有较高技术水平或能力的人员,包括企业生产或服务一线从事技能操作,并取得高级技师、技师或高级工职业资格的人员,或根据比照原则符合国家职业资格三级或以上工作年限的人员为高级工。

②　人才平均受教育年限=(初中及以下人才数×8+中专及高中人才数×12+大学专科人才数×15+大学本科人才数×16+研究生及以上人才数×18)/人才总数。

③　2006 年非公有制企业人才数的行业分类按照《国民经济行业分类》(GB/T4757-2002)标准,而 2016 年非公有制企业人才数的行业分类按照《国民经济行业分类》(GB/T4754-2011),两者间存在修理业等行业大类重新分类的差异。

力、燃气及水的生产和供应业人才涨幅超1倍。从行业人才占比看，制造业人才占人才总量由2006年的37.6％下降为2016年的29％，信息传输、计算机服务和软件业以及租赁和商务服务业占比涨幅较高，分别为3.8％和3.7％。

3.2 非公有制企业人才发展现状和特点

3.2.1 科创中心建设促进高学历青年人才集聚信息技术服务业

在上海《关于加快建设具有全球影响力的科技创新中心的意见》（以下简称"《意见》"）中提出，"通过实施'互联网＋'行动计划，加快推动信息感知和智能应用建设，并在信息技术等领域重点建设若干共性技术研发支撑平台"，促进了信息技术服务业以及科学研究和技术服务业较快发展；此外，《意见》还提出"把人才作为创新的第一资源"，要大力引进培育企业急需的应用型高科技创新人才，集聚了一大批高学历青年创新创业人才来沪就业。数据显示，2016年，信息传输、软件和信息技术服务业大专以上学历人才占比最高（占93.6％），比全部行业平均值高24.7个百分点；金融业、科学研究和技术服务业分列第二、第三位，分别占93.0％和89.9％（见图L7-2）。从年龄看，35岁及以下青年人才占比最高的也是信息传输、软件和信息技术服务业（占74.6％），金融业、文化体育娱乐业、科学研究和技术服务业也处于较高水平（分别占58.2％、57.4％和54％），列第二至第四位。

3.2.2 航运和贸易中心建设引领交通运输业人才涨幅居前

上海国际航运中心、贸易中心的建设与发展离不开强大的现代物流体系。2016年交通运输、仓储和邮政业人才共15.1万人，比2006年增长3.6倍，是人才数增长

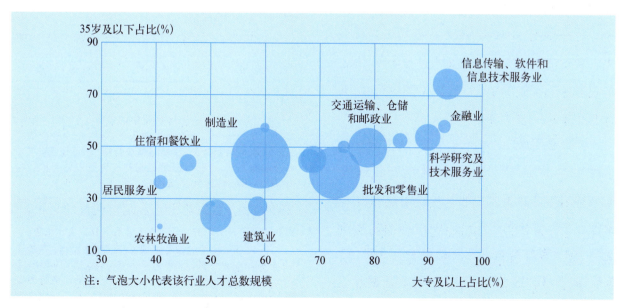

图L7-2　2016年按行业分上海非公企业人才高学历和青年人占比情况

最快的行业。从人才素质看,2016年交通运输业中大专及以上学历人才占比比上年上升6.5个百分点;从年龄分布看,35岁以下青年人才比上年增长27.1%,占比上升4.3个百分点。数据表明,非公领域交通运输业在上海建设国际航运中心、贸易中心和航空枢纽等政策的支持下蓬勃发展,吸引了大量高学历的青年人投入现代物流、物联网和智慧交通等领域,实现人才的量增质提。

3.2.3 制造业人才降幅明显

2016年,上海非公企业人才中,人才数量排在首位的行业是制造业,共有人才100.2万人,比2006年增长29.1万人,增速为各行业最低值,人才占比显著下降。受产业结构调整和"五违四必"综合整治和供给侧结构性改革的影响,上海关停一大批小规模、高能耗、低附加值的制造业企业,导致非公领域制造业企业总数不断下降,制造业人才占非公企业人才总数与2006年相比下降8.5个百分点。数据表明,在非公企业人才结构性调整的过程中,传统劳动密集型行业逐步缩减,人才集中度进一步下降。

3.2.4 浦东新区非公人才总量和密度均占首位

2016年,浦东新区非公人才总数继续保持第一位,为87.8万人;嘉定区和闵行区列第二、第三位,分别为30.5万人和27.6万人。从人才密度看,2016年上海非公人才占非公领域从业人员的比重为42%,各区之间受产业结构和人才政策等因素影响,呈现明显的差异。人才占比较高的是浦东新区、黄浦区和静安区,分别为49.3%、48.5%和45.8%;人才占比较低的是金山区、崇明区和奉贤区,占比分别为31.1%、33.2%和33.6%。

3.2.5 高学历人才集聚中心城区

2016年,上海大专以上学历占非公人才总数的68.9%。分区域看,大专以上学历占比前三位的是徐汇区、静安区和黄浦区,分别为81.5%、79.1%和78.3%;大专以上学历占比最低的三个区是崇明区、青浦区和金山区,分别为35.2%、47.2%和47.7%。调查显示,受产业结构和区域发展水平影响,中心城区占据先发优势,以其交通便捷、医疗和教育资源充足等优势更易吸引高学历人才集聚。

3.2.6 金融中心建设吸引非公金融企业集聚浦江两岸

2016年,上海金融业非公企业人才主要集中在浦江两岸的陆家嘴和外滩,从区位熵[①]看,超过1的有浦东新区、黄浦区和静安区,分别为2.53、2.36和1.49。中心城区平均区位熵为0.99,郊区(浦东除外)平均区位熵仅为0.09。数据表明,随着上海金融中心建设的逐步深化,金融业人才表现出明显的集聚性,

---

① 本文中区位熵指的是某区某行业非公人才占该区非公企业人才总数的比重与上海该行业人才数占上海非公企业人才总数比重的比值,一个较高的区位熵表明该区内该行业在规模上具有优势,其区位熵的大小可以直观反映出该产业人才优势的大小。

由外滩和陆家嘴地区向中心城区辐射,郊区明显偏弱。

4 当前非公企业人才发展面临的主要问题

4.1 人才整体素质有待提高

虽然非公企业更重视实践能力,但人才学历和证书等基本素质仍然重要。调查显示,上海非公企业人才在学历和持证率上仍有待提高。从学历看,2016年上海非公企业人才中具有高中及以下学历的有107.2万人,占人才总数的31.1%;其中,高技能人才中具有高中及以下学历的占61.9%。这表明非公企业仍然缺乏高学历技能型人才,影响先进制造业、高端服务业等技能要求较高的领域的创新动能。从持证情况看,非公企业专业技术人才中仅25.8%持有相关职称证书;技能人员中仅有5.9%持有相关职业资格证书。这表明非公企业人才与现有国家职称和职业资格评价体系不兼容,非公企业对相关证书的重视程度不足。

4.2 经营管理人才受行业转型影响较大

2016年,受供给侧结构性调整、拆违和控制污染等影响,大量小规模非公企业或关停并转,或缩减管理层级降低企业成本,导致经营管理人才数量和占比均有所减少。数据显示,上海非公企业中经营管理人才总量比2015年下降2.3%,为近5年来首次下降,行业间差异较为明显,其中制造业经营管理人才下降16.1%,交通运输业和信息技术服务业经营管理人才分别增长29.7%和23.7%,经营管理人才变化受行业转型影响较大。

4.3 专业技术人才评价体系不健全

现行的专业技术人才评价体系存在职称制度和其他第三方评价并行但不互通的情况。一方面,职称政策是人社部门对专业技术人才的专门评价体系,旨在评价专业技术岗位人才(以公有制领域为主)的能力和业绩,获评职称的专业技术人才在公有制内可获得认可和晋升;另一方面,非公企业大多采用其自身的人才评价体系,特别是跨国公司往往沿用国际通行的评价方式(如各类行业协会颁发的会员、职业资格等),高级人才无法获得相应的职称,同时亦无法享受高层次人才相关的优惠政策。

4.4 员工流动率过高难以留住人才

调查显示,2016年,有65.9%的非公企业员工流动,平均跨界流动率为47.2%,比2015年上升14.7个百分点,表明非公企业员工流动率较高。从原因分析看:一方面,受产业结构调整和一部分非公企业顺应政策关停并转或缩减内部管理人员等影响,一批非公企业人才被动离职;另一方面,非公企业特别是私营企业薪酬体系不够健全,人才收入受行业或企业经营情况影响较大,较低收入难以留住人才,导致人才主动离职。

5 进一步促进非公企业人才发展的政策建议

5.1 尽快出台与时俱进、高效公平的非公人才政策

2006年,市委组织部出台了《关于进一步加强上海非公有制领域人才工作的意见》,对非公人才的培养、引进和发展起到了重要作用,但已无法满足当前经济和人才发展的需要。面对人才竞争激烈的境况,上海应制定与时俱进、高效公平的人才政策:一是梳理已实施且效果较好的专项人才政策,有计划地向非公领域延伸(如人才引进的落户政策多见于国有企业),降低门槛,打破政策"隐形"壁垒;二是针对非公领域人才年轻化、高学历、流动快等特点出台人才培养规划,加快实现人才高地建设目标。

5.2 引导社会对人才观念的改变

为提高非公企业人才总量,应引导社会方方面面转变观念,将传统的公务员、国有企业等"金饭碗"与非公领域的外企、私企一视同仁。此外,在宣传方面应加强非公经济中人才政策宣传,在增加政策知晓度的同时,提升非公经济中人才的社会认同度;树立非公经济中人才培养优秀典型,鼓励人才制度创新,并采取一定程度上的奖励措施;大力宣传优秀人才及其先进事迹,发挥榜样的力量,吸引更多优秀人才到非公经济中就业,调动和发挥优秀人才的积极性和创造性。

5.3 探索建立新的专业技术人才评价机制

习近平总书记曾强调:要发挥好人才评价"指挥棒"作用,为人才发挥作用、施展才华提供更加广阔的天地,让做出贡献的人才有成就感、获得感。据悉,上海涉及专业技术人才职称评定方面仅将对海外高层次留学人才和成果显著的优秀中青年工程技术人员提供职称评审"直通车",并未对公有制和非公有制领域的人才评价体系做出统一规划。在《上海市人才发展"十三五"规划》中,已经明确"建立市场化、社会化人才评价机制,落实创新主体对创新人才的最终评价权",相关部门可在现行职称评审的基础上引进跨国企业较认可的行业学会认证等评价方式,通过多渠道评定,同标准待遇来建立完善统一的评价机制。

5.4 建立人才库,构建跨体制的人才共享协调机制

人才流动是经济活力的体现,同时也是改革创新的必要条件;然而,当前跨体制的人才流动仍存在诸多困难和问题,显得"通而不畅"。为实现上海创建"科创中心""金融中心"等目标建设,建议尽快建立跨领域、多条线、全行业的全市人才库,汇集不同体制、不同行业的优秀人才,研究构建跨界、跨体制的

人才共享协调机制,盘活人力资源要素,对上海的经济发展、国企改革和建成卓越的全球城市等均有直接推动作用。随着人才库的建成和完善,跨体制的人才共享必将为上海经济发展带来新的增长动力。

上海市统计局　供稿
主要完成人：王冠生

专题报告八

2017 年上海市工商联房地产行业发展报告

近两年来上海多次出台调控政策及加码细则,房地产市场正式进入调整阶段,调控呈现常态化。十九大报告坚持房子是用来住的、不是用来炒的定位,强调加快建立多主体供给、多渠道保障、租购并举的住房制度;《上海市城市总体规划(2017—2035)》中明确指出土地优化利用,有效调节用地供应,这些都对房地产市场带来一定的冲击和影响。为此,市工商联与所属房地产商会一道深入调研商会所属会员企业,评估 2017 年上海市工商联房地产行业发展状况,对 2018 年上海房地产行业进行预测,更好地服务上海创新驱动转型、创造品质生活。

1 上海房地产行业发展现状

1.1 土地成本高企,土拍条件限制多

2008 年至 2017 年,10 年间,土地成本上涨达到 374%。成交楼面价在 2017 年出现下滑是由于住宅用地中大比例的动迁安置房以及租赁用地成交拉低的结果,并且成交宅地也多集中于郊环位置。但是,从可售住宅用地成交均价来看依旧呈现上扬态势(见图 L8-1)。

除此之外,土拍新规将多数房企拦在了门外。2016 年起多宗住宅用地要求配建自持住宅比例,可售面积压缩;商办地块出让也约定自持比例以及自持年限,这都与之前开放式的拿地不同,考验拿地企业的运营招商能力。2017 年上海进一步对土地拍卖引入了评分机制。诸多限制使得出现在上海土拍市场的房企少之又少。在之后的一两年间中小房企甚至个别大型房企都将陷入无地可建的窘境。

1.2 政策调控常态,市场进入调整阶段

2017 年以来上海商品房开发投资增速同

图 L8-1　上海土地成交楼面价走势

比上扬,而新开工面积在下半年增速同比呈现负值,开发商放缓开发速度,延长商品房进入市场的时间势必会造成市场供应的后置(见图L8-2、图L8-3)。

2016年至今上海多次出台调控政策,上海房地产迎来史上最严调控期,市场正式进入调整阶段,调控呈现常态化(见表L8-1)。

预售限价措施又造成2017年下半年供应量大幅减少,市场供需失衡。不仅供应受阻,限购也使得市场需求得不到释放。2017年上海市商品房成交量呈现大幅缩减的状态。供应量同比下滑57%,成交量则下跌52%(见表L8-2)。

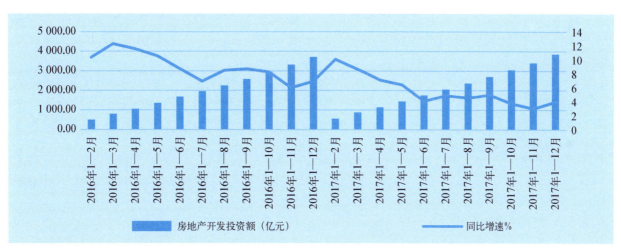

图L8-2　2016年1月—2017年12月上海市商品房开发投资额

数据来源：dataln,同策研究院

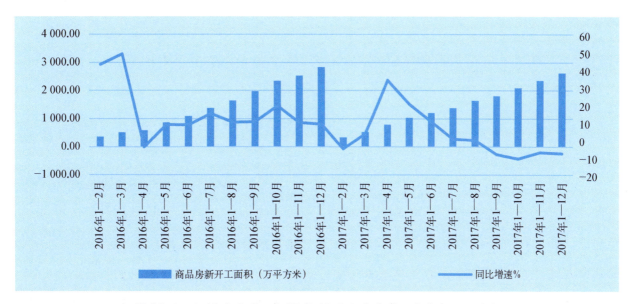

图L8-3　2016年1月—2017年11月上海市商品住宅新开工面积

数据来源：dataln,同策研究院

表 L8-1　2016 年至今上海主要调控政策

时　　间	主　要　调　控　政　策
2016 年 3 月	■ 上海市政府发布"沪九条",指出外地人购房必须连续缴社保/个税满 5 年,企业购买的商品房再次上市交易须满 3 年及以上 ■ 上海户口购置第二套房屋,对于普通住宅,首付提高到 5 成,对于非普通住宅,首付提高到 7 成
2016 年 11 月	■ 上海出台"沪六条"加码,二套住宅认房又认贷;首套首付比例提升到 35%;二套首付比例提到 70% ■ 住房城乡建设部发布《关于开展商品房销售明码标价专项检查的通知》,对房地产开发企业在售楼盘和房地产中介机构门店明码标价情况进行检查
2017 年 7 月	■ 上海出台《住房发展"十三五"规划》,其中指出"十三五"期间住房用地供应量为 5 500 公顷,较"十二五"期间增加 20%
2017 年 10 月	■ "十九大"指出,加强社会保障体系建设。坚持房子是用来住的、不是用来炒的定位,加快建立多主体供给、多渠道保障、租购并举的住房制度,让全体人民住有所居

表 L8-2　上海市历年商品房成交供求价对比

年　　度	供应面积(万平方米)	成交面积(万平方米)	成交均价(元/平方米)
2014 年	2 029	1 395	24 203
2015 年	2 174	1 965	29 199
2016 年	1 720	2 308	30 843
2017 年	731	1 110	34 692
2017 年同比	−57%	−52%	12%

数据来源:dataln,同策研究院
统计范围包括:公寓、别墅、商业、办公、车库、其他,不包括动迁安置房

1.3　去杠杆,行业融资压力加剧

从近期央行、住建部等监管部门的表述来看,2018 年是长效机制与短期调控衔接的关键一年,房地产信贷调控趋势不变,上海调控初显成效,预计亦不会出台松绑政策。企业及个人仍将面临较大的贷款压力,实际贷款利率将继续提升(见图 L8-4)。

上海首套房及二套房贷款利率分别较 2016 年年底提升 0.67 和 0.19 个百分点(见图 L8-5)。

1.4　强者恒强,行业集中度增强

房企集中度进一步增加。2017 年摘得土地面积排名前十的房企竞地总面积占总成交面积的 15%,其中地产集团独得 12 宗地理位置优越的上佳地块。除了大赢家地产集团,紧随其后的是万科、中海地产、华润置业、碧

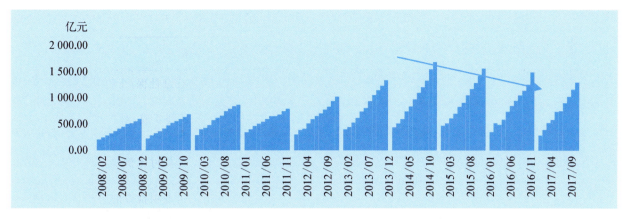

图 L8-4　房地产开发投资资金国内贷款累计值

图 L8-5　上海首套房及二套房贷利率走势

数据来源：Wind

桂园、光明地产、陆家嘴集团、新城控股、张江高科、招商蛇口。TOP10房企共摘得46幅土地，占总幅数的18%。

从2010年至2017年上海百强房企销售占比来看，销售集中度呈现上升态势（见图L8-6）。百强房企销售面积在50%左右，而活跃在上海房地产企业何止千家。大型房企在土地储备、信用评级、融资贷款、开发运营等方面都有本身自带光环的天然品牌优势，这也使其得以未来能够加速扩张。未来房产企业集中度还会加速上升，且梯队划分更加明显，大型房企的行业地位仍会不断

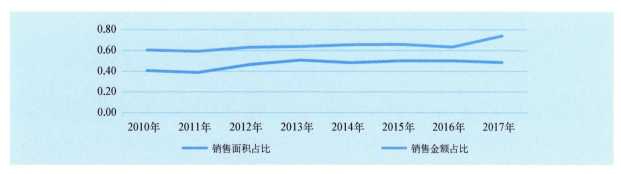

图 L8-6　上海百强房企销售占比

数据来源：中国指数研究院

巩固。

1.5 聚焦新兴产业，竞争压力较大

在新兴产业方面，不仅存在同行之间的市场竞争，可能还要面临境外房企的压力。例如，当前养老产业形势一片火热，但是市场竞争压力大，截至2017年5月的数据显示，全球共有12个国家进入我国养老服务业，39家企业开始布局，它们大多以独资形式在华开展业务。上海有25家的境外企业开展养老项目，数量高居首位。这些境外企业都在本国有多年运营经验，而本土企业在这方面则刚刚起步，面临经验不足的问题。

2 上海房地产行业发展趋势

"沪六条"之后上海的楼市调控效果逐渐显现，2018年上海商品住宅市场将进入"深度调整期"。但是，从2018年5月关于《坚持房地产调控目标不动摇、力度不放松》的发文来看，住建部已经意识到上海房地产市场供求失衡的问题，中短期内，房企仍具有结构性机会。

2.1 中短期内商品住宅市场供求将再平衡

2017年至2018年5月，上海住宅用地供应减少；同时，受"限价"政策影响，一手商品住宅项目供应量大幅下降，造成新推项目的推盘套数与摇号人数严重失衡。2018年5月19日，国家住建部发文指出，"抓紧调整住房和用地供应结构"，具体举措：明确热点城市"住房用地"占"城市建设用地"的比例不低于25%；北京、上海、广州、深圳等16个城市要探索推动供地主体多元化；等等。可见，"限地价到限房价"的调控思路将被"房价地价联动机制"所替代。住建部发文后，自然资源局就召集热点城市相关负责人研究制定"地价房价联动机制"。预计2018年第3—4季度至2019年，上海住宅用地供应将有所增加；同时，一手商品住宅预售审批将加快。

2.2 楼市调整的预期和下行趋势将再强化

从政策面来看，2018年上海楼市调控政策仍然是从严执行的，当市场预期还没有得到实质性逆转时，调控政策难以出现"风向标"意义松动。我们预计中央十九届四中全会召开后，新的经济改革政策频繁出台，房地产作为拉动经济增长工具的角色将再度得到体现，上海楼市将迎来转机，但是短期内调控政策很难出现大幅松动，甚至会阶段性收紧，年底房产市场不会有大的起色。从总的趋势来看，2019、2020年上海将经历历时两年的楼市上行期，2019年以成交量上涨为主，2020年房价可能会有新一轮上涨。2018年年底至2019年年初这个阶段可以看作新一轮市场上行周期的起点。

2.3 民企进入租赁住房市场的门槛将再下降

从2017年开始，上海集中推出租赁用地，从获取土地的企业性质来看，基本为地方性国有企业。根据上海住房"十三五"计划，租赁住房计划供应量为70万套（年均14万套），

从已出让的租赁用地推算,大约能够提供3万套左右的租赁住房,亟待民营企业共同参与。未来民企将集中参与近郊农村集体用地、存量工业用地和商办用地转为租赁住宅用地(同时企业必须自持),构建"租售并举"的住房体系。

2.4 资产证券化将成为房企融资的再选择

2016年下半年以来,房企融资多条渠道逐步收紧。从银信业务和委托贷款先后被纳入严监管开始,房企借道"影子银行"进行融资受阻,随后提高房企公司债发行门槛、限制信托资金违规投向房地产、收紧房企海外融资等一系列措施,使得房企不得不面临融资环境"严冬"的窘境。然而,2017年类REITs(房地产信托投资基金)及CMBS(商业房地产抵押贷款支持证券)发行提速,2017年度相关产品发行数量及规模相比2016年均实现倍增,在"租售并举"的背景下,结合上海自身的金融资源和优势,资产证券化将成为房企拓宽融资方式的重要手段。

3 有关建议

随着房地产行业利润率持续下降,市场供求关系逆转,政府应加强政策供给,房企应采取多种方式降低企业风险,平抑房地产市场波动,避免造成重大影响。建议如下。

3.1 旧城改造,盘活存量用地

从最新公布的《上海市城市总体规划(2017—2035年)》来看,到2035年,上海市建设用地总规模不超过3 200平方千米。截至2015年,上海建设用地规模已经达到3 145平方千米;截至2020年,不超过3 185平方千米。旧城改造、城市更新成为获得土地最为直接有效的方法。建议政府给本地房企更多支持,使其在这一轮旧城改造和租赁用房建设中获得更多市场份额。

3.2 产城融合,拓展发展空间

2017年,越来越多的地产开发企业积极参与到产城融合的探索和建设中,包括产业园区运营商和产业新城运营商。张江科学园就是产城融合的经典案例,张江用25年的时间从"科技园"到"科学城",成功经验值得借鉴。希望本地房产企业通过张江产城融合的成功范例,探究企业二次发展的全新路径。

3.3 加强资管,激活租赁市场

数据显示,上海是2017年亚洲住宅租金最贵TOP3。然而,上海外来人口占常住人口的40%,拥有巨大的租赁市场,平均租金支出占收入比高达36.8%,自持住宅物业转化为租赁住宅将是企业长期发展的新路。有机构数据显示,在TOP30房企中,已有1/3进入了长租公寓市场,竞争也相当激烈。建议上海本地企业在这场挑战中量力而行或抱团或走精品化的路线,小切口进入市场,逐渐做大做强。

3.4 延伸产业,谋求创新发展

鼓励房产企业积极探求"创新驱动、转型发展"的道路,既可向新兴产业、养老产业、健康产业、体育产业等方向延伸,也可向商业地产、产业地产方向延伸,甚至还可以向下游的园林景观、地质勘察、地热工程等方向延伸,以创新的思路、创新的举措,打造企业的新增长板块。据统计,国内 TOP20 的房地产商中有半数以上涉足产业地产。

3.5 政策支持,实现持续发展

房地产业是国民经济中不可或缺的组成部分。建议政府因时因地给予政策支持,特别是在金融政策、产业政策、土地政策等方面给予大力支持。当前,还要在特色小镇、养老产业等房产企业转型发展的方向性产业政策上给予更多政策供给,实现房地产行业的持续科学发展。

上海市工商业联合会、
房地产行业商会　供稿
主要完成人:徐惠明　张　捍　张宏伟
封丹华　冯　伟　彭　飞
徐玉红

图书在版编目(CIP)数据

2018上海民营经济/上海市工商业联合会等编. —上海：复旦大学出版社，2020.3
ISBN 978-7-309-14889-3

Ⅰ.①2… Ⅱ.①上… Ⅲ.①民营经济-经济发展-研究报告-上海-2018 Ⅳ.①F127.51

中国版本图书馆CIP数据核字(2020)第030860号

2018上海民营经济
上海市工商业联合会 等 编
责任编辑/陆俊杰

复旦大学出版社有限公司出版发行
上海市国权路579号　邮编：200433
网址：fupnet@fudanpress.com　http://www.fudanpress.com
门市零售：86-21-65642857　　团体订购：86-21-65118853
外埠邮购：86-21-65109143
上海丽佳制版印刷有限公司

开本890×1240　1/16　印张21.75　字数376千
2020年3月第1版第1次印刷

ISBN 978-7-309-14889-3/F·2676
定价：88.00元

如有印装质量问题，请向复旦大学出版社有限公司发行部调换。
版权所有　　侵权必究